作者简介

潘晓成 男，汉族，1964年5月出生，重庆开州人，博士。长期关注三农工作，出版了《转型期农业风险与保障机制》《进城农民工与城市市民融合度研究（合著）》等专著，公开发表论文五十余篇。

潘晓成◎著

论城乡关系

从分离到融合的历史与现实

人民日报学术文库

人民日报出版社

图书在版编目（CIP）数据

论城乡关系：从分离到融合的历史与现实／潘晓成著.
—北京：人民日报出版社，2018.9
ISBN 978－7－5115－2378－5

Ⅰ.①论… Ⅱ.①潘… Ⅲ.①城乡关系—研究—中国
Ⅳ.①C912.8

中国版本图书馆 CIP 数据核字（2018）第 221892 号

书　　　名：论城乡关系：从分离到融合的历史与现实
作　　　者：潘晓成

出 版 人：董　伟
责任编辑：蒋菊平　刘天骥
装帧设计：中联学林

出版发行：人民日报出版社

社　　　址：北京金台西路 2 号
邮政编码：100733
发行热线：（010）65369509　65369846　65363528　65369512
邮购热线：（010）65369530　65363527
编辑热线：（010）65369528
网　　　址：www.peopledailypress.com
经　　　销：新华书店
印　　　刷：三河市华东印刷有限公司

开　　　本：710mm×1000mm　1/16
字　　　数：341 千字
印　　　张：19.5
印　　　次：2019 年 1 月第 1 版　　2019 年 1 月第 1 次印刷

书　　　号：ISBN 978－7－5115－2378－5
定　　　价：78.00 元

城市梦幻和乡村记忆

——自序

一

我们这一代人，从乡村穿越到城市，是几十年中被"城市化"的人。无论你现在身处何地，曾经都拥有一个属于自己的"城市梦"。

年少蒙昧的岁月，挥洒青春的汗水。或勤勉耕读，挤上"高考列车"，或豪情满怀，一身戎装步入行伍，只为了获得一张城市的"通行证"。随后，改革开放的巨轮托起五彩的梦，伴着"南下大军"远离乡村贫瘠的土地……毅然间没有回眸的一刻。

多少年过去，当我们在自由的城市奔忙，偶然会想到属于自己的乡村。那一坡坡金黄的稻田，绿荫中窜出的炊烟，还有通向山尽头的羊肠小道……记忆的碎片让人难以释怀。

不能释怀、牵挂中仿佛有共同渡过艰难岁月的父老乡亲、儿时玩伴，他们现在可好？年老的母亲每次相见都会谈起过去的琐事，每当看到母亲新增的白发和皱纹，蓦然间倍增时光流逝带来的沧桑感。

有母爱的乡村就有归宿感，让人增添些许不舍。这些年，当越来越多的人对城市冷血的快节奏、物欲化的光怪陆离深感困倦的时候，一个新词在人们口中念叨，那就是让人魂牵梦绕的"乡愁"。城里的文化人说"到乡间去，到乡间去找灵感，去呼吸新鲜的空气"，对他们而言，乡村就是"诗和远方"；城市里的打工族感叹"城市套路深，我要回农村"，乡村俨然成为心目中的庇护港。于我等而言，乡村是童年滋生梦想的地方，是人生的起跑点。在那片贫瘠的土地上，进入记忆的村庄就是我的"乡愁"。

我工作在重庆市的小县城，重庆成为直辖市后从一个县城到另一个县城，多处停留，一晃过去了20年，走走停停中看到了城乡的巨变，身边已经发生的和正在发生的"事"，昭示了我们正处于一个变迁的时代。我们生活的、不能选择的时代，注定了个人际遇都留下这个时代的烙印，编织着个人或精彩或并不精彩的故事。我出生在重庆市（原四川省）开县的一个小山村，20 世纪 80 年代初，离开家乡的小镇。第一次接触自己认为能够称得上"城市"的城市，其实就是当时的县城。记忆中一个淅淅沥沥的雨夜，街上行人如织，路灯明亮，与我所见过的乡场镇宛如两样。我和几个乡下崽到县政府门前，看到大街正中矗立着一座纪念碑，是缅怀一个抗战中牺牲的国民党团长，甚是疑惑。多年以后，当我从学校毕业回到这座县城，记忆中的街道变了样，这座碑也没有了，只有县政府的大门还是原样。而今，离开家乡多年以后，再回去看看，古老的城市已经沉入江底，三峡大移民让开县人拥有了一座更加宏伟、漂亮、现代化的新城。

时光像小溪水静静流淌，人生像一本厚厚的书逐页翻过。许多经历的事像尘埃飘散，难觅踪迹，许多难忘的事沉淀为记忆，留在心间。过去几十年，生活的酸甜苦辣在指间滑过，握住的片断追逐着曾经的激情岁月。1984 年那个炎热的夏季，当我们正收拾行囊等待跨出大学校门时，传来了党中央"帮助贫困地区和扶持贫困人口"的消息。确切地讲，当时的四川省委召开了很有影响的"秀山会议"，此后，等待分配的大学生更多地被派到贫困地区，四川省内典型的贫困区就是甘、阿、凉和涪、达、万。这些地方是学生中议论最多、不愿被分配去的地方，那时，学校食堂打饭的同学都要主动给分配到这些地方的同学让出一条道，因为他们有怨气"惹不起"。

我也是其中一员，被分配到了万县地区等待了一个月之久。在万县的日子里，每天要到地区行署所在地高笋塘，到地区人事局打探消息。穿过高笋塘下面的鸽子沟，到长江边看轮船是百无聊赖打发时间的最好方式。在我的心目中，那时的万县城是挺大的一座城市，沿江的景色一点也不比重庆的朝天门差。来来往往的轮船川流不息，码头上货物堆积如山，装卸工人排成行搬运货物，那时，农民还没有进城的自由，还没有"棒棒军"，那些装卸工应该是吃国家"供应粮"的真正的码头工人。此后过了长达 20 年时间，万县城的老码头随着三峡库区蓄水沉入了江底，新的码头更加漂亮，但并不拥挤，特别是随着重庆到万州（原万县）的高速公路通车，码头基本上失去了货运功能。

说到变化，几十年中变化最大的是城市。城市的模样在变、城市的生活在变，变化中的城市人也在变。30 年前初到重庆求学，从家乡的小镇坐班车到达县，从达县坐火车到重庆，大概需要一整天的时间。陪同我上学的父亲挑着担子，一路上反复唠叨城市的好，那时，一路播放的流行音乐"甜蜜的工作，甜蜜的事业，无限好罗喂……"仿佛自己即将踏入的城市之路就是一条"管吃、管喝、够幸福"的康庄大道。

其实，如果用现在的眼光来衡量30年前的重庆城，应该用"够破够烂"几个字来形容。城市虽然很大，但房屋很陈旧，坡坡坎坎、泥泞不堪。那时的解放碑是重庆最繁华、最热闹的地方，高耸的石碑盖过周边所有的砖瓦楼房。两边的商铺就开在这些砖瓦结构的房屋里，多以卖衣、帽、鞋、袜等生活用品为主，生意十分兴隆。最令人难忘的是：宿舍里几个舞刀弄棒的同学，早起晨练每每看到周边居民楼的大姑娘、小媳妇排队到公共厕所倒尿罐的，都要绘声绘色地回来在宿舍讲一讲。时过境迁，重庆在几十年的光景里变成了西南地区的大都市、全国的直辖市。几十年前的旧街、旧房已经看不到了，解放碑在周边的高楼大厦包围下，成了真正的"小石碑"，许多过去的乡村变成了城市，过去的江北县变成了现在的主城区，巴县则成了重庆主城的巴南区。

城市梦幻般地变迁，让许多人成了"城里人"，许多乡间的人口也进了城，过起了属于自己的城市生活。乡里人进了城，随即过去热闹的乡里便沉寂下去。对乡村的了解，不仅因为我是乡里人，来自于乡村，更因为几十年的工作都与农村有关。最初的几年，我是一名农技员，工作、生活在乡镇和村里，从事过水稻、玉米的制种工作，在乡里推广过"宽窄行"；后又在乡里和县里工作，从事着与农业和农村有关的工作。实事求是地讲，改革开放这么多年以来，乡村的生产、生活发生巨大的变化，农村人不再愁吃、不再愁穿了，彻底摆脱了贫困。农村真真切切地变好了，但是，这种变"好"又似乎很勉强、很委屈，有一种无奈。

农村的贫困是相对的，相对于城市而言。农村的衰落相对于农村的贫困，则是严重的，至少于我所接触到的乡村，衰落是很明显的。主要表现在乡村人口减少，农业劳动力老化；农业生产水平下降，大量耕地撂荒或非农化；农村环境恶化，生态形势堪忧；农村基础设施破坏严重，管理缺失；农村人口道德水平下降。乡村凋敝产生大量相对贫困人口，之所以是相对的贫困人口，则相对于城市而言，乡村人口的生存状况与城市人口的差距越来越大，因此，城乡矛盾不可避免成为发展中的重大问题，引起我的思考。

二

城市是物质的，物欲催化城市膨胀，人们在充满物欲的世界里沉浮。城市给予我们物质生活的富足，以强大魔力吸附人口、土地、资源等一切要素参与城市化。几十年来，中国社会最显著的特征就是强劲的城市化，这一特征也给我们每一个人的生活打上了深深的时代化的烙印。"城里人"与"乡下人"的身份不再那么重要了，人们可以自由地行走于城市与乡村之间，去追逐属于自己的"城市梦"。

对于普通的人，"城市梦"就是生活的梦，是充满柴米油盐、无忧于一日三餐的梦。正如亚里士多德所说："人们来到城市是为了生活，人们居住在城市是为了生活得更好。"越来越多的人从乡下来到城市，其中的原因其实并没有那么复杂，在以传统农业为主要生产形式的大部分乡村，如南方一年两熟稻麦制种植形式，除去生产成本，小块土地（人均耕地以一亩计）生产，一年到头落到家庭里的纯收入不过几百元，而到城里打工，每月也能赚上两三千元。城里打工收入高，傻子也会离开农村。

城里人越来越多，城里造的房子也越来越多。大城市、中等城市以及小城市，甚至乡场镇，全域房地产化如滚滚洪流势不可挡。在经历了20年房地产黄金时期以后，房地产的疯狂、房市的不可捉摸正在呼唤理性的回归。"城市化不是房地产化""房子是用来住的，不是用来炒的"，事实正在警示我们："房市不能变成股市"。当大量的房产空置，房产偏离刚性供需轨道，市场投机行为就难以避免；城市里房市价格一浪高过一浪，超越普通人经济承受能力，成为低收入人群可望不可及的海市蜃楼。即使用当前工薪阶层的收入水平来衡量，即使月工资收入上万的工薪，买上每平方米万元以上的普通住宅，不吃不喝需要工作10年以上，几万元一平方米的房屋需要工作几十年，要能买到大城市十几万元一平方米的房子，需要工作上百年以上。

很显然，房价是变着法子炒上来的，对于真正需要房子的人，只能借贷买房，成为"房奴"；对于富人而言，手中持有的多套房产就是财产，当泡沫般的价格下滑后，个人财产就会缩水，挺住房产价格就是保住了财产水平；对银行来说，则更为可怕，大多数的贷款都是用房子做抵押物，房屋价值缩水，抵押物就失去了原有的价值。所以，房地产的泡沫既不能破灭，当然，也不能继续下去。继续将资金、土地及有效的生产要素投入到房市中去，不但沉重打击本已脆弱的实体产业，而且，最终会导致房地产泡沫的破灭。

房地产需要回归理性，这是一个大家都看得清楚的问题。可为什么局外人又看不清？因为这里形成了太复杂的利益链，让"专家""学者"粉墨登场，鼓吹楼市；让网络、电视不遗余力，卖力鼓动。政府限购、银行限贷，似乎又让房子变成了紧俏商品，让更多的消费者"只买贵的"。拨开眼前的迷雾，为房地产鼓与呼的不仅是开发商，更有依靠房地产的建筑、建材、装修等行业，涉及到许多人的饭碗；还有银行的贷款，当实体经济低迷、无房地产般暴利情况下，资金变着法子流向楼市；还有房地产链从土地征收到出让，从建房到卖房产生的税费收入，成为地方政府的支撑性收入，所有这一切，都决定了房地产回归理性是一次艰难的行程。

房地产需要回归理性，城市化也需要回归理性。简单地讲，城市化是乡村人口的城市化，是乡村人口转化为城市人口的过程。城市化不能"大城市化"而应该"城镇化"，不能把社会资源集中起来，把城市越做越大，试想：有多少乡村进城人口能买上"北上广"的房子？要让更多的乡村人口过上城市化的生活，能够承担"被城市化"的成本，进城有工作干，有收入保障，只能走"城镇化"的道路。对于进入大城市、从事体力劳动的打工族，城市是他们的"客居"之地，于他们而言：城市就在身边，城市又遥不可及。最终，他们还是要回到乡下去。

"城镇化"是中国特色的城市化道路。城镇化并非要否定大城市或特大城市在中国城市化中的作用，而是要在城市化中形成大、中、小兼顾的城市体系，并突出中、小城市和城镇在充分吸纳农村人口中发挥更大的或决定性的作用。做到这一点，显然需要调整城市化的思路，需要解决城市化中的"功利性"问题。城市化的核心是"人"的城市化，而非土地的城市化，不能简单地依靠短期的、功利性的土地征收，占用大量农田让城市"摊大饼"式扩张，而应盘活城市的人力资源，创新城市产业和城市文化，让城市在创新中做大做强。"块头大并不是强"，这么些年，城市化中一些现象已经正在变成教训，值得我们深思。城市里的大学规模越变越大，专业性强的学院纷纷变成了综合性大学，学生越招越多，可教学质量越来越差；城市越变越大，马路越来越宽，可交通越来越拥挤；城市越来越漂亮，但千城一面，越来越没有文化，"舶来品"在许多城市的显要位置闪亮登场，不知道有多少"艾菲尔铁塔、凯旋门、白宫"在中国落户。

城市化的背后是工业化，工业化支撑城市化。工业化不但是生产方式的变革，也是生活方式的变革，工业化所宣示的文化理念、价值观念强势影响不同族群、不同地域的传统观念，塑造新的时代精神。如何在文化的继承上推陈出新，在文化的创新中守住传统之"根"，既是对当代人的智慧考验，更是新时期社会治理的基石。对此，我们有何作为？做到了多少？最为堪忧的文化现象是：大众媒体之网络、电视无时不刻不在传输功利作品，如无视良知的产品炒作、明星炒作、虚假宣传、拜金致上，这些功利的"城市故事"也无时不刻不在冲击着社会的道德底线，给健康的社会肌体带来隐忧。

三

实现中国长远发展目标，需要解决区域发展差距、城乡差距和个人收入差距问题。其中，解决城乡差距是核心，在经历几十年非均衡发展之后，因城乡差距所累积的城乡矛盾，已到了非解决不可的地步，城乡一体化发展成为国人的共识并上升为国家战略。

2016年夏秋季节，我因公赴日本、韩国考察，日本和韩国乡村风貌给我们一行人留下了难忘的印象。乡间的传统民居、茂密的森林、清澈的小溪，让人流连忘返。特别是乡村的污水收集系统十分完善，让我印象深刻。乡村的环境十分整洁，很少见到垃圾桶，原来人们根本就不在公共场所乱扔垃圾。这一方面，国内的差距就很大，这种差距主要体现在大众的素质差距上，国内城市大街上随处可见各色垃圾收集设备，但垃圾还在垃圾桶附近散落一地。这些年高速公路发展迅猛，高速路边的休息区一点也不比国外的差，高端大气、设施完善，但厕所里大多脏、乱、差，很多人上完厕所不冲洗，将烟头扔在小便池里。

今年夏天，我回了一趟老家。循着记忆，沿着弯弯曲曲的田间小道，回到我熟悉的老屋。再次踏上老屋门前已经布满青苔的石阶，环视周围的一草一木，似乎熟悉的一切又有着异样的陌生，乡间房舍、池塘、田园、果林、小道在变化中透出一份孤独、一份莫名的沧桑感。在记忆中曾经喧嚣的农家院落，总是炊烟不息，鸡鸣犬吠不断，而今的老院子残垣断壁，人烟稀少。田野间稀稀落落地散布着火柴盒式的小楼房，大多关门闭户，这些砖混结构的房屋属于外出务工一族，即使在农忙季节，他们也很少回家。三三两两收获稻子的农民大多年纪很大，青壮年外出了，他们成了农村的主要劳动力。工业化和城市生活方式向乡村扩散，给农村人带来了很多好处，电器基本普及，农村的生活方式摆脱传统模式，逐步与城市接轨，但是，也给农村的环境带来了危害。过去，农耕生活模式下的环境质量较好，来自于自然的生活用品和加工品，大气、土壤能够自动消解，即使人畜粪便也能作为肥料使用。而今大量工业品涌入乡村，产生的垃圾不能被自然消化，成为影响乡村环境的公害。在记忆中，童年时戏水的小溪四季不断流，螃蟹、鱼虾在石缝中穿行，现在这条小溪已经干涸，玻璃瓶、塑料、纸包装等各种垃圾堆积在溪沟中，发出恶臭。

与国外相比较，我国城市面貌在高速发展中逐步缩小差距。无论城市基础设施，还是城市人群的收入和生活水平，与世界上任何发达国家的任何城市相比较都不逊色。但是，撇开城市的物质生活，不得不承认社会公众在价值观念、公民意识以及人文精神等方面，还有很大的距离。在传统农业社会中衍生的城市化，不仅是城市的建设与发展，更是社会公众适应于现代生活，在生活方式、价值理念、公民意识等方面的培育。"人的城市化"比"土地的城市化"更为重要。

城市化发展到成熟阶段，解决城乡差距成为不可回避的问题。中国的城乡差距不但因社会发展使然，具有与其他国家相同的"一般性"客观因素，同时也具有中国特殊社会和国情所产生的深层根源。从城乡壁垒森严的二元社会向城乡一体化发展，既是破除体制障碍的制度变革，更是对传统农业社会的改造，是一项涉及城乡关系转换、社会利益调整的系统变革。这一变革中，乡村的建设与发展始终是涉及全局的中心，没有乡村的经济复兴就没有乡村的社会复兴，要让千家万户农家参与到农业现代代建设中，并在现代农业发展中获得更多实惠；这一变革中，提升乡村人口素质是核心，要让千百万的农民文化修养、道德水平、价值观念得到更新，以适应社会发展的需要；这一变革中，加快城乡一体的制度建设是保障，让城乡人口公平享有个人自由和公民权益。

城乡一体化是城乡的共同愿景，这一进程伴随着城乡关系从分离到融合的发展过程。随着社会生产向前推进，城乡关系必然从分离走向融合，马克思、恩格斯对城乡关系的科学预见指明了城乡关系的发展方向，但是，这一过程不会自然发生，需要通过不断的乡村建设实践才能实现。在城市化进程中，顺应形势发展，加快乡村建设步伐是工业化和城市化的需要，但这一过程同样不会自然发生，而需要政府从政策层面，建立完善的制度体系，促动资源要素向乡村聚集，实现有利于城乡一体化发展的配置模式。从这一观念出发，城乡一体化发展需要政府有效调控和牵引。

实践证明：乡村建设需要政府的有效参与，但政府不能一厢情愿，包揽所有的事务；不能脱离乡村实际，搞高大尚样板；不能脱离群众的需要，搞形式主义。以上三种情况都有教训，过去几年，在新乡村建设中，各地都有政府着力打造的典型和样板，这些样板高端、大气、上档次，但花去不菲的投资建设的广场、文化设施、牌楼等并不受村民欢迎，使用价值很低，这种样板也不具有推广价值；特别是民房改造"穿衣戴帽"，外观很漂亮，但内部依然十分破旧，几年过去外观变色破损，农民住房依然如故；新乡村建设中的政绩工程大兴土木，并非群众所愿，难以调动群众的参与激情，不能发挥群众的内生动力，使政府成为群众的对立面，征地拆迁、土地调整都成为群众上访的重要源泉。

在发展相对滞后的中西部地区，区域差距、城乡差距问题影响到乡村发展进程，其结果导致城乡一体化发展水平在区域分布上不平衡，发达省市和地区在城乡一体化进程中快于中西部地区。与此同时，中西部地区乡村相对集中的贫困群体如何脱离贫困，也是城乡一体化进程中需要认真对待的重要课题。从 20 世纪 80 年代初开始，对农村开展的扶贫解困工作取得了较好的效果，从中西部地区最初确定的 200 元贫困线到如今 3000 元贫困标准，贫困群体的绝对收入水平有了很大提高，但从相对收入差距来看，贫困群体与社会一般收入水平仍有很大差距，相对收入差距仍在扩大。20 世纪 80 年代初，当土地承包制开始施行，短短几年农业丰收，大多数的乡村人口就解决了吃饭问题，但也有部分人吃不上饭，其中有部分人因惰性所致，大集体时期长期养成的"穷惯了"让他们甘于贫穷。一个例子让我记忆深刻：那是 1986 年初冬，随县里领导下乡，路边山崖上的洞子里冒出浓烟，上山查看发现洞子里住了一家四口，一父三子都是壮年，缸里无粮、床上无被，全家人围着一堆燃烧的柴草烤火取暖。按照领导吩咐，我们为他们送去了粮食和棉被，可时隔不久再次回访时，床上的棉被不见了，被这一家子拿去换了酒钱。那时，周围的群众都说党的政策好，栽几窝南瓜都能养活自己。在我的最初印象中，农村的贫困户似乎就是不愿干活的人。

今年夏天开展扶贫调查，其中相似的事让我们一行人感触很深。一个五十岁左右的单身男人长期没有脱贫，无病无灾不缺劳力，没有负担，可为什么不能脱贫？家访中，揭开灶上的锅盖发现一大锅可供 10 人吃上一顿的米饭，饭已开始变质，原来这人不愿做饭，做上一大锅饭可吃一周。贫困家庭的致贫原因是多方面的，个人的懒惰是贫困的重要原因，但并非所有的贫困人口都是懒惰的。许多政府部门和研究机构在对贫困户开展调查时，发下来的表表册册列出了致贫原因的多方面选项，其中大多数与家庭相关。诚然，每个家庭陷入贫困肯定与家庭的各种原因有关，根据笔者掌握的情况，在贫困户中，因病致贫、因学致贫分别占比达到 30% 以上，因灾致贫、因孤致贫、因残致贫、因懒致贫、因其他客观原因致贫的比例并不高，其中因病致贫和因孤致贫是最为令人感到绝望和可怕的致贫原因。因病致贫导致家庭举债、劳动力缺失，家庭脱贫难度大；因孤致贫在近年比例上升很快，这种情况因子女结婚分家，老人独居，子女逃避赡养之责，造成老人陷于贫困之中。在贫困山区，许多青壮年外出务工多年不归，对父母支助微薄，老年人在家生活艰辛，艰难度日。

多年来，在政府的帮助扶持下，乡村的绝对贫困人口（家庭收入低于脱贫线标准）逐步减少，绝对贫困人口这类群体的整体生活水平有所上升，但相对贫困问题则仍十分严重，从平均收入上看，近年来乡村人口收入增速高于城市人口收入增速，但从绝对收入差距来看，城乡之间、个人之间的差距仍在扩大。在传统农业和现代工商业共存的环境中，弥合城乡差距，解决好乡村相对贫困问题，只能通过调整城乡关系，建立有利于乡村现代农业发展和乡村社会改造的新型城乡关系。

过去几十年，我们"摸着石头过河"闯出了中国改革的新路。我们有理由相信，在新起点上不断探索和实践，中国城乡也一定能找到适合于自身发展的轨道，阔步迈向美好的未来。

以上我的感受和思考聊为序。

2017 年国庆节于重庆

目 录
CONTENTS

第一章

城乡关系概论

城乡关系一改变，整个社会关系也跟着改变。

——马克思：《哲学的贫困》

自从有了城市就有了城乡关系。城乡关系是广泛存在于城市和乡村之间的相互作用、相互影响、相互制约的普遍联系与互动关系，是一定社会条件下政治关系、经济关系、阶级关系等诸多因素在城市和乡村两者关系的集中反映①。不同的学科对城乡关系的研究视角不一样，就其实质而言，城市与乡村作为人类两种不同的生存状态，是生产力发展和社会大分工的产物。城乡关系涵盖了城乡之间的政治关系、经济关系、社会和文化关系等方面的丰富内容，在不同的历史时期，表现形式不同。

第一节　城市与乡村的联系

城市和乡村皆为人类生产、生活场所，涉及与人类生产、生活的广泛内容。从广义而言，研究城乡关系旨在探讨城市与乡村之间普遍联系的一般规律，实现符合于社会发展方向和人类愿望的和谐城乡关系；狭义意义上讨论城乡关系，则是从不同的视角探究城市与乡村之间具体范畴的关系，如城乡之间经济关系、社会关系、政治关系、文化关系以及更为具体的生产、生活内容之间的联系。从不同的视角和层面研究城乡关系，所得出的结论可能不一样，甚至大相径庭。任何对城乡关系的研究都在一定条件下进行，并根据具体的研究目的、研究对象而展开，本书通过考察城乡发展历史，重点探讨城乡关系的运动规律，从所

---

① 蔡云辉：《城乡关系与近代中国的城市化问题》，载《西南师范大学学报》（人文社会科学版），2003 年第 5 期，第 117 – 122 页。

关注的问题出发，对涉及的几个关键概念进行以下界定。

一、"城乡关系"概念界定

对于城乡关系的内涵，目前学界无普遍接受的、权威性认知。一般而言，城乡关系主要包括政治学意义上的支配与从属关系；地理学意义上的区位与空间关系；经济学意义上的工业与农业关系；生态学意义上的斑块与基质关系；社会学意义上的市民与农民关系①。城市与乡村是两个独立存在的实体，从物质层面上看，城市与乡村生产形式、生活方式各异，两者以各自的特殊形态，按照自身的运行轨迹而独立存在；就精神层面而言，城市与乡村有割舍不断的文化渊源，但在历史进程中又保持相对独立的状态。城乡关系既是物质的，又是精神的，是复杂的关系系统。在这一系统中，特定的历史条件下，一定的政治、经济、文化、社会环境决定了城乡关系的状态，同时，城市与乡村又互为条件相互作用、相互影响，特定的城乡关系又反映了一定历史时期的政治、经济、文化和社会状态。

存在于城乡之间广义上的普遍关系表现为城乡在广泛联系中的相互促进或相互对立、相互协调或相互制约关系，其状态受到特定的政治、经济、社会、文化环境等外部因素的影响，同时，又受到城乡内部要素之间相互作用的制约。特定的城乡关系是外部条件和内部因素综合作用下运动的结果。本书对城乡关系概念的界定是：①马克思、恩格斯用唯物史观作为研究城乡关系的理论出发点，坚持生产力决定生产关系，生产关系对生产力具有反作用的理论，辩证地看待资本主义社会乃至整个人类社会城乡关系的发展变化，揭示了城乡关系从统一到对立再到融合发展的必然性。城乡关系作为生产关系在城乡之间的表现形式，在生产力与生产关系的矛盾运动中变化和发展。本文所研究的城乡关系，具体反映为城市和乡村在发展中的协调和对立关系。②城乡关系划分为城乡经济关系、城乡政治关系、城乡社会关系、城乡文化关系，城乡关系的协调或对立，具体表现为城乡经济、政治、文化和社会的协调或对立。③城乡关系反映了城市与乡村的对立统一关系，构成城乡关系的因素复杂，影响城乡关系因素很多，城乡关系表现为协调或对立，是从总体上认知城市与乡村在发展中，相互之间是正向促进或反向阻滞的状态，如城市与乡村在发展中，相互产生正向促进作用，城乡关系则是协调的；相互之间产生阻滞作用，城乡关系则是对

---

① 马远军等：《我国城乡关系研究动向及其地理视角》，载《地理与地理信息科学》，2006年第3期。

立的。

二、城市与乡村空间划分

本书根据城市和乡村特性，在地理空间上区分为城市、乡村及城市边缘区三个部分。城乡之间在空间上的模糊区域，即城市边缘区（城乡结合部）在城乡关系衍变中发挥重要作用，也是本书所关注的重点之一。

最初的城与市是两个不同的概念，"城"是在一定地域内用作防卫而围起来的城垣。如《墨子七患》中说："城者，所以自守也。"《管子·度地》云："地之守在城……"《吴越春秋》中说："筑城以卫君，造郭以守民。"由此可见，城是军事设施和政治统治中心。"市"则是商品交易的场所，如《管子·小匡》中说："处商必就市井。"《孟子·公孙丑》中说："古之市也，以其所有，易其所无，有司者治之耳。"《周易·系辞下》记载："日中为市，致天下之民，聚天下之货，交易而退，各得其所。"每日中有朝市、中市和夕市之分，谓之"三市"。《说文解字》里对"城"的解释是："城，以盛民也。"中国城市起源于新石器晚期，此时已经出现城堡，龙山文化、新密古城、安徽含山凌家滩即已证明。

现代意义上的城市具有更宽广的涵义，不同的学科对"城市"的解释不一。经济学意义的"城市"是非农产业生产区域，如把乡村作为农业的生产区域，城市与乡村相对应，则主要为非农产业聚集区，按照这一划分，城乡关系从经济学的视角简单地表述为农业与非农产业的关系。《辞源》一书中，城市被解释为人口密集、工商业发达的地方。按照社会学的传统，城市被定义为具有某些特征的、在地理上有界的社会组织形式。地理学上的城市，是指地处交通方便环境的、且覆盖有一定面积的人群和房屋的密集结合体。

与城市相对应的则是乡村，是以从事农业为主要生活来源、人口较分散的地方。乡村又称非城市化地区，通常指社会生产力发展到一定阶段上产生的、相对独立的、具有特定的经济、社会和自然景观特点的地区综合体。乡村的人口密度低，聚居规模较小，以农业生产为主要经济基础，社会结构相对较简单、类同，居民生活方式及景观上与城市有明显差别等。在中国，乡村指县城以下的广大地区。因长期以来乡村生产力水平十分低下，流动人口较少，经济不发达，但其具备的优势是：乡村环境遭到的破坏程度远比城市的环境破坏程度低得多。在不同的国家、不同时期、不同地区，统计口径上对城乡也有所界定，如美国1950年以前规定，凡是人口在2500人以下的、没有组织成自治单位的居住地就算乡村；1950年后规定，不论其是否组织成自治单位，凡人口在2500人以下或人口在每平方英里1500人以下的地区以及城市郊区都是乡村。欧洲各国一般以居住地在2000人以下者为乡村。中国没有直接规定"乡村"这一统计指标的口径，仅规定了"市镇总人口"和"乡村总人口"这两个人口统计指标。

在地理空间上，传统意义上的城市有城墙分隔，城墙之外的区域即为乡村。但随着近代城市化进程加快，现代意义上的城市已突破城墙为界的限制，在城市与乡村之间已没有明确的界限。在城市边缘地带，因城市化趋势出现了城市边缘区。1936年德国地理学家哈帕特·路易斯研究了柏林的城市地域结构，首先提出城市边缘区这一概念。1942年，美国学者安德鲁、威尔文对城乡边缘区提出明确的定义：威尔文定义为，城市土地利用与专用于农业的地区之间的用地转变地域。安德鲁则将城乡边缘区与城市边缘区相区别，认为城乡边缘区在面积上要更大一些，是从经济中心向外毗连城市边缘区的农业用地和城市土地利用方式相混杂的地带。1960年，普里沃对城乡边缘区的概念给出新的表述：即城市边缘区是城乡间土地利用、社会和人口统计学等方面具有明显差异特征，位于连片建成区和郊区，以及具有几乎完全没有非农业住宅、非农业占地和非农业土地利用的纯农业腹地之间的土地利用转变区域。

三、城乡二元结构与城乡一体化

城乡二元经济结构一般指以社会化生产为主要特点的城市经济和以小农生产为主要特点的乡村经济并存的经济结构。所有国家和地区在工业化和城市化初期都经历了城乡二元结构的时期，当工业化快速发展伴随城市扩张，乡村人口和劳动力向城市聚集，从而出现发达的城市和落后的乡村并存状况。当前，许多发展中国家尚未完成工业化和城市化，城乡二元结构所带来的社会经济问题仍是国家发展中的主要矛盾，许多发展中国家为了推进工业化进程，甚至不惜损害乡村利益，从而在制度上更加深了城市与乡村的对立，加剧了城乡二元化状况。

本文将城乡二元结构区分为两种情况：其一，工业化过程中因城市工业与乡村农业差距，以人力资本为主的生产要素向城市聚集，进而形成的城市与农村社会落差。马克思、恩格斯认为城乡二元分化是生产力发展过程中的产物，这种城乡二元状况是市场经济在竞争中的产物，归结"市场化二元结构"。其二，另一种情况为"制度化二元结构"，即在制度层面将城镇居民和农村居民从身份上分为两个截然不同的社会群体，公共资源配置和基本公共服务等方面向城市和城镇居民倾斜，农村得到的公共资源和农民享有的基本公共服务明显滞后于城市和城镇居民，乡村人口不能平等参与现代化进程、不能共同分享现代化成果。中国在工业化、城市化过程中，经历了从制度化二元到市场化二元转型的过程。

当工业化和城市化发展到高级阶段，工业化向乡村扩散，城市生活方式向乡村延伸，农业和乡村的改造成为可能，消除城乡二元结构，实现城乡一体化成为所有国家和地区的发展愿景。城乡一体化是发展目标而非城乡关系，欧美发达国家在工业化和城市化进程中基本实现了城乡一体化，美国是世界头号经济强国，也是全球范围内在解决城乡二元结构方面最成功的国家，其城市和乡村除去主体产业和景观差别外，生活水平和现代文明程度基本趋同。

对城乡一体化的定义可概括为：相对发达的城市和相对落后的农村，打破相互分割的壁垒，逐步实现生产要素的合理流动和优化组合，促使生产力在城市和乡村之间合理分布，城乡经济和社会生活紧密结合与协调发展，逐步缩小直至消际城乡之间的基本差别，从而使城市和乡村融为一体。在城乡一体化发展中，工业和农业、城市和乡村成为一个有机的统一整体，城乡关系表现为城乡之间相互联系、相互依赖、相互补充、相互促进的"融合"关系。

第二节 传统"城乡关系"形成与衍变

城市产生于乡村，并独立于乡村，是伴随人类在生产方式上的分工而衍生的社会生活方式分化。城乡之间的关系在状态上表现为分离或融合，取决于不同的历史条件下社会、经济发展状态、社会组织方式以及与此相关的政治谋动，服从于社会发展规律。从不同的视角上看，城乡关系表现为政治、经济、文化等各个领域的相互联系、相互制约和相互依存关系，由此对城乡关系的剖析和研究从不同的学科亦有不同研究方法，其结论亦带有不同学科的观点。

一、早期的城乡"共生"关系

现代人对远古人类生存状态的认识大多来自古代典籍的只言片语、传说和考古论证，缺乏详尽而科学的一手资料，所得出的结论大都以偏概全。城市的产生是研究城乡关系的起点，城市从最初的部落聚居点发展为真正意义上的城市经历了漫长的历史过程。"城"与"乡"是两种不同的人类生活方式和生存状态，城与乡的关系，说到底就是人与人之间的关系。原始的城乡关系应符合三个基本条件：其一，在经济领域人与人之间已存在职业差异，这基于最原始的社会分工；其二，人与人之间在居住地上已经存在地域差异，在相对固定的居住场所已经出现城市和乡村①的区别；其三，个人在享有社会权益上已经出现差异，这主要体现在对生产资料的占有关系上。从人类最原始的组织形态衍变上看，原始公社从血缘家庭公社向氏族公社②进化中，婚姻关系的变迁对社会组织形态衍变产生巨大的推动作用，并促进人类从蒙昧状态向文明过渡。这一演进中，部族战争加速了"城"的兴起，恩格斯在《家庭、私有制和国家的起源》中说："用石墙、城楼、雉堞围绕着石造或砖造房屋的城市，已经成为部落或部落联盟的中心，这是建筑艺术上的巨大进步，同时也是危险增加和防卫需要增加的标志。"这一时期，在部族内部实行生产资料公有和产品分配上的公平，此时并无城与乡的界限划分。土地、森林、生产工具归部族所有，个人物品唯随身的武器而已，生产的劳动产品归公，然后平均分配给氏族成员。在这样的条件下，所有氏族成员都一样享有同等的权利，即使氏族首领也一样，此时即使"城"已经产生，仅为防卫工具而已，城乡的关系在"城"的时期是"共生"的。

　　随着社会发展和分工深入，在一定区域内出现不同性质的从业者，一些人狩猎，一些人从事种植和养殖业、一些人是手工业者，城市与乡村在地理上相对分离，初期的城乡关系仍是融合的，即城乡关系并非从产生开始即为对立关系。最古老的城乡之间，人口是自由流动的，许多城市贵族在乡村拥有土地。欧洲的古典文明即古希腊和古罗马时期，城市是政治活动、社会活动和宗教活动的中心，城市居民与乡村居民在政治、社会观念和权益上并没有因居住地域的差异而有不同。无论古希腊的城邦时期或古罗马时期，城市居民和乡村居民皆享有同等的公民权和各项政治、社会权利。城市和乡村不是隔离的，而因为

① "乡"的最初提法在中国产生于春秋战国时期，"村"则更晚，此时论及的"乡村"概指除"城"之外的广阔区域。

② 大多数文献资料认为，原始公社分为血缘家族公社和氏族公社阶段，血缘家族公社是人类的第一个社会组织形式，存在于旧石器时代早期，此时实行集团内婚，即在同一家族公社内，同辈的直系和旁系的兄弟姐妹之间实行群婚，世界各国的历史记载和传说都有关于族内群婚的反映。中国传说中有伏羲和女娲兄妹成婚的历史神话；《后汉书》记载盘瓠所生六男六女互为婚配等。至旧石器时代中、晚期，血缘家族公社开始向氏族公社过渡。最早的氏族是母系氏族，即起源于一个共同的女性祖先，以血缘关系相结合，族内严禁通婚。母系氏族公社早期实行族外群婚，氏族成员的子女只知其母，而不知其父；至母系氏族繁荣期发展为对偶婚，即一男一女的不牢固的结合；随着社会的发展，此一时期在氏族之上产生胞族、部落、部落联盟等社会组织，即由邻近的或互相通婚的氏族或胞族联合而成。新石器时代晚期至金石并用时代，母系氏族公社逐步过渡到父系氏族公社，婚姻形态也从对偶婚转变为一夫一妻制，并由夫从妻居发展为妻从夫居，所生子女归丈夫氏族，其中有的氏族实行一夫多妻制。

公民权联结在一起。古希腊和古罗马时期的许多贵族居住在乡村，只有在发生战争的情况下，人口才向城市聚集，城市既是战时的庇护所，又是来自于乡村的兵士集结地。

在古希腊人建立的众多城邦中，雅典最为典型。雅典的民主政治趋于成熟经历了多个重要的历史事件。公元前594年的"梭伦改革"以及公元前508年的"克里斯提尼改革"之后，特别是经过希波战争，雅典的民主政治迎来了全盛时期。公元前443年至公元前429年，伯里克利连续当选为雅典十将军委员会的首席将军，开创了"伯里克利时代"。雅典城邦包括雅典城与阿提卡乡村两部分，城市与乡村之间和谐贯通，许多重要的宗教仪式既在城里也在乡村举行，戏剧、歌唱、朗诵、舞蹈等艺术形式在城乡之间交流频繁。市政广场、公民大会会场、议事厅、市政厅、柱廊等城邦公共空间，是城市与乡村民主政治生活的共同的舞台。雅典城邦的公民都是土地所有者，历次改革的核心都是限制和打击贵族特权、保护"小土地所有者"的公民权益。如梭伦改革使雅典平民摆脱了因借贷、抵押土地而沦为"六一汉①"与债务奴隶的危险，使他们重新成为小土地所有者；克里斯提尼改革则重在建立公民权力机构，设立"500人会议"，由50人组成的"主席团"负责处理国家日常事务，由平民组成的"公民大会"逐渐成为国家最高权力机构，至伯里克利时期，公民大会甚至可以行使对外宣战、放逐贵族、罢免执行官的决定权。在另一个以农业为主的城邦斯巴

图1-1 阿里斯托芬（Aristophanes）像

达，全国土地被分成了9000份，分给成年的男性公民，城邦实行"平等人公社制度"。在古罗马社会，民主政治的形成经历了较长时期的各种斗争。公元前454年，在平民与贵族的争权斗争中，罗马元老院被迫承认人民大会制定法典的

---

① 按照传统的说法，在梭伦改革以前，雅典的小土地所有者破产后，租佃土地从事生产，其中他们"能得到自己劳动生产品的六分之一以维持生活，把其余六分之五以地租的形式交给新主人"，故名"六一汉"。参照卡根《西方的遗产》、齐世荣四卷本《世界史》等著作，订正后的说法则是，劳动产品的六分之一作为债务的利息，如不能履行义务，他们和他们的全家就沦为该土地所有者的奴隶。

决议，设置 10 人组成的法典编纂委员会，于公元前 451 年制定著名的《十二铜表法》，法典共十二表，用青铜铸成公布于罗马广场。《十二铜表法》涉及到诉讼、财产权、婚姻、邻里关系等多方面的条文，规定了贵族与平民不能通婚，但对城乡居住、往来和城里人和乡里人权益并无特殊规定，说明城与乡之间并没有设限，也没有城乡地域分界，城乡在制度层面享有同等的权利。

在古希腊和古罗马时期的城邦中，"城里人"与"乡里人"在职业、居住条件、环境以及生活习俗上的差异，开始产生了价值观上的差异。许多流传下来的古老戏剧中，有"城里人"和"乡里人"相互蔑视和调侃的台词。在阿里斯托芬①《阿卡奈人》中，一个主角叹息说："厌恶这个城市，思念我的乡村，那儿从来也不吆喝，买木炭啊！买醋啊！买油啊！"在其所创作的戏剧《云》中也描述道："我原享受着一种快乐的乡下生活，虽肮脏简陋，却自由自在，后来娶了墨咖克勒斯的侄女，我是一个乡下人，她却是一个很骄奢的城市姑娘，一个十足的贵族女子。"这表现为"乡下人"对"城里人"的抱怨。在喜剧《阿卡奈人》中，主人公狄开俄波利斯是一个雅典农民，以滑稽的语言表达了对公民大会的颇不在意："我可总是头一个到场，就像这样子坐了这个位子，一个人坐好了以后，只是叹叹气，放放屁，打打哈欠，伸伸懒腰，转过来，转过去，画画符，拨拨鼻毛，算算数目，向往着田园，想着和平。"以后的许多人都认为，在阿里斯托芬之后，农民变成了"粗野""无知"和"傻瓜"的代名词，从一个侧面也反映了当时对乡里人的一种不好印象。

中国在秦统一前，周朝（自西周公元前 1046 年至东周春秋、战国时期公元前 221 年止）实行分封制，城市的基本状态相似于同一时期的古希腊和古罗马的城邦时期，各分封的诸侯在封地内建"城"筑"墙"，自成一体。特别至东周后期，周王朝的影响日渐减弱，各地诸侯国崛起，战乱频繁，形成割剧之势。诸侯国之间群雄纷争，相互攻伐，城市的军事功能处于重要的位置，除传统的集权影响未形成如古希腊城邦时期的公民社会外，城市与乡村之间仍是"共生"的，城乡之间货物相通，人口自由流动，无特定的城乡身份界定，但已出现城乡在生活理念、习俗和生活水平上的差异。

对于中国城市与乡村居民的生活状态，《诗经》里有很多的细腻描述。采自于民间的《诗经》，反映了自西周初年至春秋时期六百余年间社会各阶层的生活

---

① 阿里斯托芬（Aristophanes，约前 446 年—前 385 年）古希腊早期喜剧代表作家，雅典公民，生于阿提卡的库达特奈昂，一生大部分时间在雅典度过。相传写有四十四部喜剧，现存《阿卡奈人》《骑士》《和平》《鸟》《蛙》等十一部，有"喜剧之父"之称。

状态，历代经士大夫修撰释解，形成了能被上层社会接受和传颂的艺术作品。对《诗经》的研究，历代多从音乐、诗歌和传统的道德、价值观角度去品评，而对上古时期社会各阶层的生存状态和民间疾苦则关注不够。其实《诗经》无论"风"采自于民间，还是"雅"出自于士大夫之手、"颂"归于歌颂功德的庙堂文学，它就是一部反映中国传统农业社会初期的百科全书。

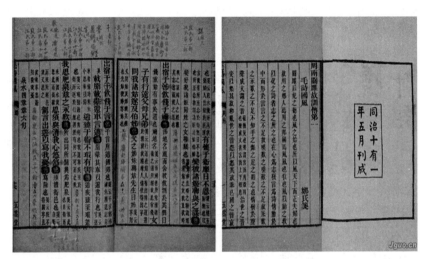

图1-2 诗经最早的版本《毛诗故训传》。《诗经》传唱于民间，自西汉初年，有齐国辕固所传的《齐诗》，鲁国申培所传《鲁诗》，燕国韩婴所传《韩诗》，以及鲁国毛亨所传《毛诗》，东汉后，《毛诗》得到官方认同，其他逐渐亡佚。后世所见皆为《毛诗》，以上《毛诗故训传》是现存最早的完整《诗经》注本

《诗经》的表达形式为歌谣，是配之于音律的歌词，但许多诗句以描写乡村景物、场景有感而发，以物抒情。如《关雎》之"关关雎鸠，在河之洲""参差荇菜，左右流之""参差荇菜，左右采之""参差荇菜，左右芼之"描述了"关关和鸣的雎鸠，相伴在河中的小洲"的乡村景象，以及"参差不齐的荇菜，从左到右去捞它"和"参差不齐的荇菜，从左到右去采它"的乡村劳动场景。这虽是一首男女之间的情感诗，但通过对乡村景物和劳动场景的描写，动静结合，据实反映了当时乡村的田园美感。《葛覃》写女子归宁，回娘家探望父母前的心情；《卷耳》写妻子思念远役的丈夫；《螽斯》贺多生子女；《桃夭》贺人新婚，祝新娘子"宜其室家"。这些篇目都是通过描写乡村风景、植物、农耕等，表达人之情感。在《周颂·臣工之什》的《丰年》中描述了乡村庆祝丰年的情景："丰年多黍多稌，亦有高廪，万亿及秭。为酒为醴，烝畀祖妣。以洽百礼，降福孔皆。"意思是丰收年谷物车载斗量，谷场边有高耸的粮仓，亿万斛粮

食好好储藏。酿成美酒千杯万觞，在祖先的灵前献上。各种祭典隆重举行，齐天洪福万户普降。《周颂·臣工之什》的《噫嘻》中说："噫嘻成王，既昭假尔。率时农夫，播厥百谷。骏发尔私，终三十里。亦服尔耕，十千维耦"。其意是成王（周成王）轻声感叹做祈告，我已招请过先公先王。我将率领这众多农夫，去播种那些百谷杂粮。田官们挥动你们的耜，在一终三十里田野上。大力配合你们的耕作，万人耦耕结成五千双。这首诗表达了君主重视农业的情感，从另一个侧面隐喻了农业丰欠对江山社稷的至关重要性，同时描述了当时大规模的农业生产场景。

同时《诗经》中对城市和城中"国人"的生活也有记述，如《国风.郑风》的《出其东门》中说："出其东门，有女如云。虽则如云，匪我思存。缟衣綦巾，聊乐我员。出其闉闍，有女如荼。虽则如荼，匪我思且。缟衣茹藘，聊可与娱。"其意思是漫步城东门，美女多若天上云。虽然多若云，非我所思人。唯此素衣绿头巾，令我爱在心。漫步城门外，美女多若茅花白。虽若茅花白，亦非我所怀。唯此素衣红佩巾，可娱可相爱。该诗通过描述城中人出城门郊游的情景，思念心上人的心景，从一个侧面反映出"城市人"的生活状态和城乡之间人口自由通行的状况。《小雅·南有嘉鱼之什》之《彤弓》、《大雅·荡之什》中《韩奕》、《小雅·鱼藻之什》的《都人士》记述了城中贵族的服饰、宴饮等方面的情况，反映了与乡村田园简朴生活不同的、骄奢的生活方式。《国风·召南》的《羔羊》则生动地描述了士大夫闲适和高高在上的生活。

《诗经》是一部百科全书，从社会生活的各个方面，细腻入微地描写了先民的生活状态。在诗歌的具体表现形式上，虽不乏艺术加工，但所描写的生活情景和对象的内心感受，则具有较高的真实性和可信度。就其具体内容而言，《诗经》涵盖了宗庙祭祀对祖先、君王的功德赞颂；亲朋饮宴对宗法秩序、血缘亲情的讴歌；思妇哀歌对繁重徭役、差役之苦的怨愤。《诗经》反映的人文精神奠定了传统伦理基础，对继承民族传统价值观念、精神信仰发挥了积极作用。诗歌中的具体内容，折射了社会各阶层的生活状况和精神面貌，反映了民间和社会底层对现实的不满，但就其城乡而言，《诗经》对城市和乡村对立，以及生活在城市或乡村的地域区别对人们生活状况的影响描述很少，从一个侧面反映了当时"城市"或"乡村"尚未成为个人的身份象征，城乡矛盾还没有成为社会主要矛盾而引起人们充分的关注。

二、传统的城乡"依附"关系

"城"与"市"的融合经历了漫长的过程，商业或城市工业尚未成为城市经济支撑之前，城市手工业是存在于城市中的主要产业形式。此时期的城市功能主要具政治或军事意义，总体而言，城市既是政治中心和军事要塞，又是消费场所，城市人口的粮食和物资需要乡村生产和供给，城市规模受到乡村物质生产水平的限制，城市与乡村的关系表现为物质需求上城市对乡村的依附关系。与此同时，城市是政治中心，从政治上对乡村进行控制，在制度上表现为乡村对城市的依附关系。在城市工业尚未兴起、物质资料的生产以农业为主的传统社会，城市与乡村之间表现为相互的依附关系，具体的实现形式以政治掠夺和商业贸易为主。西方从城邦时期的对外殖民和中世纪的对外贸易、中国则对内实行严格的政治统治，两者殊途同归紧密维系着城市与乡村之间的依附关系。

中世纪欧洲是在西罗马帝国消亡的废墟中逐渐站立起来的。在对外战争中，西罗马帝国的许多繁荣而华美的城市消失殆尽，经济处于停滞之中。在这样的特定背景下，进入中世纪的封建领主制经济①产生和发展，并逐渐占据了主导地位。中世纪早期，政治、军事和宗教因素对城镇的建立产生了重大影响，但其中的经济动因也不容置疑，封建领主通过建立城镇、兴办市场而获得税收，并颁发城市宪章授予城市自治等权利，从而获得"年度税"（fee farm）。至公元11世纪，随着农业的恢复发展，城乡贸易逐步兴旺发达，城市手工业品与农产品在城乡之间交易活跃，拉动了"城市复兴"。当然，城市的快速发展除了工商业和对外贸易的拉动外，也存在宗教因素和乡村大量人口向城市集中等多种原因。中世纪城市复兴，产生于乡村，乡村的农业经济较快发展是城市复兴的原动力，没有农业的繁荣就不会有商业和贸易的扩张，其结果亦不会带来城市的壮大。

中世纪城市复兴伴随着城市手工业者、商人阶层崛起，同时也造成城市与乡村作为两个独立存在的实体逐渐进入分离状态。在古典时期，城市手工业、商业已较为发达，但从业者并不具有相应的政治地位，在"小土地所有者"为主体的城邦公民社会里，不论是实行民主制的雅典还是盛行寡头制的斯巴达，其行政管理都由土地占有者所控制，小土地所有者主宰了城邦的政治生活。在罗马时期的城市中，虽然已存在为数众多的富商和手工业者，但由于其地位低

①　公元9世纪中叶，在查理曼帝国崩溃以后，西欧的封建领主制才步入其成熟时期。在查理大帝去世前的法兰克王国中，封臣领地只是作为该封臣个人对王国效忠的一种报酬，封臣对领地的拥有具一定的年限，至多也只是终身，无世袭规定，通过这种方式，确保了法兰克王国的政治统一。查理曼死后，卡洛林帝国陷于内战之中，土地成为君主收买臣属的主要手段，以后土地世袭制也逐步得到承认。由此，封建领主获得了可与王权相抗衡的实力，并明里暗里摆脱王国的控制成为重要的地方政治势力。

下，经济份额在总体经济规模中所占比例较小，因而被排斥在城镇的市政管理之外。据记载：公元 4 世纪时，罗马帝国各城镇的财政收入第一次被纳入帝国税收体系，不过在君士坦丁大帝"五年期纳税"计划中仅仅占到土地税的 5% 而已①。希腊哲学家亚里士多德在《政治学》中说："最杰出的城邦不会使手工工人成为公民，因为今天手工劳动的主体是奴隶或外国人。"封建领主在中世纪前期是城乡的统治者，随着城市市民阶层的兴起，市民阶层在争取城市自治的斗争中经过了不懈的努力，现象上反映为城市与乡村的对立。随着城市兴起，工匠、手工业和商人分别建立起属于自己的行业组织"基尔特"或商业公会，除对本行业进行自我管理外，也在此基础上建立起了市议会或市政会。中世纪后期，许多行会上层和富裕的商人成了城市的上层，许多商人还通过购买爵位而"贵族化"。

与中世纪的欧洲相比，同时期中国城市的状态有其不同特点：一是虽然中国城市手工业、商品交易比较繁荣，城乡之间贸易频繁，但城市的商业地位尚不能足以取代其政治地位，不能以独立的商业中心而存在。城市的政治和军事功能仍然十分明显，特别是作为区域政治中心，城市对乡村实施严格的管理；二是长期推行政治上的"重农抑商"政策，城市内的手工业者、商人没有条件、也不可能形成如中世纪欧洲城市中的市民社会。手工业者、商人虽然也成立了某些行会组织，但这些组织不能成为城市的管理者，城市居民始终处于官府和衙门的管辖之下；三是至明清时期，中国对外贸易发展很快，拉动了江浙及沿海地区城市发展，但是，在以农业经济为主体的大环境下，大多数的城市或城镇都需依附于乡村，同乡村保持较为紧密的关系。中国古代城市的兴衰有许多重要的因素，除政治、军事、生态、环境变迁等原因外，在经济上对乡村的依赖表现得极为突出，以农业为主的经济结构决定了手工业、商业以及城市服务业的规模，农业越发达、乡村越兴旺，城市就越繁荣。乡村不但为城市食物制作、酿造、纺织、金属加工提供原材料，而且直接影响到城乡商贸的繁荣程度。《秦汉社会文明》② 从人口变化描述城市的生命周期，发现城市人口的起伏很大，中国古代城市兴衰常伴随大规模徙民经济发生，如秦徙咸阳、汉徙长安等。

---

① 安德森：《从古代向封建主义的过渡》，郭方、刘健译，上海人民出版社，2001 年版。
② 林剑鸣主编：《秦汉社会文明》，西北大学出版社，1985 年出版。

秦国自战国时期即开始"移民实边①"，统一六国前，由于地广人稀，采取了一系列政策吸引三晋之民耕种关中土地。军事统一后，秦朝继续向都城咸阳地区移民，公元前212年，移民3万家到丽邑；公元前221年，"徙天下豪富于咸阳十二万户"。西汉初立，公元前198年，建信侯刘敬向汉高祖刘邦进言："秦中新破，少民，地肥饶，可益实……臣愿陛下徙齐诸田，楚昭、屈、景、燕、赵、韩、魏后，及豪杰名家居关中。"刘邦采纳建议徙关中十余万口。这一移民措施固然有"备胡"和"强本弱末"的政治需要，但更重要的是巩固了关中地区的经济，支撑了都城的长治久安。秦汉时期的都城人口增长很快，粮食主要由关中地区供给，富庶的关中地区被司马迁形容为"沃野千里"，农业生产水平较高，能确保秦汉都城对粮食的需求。至唐朝早期时都城长安居民达50万，中期增加到90万，后期又减少到70万人。由此计算，唐朝前期长安城年均消费粮食约390万石，中期长安年均消费粮食737万石，后期长安居民需要粮食517万石，由于巨大的粮食需求，除关中地区外，还来自华北、江淮以及其它一些地区。北宋建都开封，皇太祖赵匡胤几次提出西迁都城未果，主要原因在于开封可就近取得江淮漕运的粮食和消费品。历代都城尚且如此，其他郡县、州府所在的城市对辖区内的乡村更具依附性，由于受交通条件的限制，长距离的商品贸易困难，商业的主要形式局限于区域内贸易，城市的消费水平和规模更受制于乡村的生产水平，特别是粮食的生产水平。

三、近代的城乡"分离"关系

马克思、恩格斯在《德意志意识形态》一文中指出："某一民族内部的分工，首先引起工商业劳动和农业劳动的分离，从而也引起城乡的分离和城乡利益的对立。"追溯欧洲中世纪的历史，城市的独立基于城市工商业的兴起，以及城市工商业阶层脱离封建庄园主控制，承担起自主管理城市，并开创了高于乡村生活、引领生活潮流的城市生活模式，与此相伴的城市工商业也创造了大大高于传统农业的劳动生产率。11世纪，随地中海贸易重新开启，近代意义上的城市和市民阶层随之产生，最早产生的城市与地中海贸易有关，其中最重要的有威尼斯、阿马尔菲、米兰、卢卡、比萨、热那亚等等。此后，欧洲"城市运

① 据《史记·秦始皇本记》载："三十三年，发诸尝逋亡人……略取陆梁地，为桂林、象郡、南海，以适遣戍。"始皇三十三年，秦始皇派大将蒙恬"渡河取高阙、阳山、北假中……实之初县"。秦灭六国后，始皇命北击匈奴，"因河为塞，筑四十四县"。秦徙民的主要目的在于充实边疆，加强边防。

动"在广大的区域扩散，涌现出大量的城市，包括德国的"汉萨同盟"和法国的巴黎等。这些城市的兴起发端于活跃的贸易，并带动城市手工业繁荣形成市镇，有的则因宗教、政治、军事地位而形成。中世纪新兴的城市一般规模都不大，居民大多在1000~2000人，据统计：英国在12~13世纪产生了140个城市。城市兴起产生的市民阶层在与封建领主的斗争中，对社会转型发展做出了重要贡献，公元1082年，威尼斯获得在拜占廷帝国内免交一切关税特权，此后又有比萨、佛罗伦萨以及北欧和德国境内的一些城市取得类似的权利，许多城市纷纷颁布了自己的法律，即所谓的"城市宪法"①。如公元1111年德皇亨利五世颁布的《斯拜尔特权宪章》、1135年马因斯大主教颁布的《马因斯宪章》、1215年英国的《自由大宪章》、1160年的《比萨城市法典》、1216年的《米兰城市法典》、1293年颁布的《正义法规》等。

中世纪自由城市宪章赋予了城市商人为代表的公民群体诸多自由权，主要包括：①人身自由权。即城市商人是自由人，不是农奴，可到任何地方经商而不受限制。②土地自由权。城市土地在法律上属领主财产，但城市居民以自由的条件领有土地而不承担劳役义务，无人身依附关系，不受领主审判。城市居民使用土地可以货币地租方式取得，拥有对土地的处分权。③财政自由权。由城市向领主统一缴纳款项，从而由城市自由收取原由领主征收的各项捐税，包括市场税、任意税、地租和法庭罚金等。④司法权。城市司法独立，市民只能由城市的司法机关审判，城市法官由选举产生。城市公民所获得的这些权利无疑对乡村农奴乃至于自由农民具有很大的吸引力。当时许多获得自治权的城市都有一条不成文的规定：农奴逃进城，住满一年零一天、就可取得自由人的身份，原来的领主也不能迫使他重回农奴的地位。对于流浪商人和逃亡农奴来说，他们长期被排除于西欧封建庄园经济体系之外，只能从事当时并没有被完全融入封建庄园体系的商业，而城市恰恰可以给这些人提供一个稳定场所，变行商为坐商，更好地从事商业。② 在中世纪欧洲，获得自治权的城市在各城市间的表现形式有所不同，在英国和法国为自由市、自治市或公社城市，意大利为城市共和国，德国为直属皇帝的帝国城市。

城市和市民阶层的兴起，极大地冲击了延续几个世纪之久的封建领主制度，

---

① "城市宪章"被称为特许状，是一种具有宪法性质的法律文献。它往往不是由城市立法机构自行规定的法律文件，而是由国王或大主教颁布，用以承认城市的自治权，规定城市的基本制度和市民的基本权利。

② 亨利·皮雷纳：《中世纪的城市》，商务印书馆，2006年7月。

创造了有别于乡村的城市自由生活，正如当时德国谚语表述的一样："城市里流动着自由的空气。"中世纪城市重新崛起，不仅代表城市生活方式的兴起，更代表了与封建领主制度相悖的制度兴起，从而在制度层面与乡村分离。城市从整套的封建制度中脱离出来，成为它的对立面，并不断挤压乡村领主制的生存空间，从根本上对社会转型产生深层影响，并对近代资本主义制度的萌芽积淀了力量。马克思认为："一切发达的，以商品交换为媒介的分工的基础，都是城乡的分离。可以说，社会全部经济史都概括为这种运动的对立。"① 同时，他认为："由于农业和工业分离，由于生产中心形成，农村反而被孤立化了"，"城市本身表明了人口、生产、工具、资本、享乐和需求的集中，而在乡村所看到确实完全相反的情况和分散。"马克思认为城乡对立是社会生产力发展的阶段性产物，也是社会矛盾运动的必然结果，随着资本主义私有制的形成和发展，这种城乡对立的态势还会不断被强化。

在古代中国，商业和手工业起源很早，且商业随城市的发展十分繁荣。但与欧洲迥然不同的是城市商人、或以商人为主的城市工商业群体从未形成如欧洲一般的城市市民阶层，城市也没有形成彰显市民阶层价值观的市民社会，这种状况与中国独特的政治、经济、文化状况及历史传承息息相关。中国的农耕文明经历了很长的历史时期，城市商业的兴起从未脱离农耕文明和农耕传统的影响而独立存在，至 11 世纪欧洲兴起"城市革命"的同时期，唐宋的商业十分繁荣，城市中虽然出现了有别于乡村文化的生活模式，城市伴随商业兴起减弱了对乡村的依附，但并未出现城市与乡村完全分离或对立的状况。

自秦朝时起，中国实行郡县制的社会治理模式，政治上推行中央集权式治理，尽管分分合合，王朝更迭频繁，但这种"大一统"的治理框架从未更改过。正如《诗经》所表述的一样："普天之下，莫非王土；率土之滨，莫非王臣。"② 城市作为历代统治集团的治所，即使唐宋、明清时期商贸繁兴形成了商业气息很浓的市镇，也从未脱离过皇权的控制。这样的政治格局没有给予城市工商业者独立治理城市、管理城市社会的机会，这是与欧洲中世纪城市政治生态极为不同的。传统中国社会里，以血缘关系为纽带的家族制度始终是维系社会稳定运行的重要因素，城市工商业亦脱离不了这一传统，大多数的城市商人、手工

---

① 马克思、恩格斯：《马克思恩格斯全集》（第 2 卷）第 390 页，人民出版社，2008 年出版。

② 参考《小雅·谷风之什·北山》。原文为："陟彼北山，言采其杞；偕偕士子，朝夕从事；王事靡盬，忧我父母。普天之下，莫非王土；率土之滨，莫非王臣；大夫不均，我从事独贤。四牡彭彭，王事傍傍；嘉我未老，鲜我方将；旅力方刚，经营四方。"

业者以家族为纽带，技艺传承封闭运行，也没有条件形成如欧洲"基尔特"式组织。《管子》中说："今夫工群萃而州处……相语以事，相示以功，相陈以巧，相高以知，旦夕从事于此，以此教其子弟，少而习焉，其心安焉，不见异物而迁焉。是故其父兄之教，不肃而成，其子弟之学，不劳而能。夫是，故工之子常为工。"只要家族传习制度没有瓦解，欧洲式"基尔特"就缺乏产生的土壤。

　　许多人认为中国传统社会的"行会组织"或"商帮"等同于欧洲的基尔特，这个观点值得商榷。中国最早的"行"指同类商品或产品，春秋战国时期，官方设置的市场由专人管理，商品交易在市场内进行，在市内同一类商品依次排列成行，贩卖同类商品的人聚在一起即为"同行"。隋代洛阳的丰都市，区内共分120行，3000余肆，表示有120行列，售卖120种商品，每行列约30个左右摊位（肆）。唐朝长安的东市内"财贷二百二十行"，表明有220类商品①。至北宋时，坊市制解体，商铺遍布在城市中而非政府划定的范围内，此时"行"指贩卖同一类商品的行业，政府为维护城市内商品交易的市场秩序、征收税赋，选派官员或委派同行业中的商人担任"行头"，显然这种对商品交易的管理组织，与中世纪欧洲兴起的行会具有很大的区别。在中国，真正的行业组织至清时才逐步产生，这与资本主义生产方式在中国产生有关。中国传统社会的商帮不是正式组织，这种商人的联盟对横向联合、拓展业务发挥了重要作用，但与欧洲城市商业行会相比，其维护本行业的各种政治、经济权益的能力十分微弱。最初的商帮产生于远途贩运业，唐朝时即有盐商、米商、茶商、木材商、珠宝商等以商品类别划分的商帮，以后则产生以同乡关系为纽带的庞大商帮，如徽商、晋商、粤商等。

　　中国自古有"士、农、工、商"之分，春秋、战国时期，以农为本、以商为末的思想即已存在，法家主张重农耕、斥末作，儒家也认为"民以食为天"。秦汉之前虽"重农"但并不"抑商"，直至汉朝时才产生了具体的抑商政策，其措施即对商人征收重税。《史记》中记载："高祖乃令贾人不得衣丝乘车，重租税以困辱之。孝惠、高后时，为天下初定，复驰商贾之律；然市井之子孙，亦不得仕宦为吏。"至汉武帝时更增加了抑商措施，并严厉推行。首先对商用车辆课税；其次"算缗钱"，即征收财产税；推行盐铁禁榷之制，在盐、铁两个生产部门排除民间资本。对抑商税制的推行，汉武帝时期十分严厉，最初"算缗钱"由商人自己申报，后演变为奖励人民告发，"令民告缗者，以其半与之"，令官员杨可负责追究。《史记·平准书》记载："杨可告缗遍天下，中家以上大

---

　　①　赵冈、陈钟毅：《中国经济制度史论》第451页，新星出版社，2006年8月第1版。

抵皆遇告。杜周治之，狱少反者。乃分遣御史廷尉正监分曹往，即治郡国缗钱。得民财物以亿计，奴婢以千数，田大且数百顷，小县百余顷，宅亦如之，于是富贾中家以上大率破。"汉以后的各代王朝也采取了一些抑商措施，但大多执行不严格。重农轻商的观念在中国传统社会根深蒂固，经商比从农能聚敛更多财富，但许多商人在致富后却愿意回到乡村修建宗祠、置办田地，这也是中国传统社会农商之间、城乡之间难以割舍的重要原因。

第三节　现代"城乡关系"转化中的问题

在现代社会，工业化和城市化是世界发展中的主题，除少数欧美国家进入后工业化时期，城乡实现一体化发展外，大多数的发展中国家仍在工业化中期、甚至前期徘徊，城乡二元结构仍是桎梏经济、社会发展的主要问题。中国处于工业化中后期阶段，社会处于转型发展之中，在经济快速增长的同时，城乡二元结构尚未根本破解，城乡关系融合发展还有较远的路程。在这一时期，城乡之间的诸多矛盾仍是经济和社会发展中的重大问题。

一、城乡从二元向一体化转化中的关系

第一次工业革命发生在欧洲，这与欧洲城市摆脱封建领主制经济束缚，推动以城市手工工场大发展的趋势密不可分。在机器大生产代替手工工场的变革中，城市对劳动力、材料、矿山资源的需求规模空前，这些来自于乡村的要素源源不断地从乡村输向城市，从而使城市不断膨胀，乡村不断萎缩。在欧美工业化前期、特别是工业化滞后的后发国家，随工业化的持续推进，城乡之间的对立越为严重，城乡二元化越明显。即使在欧美先进发达国家，城乡关系对立的趋势一直持续到 20 世纪 50 年代，大多数的其他工业化后发国家至今尚未从城乡对立中走出来，城乡二元化所带来的社会、经济问题仍是这些国家面临的主要矛盾。

城市化与工业化相伴而行，近代以来，随工业化的迅猛发展，城市化进程也大大加快。从 1800 年至 1950 年的 150 年间，地球总人口增加了 1.6 倍，而城市人口却增加了 23 倍。以美国为例，在 1780—1840 年的 60 年间，美国城市人口占总人口的比重仅从 2.7% 上升到 8.5%。1870 年美国工业革命开始时，城市

人口占比不超过 20%，至 1920 年，这一比例快速攀升至 51.4%①。到 19 世纪末，英国社会成为世界上最城市化的社会，10 个英国人中有 9 个住在城市里，同时期欧美各地的城市人口都在激增。

城市化带来人类生活方式的变化，同时，也带动社会转型发展。第一次工业革命以前，贵族和乡绅沉迷于赌博、喝酒、嬉闹之中，精神生活萎靡不振。社会的重大变革，追求财富的强烈愿望，唤醒了他们进取的精神，于是，在业余时间里，听音乐、欣赏绘画、朗读诗歌和小说成为一种时尚。随着城市建设的发展，一些娱乐设施如剧院、音乐厅、美术馆、公园等纷纷兴建，城市的中等阶级开始喜欢到这些地方欣赏戏剧、听音乐等。就连劳动者，从过去的手工业者和农民转变为工人后，文化兴趣也开始向文学、艺术方面发展。有组织的消遣活动越来越多，并且成为商业行为②。城市的生活方式脱离传统，新的生活模式逐渐成为一种时尚，并影响到乡村的传统生活，对社会文化变迁带来了新的机遇。

工业化和城市化对农业和乡村社会的影响是多方面的，涵盖经济、政治、社会、文化各个领域，其中，最具里程碑意义的则是对传统农业的改造。工业化成果使农业从人力畜耕向机械化耕种迈进，从而开启了农业新的时代。19 世纪后期，美国在农业生产中大量使用机械，提高了农业劳动生产率，就每一劳动力所生产的谷物数量来看，1850 年至 1860 年的 10 年间，生产能力增长了 25%，1860 年至 1900 年的 40 年间增长了 50%。至 1910 年，美国在农业机械上使用汽油引擎，代替了蒸汽机和畜力，进一步提高了农业的劳动生产率，使美国乡村劳动力从农业中转移出来，1880 年，全美农业人口占总人口 49%，至 1910 年则减少到 32.5%。美国农业的发展状况实现了用较少的农业人口养活了日益增长的城市人口，最终消除了城乡在经济上的差距，确保了工业化和城市化的深入推进。其他工业化和城市化走在前列的欧洲国家以及东亚的日本、韩国，大体经历了对农业和传统乡村进行改造的过程，其中对农业的改造主要通过机械化和现代生物技术，实现了农业的装备化和集约经营。

对乡村农业和乡村社会的改造，是工业化和城市化发展到成熟阶段，社会生产力发展的必然要求，是生产关系适应生产力发展、城乡关系发生重大调整的必然结果。欧美发达国家通过工业化和城市化积累，成功扶持农业和乡村发展，在这一进程中，使城乡二元结构向城乡一体化发展，实现了城乡关系从对

---

① 白永秀：《城乡二元结构的中国视角：形成、拓展、路径》，中国县域科学发展网。

② 《十九世纪欧洲的工业化》，http://blog. sina. com。

立向融合的转化。欧美国家的成功经验正在被大多数处于工业化进程中的后进国家效仿，并在实践中不断丰富和发展。

二、中国城乡关系转化中的相关问题

从工业化、城市化阶段论而言，中国处于工业化后期和城市化中后期，破除城乡二元结构，促进城乡关系融合，实现城乡一体化发展，正当其时。先行实现工业化和城市化的发达国家为中国发展提供了借鉴，但是，作为一个从深度的传统农业社会向现代社会转型发展的国家，中国所涉及的问题更为复杂，道路更为曲折。对此，从中国国情出发，如何确定正确的发展方向，把握关键环节，解决城乡协调发展中的重大问题成为当前的重大课题。

（1）中国一体化发展路径问题。中国人口众多、幅员辽阔，区域差距和城乡差距巨大，实现区域和城乡的协调发展是一项涉及面宽、庞大的系统工程。在工业化和城市化处于中后期的关键节点上，统筹区域、城乡发展是重大的战略和思路调整。在过去长期坚持非均衡发展的惯性影响下，实现城乡均衡发展面临方方面面的利益博弈。在推进城乡一体化的具体路径上，如何制定目标，突出重点，把握关键，确保资源、要素在区域、城乡之间合理分配，实现配置优化成为首要任务。

（2）中国二元化制度变迁问题。计划经济体制时期形成的城乡隔离制度体系，对中国城乡社会影响深远。改革开放以来，随着城乡制度壁垒被取消，二元化制度体系被逐渐突破，城乡之间的要素交流日益频繁，但是，城乡管理体制中新的制度尚未完全确立，旧的制度影响仍然存在，城乡矛盾进入集中并发期，实现城乡关系融合，需要体制的转型发展，处理旧体制遗留下来的矛盾和解决好新问题非一朝一夕之功，新的制度体系破茧而出尚待时日。面对复杂的新情况和新问题，需要冷静应对，顺势而为，适时调整不适应生产力发展的生产关系，确保经济、政治和社会秩序在稳定中有序运行。

（3）中国新型乡村治理问题。工业化和城市化对传统农业和传统乡村的冲击，使乡村的经济结构和社会结构发生重大而深刻的变化。在乡村管理向乡村治理的转化中，乡村的组织形式、治理方式既需要在传统基础上有所继承，还需要顺应现代社会发展趋势有所创新。在城乡关系融合发展状态下，新型的乡村治理模式需要从制度设计，体系建构、运行机制等方面深入探索，这亦是城乡关系在转化中需要破解的重大问题。

（4）中国城乡文化融合问题。城乡文化融合是城乡关系融合的标志。代表传统农业文明的乡村文化与代表现代工业文明的城市文化相互融合发展，是目

前推进城乡从二元化向一体化发展的重大课题。其中，城乡共同的文化价值体系建构是城乡文化融合的基础，在此基础上，继承城乡文化传统、保持城乡文化特色则是城乡文化富于活力的重点。探讨城乡文化融合的方向、路径，以及城乡文化融合的实现形式，在理论或实践中都具有深远的现实意义。

三、本书的观点和结构布局

中国工业化、城市化进入中后期，经济、社会的转型发展成为时代发展的主题。从二元化经济、社会体制中脱离出来，趋向城乡一体化发展，在众多的机遇和挑战中，如何顺应形势，把握方向，破除障碍，创新发展，既需要理论创新，也需要在实践中闯出新路。马克思、恩格斯关于城乡关系的理论，在《政治经济学批判》及《德意志意识形态》等多篇著作中，系统阐述了城乡关系从混沌合一到城乡对立，以及随生产力发展最终走向城乡融合的必然过程。本书基于这一重大理论前提，在分析经典城乡关系理论，总结国内外城乡发展实践基础上，对中国城乡一体化进程中的重大问题提出如下观点：①城乡关系从对立向融合发展，是社会生产力发展的必然趋势，是生产力和生产关系矛盾运动的结果。随工业化、城市化向前推进，城乡一体化成为主要的发展方向，要重点破解乡村发展问题，通过消除城乡差距，解决好城乡关系对立所带来的社会深层次矛盾。②城乡关系从对立向融合发展，受到多方面要素的约束，其中工业化、城市化水平以及本国、本地区制度模式、文化传统、民族特性等方面综合作用，决定了城乡关系的状态及阶段性特性。③工业化初期形成城乡二元分化，是生产力发展的必然现象。对工业化滞后的国家而言，国家制度体系加剧了城乡二元化对立，在城乡关系融合发展中，需要进行系统的制度创新。④中国是传统农业文明程度最高、持续时间最长，传统农业文化影响最深远的国家，在工业化、城市化进程中，城乡关系从二元化制度体系中脱胎而出向融合发展，需要对旧的传统农业、传统农业社会进行改造。其中，对传统农业的改造是核心，对传统农业社会的改造是根本。⑤城镇化是中国城市化的必然选择，小城镇发展是实现城乡要素合理布局，城乡趋向一体化发展的有效渠道。⑥乡村公民社会建设不能脱离中国乡村文化传统、乡村社会沿革，其组织结构、社会结构、文化模式是继承中的创新，有别于现存的社会样本。⑦政府支持乡村建设应进行系统的制度设计。

本书对经典的城乡关系理论进行比较分析，在吸收合理成分基础上，沿着城乡关系从合一向分离、对立，最后向融合发展的脉络，探讨城乡关系的发展规律，借鉴理论方法探寻中国城乡关系融合的路径和需要解决的重大问题。在实证考察上，选择从古希腊到欧美现代文明的发展轨迹，对比中国社会发展历史，在比较中探寻城乡关系发生与衍变的运动规律，对解决现实问题提供指导。具体的篇章安排从乡村、城市产生及文明兴起，考证原始的城乡关系形成；从城乡衍变考察传统农耕社会城乡状态；近现代中西方工业化、城市化中的城乡关系；围绕城乡关系从产生到发展的线索，研究中国实现城乡关系融合的路径，以及需要面对的制度层面、文化层面、社会治理层面等多视角的现实问题。

第二章

理想与追求：城乡关系理论追溯

有事实存在的时候，谁有权利责备从事实中得出的结论？

——〔俄〕车尔尼雪夫斯基《怎么办?》

人类对幸福的追求与生俱来。所谓的"幸福"是"满足感"，是人类参与政治活动、经济活动、文化活动等诸多社会活动和个人生活预期的心理感知。个人的幸福来自于多方面，与自身的个人境遇、生存方式、价值取向和社会组织形态相关。自从城市产生以来，城市与乡村的关系反映了"城里人"与"乡里人"的生存关系。城市和乡村作为人类两种截然不同的生活模式，以及由此产生的相互联系、相互制约的重要社会关系，在不同的历史条件下表现迥异。从古至今，许多哲学家、思想家在国家治理方式上提出的理想模式，大多建立在"城乡平等"的基本假设条件下，实现无"城里人"和"乡里人"之别的"公民社会"理想家园，在这样的理想家园，个人的幸福感处于最佳状态。近代西方政治、经济理论对城乡关系的认识，以及破解城乡鸿沟提出的众多理论和模型，大多受研究者所处的社会、经济背景和具体研究领域的学术问题影响，具有十分明显的时代局限性和学术观点的局限性。近代工业化催生城乡关系分化对立，由此带来深刻的社会、经济矛盾成为国家发展、稳定中的重大问题，许多国家特别是工业化后发的国家仍然处于推进城乡关系协调发展的探索中。

第一节 乌托邦式理想社会尝试

古代希腊是欧洲文明的发源地，"小国寡民"式城邦尚无明显的城乡差别，古代先贤对社会理想模式的设想建立在城邦国家基础上，其思想火花迸发于现实的社会基础，并非完全的臆想，对后世治国理政仍具有现实意义。

一、农耕文明下的理想国与乌托邦

古希腊哲学家柏拉图在《理想国》中描述了"正义与善"的理想国度，这是建立在古希腊城邦制度基础上的理想国。柏拉图在《理想国》的论述中把人分成三类：卫国者、武士和普通人民，人们在社会各个方面各自扮演不同的角色，各自发挥作用以满足社会的需要。卫国者是管理国家的精英，是智慧的代表，由哲学家构成，其任务是监督法典的制定和执行。卫国者的身份可以继承，也可以通过培养来自于其他阶层，普通人民也可以成为管理国家的精英；武士们代表忠诚和勇敢，履行保卫国民的职责；劳动者则为全国提供物质生活资料。卫国者和武士不能拥有家庭和私有财产，因为有了家庭和私有财产就会产生邪念。

图 2-1 柏拉图（Plato，Πλάτων），古希腊伟大的哲学家、思想家和教育家

柏拉图（前 427—前 347）生活在古希腊雅典城邦，《理想国》作为他一生的中期代表作，成书于公元前 386 年，这一时期也是雅典城邦的动荡时期，公元前 404 年，斯巴达国王吕西斯特拉图在伯罗奔尼撒战争后占领雅典时，雅典建立起了处于斯巴达保护下的傀儡政府，称作三十僭主。公元前 403 年，雅典民主派占胜斯巴达及克里蒂亚斯①的军队，重建了雅典民主政体。公元 399 年苏格拉底被民主派处死，柏拉图与苏格拉底的其他学生一起到意大利、西西里、埃及等地避风，后又出访叙拉古，公元前 387 年回到雅典建立学院，开始个人讲学。《理想国》正是柏拉图在经历社会动荡后，认识和总结各种政体弊端后提出的理想国家模式，在为人们刻画出理想国家图景同时，列举了军人政体、寡

---

① 克里蒂亚斯是三十僭主的领导者，和另一领导者查米德斯都是柏拉图的舅舅。三十僭主实行了 8 个月的恐怖统治，杀死了许多雅典公民。死亡的雅典公民几乎比伯罗奔尼撒战争最后 10 年斯巴达军队杀死的人还多。

头政体、民主政体、僭主政体等的缺陷，以及将会产生的后果。

《理想国》强调高尚、智慧、德高望重的哲学家治理国家，是实现国家正义的最佳方式，这与中国同时期孔子提出的"为政以德"同出一辙。孔子（前551—前479）生活在春秋时期的鲁国，比希腊的柏拉图早一百年提出"德治"和"礼治"，即用道德和礼教治理国家是最高尚的治国之道。柏拉图的"理想国"和孔子的"以德治国"都很重视国民素质的培养，两人有相似的游学、办学、讲学的经历，是伟大的教育家和思想家。柏拉图甚至设想：建立理想国时要把国内大于10岁的人移到国外去，对国内的儿童重点给予音乐、哲学、数

图2-2 托马斯·莫尔（St. Thomas More，又名 Sir Thomas More，1478 年 2 月 7 日–1535 年 7 月 6 日），英国空想共产主义者，又是一名政治家和作家

学等方面的教育，确保理想国国民的素质；孔子也提出用道德去感化教育人民，而"礼治"则要求遵守君臣、父子、贵贱、尊卑之间严格的等级制度。

古希腊哲学思想对西方文化的形成具有深远的影响，柏拉图描绘的乌托邦式的理想国家成为空想社会主义的思想基础。在柏拉图之后1000年，欧洲处于城市扩张、工商业繁荣，资本主义萌芽的重要时期，在社会转型发展、各种社会矛盾十分尖锐的特定背景下，空想社会主义思潮开始出现。特别至19世纪初期，一批著名学者如欧文、圣西门和傅立叶等，主张建立没有资本主义弊端的理想社会。追根溯源，这种理想社会的模型在16世纪的作品中可以找到。英国学者托马斯·莫尔在其作品《乌托邦》中，虚构的航海家拉斐尔·希斯拉德看到的奇乡异国"乌托邦"的见闻①。

乌托邦是一个现实中不存在的理想社会，财产公有是最大的特点。莫尔认为社会的一切贪婪、掠夺、战争和犯罪皆产生自私有制。在乌托邦社会，财产是公有的，所有吃的、用的都汇集到城市的市场里，人们不需要付钱，按需要

---

① 乌托邦全名为《关于最完美的国家制度和乌托邦新岛的既有益又有趣的全书》，出版于约1516年。乌托邦的一词来自希腊语，是"没有的地方"或"好地方"的意思，并非一个真实的国家，而是一个虚构的理想国度。

领取物品，因为物质十分丰富、取之不尽，所以无须在家里积存物品。城市内的分配制度如此，城市之间也是互通有无，不需要进行补偿。丰富的物质产品来自于人们的劳动奉献，乌托邦内没有高低贵贱之分，也没有乞丐、二流子，所有的人都要参加劳动，特别是农业劳动，每个人都要学会一门手工技艺，如冶炼、纺织、木

图 2-3 托马斯·莫尔作品中的乌托邦地图

工、泥水匠等，愿意学两门的不限。人们的劳动都有益于改善生活，一切奢侈的物品都在禁绝之列。乌托邦非常重视文化、卫生、教育事业，每个城市里有四个医院，设备完善、药物充足、医生技术高超，服务态度好。人们非常重视环境保护、注重防止疾病流传，空气清新、饮用水清洁，身体健康状况好。社会教育注重培育公共道德、集体义务、正当娱乐，以期形成良好的社会风气，全民自觉遵守纪律，维护公共利益。从事学术研究非常严格，要通过教士推荐，行政官员秘密投票才能从事学术研究，凡是从事学术研究的人都要全力以赴，如不能胜任，仍要参加体力劳动，与此同时，凡是劳动者通过自修，成绩卓著亦可不再参加体力劳动，成为专门做学问的人。充当外交使节、城市首长等重要公职的人都是有学问的人。

乌托邦是一个农业社会，以农为本。凡乌托邦人从小即受到严格的农业教育，并在农村从事生产实践。城市的规模和人口受到限制，每个城市人口限6000户，每户成年人少则10人，多则16名，多余人口要移居到其他的城市。城市公民都要在农村居住两年从事农业生产，凡到城郊游览观光的城里人，要参加游览地的农业生产方可得到食物供应。乌托邦处于传统农业状态下，利用畜力和农具从事生产，所生产的谷物不能酿酒，只能作为粮食食用，每个城市所需粮食都进行认真估算，做到充足有余，但不得浪费。城市里规划有市场、医院和公共食堂，这些公共设施都免费为人们服务，城里人都习惯于在公共食堂就餐。住宅条件很好，后门正对花园，鲜花盛开、果树繁茂，可任由人自由

进出，住宅每十年抽签调换一次。

托马斯·莫尔受到柏拉图《理想国》影响，继承和发扬了公有制观念，描绘了一幅更为完美的人类社会图景。但是在公有制的实现形式和社会治理模式上又有新的发展，《理想国》的公有突破了家庭界限的约束，在卫士这一等级实行妻子和子女公有，废除家庭，而莫尔则提出家庭是构成社会的基本单元和基本生产单位，没有了家庭，社会即崩溃瓦解。柏拉图认为要防止社会产生贫富差距，贫穷会带来卑鄙和反叛，而富有则会产生奢侈和懒惰，这两种情形都于社会有害。莫尔则反对少数人富有和大多数人贫穷，其理想在于建立一个大多数人富有的公有社会，对贫富差距的反对不在于结果，而在于对产生贫穷根源的探究上。《理想国》由哲学家治理，实行道德和智慧治理国家，而《乌托邦》则是建设一个人人平等的公民社会，官员由公民选举产生。

如同柏拉图一样，莫尔对理想社会的设想离不开所处的时代和环境，其美好社会建立在传统农业和手工业基础上，看不到社会发展进步所展示的人类未来，在生产力低下、生产规模有限的历史状态下，"乌托邦"式的社会没有丰富的物质基础，只能成为臆想。《乌托邦》的产生，表达了作者对所处时代"非公平、正义"的批判。托马斯·莫尔所处的都铎时代，正是资本主义原始积累初期，少部分人聚敛财富、不择手段，许多农民被暴力赶出土地，豪强把土地圈起来变成牧场，用于养羊，生产纺织毛呢用的羊毛，大批农民流离失所。作者在对现实批判基础上，提出了"乌托邦"式理想社会构想。

二、乌托邦式社会主义流行

从古至今，人类对乌托邦式的理想追求从未停止过，有的为实现理想甚至于付诸实践。公元前494年，波斯国王大流士的军队破坏并摧毁米勒城，希波达摩斯被授权重建米勒城，他设想建造了一个由手工业者、农民和士兵组成的一万人口规模的城市，在这个城市里，所有的居民是平等的，城市按照设计好的完美机制运行。1968年，孟家拉哲学家斯里·奥罗宾多·高斯和法国女哲学家米拉·阿尔法萨在印度蓬笛谢里建设曙光城，吸引了一些寻求乌托邦理想的欧洲人，他们在这里开辟水渠、建设农场，种植农作物，开展乌托邦实验，最终以失败终结。

托马斯·莫尔的乌托邦国度被设想为空间上的遥远国度，这在17世纪之前为人们所认同，然而随着16～17世纪的欧洲大航海时代的到来，陌生的世界逐渐被人们熟知，随之人们的视野放到未来，坚信"乌托邦"存在于未来的世界里。特别是随着资本主义生产方式向前发展，社会生产力拉动经济、社会进步，物质生活逐渐丰富，人们更有理由相信人类正在向理想的社会靠近。英国著名小说家赫伯特·乔治·威尔斯（1866—1946）在其作品《时间机器》把未来世界定格为数十亿年以后；史德普顿在《人之始末》（*Last & First Men*，1930）中，则用20亿年的时间比例来表示人类朝着乌托邦境界的攀升。

托马斯·莫尔开乌托邦社会主义（又称空想社会主义）先河，这股思潮在十九世纪形成，并深刻地影响社会学理论与实践。这一时期中，出现了许多具有空想社会主义代表人物，如欧文、圣西门、傅立叶等。1799年，作为实业者的罗伯特·欧文在自己的工厂里开展改革试验，改变工人工作环境、缩短工作时间、增进工人福利，这一系列举措不但改善了工人的生活，而且提高了企业的效益。1820年，欧文在《致拉纳克郡报告》中提出消灭私有制，建立财产公有，权利平等和共同劳动的改革主张。1824年，欧文在美国印第安纳州开展新和谐试验，但最终未取得成功。法国空想社会主义者克劳德·昂利·圣西门的一系列著作中，提出未来的新社会，人人都要劳动，没有游手好闲、不劳而获的人。他认为只要大家都接受这个理想，新的社会就会实现。法国空想社会主义者夏尔·傅立叶认为人类经历了蒙昧、宗法、野蛮和文明四种制度，每一种旧的制度都会被新的制度所取代，被资产阶级视为永恒的文明制度是万恶之源，是人人互相反对的战争，是贫富分化的极端，商业欺诈的乐园，道德败坏的温床。主张消灭文明制度，建立和谐制度。主张人民按性格组成"法朗吉"，人人按兴趣爱好从事工作。法郎吉的产品按劳动、资本和才能分配，人人都可入股成为资本家从而消灭阶级对立。

图 2-4　罗伯特·欧文设想的新和谐公社

19世纪正值世界资本主义快速发展时期，主要资本主义国家对外加速扩张，内部则各种社会矛盾显现。许多空想社会主义者从社会现实出发，逐渐认识到资本主义的种种弊端，提出建立平等社会的设想。大多数空想社会主义者主张消灭阶级差别，废除私有制，人类共同劳动，平均分配劳动产品。其中，最难能可贵的是许多人为追求理想社会付诸实践，如欧文在美国创建的"新和谐公社"。1824年，欧文变卖了所有家产，带着子女和追随者从英国来到美国，在印第安纳州，用20万元购买了3万英亩土地，并在这片土地上开建他的理想社会。在这里，他们建起了农庄、葡萄园、草场、牧场、以及面粉厂、鞋帽厂、啤酒厂、麻布厂等各种工厂，新的社区吸引了全世界的目光。在"新和谐公社"内部，欧文带领全体社员共同劳动、共享劳动成果，成员按照年龄大小从事各种有益的劳动。5～7岁的儿童，一律无条件入学；8～10岁的儿童，除学习外，还要参加各种活动和劳动；12岁以上的青少年，要在工厂、作坊等学习手工技能；20～25岁的青年人，有的在工厂作工，有的在农田参加农业劳动，有的从事脑力劳动；25～30岁的人，每天参加两个小时的生产劳动，其余时间从事公社的保卫工作和参与产品的分配；30～40岁的人负责管理、组织和领导各个部门的生产工作；40～60岁的人，则主持对外交往；60岁以上的老人组成老人集体，负责捍卫宪法，监督宪法的实施落实等。但是，这种看似和谐、各司其职的社会组织形式，最终难以经受考验，久而久之，"新和谐公社"内部的矛盾逐渐产生，脑力劳动者增多、体力劳动者减少，许多工厂不能开工、农田因懈怠而收成下降，"新和谐公社"因亏空严重不得不在4年后破产。

三、20世纪的"反乌托邦"

反乌托邦又称"反靠乌托邦""敌托邦"或"废托邦"，与乌托邦相对，是充满丑恶与不幸之地。如果乌托邦是人类对未来的美好愿景、充满积极向往的一面，那另一面则是：反乌托邦所展现的人类未来，充满各种弊病，如阶级矛盾、资源紧缺、犯罪、迫害，物质文明泛滥、精神难以自由的绝望未来。乌托邦是人们向往的天堂，反乌托邦则是人们不愿面对的地狱。反乌托邦与乌托邦的历史一样悠久，在《圣经》中，作为乌托邦的对立面同时出现，《耶利米书》中描述以色列灾难："犹太悲哀，城门衰败，众人披上黑衣坐在地上，耶路撒冷哀声上达。他们的贵胄打发家童打水，他们来到水池，见没有水就拿着器皿，蒙羞惭愧，抱头而回。耕地的也抱头蒙羞，因为无雨降在地上，地都干裂，田野里的母鹿生下小鹿，就撇弃，因为无草。"耶路撒冷的灾难既是对以色列恶行的诅咒，也是对以色列人的警示和劝喻。

《圣经》中以色列灾难描述了人们不愿看到的场景，也是警示人们需要避免的未来结局，这反映了反面乌托邦的一种原始形式，并非纯正的概念上定义的反面乌托邦。真正的反乌托邦思潮出现在二十世纪前期，主要以文学形式反映出来。代表作有英国赫胥黎的著作《美丽新世界》（1932），英国乔治·奥威尔的《一九八四》（1948），俄国扎米亚京的《我们》（1920），这三部著作被称为反乌托邦三部曲。在《美丽新世界》里，作者描述了福特纪元632年即公元2532年的社会，在生物控制技术高度发达的情况下，人类沦为基因公司的产物，失去了人类的情感。乔治·奥威尔的《一九八四》则揭露了未来极权社会的本质，以及以追逐权力为目标的社会对人性的歪曲和压制。扎米亚京的作品《我们》描写了高度科技化社会、人类高度进化状态下的高度一律，这样的社会里，没有人性，更没有人性的自由。另一部由阿西莫夫所著的《钢窟》，描写了人与人工智能在矛盾的环境下，对人性自由的渴望并最终化解了人机矛盾，建立了人机合作的典范。

反乌托邦思潮发生于20世纪前、中期，反映了在现代工业文明背景下，人类物质生活丰富状态所产生的困惑。有的学者认为，反乌托邦源于乌托邦主义所产生的挫败感。事实上，反乌托邦的潮流是对现实社会的反映，在科学技术、工业文明高度发达的状态下，人类沦为商品和机器的奴隶，科学和理性不能实现对未来社会的美好期望，更不能消除人类之间的屠杀和毁灭，这些都与20世纪人类所经历的种族灭绝、法西斯主义、极权社会和一切与人们期待相悖的现实相关。

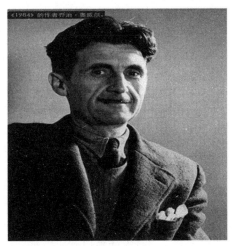

图2-5　乔治·奥威尔（George Orwell），英国记者、散文家、评论家。代表作有《动物庄园》《一九八四》

第二节　城乡发展理论追溯

一、城乡非均衡发展理论

在工业化进程中，城乡之间最显著特征即是乡村人口向城市、农业劳动力向工业部门转移，对这一程式化特征，经济学者从不同的角度建立了二元经济模型。总体来讲，在理论观点上，体现了从重视工业向重视农业的转变。

（1）刘易斯二元结构理论。1954年，刘易斯（W. A. Lewis，1915—1991）在其论文《劳动力无限供给下的经济发展》中提出了"二元经济"概念及模型。其观点是：在发展中国家存在两种不同性质的部门，即以现代化生产方式的工业化部门和以传统生产方式为特征的传统部门。在传统农业部门存在大量的"过剩劳动力"，其表现是这部分的边际生产率为零或负数，这部分劳动力形式上在劳动，实际上处于"伪装失业"状态。在现代工业部门，劳动力已实现了充分就业，其工资水平远远高于农村劳动力的收入，从而农村的过剩劳动力有流向城市和工业部门的自然趋向。只要农业部门存在伪装失业，只要工业部门和农

图2-6　刘易斯（W. A. Lewis，1915–1991），第十一届诺贝尔经济学奖获得者，发展经济学家。出生于原英属西印度群岛对卢西亚岛黑人移民家庭。其提出的经济模型为以后的发展经济学奠定了基础

业部门的工资水平存在差距，农业部门的过剩劳动力就会向工业部门流动，并形成无限供给。工业生产的扩大不会引起工资上涨，因为雇用来自农业部门的过剩劳动力而累积起来的利润，可以转化为投资，可以使工业生产进一步发展，再吸收更多的农业部门剩余劳动力。另一方面，由于农业过剩劳动力的逐渐消失，农业劳动生产率和劳动者收入将逐渐提高，这一过程将持续到农业剩余劳动力被吸收完，工农两部门的工资水平相等为止，其结果将是工业化逐步实现，农业生产不断提高，国民经济得以向前发展。

（2）增长极理论。法国经济学家弗郎索瓦·佩鲁于1955年在《增长极概念的解释》中首次提出增长极概念，并在1961年出版《二十世纪的经济》中对增

长极理论进行了全面阐述。该理论认为：一个国家要实现平衡发展只是一种理想，在现实中是不可能的，经济增长通常是从一个或数个"增长中心"逐渐向其他部门或地区传导。因此，应选择特定的地理空间作为增长极，以带动经济发展。按照这一理论，城市作为一个特定区域内的经济、贸易、服务和金融中心，周边农村的生产要素具有向城市流动的极化效应，同时，城市的规模经济也可形成向周边农村的扩散效应，带动周边农村经济发展。该理论主张在不发达的国家或地区，应首先将有限的资源投向城市，通过城市的发展带动农村的发展。

图 2-7 法国经济学家弗郎索瓦·佩鲁（Francois Perroux 1903. 12. 19—1987. 6. 2)

（3）赫希曼的"极化-涓滴效应"理论。该理论认为城市对农村产生极化效应，同时也产生涓滴效应。即随同城市的发展，城市对农村产生产品交易、投资，以及农村向城市移民的现象，这种现象有利于提高农村的边际劳动生产率和农村的生活水平，有利于缩小城乡差距。该理论认为在发展中国家，应通过集中资源发展一部分具有优势的产业，通过一部分产业发展产生的外部经济效应带动整体发展。在处理城乡关系上，通过发展城市，带动农村发展。

（4）谬尔达尔的"循环累计因果"理论。城市具有初始优势而先于其他地区得到较快发展，而农村由于基础条件较差发展较慢，市场化力量只能扩大而非减少城乡间的区域不平衡，这就是"循环因果原理"。城乡之间存在极化效应和拆散效应，城市发展到一定程度，因人口稠密、交通拥挤、资源短缺、环境恶化，造成生产成本上升、发展势头减弱，初始优势渐失，城市生产规模继续扩大，将变得不经济，从而劳动力、资本等生产要素将向城市周边扩散。谬尔达尔主张优先发展城市区域，并通过城市发展影响和带动落后地区发展。

（5）弗里德曼的"核心-边缘"理论。约翰·弗里德曼的"核心-边缘"理论又称"核心-外围"理论，该理论的观点是：在空间系统中，核心区是具有较高创新变革能力的地域社会组织子系统，外围区则是根据与核心区所处的依附关系，而由核心区决定的地域社会子系统。空间系统可是全球级、洲级、国家级、大区级和省级水平。核心区域一般是城市或城市集聚区，工业发达，技术水平较高，资本集中，人口密集，经济增长速度快，边缘区域是经济较为落后的区域。在整个区域的发展中，核心区处于主导和统治地位，支配了整个区域的发展，而边缘区则处于从属地位。在城乡关系中，城市处于主导地位，而乡村则处于从属地位。

（6）以农业优先的非均衡发展理论。持这种观点的理论坚持农业是经济的基础，是经济结构转化的关键，在二元结构的转化中应以发展农业为要。舒尔茨在《改造传统农业》中提出，改造传统农业的关键是引进新的现代农业的生产要素，从而引起技术变化，推动农业发展。20 世纪 60 年代，乔根森在对刘易斯模型、费－拉二元结构模型修正基础上，提出了乔根森模型。该模型强调在现代工业部门和传统农业部门的关系中，传统农业部门是工业乃至整个经济的基础，农业剩余是工业部门产生、增长的前提条件和规模限度。没有农业剩余存在时，就没有劳动力的城乡转移；农业劳动剩余一旦出现就促使农业劳动力向工业部门转移，工业部门就开始增长；农业剩余越大，农业劳动力向工业部门转移的规模越大；伴随着工业资本的积累，工业增长也就越快。农业剩余出现之前，劳动力都从事农业生产，此时任何从农业中出去的劳动力都具有正的边际产出，在转移过程中，农业部门总产出会受到影响，工业发展会以牺牲农业产出为代价①。

二、城乡均衡发展理论

均衡发展理论强调城市与乡村、工业与农业之间平衡发展，这基于经济部门之间的高度相关性，工业与农业同步发展，方能推进整体发展。

（1）罗森斯坦·罗丹平衡增长理论。20 世纪 40 年代初，以保罗·罗森斯坦·罗丹为首的发展经济学家，提出了以"大推进"为核心的平衡增长理论。主张在国民经济各部门中，各工业部门按照同一比例大规模投资，以使整个工业按同一速度发展，各行业平衡发展，以摆脱贫困。同时，对相互补充的部门同时进行投资，通过扩大市场容量和投资诱导来获得"外部经济效应"。这样，一方面可以创造出需求以克服市场需求不足的问题；另一方面这种全面投资可以通过分工协作，减少单个企业不必要的费用，降低生产成本，增加利润，为提高储蓄和再投资创造条件，从资本的供给与需求两个方面打破贫困的恶性循环。但是，对于发展中国家而言，基础设施落后，财力有限、资金短缺，平衡的投资计划难以付诸实施，城乡均衡发展只能是一种理想的模式，短期内无法实现。

（2）费景汉－拉尼斯模型。费景汉和拉尼斯在刘易斯模型基础上，于 1964

---

① 张培刚：《发展经济学》，经济科学出版社，2001 年。

年提出了他们的模型。他们认为刘易斯模型有两个缺点：①不重视农业在工业增长中的作用，这会带来农业的停滞；②忽视了农业劳动力向工业流动的先决条件，即由于农业生产率提高而出现剩余产品，否则工业中新吸收的来自农业的劳动力就没有口粮和其他农产品的供应。他们在刘易斯模型的基础上，把二元结构的演变分成三个阶段：第一阶段与刘易斯模型基本相同，农业部门存在伪装失业，劳动边际生产率为零或接近于零，劳动力供给弹性无限大；在第二、第三阶段中，农业部门中也出现了剩余，可以满足非农业部门的消费，从而有助于劳动力从农业向工业部门转移。因此，农业促进工业增长的作用，不是消极地输送劳动力，而是为工业部门的扩大提供了必不可少的农产品。

　　费景汉－拉尼斯模型改进了刘易斯模型，形成了更为完整的二元经济理论模型。一是该模型强调应该注重农业部门的技术进步和发展，这一点是被刘易斯模型所忽视的；二是该模型不但指出农业部门技术进步是解决粮食短缺的根本途径，而且指出农业部门和工业部门之间的平衡发展是成功实现结构转变的关键之一。这种对农业部门和工业部门以及两个部门平衡发展重要性的认识，是对刘易斯模型的超越；三是费景汉－拉尼斯模型系统研究了技术进步类型对工业部门就业增长的影响，提出发展中国家应注重引进和鼓励具有劳动使用密集偏向的技术创新的政策建议，对发展中国家有重要的指导意义。

　　（3）纳克斯"贫困恶性循环"理论。1953 年，美国经济学家拉格纳·纳克斯出版了《不发达国家的资本形成》一书，系统地提出了贫困恶性循环理论。纳克斯认为：发展中国家贫困的原因不是资源不足，而是贫困的恶性循环。从资本形成的供给方面看，发展中国家经济不发达，人均收入低；低收入又造成储蓄水平低、储蓄能力小；低储蓄水平决定了资本稀缺并形成不足；其结果是生产规模和生产效率难以扩大和提高，从而造成新一轮的低收入。如此周而复始形成一个恶性循环。从需求方面看，发展中国家人均收入低，生活贫困，意味着购买力低、消费能力弱，使国内市场容量狭小，投资诱因不足，缺乏足够的资本形成，导致生产中使用的资本不够，结果造成生产规模小，生产效率难以提高，低效率又致使低产出和低收入。如此又形成了一个恶性循环①。两个恶性循环导致发展中国家长期处于经济停滞和贫困之中，纳克斯主张对经济各部门和企业进行投资，以此推动经济全面和均衡发展。

　　（4）托达罗模型。由美国发展经济学家托达罗于 1970 年提出，其背景为 20世纪六七十年代，许多发展中国家的失业问题越来越严重，大批劳动力在城市

---

　　① 参考：资料来源于 http://wenku. baidu. com。

中找不到工作，而同时又有越来越多的农民正在试图离开农村而进入城市，人口流动已成为经济发展的障碍和拖累。这一现象是传统人口流动模型所难以解释的，于是托达罗提出了自己的人口流动模型。其基本思想是：人口迁移过程是人们对城乡预期收入差异，而不是实际收入差异做出的反应。托达罗认为，决定劳动力流动的不是实际收入水平而是以实际收入乘以就业概率的预期收入水平。因为劳动力流入城市后能否找到工作还是一个未知数，并且只有当预期收入大于劳动力在农村中的平均收入水平时才意味着劳动力的迁移是有利可图的。同时，托达罗指出：发展农村经济，提高农民收入是解决城市失业和"城市病"及"农村病"的根本途径。

三、关于城乡一体化发展的理论

城乡一体化是通过城乡之间生产要素的自由流动和城市对乡村的辐射带动，逐步缩小城乡经济发展水平差距，进而使城市和乡村形成一个相互渗透、相互融合、高度依赖、共同繁荣的整体系统的过程①。城乡一体化发展反对将城市与乡村割裂开来，主张城乡之间互为补充、共同发展。

（1）霍华德（Ebenezer Howard）的田园城市理论。空想社会主义从莫尔开始即关注城乡问题，倡导城乡结合，消除城乡差别。对城市的设想是把城市建设和经济制度联系在一起，主张城市规模不能够过大，要接近农村，这样才能更好地促进城乡的结合。19 世纪上半叶，一些空想社会主义者把改良住房、改进城市规划作为医治城市社会病的措施之一，其理论和实践对后来的城市规划产生了重要影响。19 世纪末英国社会活动家霍华德在其著作《明日：一条通向真正改革的和平道路》中提出了"田

图 2-8　霍华德田园城市图解（资料来源于 https：//www. baidu. com/）

园市"，即建设兼具城市和乡村优点的城市。霍华德设想的田园城市包括城市和乡村两个部分。城市四周为农业用地所围绕；城市居民能就近得到新鲜农产

---

①　关汉玉：《国外一体化经验对河南省城乡一体化的启示》，《消费导刊》2009 年 12 月。

品的供应；农产品有最近的市场，但市场不只限于当地。田园城市中所有的土地归集体所有，使用土地需要缴纳租金，城市的收入即来源于土地的租金。在"田园城市"的设计理念中，城市的规模应受到限制，便于城市居民能更好、更方便地亲近大自然。霍华德于1899年组织田园城市协会，1903年组织"田园城市有限公司"，并购置土地建立了第一座田园城市：莱奇沃思。莱奇沃思在规划中被绿色包围，分为居住区、工业区、公共活动区，有一条交通轴通向火车站，连接城郊工业区、市中心和农业区，莱奇沃思提供了城市规划中的田园城市样本，对以后城市规划理念产生了积极影响。1920年，霍华德又在英国伦敦西北约36公里的韦林建设了第二座田园城市。

（2）沙里宁的有机疏散理论。沙里宁在著作《城市：它的发展、衰败和未来》中提出了有机疏散理论，主要解决城市过度发展所产生的问题。该理论的主要观点是将密集的城区，分成一个一个的集镇，集镇之间用绿色地带分隔开来。沙里宁的有机疏散理论讨论了城市发展思想、城市经济状况、土地、立法、城市居民教育、城市设计等方面的内容，将城市看作一个有机联系同时存在相对分离的区域。1918年沙里宁的这一理论被应用到芬兰"大赫尔辛基方案"中。

（3）赖特的广亩城市理论。1932年，美国建筑师赖特提出的城市规划理念。他认为现代城市不能适应人类现代生活的需要，不能代表和象征现代人类的愿望，是一种反民主的机制，这类城市特别是大城市应该被取消。取而代之的是创造一种新的、分散式的文明形式。在他的著作《宽阔的田地》中，正式提出广亩城市设想。即将人们从城市中解脱出来，发展一种完全分散的、低密度的，生活、居住和就业相结合的新形式，这就是广亩城市。在这种反城市的"城市"中，每一户周围都有一英亩（4050平方米）的土地来生产供自己消费的食物和蔬菜，居住区之间以高速公路相连接，提供方便的汽车交通。沿着这些公路，建设公共设施、加油站等，并将其自然地分布在为整个地区服务的商业中心之内。美国20世纪60年代出现的城市郊区化，在很大程度上就是赖特广亩城市的体现。

（4）芒福德的城乡发展观。美国城市理论家刘易斯·芒福德认为："城与乡，不能截然分开；城与乡，同等重要；城与乡，应当有机结合在一起，如果问城市与乡村哪一个更重要的话，应当说自然环境比人工环境更重要"。芒福德赞同通过分散权利建造新的城市中心，并形成更大的区域统一体，以此推进区域整体发展，重建城乡平衡。

（5）麦基的"Desktop"理论。Desktop意为城乡一体化，描述的是在同一地域上同时发生的城市性和农村性的双重性产物,使得城市与乡村的概念在这种区域变得模糊。加拿大学者麦基在对亚洲城乡经济、社会实证研究基础上,于1989年正式提出这一概念。他发现在亚洲某些发展中国家和地区,如印尼爪哇、泰国、印度、中国大陆和台湾的经济核心区域的交通走廊地带,人口稠密区内,因为城乡之间的相互作用,出现了劳动密集型工业、服务业、非农产业的快速发展,实现了居民职业活动和生活方式不同程度的转变。这一空间形态的实质是乡村的城镇化过程,这种城乡边缘区的形成,是城市和乡村两种社会共同作用的结果,但归根结底是社会经济发展的结果。

(6)城乡边缘区理论。城乡边缘区在地理空间上是一个特殊的区域,是以农业为主的乡村和城市之间的过渡地带。普里沃定义的城市边缘区是城乡间土地利用、社会和人口统计学等方面具有明显差异特征,位于连片建成区和郊区,以及具有几乎完全没有非农业住宅、非农业占地和非农业土地利用的纯农业腹地之间的土地利用转变区域。按照普里沃的定义,城乡边缘区的出现有两种形式:一种是与城市邻近的农业地区,由于受到城市影响而正在城市化的地带;另一种是大城市之间的交通干线,形成发展走廊。对城乡边缘区的理论研究始于20世纪70年代,但其理论萌芽还应追溯到更早的时期。1921年,杜能在其《孤立国》中,提出城市周边圈层结构,多个圈层内农民的生活方式有别于普通农民和城市居民,介于普通农民和城市居民之间。1929年伯吉斯在研究芝加哥城市结构时,提出了同心圆学说,提出城市最外围区域是城市边缘区的通勤地带。城市和乡村之间的这一中间地带,从形态上看,城乡边缘区是城市要素与农村要素在一定空间范围内相互运动,使各种要素高度混合而成的一种全新的社会经济空间;从结构上看,既是传统意义上的城市结构的转换,又是传统意义上的农村结构的转换;从运动实质上看,是城市和乡村地域产业结构的转换过程①。城乡边缘区作为一个独立的有机体,同城市和乡村共同构成了一种新型的地域体系三元结构。

对城乡边缘区的界定有很多不同的观点。弗里德曼把城乡边缘区分为内、外边缘区,内边缘区大约离城市周围10~15公里的距离,外边缘区延伸至25~50公里。鲁斯旺根据土地的利用性质将城乡从空间区分为:①城市中心区,即城市建成的核心区域;②内边缘区,靠近城市中心区域,所有土地已成城市建设用地或成为城市扩张的规划区域;③外边缘区,土地用于农业的特点明显,但城市基础设施及商业网点已渗入这一区域;④城市阴影区,乡村形态受城市

---

① 范磊:《城乡边缘区概念和理论的探讨》,载《天津商学院学报》,1998年第3期。

影响较小，但城市影响已波及这一区域，有非农人口和非农用地存在；⑤乡村腹地，城市影响较小，土地基本上为农业用地。加拿大学者布里安特用非农人口与农业人口的比例来界定城乡边缘区，认为城市中心区非农人口占总人口比例为100%，而乡村区域非农人口占总人口比例为5%以下，城乡边缘区非农人口占总人口的比例在5%～100%，利用这一指标可界定城乡边缘区的范围。

（7）岸根卓郎的"城乡融合设计"理论。日本学者岸根卓郎在其著作《迈向21世纪的国土规划—城乡融合系统设计》中，提出超越城市和农村界限，建立"人类经营空间"。产生一个"与自然交融的社会"，即"城乡融合的社会"。通过农业与工业协调发展建立"农工一体复合社会系统"；通过人类与自然协调一致，建立"自然—空间—人类系统"。城乡融合设计理论，对城市和乡村规划建设，在思路和方向上提供了有益的启迪。

（8）城乡网络化发展模型。20世纪50至70年代，欧美一些发达国家出现逆城市化和城市村庄化现象，形成由大城市、小城镇、乡村相连的城市带网络。美国地理学家哥特曼称这种城市化区域为"大都市带"（megalopolis），金斯伯格称之为"分散的大都市带"（dispersed metropolis）。这种城市化网络在城乡关系的互动中形成，城市带中的每个城市都在郊区和乡村的融合体中发展起来，并向周围扩散，与其他的城市相接。这种发展模式使城市形成聚落，彼此之间由先进的交通和通信网络联结起来，使城市与乡村紧密结合、一体化推进。同时，城乡网络化发展使城乡的生活模式、价值理念、文化观念互融互通，共同发展。

四、马克思主义对城乡关系的论述

十九世纪中叶，欧洲主要的资本主义国家进入工业化和城市化高速发展时期，这是马克思主义哲学产生的时代背景。1847年，马克思发表了《哲学的贫困》一文，其中写道："城乡关系的面貌一改变，整个社会的面貌也跟着改变"，由此说明马克思在他所处的时代里，十分关注城乡问题，并对城乡关系有着很深的理解与思考。在马克思、恩格斯的经典著作中，对城乡关系的研究虽然没有专门的篇章，但其重要观点散见于《共产党宣言》《政治经济学批判》《资本论》等一系列著作中。

马克思认为社会分工引起城乡分离，他在《德意志意识形态》中指出："一个民族内部的分工，首先引起工商业劳动和农业劳动的分离，从而也引起城乡分离和城乡利益的对立。"① 在工业化势不可挡的历史潮流中，城乡分离表现为城市的集中和乡村的隔绝和分散。"居民第一次划分为两大阶级，这种划分直接以分工和生产工具为基础。城市已经表明了人口、生产工具、资本、享乐和需求的集中这个事实，而在乡村则是完全相反的情况：隔绝和分散。"② 然而，城乡之间的对立是一个历史范畴，必将随着生产力的发展而发生变化。"城乡之间的对立是随着野蛮向文明的过渡、部落制度向国家的过渡、地方局限性向民族的过渡而开始的，它贯穿着文明的全部历史直至现在。"③ 马克思、恩格斯认为，城乡对立是私有制的产物，随着私有制的产生而产生，并随着私有制的灭亡而灭亡。

马克思、恩格斯认为，城乡的分离是社会生产力发展的必然结果，随着生产力的进一步发展，城乡的分离

图 2－9　卡尔·马克思，全名卡尔·海因里希·马克思（德语：Karl Heinrich Marx，1818 年 5 月 5 日－1883 年 3 月 14 日），是马克思主义的创始人之一，第一国际的组织者和领导者，被称为全世界无产阶级和劳动人民的伟大导师。无产阶级的精神领袖，国际共产主义运动的先驱

和对立必将成为社会发展的障碍，从而将会消失。即"城乡的对立破坏了工农业间必要的适应和相互依存关系，因此随着资本主义转化为更高级形态，这种对立将会消失"④。对未来社会城乡关系的预测，马克思、恩格斯认为必将实现城乡融合，即使达到城乡融合可能是漫长的社会历史过程。1847 年，恩格斯就废除私有制问题时，论及到城乡融合。他认为："乡村农业人口的分散和城市工业人口的集中，仅仅适应于工农业发展水平还不够高的阶段，这种状态是一切进一步发展的障碍，这一点现在人们就已经深深地感觉到了。"⑤ "城市和乡村

---

① 《马克思恩格斯选集》第 1 卷，1995 年版，第 68 页。
② 《马克思恩格斯选集》第 1 卷，1995 年版，第 104 页。
③ 《马克思恩格斯选集》第 1 卷，1995 年版，第 104 页。
④ 《马克思恩格斯选集》第 1 卷，1995 年版，第 104 页。
⑤ 《马克思恩格斯选集》第 1 卷，1995 年版，第 243 页。

对立的消灭不仅是可能的，它已经成为工业生产本身的直接必需，同时它也已经成为农业生产和公共卫生事业的必需。只有通过城市和乡村的融合，现在的空气、水和土地的污染才能排除，只有通过这种融合，才能使目前城市中病弱的大众把粪便用于促进植物的生长，而不是任其引起疾病。"① 恩格斯认为："通过消除旧的分工，通过产业教育、变换工种、所有人享受大家共同创造的福利，通过城乡融合，使全体社会成员的才能得到全面发展。"② 只有在消灭私有制后，实现城乡关系的和谐才能实现整个社会的和谐发展。

图 2 - 10　弗里德里希·恩格斯（Friedrich Engels，1820 年 11 月 28 日—1895 年 8 月 5 日），德国思想家、哲学家、革命家、教育家，军事理论家，全世界无产阶级和劳动人民的伟大导师，马克思主义创始人之一。恩格斯是卡尔·马克思的挚友，被誉为"第二提琴手"，他为马克思从事学术研究提供大量经济支持。马克思逝世后，他将马克思遗留下的大量手稿、遗著整理出版，并众望所归地成为国际工人运动的领袖

第三节　理论评述及借鉴意义

研究城乡关系的理论流派很多，各自视野不同。从城市产生以来，城乡之间相互联系、相互影响、相互制约的作用即已经存在，城乡关系作为重大的政治、经济、社会关系在城市与乡村之间的反映，每时每刻都在影响人类的生活。城市与乡村，作为两种相对独立存在的人类生活方式，受到城市与乡村自身运动规律和诸多环境要素的影响，由此引伸出的城乡关系处于不断变化和运动之中，这一点决定了大多数的理论模型在分析和解决具体问题时，难免以偏概全，存在不可避免的缺陷。本文在总结吸取相关理论观点的基础上，从解决城乡现实问题入手，以实证方式构建相应的分析框架。

---

① 《马克思恩格斯选集》第 3 卷，1995 年版，第 646 - 647 页。
② 《马克思恩格斯选集》第 1 卷，1995 年版，第 243 页。

一、理论评述

正如马克思所言："城乡关系的面貌一改变，整个社会的面貌也跟着改变。"人类社会自从有城市产生以后，即存在城市和乡村两种形态的生活状态，并同时出现生产领域的社会分工，尽管手工业从农业中脱离出来，并在乡村存续下去，但城市对推进社会大分工则发挥了无可替代的作用。一个时代的城乡关系，不仅适应政治的需要，为政治服务，同时，存在于城乡之间的一系列复杂的社会关系，对政治、社会格局产生影响，并对城乡发展发挥重要的作用。城乡关系在一定的社会条件下，表现为政治关系、经济关系、社会关系等诸多因素左右城乡格局。城乡关系是综合范畴的概念，也是人类社会其他关系的核心或重点。

城市随私有制萌芽和社会分化而产生，城乡关系随着私有制的发展而背离，要达到消除城乡对立、实现城乡协调发展，马克思、恩格斯认为只有通过发展社会生产力，消灭私有制，才能最终实现城乡和谐和社会和谐，但这一过程是十分漫长的历史过程。柏拉图的理想国以及乌托邦式的社会，在基于对现实社会矛盾的批判基础上，构想的社会愿景，最终只存在于幻想中，表现为超越现实的逃避。众多的乌托邦式实践证明，乌托邦式的理想社会无论在遥远的地域内、在海底抑或在其他的星球都不存在，人们只能寄希望于未来，希望随着人类社会向前发展，理想的社会就能出现。

事物的发生与发展总是具有矛盾的两面性，科学技术发展能够改进生产手段，提高生产效率，丰富人类的物质生活和精神生活，极大地改进人类的生存状态。但是，科学技术并不能解决好人类社会自身的公正和公平问题，与此同时，技术进步还会带来与人类伦理相悖的诸多潜在风险和问题，这些风险和问题极大地引起人类对未来的担忧，这也是二战以后反乌托邦思潮出现的社会基础。的确如此，人类对未来的预判，是天堂还是地狱？这一问题至今没有令人信服的答案。总之，开创人类共同的美好未来需要共同努力。

从古至今，人类对理想社会追求不仅限于物质的富足，更关注社会的公平和正义，无论"理想国"或"乌托邦"皆设想了社会成员和谐相处的愿景，更无城乡差别现象。但是，现实中的城市和乡村随时代更迭，出现分离甚而对立，引发了较多的社会矛盾和问题，成为实现公平正义的障碍。对于这一问题，马克思、恩格斯认为，城乡分离是社会生产力发展的必然结果，随着社会生产力不断进步，城乡关系将最终实现城乡融合发展。学界对城乡关系的研究，其终极目标都是城乡融合或城乡一体化，各学科从各自专业背景的角度视野不一，大体殊途同归。西方经济学、社会学等领域对城乡问题的研究，注重解决现实问题的针对性，提出的相关理论成果值得借鉴，但各种理论流派的观点强调自身所关注问题的重要性，从各自学科视角分析所得结果相异甚至相悖。特别是在研究解决城乡发展相关具体问题中，注重于对现象的分析，而忽视了对产生现象本质的研究，即缺乏对社会基本矛盾的深入分析，所得出的结论往往脱离社会现实的需要。

发展经济学中的非均衡发展理论，提出先通过城市和工业的发展来最终带动农村的发展。制定了各种非均衡发展的政策导向，快速积累资金，并以有限的资金、技术、资源投入到效益高的部门与企业，谋求国家未来的平衡性发展。如佩鲁的增长极理论认为，通过增长极的作用，把工业扩散到农村落后地区，来解决地区不发达问题。缪尔达尔的循环累积因果理论认为，在资金、技术、资源有限的情况下，全面投资城乡经济，会降低资源的利用率，引起经济效益的下降，因此，要优先发展发达地区，然后通过扩散效应，带动落后地区如乡村的发展。赫希曼的"极化－涓滴效应"理论和弗里德曼的"核心－边缘"理论都主张优先发展城市，通过城市和工业发展的带动推动农村发展。然而，这些理论对于发展中国家而言，其缺陷在于通过市场的力量并不能解决城乡之间存在的差距。正如缪尔达尔所言："市场力量的作用通常是增强而不是减少这种差异"，城乡关系问题并不能得到真正的解决。许多陷入"中等收入陷阱"的国家实践证明：任何片面强调通过发展城市和工业，而忽视乡村和农业发展的战略选择，都难以取得成功。

以舒尔茨和乔根森模型为代表的非均衡发展观认为，在经济发展中应强化农业的基础地位，确保农业优先发展。舒尔茨提出引进新的农业生产要素，推动农业技术进步，从而实现对传统农业的改造；乔根森模型认为农业只有出现剩余时，农业劳动力才会向工业转移。然而，这两种理想状态，在市场机制配置资源的环境下并不现实，因为农业的产业缺陷[1]和先天弱质，使农业在资源配置中处于弱势和不利地位，新的农业生产要素难以聚集，农业技术改进难以完成。同时，农业生产的实践证明，在发展中国家，乔根森模型中提出的农业剩余即使不能形成，劳动力也会向效率更高的非农产业流动。

均衡发展理论强调农业与工业、农村与城市的相互依存关系，认为在经济的拉动中，需要对农业和工业以及各个产业部门进行平衡的大投资。如罗森斯坦·罗丹平衡增长理论主张通过平衡投资来获得外部经济效应，以此打破贫困

---

[1]　潘晓成：《转型期农业风险与保障机制》，社会科学文献出版社，2008 年 2 月。

的恶性循环。但是，在发展滞后的贫穷国家，经济基础薄弱，基础条件落后，技术集成和转化能力低下，进行大规模投资尚不可能，大规模的平衡投资更是不具备现实条件。

在城乡协调发展理论中，城乡一体化最具代表性。与城乡均衡或非均衡理论把城市与乡村作为两个独立的形态不同的是，城乡一体化强调城市和乡村的整体性和互补性，在经济、社会发展战略中，谋划把城市与乡村作为一个整体进行统筹，推进协调发展，实现城乡共同进步。城乡一体化所提出的观点，对区域和城市发展规划提出了新的空间布局思路，具有重要的现实意义。霍华德的田园城市理论、沙里宁的有机疏散理论以及赖特的广亩城市理论对近代欧美城市规划工作做出了重要贡献，这些新的思想贯彻到实践中，催生了新的城市形态，但是，在实践中也带来欧美城市在后期发展与扩张中的郊区化，城市的运行成本提高和资源浪费。城乡边缘区理论和麦基的"Desktop"理论研究了城市与乡村过渡地带，分析了在同一空间区域城市性和乡村性共存的状况。城市边缘区作为城市与乡村相互联系和相互影响的独特区域，提供了城乡一体化在自然过渡中变迁的样本，对城乡之间的要素流动与交流，城乡工业、农业、商业等业态此消彼长，城乡文化相互渗透等方面的研究提供了实证依据。

城市边缘区的形成在很大的程度上，是城市与乡村两种不同的生产、生活及文化形态在竞争状态下，出现的此消彼长、相互融合的结果，总的来讲，城市化影响处于强势地位。在诸多自然、经济、人文等方面综合要素的作用下，城乡之间经济联系与竞争处于支配地位，其他因素的作用处于从属地位。经济的趋利性决定了城乡边缘区的生存状态，在城市经济繁荣、城乡贫富差距较小的富庶区域，城乡边缘区基础设施、公共服务较齐全、产业布局更合理，与城市的联系更紧密，这一区域甚至可成为城市高收入人群的聚居地，表现为更为富有。但是，在城乡贫富悬殊较大，经济发展滞后的贫困区域，城市边缘区贫困化现象也较突出，城市在扩张中，对边缘区基础设施和公共投入乏力，大批农村低收入人群进入城市无固定居所，城乡边缘区成为贫困人群的聚居区。

城乡一体化理论提供了城乡融合发展的方向和基本思路，但在实现的路径上并无统一的、被学术界普遍接受的模式。各国家、各地区因现实情况不同从而所走的道路也不相同，更重要的是，消除城乡差距，实现城乡一体化发展还受到各国政治制度、社会文明水平的约束，难以逾越制度瓶颈的限制。城乡网络化，作为一种发展观念和发展模式，它是在尊重城乡经济发展差别性和互补性规律的基础上，以求实现开放性、协同性、关联性和整体优化的发展格局。其发展模式的基本内容包括构建城乡产业网络、区域城镇网络、以及合理有序的城乡要素流动网络。但是，在贫困国家或欠发达地区，构建城乡网络化发展并非一蹴而就，需要从调整城乡关系的制度层面，以及确保经济、社会可持续发展而做长远和艰苦的努力。

综上所述：研究城乡关系的理论和模型很多，历史悠久。自柏拉图式理想国至社会主义空想，到西方经济学、人文社会科学、以及现代城市规划理论的产生，皆离不开产生这些思想火花的时代土壤，同时又受到所处时代社会、经济发展水平的约束。理论对现实问题的破解，在一定的时间和空间内具有合理性，离开一定条件下的理论与现实则相距甚远。对于经济、社会发展水平相对滞后的贫困国家及贫困地区，先进的理论和发达国家、先行地区的经验皆可借鉴，但照搬照抄理论指导政策的制定，将付出高昂的代价。

二、借鉴意义

调整城乡关系就是重点调整工业与农业的关系，而今更是调整农业和非农业的关系。城乡经济关系在城乡关系中居于核心和主导地位，决定着其他关系的发生和发展。同时，城乡经济关系归根到底即工业与农业的关系，在现代社会，尽管城乡之间经济融通性增强，城市即工业、乡村即农业的显著特征减弱，但最基本的关系仍然是工业和农业的关系，且城市和乡村各为其载体。

理论用于指导实践并为实践服务，经典理论为我们解决现实问题提供思路，需要符合现实的状况。城乡一体化是中国工业化、城市化的客观需要，是中国经济、政治、社会建设的发展方向，在经历改革开放几十年非均衡发展战略，工业化和城市化进入中后期背景下，解决好乡村发展问题势在必行。无论非均衡或均衡发展理论都不能无视乡村的发展，不能离开乡村的实际去研究城市问题，理论的归宿都最终回到城市和乡村共同发展的命题上来。马克思、恩格斯关于城乡关系的理论阐明了城乡关系从对立状态向融合状态发展的必然过程，指明了城乡融合状态要通过消灭资本主义生产方式来实现。由此，乡村的发展是所有经典的、各流派理论共同关注的重点和核心。

缩小城乡差距，解决好农村发展问题与工业化、城市化的进展相关，研究城乡关系的理论从工业化、城市化与乡村发展的空间地域关系，以及与乡村发展的时间序列关系两个方面探讨乡村问题，其结果都集中到：在一定的空间区域内，充分的工业化、城市化对乡村发展具有决定性作用，只有在工业化实现"有效率"基础上，才能积累起充分解决乡村问题的成本。对发展中国家和地区而言，没有完成或基本实现工业化，解决乡村问题的时机也不会成熟。正如德国经济学家李斯特指出："要使农业物质资本做大规模、有节奏、继续不断地增长，只有在农业国建成充分发展的工业才能实现。"

城市与乡村各属于两个不同的经济地域系统，各自的发展特点各不一样，城乡一体化并不使城乡绝对同质化，而是一种最终的融合发展。城乡关系融合意味着城乡作为一个统一的系统，各自秉承自身的发展规律，承担各自的功能，在协调和相互促进中构成一个完整的有机整体。要素在城乡之间的分配按照一定规则进行合理配置，其原则既坚持按竞争机制，又通过政府导向合理流动。乡村是农业的载体，在自由竞争环境下处于先天劣势，推进乡村发展需要政府介入，建立完整有效的支持体系。

中国是人口大国，幅员辽阔，传统农业及传统乡村的改造是实现城乡一体化发展的核心。从传统农业向现代农业、传统乡村社会向现代乡村社会转型发展中，无论经济、政治、社会各个方面都面临符合发展规律的制度性调整，而这一调整的实质涉及到方方面面的利益重组，其过程并非一蹴而就，可能要经历较长的时间。本书在综合主要理论流派基本观点基础上，借鉴经典理论的合理成分，对城乡一体化进程中的城乡关系调整进行具体剖析，其主要的逻辑关系为：①城乡关系属生产关系范畴，服从于生产力发展规律。城乡关系从混沌合一向城乡对立，最后趋向融合发展是经济、社会发展规律的必然趋势。在工业化、城市化发展到较高阶段，城乡向一体化发展、城乡关系从对立趋向融合，是社会生产力发展的客观要求，势在必行。②城乡关系的实质是工农关系，即使进入工业社会高级阶段，信息化、人工智能化及现代生物技术对产业革命带来重大影响，但现实并未超越现代工业社会和传统农业社会并存的社会基础，工业与农业、城市与乡村的关系仍是人类社会关系重要组成部分，城乡关系仍是制约和影响其他社会关系的核心。③"乡村发展"是调节城乡关系的主题，城乡一体化的重点在于加快乡村经济、政治、社会的转型发展。④推进中国城乡一体化发展，需要从战略高度由非均衡发展向均衡发展转变，从统筹、协调城乡发展上改革制度模式，改变惯性思维，形成支撑乡村复兴的制度体系。

第三章

城乡考证：农业与传统乡村

历览各国产业发达这顺序，皆以农为本。

——（清）梁启超

稻浪千重，原野牧歌，人类对乡村的情感留在记忆深处。每一个生活在现代文明之中的城市人，都有一个属于自己的"乡村梦"，他们或他们的祖先可能来自于遥远的村落，或许一处破败的房舍、一条弯弯的小道就是他们记忆中的"根"。远古"刀耕火种"的村落，一步步走向现代化，在亘古的历史长河中，孕育了现代城市，乡村就是城市的母体，是城市的"根"。

第一节　农业起源与乡村兴起

从猿人算起，人类在地球上生存的历史长达100万年以上①。人类文明萌芽可追溯到公元前8000至公元前10000年间，为什么人类在最近的一万年摆脱蒙昧，迎来文明的曙光？其中随地球环境变迁而催生农业的兴起是至关重要的因素，这也是学术界所争论的、最为合乎逻辑的观点。农业的兴起结束了人类依靠狩猎和采集获得食物的流动生活方式，转而逐步形成依靠驯化、养殖畜禽和种植农作物的定居式生活，在此基础上才有乡村的产生和城市文明的兴起。

---

① 据考古资料：爪哇猿人与北京猿人一度被认为是地球上最早的人类，时间长达50万～80万年，但近几十年考古发现，陕西蓝田猿人距今100万年，云南元谋猿人距今170万年。1959年，在坦桑尼亚发现的一个几乎完整的猿人头骨化石和劳动工具，测定年代为距今175万年。1972年，在肯尼亚发现的猿人头骨、腿骨化石和石器，测定年代为距今260万年。1973年，埃塞俄比亚发现的猿人化石，距今约300万年。

一、农业起源与乡村的产生

农业的兴起是乡村和城市产生的源头，对城市和乡村问题的研究有必要对农业追根溯源。被称为"新石器革命"或"绿色革命"的农业兴起于旧石器与新石器的更替时期，是人类走上文明之路的最为重要的"革命"，其影响远远超过包括"工业革命"在内的任何一次人类重大事件。对于农业的起源，许多国家和民族都有不同的传说，中国有神农氏、黄帝、后稷等发明农业的神话。《周易·系辞下第八》；"包牺氏没，神农氏作，所木为耜，揉木为耒，耒耨之利，以教天下，盖取诸益。"古希腊传说中的女神德美脱（Demeter）

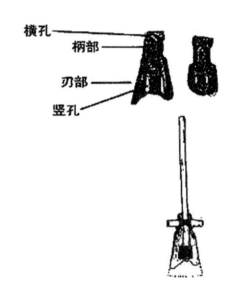

图 3 - 1　河姆渡出土的骨耜和装有木柄的骨耜复原图

是农业、生育、婚配之神；在埃及，传说发明农业的神是大地和太阳的女儿爱西斯（Isis）。20世纪50年代初，澳裔英籍考古学家戈登·柴尔德（Childe，Vere Gordon）提出"新石器革命"的论断，为史前农业的起源研究奠定了理论基础。柴尔德认为，西亚在末次冰期结束时经历了一次相当干旱的气候时期，人类和动物为获得食物被迫汇集到如尼罗河、幼发拉底河、底格里斯河这些可获得永久性水源的地区，这些被称为"绿洲"的地方，成为植物生长繁茂、动物活动频繁的区域，人类在长期的食物采集过程中，逐步认识到种植农作物和驯化动物的作用，最终导致了农业的产生。

柴尔德的理论注意到了大自然和气候变迁对农业起源的关健作用，但没有证据证明气候变化的时间、空间分布对农业起源有直接关系。此后，西方学术界出现了众多的关于农业起源的理论：如宾福德、科恩的边缘理论模式，认为农业起源于人口增长带来环境压力，进而造成食物匮乏，食物匮乏又迫使人们去干预作物的生长活动。麦克克瑞斯顿和豪尔提出的季节模型认为，在早全新世有一个气候最宜期，存在季节性，夏季气候干燥，湖水消退，关键性资源季节性短缺，人们学会储存并定居下来以应对资源短缺。随着定居人口的增加，进一步加剧资源的耗费，为获取食物，人们不得不努力捕获动物、采集植物种子发展养殖业和种植业。农业起源的研究产生了很多理论和假说，这些理论和学说从自然、地理、人文等不同的领域阐述了各自观点，皆有合理之处，但都不全面。目前对农业起源的研究还没有形成共同认知的科学结论，学术界的争论仍在持续，许多问题尚处于蒙昧之中。

图3-2　新石器时期农业及定居生活

　　学术界对农业的"起源中心"也存在很大争论，西方部分学者认为农业起源于西亚地区，即现在的伊拉克及其周边地区，这一地区是小麦、大麦、黑麦、豆类等作物的起源地，同时驯化出了山羊、绵羊、牛等。"西亚中心论"认为世界农业最早起源于西亚地区，其他地区的农业是西亚农业向外扩散的结果。目前，被大多数人认同的农业起源中心为三个地区，除西亚地区外，还有以中国为中心的东亚地区、以墨西哥为腹心的中南美洲地区。中国农业起源以北方种植黍和粟两种小米为主，以及南方以水稻为主。中国农业的历史进程中，大致经历了漫长的6000～8000年的原始农业，4000年左右的古代（传统）农业，100年的现代农业三个阶段①。在新旧石器交替时期，黄河流域（主要涵盖陕西中部、山西南部和河南西部，是典型的黄土地带）的气候冬季严寒，夏季炎热、春季多风沙，雨量不多，年平均降水量在250～650毫米，大部分降水集中在夏

---

① 刘旭：《中国作物栽培历史的阶段划分和传统农业形成与发展》载《中国农史》2012年第2期。

季，这时的温度高，蒸发量大，这一地区早已成为中华先民的栖息之地。当时，广泛生长于黄河流域台地、沙地，耐旱、耐瘠、耐盐碱的一年生草本植物狗尾草和野糜子，被作为食物采集对象，其果实耐储藏弥补了冬季食物短缺。在长期的生产活动中，人们逐渐认识到了采集植物的生长规律并用于人工种植，从而使野生的狗尾草进化成粟，俗称谷子，野糜子进化成了黍，即糜子，粟和黍被统称为"小米"。在长江中下游地区，气候温暖湿润，雨量充沛，年平均温度17℃以上，十分适宜野生稻的生长，大量生长于沼泽、湖泊和滩涂地的野生稻被人们利用，并逐步驯化为种植稻，最终形成以水稻种植为主的南方稻作农业。从植物驯化方面来理解农业起源，起源中心局限于一至几个地区的观点是片面的。苏联植物学家瓦维洛夫根据驯化植物的种类，分辨出8个农业起源的中心，它们是：中国（136种植物）、印度（117种植物）、近东（83种植物）、委内瑞拉高地（49种植物）、安第斯山（46种植物）和苏丹至阿比西亚（38种植物）等地区。

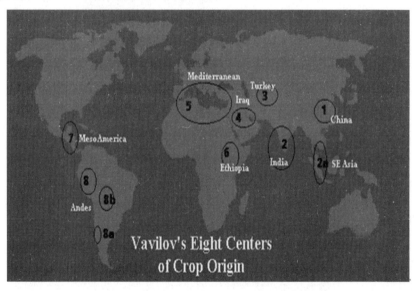

图3-3   农业起源"8个中心"学说的分布区域

在驯化野生动植物基础上产生的农业，主要特征在于其生产活动局限在一定的地域空间内，这对结束人类流动生活转而选择定居创造了条件。这一基础上产生的原始乡村状态受多种因素影响，并具有不同特征。在新石器时期的早期，人类社会的基本组织单元是氏族组织，这种氏族组织是以血缘关系为纽带，以共同祖先为基础的亲属关系结合在一起的社会集团，几个有共同血缘关系的氏族联合在一起形成大氏族，大氏族联合形成部落。氏族内部实行生产资料共同占有的原始公社制度，因生产水平极为低下，只能依靠集体劳动获得有限的生活资料，产品按平均原则在成员中分配。在这样的社会组织形态下，原始的乡村形态按氏族或部落的形成群居生活。部分研究乡村问题的学者把乡村分为两种状态，即集聚型和散漫型，由此，乡村在产生之初应是集聚型。在人类发明农业而选择定居生活时，并不属于人类主动的自觉行为，而是因农业被局限在一定的地域内限制了人类的活动范围而不得不放弃原有的、已经习以为常的流动生活。在原始人定居生活之前，血缘部落并非无居住之所，他们依托于自然形成的洞穴集中聚集在一起，随着采集和游牧需要，这些天然形成的洞穴并不固定，有时可能只是原始人的临时居住地。但据考古资料，在此之前更为久远的原始社会，人类即开始较为固定的洞居生

图 3-4　北京猿人像

活，如北京市周口店龙骨山北京猿人生活的洞穴内，发现了用火的痕迹，而且灰烬堆积很厚，这说明北京猿人在此生活的时间很长，考古推论大约在 50 万年以上。

追溯最原始的种养殖业起源地区，大多属于气候条件优越，水源充足的河谷地带或平原地区，这些地区大多无自然形成的山洞可居，原始人类只能另辟蹊径，由此产生了巢居和穴居。巢居即为用树枝或杂草在树冠

图 3-5　原始巢居方式

上搭建的居所，这种居住方式既可挡风避雨，又可避免毒蛇猛兽的侵扰。《韩非子．五蠹》中记载："上古之世，人民少而禽兽众，人民不胜禽兽虫蛇，有圣人作，构木为巢，以避众害，而民悦之，使王天下，号曰有巢氏。"在中国，巢居方式大体存在于长江流域地区，这种居住方式对克服高温高湿气候对人体危害极为有利。随劳动工具改进，建筑技术和建筑经验的积累，巢居建筑逐步发展成南方流行的干栏式建筑。穴居主要分布在黄河中上游的黄土高原地区，根据入地深浅分为深穴和半穴居两种，根据构造形式又分为横穴和竖穴两种。穴居

方式具有防风、防潮、保暖性能好等优势，直到在今天的黄土高原地区仍然存在。

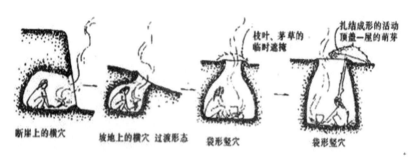

图 3-6　原始穴居方式

二、耕作方式与原始乡村形态

早期原始农业向传统农业过渡大致经历了三个不同时期，即萌芽期、发展期和转型期，这三个时期大至相当于新石器早期、中期和晚期。从使用劳动工具上分析，金属工具代替石器、畜力代替人力应是农业发展史上的重要分水岭。在耕作方式上，金属锄耕和畜力牵引是传统农业的重要特征，这一典型标志不但在以精耕细作为特点的中国、乃至东亚，甚至西亚及欧洲地区皆具普遍性，从这一点出发，欧洲早期对农业工具的运用相较中国而言落后很多，农业的发展步伐也要慢得多。从农业工具的运用上看，原始农业向传统农业转型经历了刀耕火种、石器锄耕（耜耕）、铁犁牛耕时期。

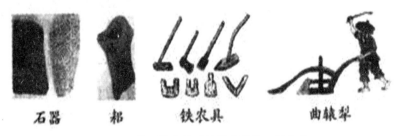

图 3-7　从刀耕火种到铁犁牛耕的工具衍变

最早的刀耕农业属迁移型农业，为原始的生荒耕作制，操作过程为砍伐树木、草丛，劈出空地播种作物。砍伐的树木干燥后用火焚烧，经过焚烧的土壤松软，易于耕作，同时，焚烧后的土壤病虫害减少，灰烬用作肥料。由于工具简陋，用石斧砍伐树木是一项十分艰巨的工作，对于高大树木采取割皮，让其自然枯死再焚烧。当春季播种来临，原始人用木棍或石器在土壤中掘窝播撒种子，用土覆上，在整个植物生长期不用任何管理，只等收获季节来临。刀耕火种耕作制度沿袭了下来，直至今日在一些相对较为落后的地区仍在继续，这种耕作方式为原始农业开辟出了最初的耕地，但却造成了大量森林资源的破坏。刀耕农业的主要方式针对森林开荒，当开辟出来的土地营养耗尽以后，收成减少或不能继续耕作时，人们只能迁移到其他地方生活。

石器锄耕时期使用耒耜耕作。耒是掘土工具，是一根尖头木棍上加上短横梁，翻土时把尖头插入土壤，然后用脚踩横梁使木棍深入，然后翻出。耜类似耒，但尖头成了扁头（耜冠），类似今天的锹、铲，制作耒耜的材料从早期的木制发展出石质、骨质或陶质。相传耒耜由神龙氏发明，《礼·含文嘉》说，神农"始作耒耜，教民耕种"。《易经·系辞》说，神农"斫木为耜，揉木为耒，耒耜之利，以教天下"。传说炎帝在围猎时，发现凶猛的野猪正在拱土，长长的嘴巴伸进泥土，一撅一撅地把土拱起，地上留下一片片被翻新的土壤。受此启示，炎帝反复琢磨发明了耒，经过改进又发明了耜。耒耜的使用，不仅实现了土壤的深耕，改善了地力，而且改原来的穴播为条播，大大提高了农作物的产量。中国至夏朝之前即已进入青铜时代，青铜农具的出现，是农具材料上的重大突破，开始了金属农具代替石质农具的时代，至商周时期，中国已较大范围使用青铜农具，并逐步发展了农业的灌溉和土壤培肥技术。根据大多数的文献记载，真正的铁犁牛耕则产生于春秋战国时期。

图 3 – 8 古代先民的定居生活

　　生产方式决定生活方式，原始农业的生产形式在很大程度上影响了人们的生活形式，亦对原始的乡村形态发挥决定性的作用。早期刀耕火种式农业是迁移式的，据考古推测，早期先民的定居点靠近耕作区，但随着生产地的迁移，这些定居点也不固定。刀耕火种耕作的土壤靠自然恢复植被和地力，连续耕种会造成土壤肥力急剧下降，或因雨水冲刷造成水土流失、或因病虫侵袭对作物的严重危害，多种原因最终带来原有耕种区不能继续耕种，从而不得不迁徙他处，据考古论证，原始先民的迁移时间短则几年、长则 10～20 年。刀耕火种只能广种薄收，而且经过多次种植的土地日趋贫瘠，收获量越来越少，频繁的迁徙、繁重的劳动使先民们疲惫不堪，在耒耜发明、生产工具得到改进以后，这种状态得到了改观。耒耜的发明和使用，开创了真正的耕播农业的历史先河，用于种植业的土地被固定下来，从而成为耕地。在此基础上，灌溉沟渠的产生、耕作制度和生产技术创新有了可能。在一系列农业生产变革中，原始乡村的结构和存在状态也在发生系列变化，在氏族组织生活的农业耕作区，也出现了稳定的居住地，这些居住地逐步发展成村落。综合考古资料分析，新石器时期村落已出现现代村落的基本特征，如耕作区内的沟渠、道路体系已形成，这对以后井田制的形成创造了条件。居住区内房舍、水井、道路等基础设施都较为齐全，农业内部已出现分工，纺织、制陶、金属器皿加工作坊已出现，并初具规模。

　　浙江河姆渡遗址生动地再现了 7000 年前长江流域古代乡村的村落状况。因为地势低洼，潮湿温热，为了居住地能有良好的通风和防潮性能，居民住在地面之上，即木结构的干栏式房子里。这种木建筑房屋，一般都由若干木桩、圆木、木板组成，下部有木柱构成底架，高出地面，底架采取打桩的方法建成。桩木打成后，上架横梁，再铺板材，然后在木板上立柱构梁架和屋顶，形成架空的建筑房屋。这种干栏式房舍既可防蛇虫猛兽之害，其底层还可养殖家禽家畜。河姆渡遗址发现的木构水井井口呈方形，边长 2 米，井口为榫卯套接的木框，每边竖以排桩为井壁，水井深约 1.35 米，外围有一直径约 6 米的栅栏和 28 根木柱，专家据此推断，井上可能盖有简单的井亭，这是迄今发现的我国最早的水井。河姆渡遗址也出现了原始纺织业，最早的织机遗存出土也是目前发现的世界上最早织机。

　　位于陕西省西安市东郊灞桥区浐河东岸的半坡遗址，则是黄河流域一处典型的新石器时期村落遗址，是 6000 年前黄河流域的古村落。半坡人的住房有圆形、方形的，有半地穴式的，也有地面上的。这些房屋均采用木骨涂泥的构筑方法，其建筑风格：门前有雨棚，恰似"堂"的雏形，再向屋内发展，形成了后进的"明间"；隔墙左右形成两个"次间"，正是"一明一暗"的形式，如若横向观察，又将隔室与室内分为前后两部分，形成"前堂后室"的格局。半坡彩陶选用黏性适度、泥质较细的泥土做陶土，并根

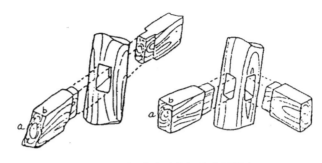

图 3-9　河姆渡遗址发掘出房屋梁木，其中有大量榫卯结构的木质构件

据器物的不同用途，或淘洗掉泥土中的杂质，或掺和适量的沙子以便耐火。陶土调好后，搓成泥条用盘筑法或分段衔接法做坯，小器物则直接用手捏塑而成。接着是修饰陶坯，先用慢转陶轮修整器皿口部，又趁湿粘上或嵌入把手、器耳等附件。等陶坯半干后，要用陶垫托着内壁，细心地进行拍打，使之加大密度与光洁度。上彩之前要涂上一层白色或浅红色的陶衣。绘彩使用类似毛笔的工具，蘸上赤铁矿粉或氧化锰粉，在器皿上绘出红色或黑色的花纹来。最后放在窑中去烧成。由于当时的窑室封闭得还不够严密，陶土中的氧化铁得以充分氧化，因此成品绝大部分呈红色或红褐色。因为烧制火候估计有 1000℃左右，所以烧出的陶器硬度相当高。半坡原始遗址还出土了用以捻线的石制陶制纺轮，从半坡陶器底部发现的麻布印痕分析，当时最细的线纹直径 0.5 毫米，已和今天的线差不多。半坡居民使用原始的织机，织成麻布，制成衣服。

伴随从食物采集者向食物生产者的转变，人类定居生活相较于游牧和流动采集生活具有不可比拟的优势。定居生活掌握了更多的生产资料，有更多的机会去关注与自身相关的环境问题，劳动工具创新使生产食物的劳动生产率大大高于采集食物者，食物生产不断取代食物

图 3-10　半坡遗址出土的陶罐

采集，又使更多的人选择了定居生活。生产方式的转变不断扩大种、养殖业范围，压缩流动采集和游牧生存空间，同时随人口增长，农垦区不断扩大，农业技术和生产方式也随之向外扩散，与此并行的定居点不断增多、乡村生活迸发蓬勃生机。农业的扩散和人口迁移，其最终结果是使农业人口和依托农业的定居生活方式占据上风，并逐步占据绝对优势，据估计：公元前 8000 年前组成人类的狩猎者，至公元前 1500 年时减少到总人口的 1% 以内。

从全世界主要农业起源地的情况来看，最原始的定居生活从产生到发展遵循了人类从被动适应环境到主动改造环境的过程，在西亚地区，发源于土耳其境内亚美尼亚高原的幼发拉底河（全长 2600 公里）和底格里斯河（全长 1850 公里），由西北流向东南的波斯湾（古时分别流入海，现汇合为阿拉伯河入海），两河的河水灌溉农业，孕育了最早的西亚文明。在约旦河谷发现的公元前 9000 年村落，是目前发现的世界上最早的村落之一，村子里有泥砌的茅屋、围墙、饲养的家畜和手工作坊，产生了纺织和使用陶器。在伊拉克发现的扎维凯米 - 沙尼达尔古村落，主要居住时间约在公元前 9000 年，人类居住时间长达 1000 年左右，最早的居住时间可追溯到旧石器时期，早期的居住形式很可能是季节性的，据推测，当时人们可能夏天在此设营，冬天则回到沙尼达尔洞居住，洞内兽骨很多，有山羊、赤鹿、野猪、野绵羊、狼等，当系狩猎之物。同时发现的石臼、石杵、石磨和骨镰，推测是用于收割和加工野生谷物。两河流域的东北边缘札格洛斯山麓的沙尼达尔遗址，距今 9000 年前即已种植作物及畜养山羊，但主要的经济活动还是猎取及采集。距今 7000 ~ 8000 年前，札格洛斯山麓已有很多农业村落，其中的耶莫遗址，除种麦之外，家猪养殖也已出现。伊拉克的耶莫遗址，在公元前 7000 至公元前 5800 年间，居民已栽种大麦、小麦等作物，同时驯养狗、山羊和绵羊。世界范围内发现的所有早期文明中，古代村落的居住方式、生活习俗受到不同的环境影响有所不同，古代村落形成的时间也不一样，但依托于农业文明特性所形成的古代乡村具有相似的生活方式。

三、耕作制度与农耕区拓展

制度的安排和施行是人类的自觉行为。农业从自发向自觉转变的重要标志，就是在认识自然和适应自然中创造出一系列耕作制度去改造自然。农业（主要是种植业）在垦荒中产生，并逐步在垦荒中固定下来，形成传统的农业耕作区。最初的农垦种植是游耕，即随土地肥力的衰减而迁移，这也是后期形成土地休耕轮作的制度基础。靠自然恢复地力的时间很长，且会出现水土流失不能耕种的情况，所以早期"游耕"带来聚居区的迁徙，即早期"乡村"是不稳定的。

早期的农耕从河流两岸的台地或林边开始，后逐渐向沿河冲积平原延伸。平原地区地势平坦，有利于人类的生产和生活，特别是冲积平原地区土地深厚、土质松软，有利于农作物的生长，但是这些区域也存在着易受河水泛滥影响，积水成涝等不利因素。耕作区的固化和居住区的稳定相伴而行，在耕作区内，人们选择依山傍水、远离野兽和自然风险较小的地方建立居住点，居住点使有共同血缘传统的氏族聚集在一起，形成最早的村落。

随着生产发展，食物逐渐丰富，人口也随之增长，最终带来耕作区围绕居住点向外扩展和延伸。许多较小的耕作区连成一片，形成最早的乡村，此一时期，随农耕区的扩展，许多原始部落仍然保持游牧的生活模式，所以乡村中仍然存在着与农耕并存的游牧区。固定的耕作区能够形成，与农业耕作制度不断创新和发展分不开，其中最为典型的属黄河流域的沟洫制以及与沟洫制相关的井田制。上古时期黄河流域的气候特点是冬春干旱、夏秋多雨，年降水量在200~700毫米，且主要分布在夏季和秋季，雨季存在着排涝的问题，沟洫农业就是在这种背景下产生的。相传沟洫农业始于夏禹时期，在夏、商、周、春秋时期甚为流行，具体的做法是在田间开畎（小沟），起泥成亩（垄），在垄上种植作物。从畎开始，依次开遂、沟、洫、浍，纵横交错，逐级加宽加深，最后通于河川。沟洫系统和田间的道路系统结合起来，把大片的农田分成格状，为井田制的施行创造了条件。与沟洫制农业相关的耕作技术以耦耕为主，即在当时主要以耒耜为工具条件下，耦耕即两人协同作业，将劳动生产率提高至最高水平。农田沟洫系统的形成，使农业种植在一定的空间内固定下来，土地轮休制代替撂荒制成为可能。

井田制最早推行于夏，是商周时期较为普遍的土地制度，至春秋时期铁制农具使用和畜耕的推广而逐渐废止。井田制因耕地由沟洫、道路分隔成方块形似井字而得名。"井田"一词最早见于《谷梁传·宣公十五年》："古者三百步为里，名曰井田。"井田制在长期施行过程中形成两种形式，即八家为井有公田和九夫为井而无公田。《孟子·滕文公上》载："方里而井，井九百亩。其中为公田，八家皆私百亩，同养公田。公事毕，然后敢治私事。"记载九夫为井而无公田者，如《周礼·地官·小司徒》记载："乃经土地而井牧其田野，九夫为井，四井为邑，四邑为丘，四丘为甸，四甸为县，四县为都，以任地事而令贡赋，凡税敛之事。"井田制是原始公社向私有制社会过渡时期的土地经营方式，是土地的公有私耕制度，但在长时间的历史进程中，因私有制的产生而出现了土地买卖，井田制也在不断地衍变中最终消亡。

在长期的农业生产实践中，随耕作区的形成，农业的耕作技术也在不断地提高。种植的作物种类逐渐集中，粮食从高达几十个种类到5～8类，品种不断纯化，从多个品种混杂种植到生长发育期相一致的分品种类别种植。同时，按季节播种收获、施肥治虫技术也有较快的发展。在农田沟洫基础上，从最初排湿排涝的沟洫逐渐发展到农田水利化，水利沟渠在耕作区内纵横

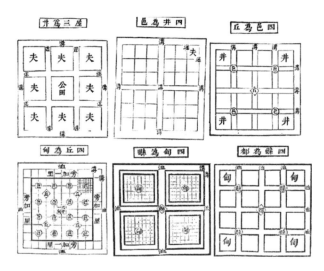

图3-11　徐光启《农政全书》中推测的井田制方式

贯通，与耕作区外的大型农田水利相连接。史前的畜牧业也有很快的发展，在许多被发掘的史前遗址中发现了畜禽骨、牙等，这说明从定居式农业开始即产生了家畜、家禽的饲养。最初的畜牧业从狩猎发展而来，在猎物丰富的情况下，人们把没有及时吃掉的动物束缚、进而圈养起来，在长期的选择驯化中发展成了畜牧业。中国最早的畜牧业以养殖猪、狗、鸡和水牛为主，以后发展到六畜：马、牛、羊、猪、狗、鸡。

第二节　中国传统农业与传统乡村

传统农业的主要特征就是铁器畜耕，从木、石、骨、蚌农具到金属农具使用，从依靠人力到以牛耕为主的畜力农业，标志着农业从原始时代进入了传统农业时期。这一转变是人类历史上的重大变革，经历了长期的衍变过程，其中婚姻制度的产生使家庭成为最基本的生产单元；生产力发展使劳动产品出现剩余，最终导致私有制出现，以上两个方面构成了传统农业和传统乡村形成的两大社会基础。从中国夏朝开始，传统农业和传统农业文化从形成到复兴，孕育了伟大灿烂的中华文明，中华传统农业文明所达到的高度曾经引领世界，深刻地影响了全世界人类文明的进程。

一、中国传统农业发生与发展

对传统农业形成与发展的阶段划分，学术界存在不同的观点。本书参照刘旭《中国作物栽培历史的阶段划分和传统农业形成与发展》的观点，将中国传统农业分为萌牙期、形成期、发展期和成熟期四个阶段。

（1）传统农业萌芽期。公元前 2070 年，中国第一个王朝即夏朝建立，夏至西周的春秋时期，也是传统农业的萌芽期。这一时期经历了 1600 年，金属农具的使用推动原始农业向传统农业过渡，栽培技术依赖生产中的经验积累，耕作水平处于粗放经营阶段。这个时期种植的粮食作物以黍、水稻、大豆、麦类等为主；蔬菜作物有韭菜、冬葵、菜瓜、蔓菁、萝卜、葫芦、莼菜、竹笋等；果树以榛、栗、桃、李、梅、杏、枣等为主。此外，栽桑养蚕已初具规模，其他作物还有花椒、大麻、药材等。黄河流域主要以种植黍、粟为主，水稻种植主要集中在长江流域。

在长期的生产实践中，人们通过观察发现了选种对于农作物满足多种需求和适应季节需要的重要性。《诗经·豳风·七月》记载："九月筑场圃，十月纳禾稼。黍稷重穋，禾麻菽麦。"《鲁颂·閟宫》中说："黍稷重穋，植稚菽麦。"所谓"重""穋""稙""稚"指播种收获的早晚。晚熟的品种称为"重"，早熟的品种称为"穋"；早播的品种称为"稙"，晚播品种称为"稚"。对栽培播种前种子的选择，《诗经·大雅·民生》中有这样的描写："诞后稷之穑，有相之道，茀厥丰草，种之黄茂，实方实苞，实种实褎，实发实秀，实坚实好，实颖实栗，即有邰家室。"

在生产工具的改进上，夏朝已进入青铜器时期，但金属还没有广泛应用于农具生产上，直到商朝，青铜的冶炼技术日臻成熟，此时金属农具逐步取代了木、石工具，农业劳动生产率大幅提高。这一时期出现的典型农具钱和镈，即后来的铲和锄，带动了农业中耕技术兴起。《诗经·臣工》中记载："命我众人，庤乃钱镈。"

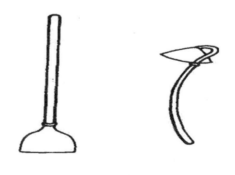

图 3-12　钱和镈

说明钱镈是这一时期的主要农具，得到了普遍运用。

（2）传统农业形成期。公元前 475 年周元王即位被认为是战国的起始之年，此时中国已完全处于诸侯割据时期，诸侯之间的战争并未影响社会前进的步伐，反而更加刺激各个诸侯国加快变革图新的决心。此时期也是中国传统思想形成的重要阶段，史称"百家争鸣"，也是中国塑造中央集权的君主专制社会的重要形成期。在生产领域，农业占据绝对的主导地位，铁具牛耕成为主要的特征。自战国开端，至秦、汉、魏（三国）、西晋结束（公元317年）的800年，被认为是传统农业的形成期，这一时期铁制农

图3-13 徐州东汉画像石《牛耕图》

具已大量使用，汉代《盐铁论·水旱篇》记载："农，天下之大业也。铁器，民之大用也。"耕作制度方面，轮荒休闲耕作制逐渐向土地轮作连种制过渡，北方地区已经出现"禾—麦—豆"两年三熟制模式。同时，对外交往频繁，作物外输内引盛行，栽培品种增多。《史记》及《汉书》记载，从西域传入的作物有苜蓿、葡萄、石榴、胡麻（芝麻和亚麻）、大蒜、葱、胡桃（核桃）、胡豆（蚕豆、豌豆等）、胡荽（芫荽）、莴苣、金桃（猕猴桃）、胡瓜（黄瓜）、蓖麻、胡椒等。高粱也从非洲经印度传入我国，大豆作为粮菜两用作物被大量种植。这些引进的作物品类不但改善了食物结构，而且充分说明中国农业与世界其他地区农业的交往很深。

这一时期也是中国传统农学思想形成的重要时期。《吕氏春秋》首先将"三才"观点运用于农业，对传统农学思想形成奠定了理论基础。"三才"最早见于《易经·系辞下》："易之为书也，广大悉备，有天道焉，有人道焉，有地道焉。"《吕氏春秋·审时》中说："夫稼，为之者人也，生之者地也，养之者天也。"阐明了农业生产的三大要素是天、地、人。到汉代，天、地、人演变为"力""地""时"。晁错说："粟米布帛，生于地，长于时，聚于力。"《氾胜之书》在总结《吕氏春秋》关于农业"三才"理论、农业技术思想的基础上，提出了：适时耕作以蓄墒，耕后摩平以保墒，加强镇压以提墒，积雪蔺雪以补墒，这样一整套保墒防旱技术。耕、耙、耱配套技术形成，标志着北方旱地耕作技术进入一个崭新的阶段。《齐民要术》成书于北魏时期，书中内容是我国北方地区公元六世纪之前农学思想的总结，也是世界农学史上最早的专著之一。《齐民要术》对不同品种的成熟期、植株高度、产量、质量、抗逆性等特性进行了细致的分析比较，记载了97个谷物的品种，其中黍12个，粱4个，秫6个，小麦8个，水稻36个（包括糯稻11个）。

（3）传统农业发展期。东晋南北朝隋唐北宋时期，即公元317年至1127年是中国传统农业发展期。北方战乱频仍致使人口南移，随人口迁移带来的农耕技术，使南方农业出现了较快发展。这一时期的主要特点是南方稻作农业逐渐成熟，以及南北两个区域不同类型的农业相融相通。在种植的粮食作物中，稻麦成为主导的品种，逐步取代了粟稻的传统地位。稻麦复种一年两熟的明确记载首见于唐代。据唐·樊绰《蛮书·云南管内物产第七》记载："从曲靖州以南，滇池以西，土俗唯业水田，种麻、豆、黍、稷，不过町疃。水田每年一熟，从八月获稻，至十一月、十二月之交，便于稻田种大麦，三月、四月即熟。收大麦后，还种粳稻。小麦即于冈陵种之，十二月下旬已抽节，如三月小麦与大麦同时收刈。"在盛唐之时，中国与中亚、南亚的联系加强，从而形成又一次国外引种高潮。引进的新的作物种类有菠菜、小茴香、龙胆香、安息香、波斯枣、巴旦杏、油橄榄、水仙花、金钱花等。

图3-14　隋唐以洛阳为中心的大运河，跨越地球10多个纬度，纵贯中国最富饶的华北平原和东南沿海，地跨北京、天津、河北、山东、河南、安徽、江苏、浙江8个省、直辖市，是中国古代南北交通的大动脉，在中国的历史上产生过巨大的作用，是中国古代劳动人民创造的一项伟大的水利建筑工程

隋、唐两个皇朝以关中地区为王业之本，在北魏以来竭力经营，大力发展关中的经济背景下，关中地区成了隋朝和唐朝前期的经济中心。安史之乱以后，北方地区的经济逐渐凋敝，而江淮地区的经济则得到了长足的发展，南方经济逐步赶上和开始超过北方。隋代大运河的开通，将黄河中下游与长江中下游沟通起来，打破了原来经济区的封闭性，在运河一线逐渐形成了大的经济带，为

后来唐帝国的繁荣昌盛打下了坚实的基础。南方特别是长江中下游成为我国的经济中心，其粮食产量超过了以黄河中下游为中心的北方，并由此开始了长达一千五百年左右的南粮北运的历史，《新唐书》和《旧唐书》描述，唐初江南稻米北运不过20万石，中唐以后便增至300万石。

（4）传统农业成熟期。南宋至元、明、清时期，中国人口不断增加，对粮食的需求量也大幅增长，传统的农业耕作区成熟并基本固化下来，可供新垦殖的区域减少，靠扩大耕作面积增加粮食产量的途径已难行通。除历次灾荒、战乱后恢复弃耕的土地外，粮食产量主要靠增加复种来实现。这一时期，时间跨度从公元1127年至1911年大约经历了800年，是多熟制农业形成和普及的重要时期，也是中国传统农业的成熟期。随世界航运的兴起，来自美洲的农作物进入中国，如玉米、花生、甘薯、马铃薯、烟草、辣椒等多达20多个种类。在农业熟制上，多熟制技术得到普遍应用。宋代引进的"占城稻"具"耐水旱而成实早"，又有"不择地而生"的优点，其生育期约为110天，为推广双季稻、稻麦轮作提供了可能。由于南宋以后政治经济重心南移，北方的小麦在南方得到普及和推广，以上原因使宋代特别是南宋的稻麦轮作得到普及。清代康熙时期，长江流域曾经广泛推广双季稻。随着双季稻的发展，在自然条件适宜地区，加上麦和油菜在南方的普及推广，逐

图3-15 唐宋以后，人口增加，对耕地的需求扩大。耕作区向低洼地扩展，筑堤挡水，把湖水限制在耕作区之外，外以捍水，内以护田，堤上设闸，可旱涝保收，这种形式在长江中下游地区居多，即为围田或圩田

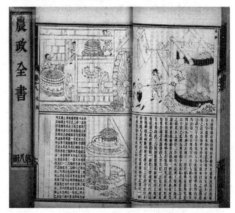

图3-16 徐光启《农政全书》

步发展为麦稻稻，或者油菜稻稻等形式的三熟制。油菜在南宋时期成为南方重要的冬作物，与水稻搭配，形成水稻、油菜一年两熟耕作制。宋代中棉的引进

推广，改变了人们几千年来以麻（丝）为主的现象，这是我国衣被面料由麻为主转变成以棉为主的重要转折点。

　　这一时期也是中国传统农业技术成熟和总结期，代表作有《王祯农书》《农政全书》与《授时通考》。成书于元朝（1313）的《王祯农书》兼论北方农业技术和南方农业技术，在中国传统农业技术遗产中占据重要地位。明代徐光启编写的《农政全书》提出的"农政"思想，兼论水利、荒政和农业生产技术，使其成为名副其实的农业百科全书。清朝时由乾隆旨令内廷阁臣集体汇编的《授时通考》，从清乾隆二年（1737）始，至乾隆七年（1742）编成，历时5年。其书收集、辑录前人有关农事的文献记载，是中国传统农业的全面总结。

二、传统农区的形成和乡村形态

　　（1）治水与传统农区的形成。垦荒农业使人们定居下来，形成多点散布的农业耕作区，这些各自相对封闭的垦殖区向外扩张，连成一片形成更大的农业耕作区域。耕作区域内种植模式由轮荒休闲耕作向轮作连种、一熟变多熟发展，土地的生产效率大大提高，这一质变在很大程度上归功于"治水"工程所发挥的重大作用。如先秦"治黄"工程，对黄河流域成为农业最发达区域，以至于成为全国经济中心做出了巨大贡献。以后淮河流域、长江中下游地区、珠江流域等地区的农业发展，乃至于全国经济中心由北向南转移，无不与大江大河治理、大型水利工程兴建和庞大灌区形成有密切关系。

　　中国最早有文字记载的大禹治水，发生于公元前22世纪。此时，农耕文明进入锄耕时期，在黄河流域地区，耕作区从近山丘陵地区向水源充足、交通便利、土质肥沃的江河平原区转移成为大的趋势。在黄河下中游，农业生产虽然具备土壤、气候等方面的自然优势，但最大的风险就是受到频繁的洪患影响，特别是随居住地、农耕区扩大，洪水的威胁日益严重。相传大禹继承其父鲧治水，采取疏导分流的办法，将黄河下游入海通道"分播为九"，完成治洪伟业。此后随时代更替，中国历代把"治黄"作为德政工程，并创造了筑堤防洪、疏导洪水、水力刷沙和滞洪等多种治洪方略。对黄河治理不但可稳固中下游地区农业中兴的地位，而且对中原腹心区政治稳固、社会安定发挥重要作用，正是基于这方面原因，历代皇朝对治理黄河十分重视，屡次上升为国家战略重点考量。

图 3－17　都江堰由蜀郡太守李冰父子率众于公元前 256 年左右修筑，是全世界迄今为止唯一留存、年代最久，以无坝引水为特征的宏大水利工程，至今灌溉农田千万亩以上

　　春秋战国时期兴建的大型水利工程，催生形成了一批重要的农业核心区。如在四川成都平原，由蜀郡太守李冰父子在前人鳖灵开凿的基础上组织修建的都江堰，始建于秦昭王末年（约前 256～前 251），灌溉面积达 1086 万亩，使成都平原成为沃野千里的"天府之国"，至今运行 2000 多年经久不衰。公元前 246 年由秦国兴建的郑国渠，西引泾水，东注洛水，渠长达 300 余里，灌溉面积号称 4 万顷，对关中地区农业发展和秦汉皇权稳固做出了重大贡献。战国初期以漳水为源的大型引水灌溉渠系引漳十二渠，灌溉面积 10 万亩以上，据《史记·滑稽列传》记载："西门豹即发民凿十二渠，引河水灌民田。"《吕氏春秋·乐成》则认为，该渠为魏襄王时邺令史起所建。有坝工程还有春秋楚庄王（前598—前591）时期，孙叔敖修建的芍陂工程（另一说为战国时楚子思所建），引淠入白芍亭东成湖，东汉至唐可灌田万顷，迄今 2500 多年仍一直发挥不同程度的作用。

（2）土地制度与乡村贫富分化。土地是农业的关键要素，传统乡村里土地成为财富的象征，对土地的占有关系决定了乡村的生产方式。从原始公社土地公有制向私有制衍变虽经历了长期的过程，然而土地的私有制一经确立，乡村内部的贫富悬殊即显端倪，"富者田连阡陌，贫者无立锥之地"则大势所趋。晚唐陆贽在《陆宣公全集》卷二十二中说："富者兼地数万亩，贫者无容足之居，依托豪强，以为私属，贷其种食，赁其田庐，终年服劳，无日休息，罄输所假，常患不充。有田之家坐食租税。贫富悬绝，乃至于斯。"中国历朝都有学者提出平均地权的限田措施，甚至主张土地国有，但都没有实质推行。北魏时期倡行均田法，以后的北

图3－18　西周格伯簋。内底铸有铭文8行83字，记录的是西周中期的一次土地买卖活动，大意为格伯用30亩的田产换取了佣生的4匹好马，双方刻木为凭，并勘定了田界

齐、北周、隋朝及唐初都沿袭此制度，时间跨度长达300年，由于土地分配不能满足人口的增长对土地的需求、土地在长期的授田和还田中零碎化等体制内原因，以及来自外部的压力而最终破产。

　　追溯土地制度的衍变过程，私有化在战国时期业已出现，西周格伯簋上铸有铭文即典型的土地买卖契约："唯正月初吉癸巳，王在成周。格伯爰良马乘于佣生，厥贮三十田，则析。格'伯殴妊，厥从格伯甸殷，厥幼零'谷杜木谷菜，涉东门。厥书史戬武立盟成。铸保簋，用典格伯田。其万年子子孙孙永保用。"这篇铭文记载了格伯用4匹好马与佣生交换土地30田，双方剖券为凭，并实地勘定田界，具结交换事宜。但此一时期土地私有制度尚未成为法定的制度，直至秦孝公时启用商鞅变法，改革土地制度，废井田、开阡陌，土地的私有化才正式取得了官方的认同。自此以后，在中国历史上土地私有制成为主要的土地所有制形式（北魏均田法除外），秦汉以后土地买卖是公开而合法的。

　　秦汉以来土地私有权包括了土地的使用、出租、抵押、转移、继承等方面的权利，这些权利多以契约的方式予以确定，并代表官方的合法认同及社会习惯上的尊重。土地的产权包括了"地上生的、土下埋的"，一切与该土地相关的

价值范畴。在土地买卖、赠与等行为中，多以"丹书铁券为凭"，其上明确记载相关的权利、义务、土地界畔等详尽内容，如属买卖还需明确土地转让的具体价格。签定土地契约除当事双方外，还有中介人的参与。至汉时土地的买卖规模很大，土地买卖非常普遍，《后汉书·崔皇传》："初，崔皇父卒，标卖田宅。"《汉书·食货志》记载："勤苦如此，尚复被水旱之灾，急政暴虐，赋敛不时，朝令而暮改。当具，有者半贾而卖，亡者取倍称之息。于是有卖田宅鬻子孙以偿债者。"其中记载的是破产的农民卖田抵债的情况。

隋唐时期的土地买卖规模很大，交易频繁，官府对土地的买卖规定很严，只有政府允许买卖的土地才能交易，而且要按照规定的程序进行，同时买卖双方要订立契约，并明确土地的边界等具体信息。至宋、元、明、清各时期，土地的交易制度逐渐完善，并形成与土地交易相关的契税制度，对交易的程序、契约的文本样式都逐渐规范化。

除土地买卖实行契约方式外，中国在很早以前即对土地推行产权认可的登记制度和税收制度。《隋书·食货志》记载："晋自过江，凡货卖奴婢、马牛、田宅，有文券，率钱一万，输估四百入官，卖者三百，买者一百；无文券者，随物所堪，亦百分收四，名为散估。"即晋朝（东晋）自从过江以来，凡是买卖奴婢，牛马、田宅有文卷的，交易金额每一

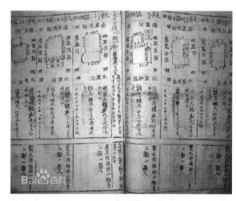

图 3-19　明万历九年"无锡县鱼鳞图册"

万，收输估税 400，没有文券的也征收 4% 的散估，这项制度经历宋、齐、梁、陈四朝成为常例。到唐代时实行文牒制度，用以证明合法买卖的私产。这种制度延续下来，至明清时设立田产过户清册，即"推收册"，凡土地买卖均需在地方政府登记，进入"推收册"。

南宋时期，官府对所有私有化土地进行登记，并造"鱼鳞册"编号确认，凡土地买卖都需与鱼鳞册进行核对，并对新的产权人进行确定入册后才算完成法定程序，这种管理方式对减少土地私下买卖、减少土地买卖纠纷和更准确掌握全国的土地基本状况发挥了积极作用。鱼鳞册成为以后官府整理地籍和课税

的重要依据，《金石续编》曾记载，
南宋砧基簿①推行之时，查出有人漏
报土地财产，隐漏部分被没收充公，
拨为学田②。与土地制度相关的还有
土地的典押，即使在北魏实行均田制
时期，土地典押现象也存在，即农民
在领受公田后，因多种原因随之典押
给他人。以后典押形式在衍变中变成
了实质上的土地买卖，在对卖方保留
赎回权的规定中，有的时限竟长达数
世之久。

（3）农耕形态与乡村生活。传
统的农耕社会，农业固守于以家庭为
单元的小生产，无论自耕农或佃农皆
在一成不变的小块土地上从事年复一
年的简单再生产，信息闭塞、封闭运
行，乡村的生产活动为生活服务，主
要的农产品用于自身消费，即使农业
产品进入市集贩卖交易，也是为了换
回生活必需品维持基本的衣、食、
住、行，由此，农业的生产形态决定

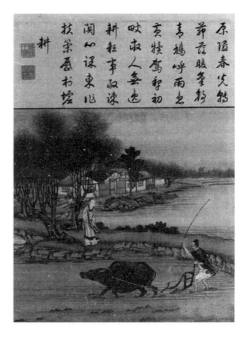

图3-20 康熙耕织图选之一。南宋绍兴
年间楼俦作《耕织图》，受到历代帝王推
崇和嘉许，包括耕图21幅、织图24幅。
清朝康熙帝南巡，见《耕织图诗》后，
感慨织女之寒、农夫之苦，令内廷供奉
焦秉贞在楼绘基础上，重新绘制，计耕
织各23幅，并每幅制诗一章

了乡村的生活状态。在传统乡村的空间布局上，生产场所和生活场所本着就近、
方便原则，无特定界限。人口聚居以集镇、聚落、民居多个层级展开，根据各
地地理状况、生产方式、民风习俗呈现不同的特点。在人口相对集中的村落，
中国北方称为村、庄、堡、铺、屯；南方称圩、村、寨、湾。据考证：从古至
今的乡村在空间布局上与当前广大农村的状况并无多大差别，农田以沟洫、道
路相连；村庄、农舍与市镇相通；山川、河流、湖泊景物各异。随时代更替，
虽然乡村的基本空间结构没有大的变化，但就其具体的村落而言，其存在形态
却随生产方式、自然状况、人口迁徙变化的情况兴衰无常。

---

① 砧基簿即登载田亩四至的簿册，最初出现于南宋绍兴年间，采取打量画图的方法登记
　地籍。
② 赵岗、陈钟毅：《中国经济制度史论》，新星出版社，2006年8月第一版。

因自然地理、气候特征、生产方式和民族礼俗及地域风俗不同，中国各地乡村形态表现各异。北方多以平原为主，村落规模较大，多呈团聚型、棋盘式分布，而在中国南方地区，以丘陵为主，特别是边远山区，耕地中梯田占很大比例，很多农户居住在山坡上，大多以数户聚居的院落为主，村落以分散为特色。从产业结构上看，传统乡村以"以农为主、多业并举"，除传统种植业、养殖业外，乡村手工业亦较为发达。丝、麻纺织业在中国起源较早，作为乡村副业，几乎与定居农耕同步发展，"男耕女织"成为传统农耕社会家庭内分工

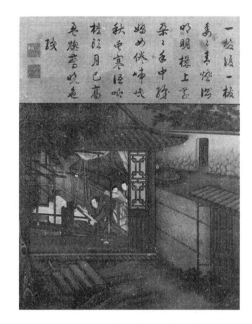

图3-21 康熙耕织图选之二

的主要形式，"男主外、女主内"也被认为"理所应当"的规则和习俗被固化下来。乡村的工匠从农业劳动力中分离出来，师徒相承、近亲繁殖、封闭运行自成体系。据初步估计，传统乡村工匠以烧砖匠、泥瓦匠、石匠、木匠、解匠、箍匠、铁匠、席匠、皮匠、口袋匠、毡匠、柳匠、陶窑匠、缯萝匠、鞋匠、绳匠、裁缝、小炉匠、箍漏匠、弹花匠、糖匠、屠夫、厨子等几十个行业。这些工匠分业别，有的没有固业的场所，属流动性行业；有的在城镇、村落有固定的加工场所，产品进入集市交易。

乡村居民的衣食住行既体现了农耕生活特性，又带有时代特征和地域特色，是历代政治、经济、文化在乡村的综合反映。①衣着：自宋时棉花传入中国以前，中国种植桑、麻，衣着用料以丝及麻纺织品为主，乡村普通民众收入有限，大多穿葛衣，麻衣和下雨天穿的蓑衣，衣着用料有的属家庭内自纺，有的靠贩卖农产品后从集市上购买。古代衣着的分类十分讲究，既表现了适应四季气候变化而变着装外，又是个人身份、财富、地位的象征。从商朝起开始束发，头上着冠帻，冠为贵族所用，普通百姓则着帻。帻的作用是盖住发髻，可以一直盖到前额，《说文》中说："发有巾曰帻。"《方言》中解释："覆结（髻）谓之帻巾。"《释名》中也说："帻，赜也，下齐眉赜然也。"古代妇女配以头饰，因贵贱而质地不同。衣裳在古时有上下之分，上称衣，下称裳，短上衣叫襦，可达到腰部，长襦可达到膝盖。一般人平时穿襦，只有非常贫贱的人着褐，即用

粗劣的毛或麻制成的最劣等的短衣。下身的裳就是裙，男女都穿，唐宋以后区别渐大，女以裙为常服，男则以袍为常服。②饮食：饮食文化源远流长，从上古简单的饮食类别向复杂的饮食系统发展，至近代形成多个流派菜系，林林总总难以尽述。虽然如此，但乡村的饮食则较为简单，以黍、稷、麦、菽、麻、稻等粮食作物为主食，主要是饭和粥，南北方在主食上存在地域差异，肉食以猪、牛、羊为主。③居住：乡村民居的地域特色差异很大，各地根据自然条件、经济水平和本地建筑材料，因地因材建造房子。大多民居自己设计、自己建造、自己使用，中国南方的住宅较紧凑，典型的住宅外观方正、朴素简洁，在南方各省分布很广。北方黄河中上游地区窑洞式住宅较多，在陕西、甘肃、河南、山西等黄土地区，当地居民在天然土壁内开凿窑洞，横洞相连，洞内加砌砖石，别具一格。川渝古村民宅依山傍水，高低错落有致，具有浓郁的地方特色。④交通：在中国南方山区，至今保存完好并不间断使用的许多石梯道路（有的高山地区在绝壁上开凿栈道），连接村落、场镇和城市，有的道路翻山越岭，延绵数百公里。这些道路在中华民国时期是乡村连接外面的主要通道，说明在此之前，南方乡村翻山越岭只能靠步行、轿抬或马、牛、骡等牲畜驮行。而在中国北方和南方平原地区，车行的历史也十分悠久，相传黄帝时已知做车，《考工记》中记载："察车自轮始。"车的发明以轮转工具出现为前提，而轮转工具则最早出现在新石器时期。中国汉朝的四川出现了一种独轮车，名"鸡公车"既可载人也可载物，不择道路宽窄，崎岖亦可行，是乡村最为适用的交通工具。在地势平坦的北方及南方平原、丘陵农耕区，以畜力为主的交通工具以马车、牛车等为主。

三、中国农耕社会与乡村治理

（1）中国乡村社会：血缘与地缘结合体。从新时器时期人类开始定居生活起，乡村村落皆以血缘为基础，氏族内或部落内具有血缘关系的人群聚居一起，形成原始村落。在原始村落基础上，经过时代更替演变为中国农耕模式下的传统乡村，无论经历了多少苦难和风雨，传统乡村社会始终未能脱离从氏族社会继承下来的血缘关系，这种以共同祖先为崇拜对象的特殊组织形态，在一定程度上成为抵御外来威胁和风险的利益共同体。在没有文字记载的远古时期，世代繁衍和承续下来的后代群体，对远古祖先的印象是模糊的，由此乡村对祖先的崇拜并非针对远古先民中的祖先，而是对同宗同族中功勋卓著、德高望重的祖辈崇拜，通过祭拜这些同族人公认的祖先，宣示其德行、功绩，以此激励同族后人积极向上，努力作为，光宗耀祖。

中国乡村的血缘性表现为合族同居，其历史追溯到远古先民定居之始，时至今日同姓村落、多姓杂居的村落分大姓、小姓等状况，如实地反映了这一传统渊源。如近代史学家吕思勉所言："合族而居之制，必盛于天造草昧之时。以其时就政治言，就生计言，均无更大之团体，内籍此而治理，外资此以自卫；而分工合作之道，亦即寓于其中也。"① 秦汉时期是中国政治、经济、社会发生重大转折时期，经过春秋、战国群雄逐鹿，以合族同居为基础的宗族管理形态，随国家权力的强化而削弱。汉代以后的各王朝，在相对稳定时期，宗族势力又得到恢复。总体来讲，受战争和外族入侵、地理因素和经济中心南移等方面的影响，乡村社会聚族而居的状况南方盛于北方。如清乾隆协办大学士陈宏谋《与杨朴园书》中所言："今直省惟闽中、江西、湖南，皆聚族而居，族居有祠。"明清时期家族聚居的情况非常普遍，这种状况在各地的地方志中都有较详细的记载。如徐扬杰在其所著《宋明家族制度史论》中列举了一些实例。如《嘉庆宁国府志》卷九引《旌县志》："人烟凑集，城乡皆聚族而居。近来生齿愈繁，大族人丁至有万余，其次不下数千，即最少亦三、二百人，男妇大约相等。"《光绪石埭桂氏宗谱》卷一载康熙时《潘宗洛阳谱序》：云池州地区附近各县"每逾一岭，进一溪，其中烟火万家，鸡犬相闻者，皆巨族大家之所居也。一族所聚，动辄数里或十数里，即在城中亦各占一区，无异姓杂处，以数千百年犹一日之亲，千百世犹一夫之子"。

中国传统乡村也具有极强的地缘性。以血缘为纽带的村落一经形成即具有一定的稳定性，但这种稳定性是相对的。在战争、自然灾害等不可抗拒的重大变故面前，传统乡村的脆弱是显而易见的。中国历次朝代更迭都伴随着残酷的战争，其结果是大量村落被毁、人口大量逃亡；同时，频繁的自然灾害也导致大面积灾荒发生，屡次人口从北向南迁徙。人口的流动和迁徙对中国以血缘为纽带的乡村结构产生影响，其结果是传统村落对外来人口的包容和接纳。至近代，除偏远的南方地区外，中国大多数的乡村地区都形成了杂性混居，虽然从姓氏上能分出"大姓"和"小姓"之别外，村落人口的来源也是多方面的。

历史上曾发生多起大规模北方人口南迁，南北人口融合的事件。西晋永嘉年间，因战乱导致黄河流域人口大规模迁移到江淮流域，主要是流入江苏、安徽、湖北、四川等地，这次南迁人口约90万。唐朝安史之乱以后，中国北方人口再次南迁，涉及迁移人口达到100万以上。北宋"靖康之乱"及其后长达百余年的宋、金对峙，社会动荡，再一次发生人口迁移，据历史记载，"建炎末，

---

① 吕思勉：《中国制度史》，上海三联书店出版，2009年4月。

士大夫皆避地……衣冠奔踏于道者相继""西北士大夫遭靖康之难，多挈家寓武陵"以及"四方之民云集二浙，百倍常时"。除了以上这些大规模的人口迁徙外，中国历史上频繁的饥荒也推进了人口的迁徙，仅 20 世纪的百年间，中国波及数省的大面积旱灾、洪灾、蝗灾多达几十起，较小的自然灾害几乎连年发生。中国乡村具有封闭性的血缘村落受到外因所致的人口迁徙，在空间结构和组织结构上发生深刻变化，使单一的血缘村落向杂居村落发展，从而使来自于不同区域的人口居住在一起，在利益维护和感情归属上具有了极强的地缘性，如同乡关系、邻里关系，故土观念、乡亲观念等这些因共同居住地域而产生的人际关系更加复杂化。

在中国古代乡村治理中，以血缘家族为主、兼具地缘利益维护占据重要地位。村落、乡畔之间为争夺生存空间而产生的冲突十分普遍，在几乎所有的方志记载中，都有因争夺森林、土地、水源等生产、生活资源而发生较大流血事件的记载。明清时期"土客之争"是最为典型的乡村地缘利益冲突事件，持续时间长、分布广、规模大，对社会、经济以及政局影响十分深远。学术界的观点认为：自秦以来，多次重大的事件导致北人南迁，其中南迁汉人与闽粤赣三角地区古越族融合、衍化而成为客家人的主体。明朝中期至清末，发生在广东、广西、江西、湖南、浙江等地的客家人与当地原住汉族和壮族人之间，因争夺生存资源发生冲突，最为极端的形式是械斗，造成死亡人口上 100 万人之多。中国古代乡村的地缘性体现在对共同地缘利益的维护方面，这表明乡村在衍变发展中已经突破单纯血缘关系，向建立更为广泛的社会组织形态方向转变，在传统农业阶段，虽然作为适应小农经济形式的社会组织形态具有一定的合理性，但其固有的封闭性、狭隘性在社会进步中也具有较强的历史局限性，这就是近代对传统农业和乡村改造尚未解决好的一大难题。

（2）中国传统的乡政治理。从秦朝建立皇权体制到清朝为止，中国对乡村管理实行国家间接管理与乡村自治相结合的体制，历时 2133 年。乡政管理职能主要有征役、课税、守望、户政、劝课农桑、兴修公益、推行教化等。毛泽东认为族权、政权、神权、夫权是束缚中国农民的"四条极大的绳索"①，中国传统乡村治理中涉及到皇权、宗权、神权和民权等复杂的利益结构，其中的利益平衡机制决定了乡村运行规则和乡村治理状态。①皇权：皇与帝在古代典籍中的记载存在差异，根据《史记·秦始皇本记》的说法，古有三皇，即天皇、地皇和泰皇，泰皇最贵，秦统一六国后，秦王嬴政使用泰皇尊号，把皇与帝连在

---

① 毛泽东：《湖南农民运动考察报告》，载于《毛泽东选集》第 1 卷，人民出版社，1966 年。

一起，始称皇帝，帝在古代传说中为主宰万物的最高天神，两者结合在一起表示至高无上的权力。从秦始皇使用皇帝称号至清末结束，沿袭 2000 余年之久。古代皇权代表中央集权制度下的最高统治权，包括对国家政治、军事、立法、司法、教化和财富的控制权和管理权。唐宋以前，皇权尚受到贵族、权臣的制衡，唐宋以后可称之为皇帝绝对独裁时期。秦以来实行郡县制，设立 36 郡（后增至 49 郡），郡下设县（约 1000 余个），秦时全国人口 2000 万左右，县级平均约 4000 户、20000 人左右。古代地方各级官署代表皇权行使管理权，"皇权止于县政"表明乡村通过间接方式对乡村实施影响和管理。②宗权：以尊崇共同祖先和血缘关系的家庭聚居在一起形成宗族，据汉朝班固《白虎通·宗教》记载："族者何也？族者凑也，聚也，谓恩爱相流凑也。上凑高祖，下至玄孙，一家有吉，百家聚之，合而为亲，生相亲爱死相哀痛，有会聚之道，故谓之族。"宗族是中国古代乡村最主要的社会组织形式，在宗族内以族长为核心，按辈分实行严格的等级制度，宗族办祠堂、倡风化、置义田、办教育，同时在内实行严格的族规和惩戒制度。③神权：古代乡村最早的宗教表现形式为自然崇拜，起源于新石器时期，即把自然物和自然力视作具有生命、意志和伟大能力的对象而加以崇拜。在传统的农耕社会，对超自然力的崇拜通过宗教和迷信表现出来，并通过各种宗教仪式对人们施加影响。④民权：即乡村大多数普通人对土地、山林、水源的占有和使用的权利、对财富的占有和支配权利以及乡村社会生活的话语权等各方面的权益。传统中国社会里，皇权、宗权处于强势地位，民权长期处于受压制的状态，但在社会处于动荡时期，或在突发的灾害面前，当乡村普通大众的生存权不能得以保障时，民权以极端的方式表现出来，对传统的社会秩序造成影响。

中国古代乡村治理沿袭皇权间接管理与乡村自治相结合模式，随中央集权体制在制度上不断完善，皇权向乡村渗透，乡村自治功能不断受到削弱，治理结构上表现为乡里制向保甲制的转换。在不同的历史时期，乡村治理组织称谓多变、功能各异，其自治色彩也各有不同，体现出不同的特点。夏商周时，乡里制度萌芽，商实行里邑制、周实行乡遂制。西周时期，乡设于"国"，即周朝国都地区，遂设于"野"，即国都之外的区域。《周礼》记载：国中"五家为比，使之相保；五比为闾，使之相爱；四闾为族，使之相葬；五族为党，使之相救；五党为州，使之相赒周；五州为乡，使之相宾"，野中"五家为邻，五邻为里，四里为酂，五酂为鄙，五鄙为县，五县为遂"。春秋战国时期，国野之间差异缩小，乡村治理模式归于一致，各国为争霸图强，实现耕战合一，纷纷推行郡县制，县下设立乡、连、里、轨。秦国推行什伍制，五家为伍、十家为什，一家犯法，十家连坐。秦汉时期实行郡县制，县以下设乡、亭、里，并完善了什伍制，以什伍制为基础编户齐民，百户为里、十里为亭、十亭为乡。魏晋和南朝主要是沿袭汉制，实行乡、亭、里制，北魏初曾以宗族为单位，推行宗主督护制，后废除即推行邻、闾、党三长制或邻、党两党制。在这一时期，社会动荡不安，许多百姓背井离乡开发新的地域，形成新的自然聚落，称谓为"村"。隋初实行族、闾、保三级制，隋文帝开皇九年（589），隋文帝颁布诏令改为乡、里两级制。唐代实行乡、里、村三级制，村作为一级基层管理组织正式出现。唐代通过律和令、疏议等形式全面推行村制和坊制。唐武德时期通过颁布律令规定："百户为里，五里为乡。两京及州县之郭内，分为坊，郊外为村。里及坊村皆有正，以司督察。四家为邻，五邻为保。保有长，以相禁约。"五代十国的乡村治理制度沿袭隋唐，大多数时候实行乡、里、村制。北宋时期乡里制度发生重大变化，王安石变法推行保甲制。元代实行里制与社制，里社分开。明朝实行里甲制，以 10 户为一甲，110 户为一里，设甲长、里长。清朝除沿袭明朝的里甲制外，于雍正时期创设保甲组织，十户为一牌，十牌设一甲，十甲设一保，分别设牌长、甲长、保长。

（3）中国传统乡村民权的抗争。中国传统乡村的劳动者为自耕农、佃农和雇农，这些人口占乡村人口的绝大多数而又处于社会最低层。在社会稳定时期，自耕农以家庭为单元，在小块土地上周而复始、年复一年地进行小农生产。有的自耕农是小土地所有者，有的因土地太少而需租种他人的土地，属于半自耕农。自耕农与半自耕农生产规模小、抗御风险能力弱，除去赋税徭役，收入微薄，一旦遇上天灾人祸就会破产。佃农自身没有土地，依靠租用土地耕种，部份收成（大约五成以上）变成地租上交地主，绝大多数佃农与地主之间存在严酷的人身依附关系。东汉崔寔形容佃户时说："乃父子低首，奴事富人，躬帅妻孥，为之服役。……历代为虏，尤不赡于衣食，生有终身之勤，死有暴骨之忧。"魏晋南北朝时，佃户列入地主"家籍"，不独立成户。宋时佃户随土地转让。明时地主家的佃户不但要承担种地交租的义务，还要承担地主家的土木兴修和杂务。雇农的身份有长工和短工之分，短工属于季节性，而长工与地主之间存在很强的人身依附关系，身份低贱。汉时长工称庸客，与奴隶并为"奴客"，直到明朝时雇工虽议有年限，但与奴仆无异，直到明中期后，雇工的社会地位才有所提高。中国传统乡村的小农生产方式，风险承受能力低，基础十分脆弱，在社会危机和自然灾害面前，大量逃离赋税、劳役和不能维持生计的人口背井离乡，形成流民，最终沦为与体制对抗的生力军。

中国传统乡村民权长期受到压制，当生存权无法得到保障的情况下，反对皇权的极端方式就是揭竿而起、聚众造反。从秦朝陈胜、吴广大泽乡起义算起，直到清末，所有的王朝皆发生过大规模的农民起义。据统计：从秦自清朝，中国发生规模宏大的农民起义40余起，平均约50年发生一起，发生频率很高。在传统中国农业社会，农业人口占绝大多数，历次改朝换代的战争中，农民都是主力军，对战争结局发挥决定性作用。乡村农民对自身生活状况不满，常常会发生抗租抗捐、逃避劳役等方面的暴动、甚至占山为匪，但因为小农经济以家庭生产为单元，彼此分散，农民被局限

图3-22　刘邦像（资料源于网络）

在狭小的地域内、受宗族势力的影响和束缚，不能形成作为一个阶级整体的政治力量，也不会产生为争取本阶级权益的政治主张，在其生存底线尚未触及的状态下，农民一般不会丢弃父母、子女和家庭，与官府作对而铤而走险。事实上，中国历史上无数次农民起义，都是在大的天灾人祸背景下，民不聊生，受各种政治势力鼓动、裹胁而参与到战乱中。如秦朝赋役繁重，《史记·秦始皇本记》载："政苛刑惨，民皆引领而望，倾耳而听，悲号仰天，叩心怨上，欲为乱者，十室而八。"《汉书·五被传》记载："男子疾耕不足于粮饷，女子纺绩不足于益形。"西汉末年新莽时期，"农商失业，食货俱废"，各地饥民聚众起义，形成绿林、赤眉等数十支队伍。东汉末年，宦官外戚专政，政治腐败，加之连年灾荒，乡村凋敝，农民流离失所，最终导致天下大乱。

历史上的农民起义，很多提出了表达农民权益的政治口号，如唐末王仙芝自称"天补平均大将军"，第一次提出了"平均"的口号。北宋王小波、李顺提出"吾疾贫富不均，今为汝均之"。明末李自成倡导"均田免粮"，民谣流传："吃他粮，管他娘，吃着不尽有闯王，不当差，不纳粮。"农民起义大多带有朴素的农民"平均"思想，但受到自身所处环境的局限性，许多起义没有更为明确的政治主张，起义目的更是体现了首领的功利性，由此，大多数的农民起义都以失败而告终。有的被皇权分化瓦解，有的被地方豪强势力利用，有的被消灭杀戮，而真正以农民身份领导起义并获得成功的，如刘邦、朱元璋等在建立新的王朝后，也并没有在制度上代表和体现农民的利益，而是另一个更强

势、更加有控制力的专制王朝。

图3-23　明朝周臣《流民图》（又名《乞食图》）局部，现藏美国克利夫兰博物馆

在中国传统农业社会，导致中国频繁改朝换代的战争具有很强的功利性，根本的原因在于专制体制下地方豪强势力与皇权之间、统治集团内部和外敌入侵等多种复杂的因素导致政局动荡，一旦皇权衰微，战事即起，政息人亡极难避免。因农民群体数量多，特别是乡村衰败产生的流民群体，是各派政治势力争取的对象，也是各方士兵的主要来源。在中国传统社会，流民现象较为普遍，如西汉长达两个世纪的时期内，进入正史的大规模流民记载有9次（公元前119年、前83年、前71年、前70年、前67年、前52年、前25年、前23年和前17年）。在东汉不到近200年的时期内，有记载的流民事件共23起，其中19次进入了正史。政治、经济、社会危机以及农业自然风险，使传统乡村的民权、民生得不到保障，乡村遭受破坏，流民滋生成为进一步激发政治、社会危机的重要因素。

第三节　欧洲农耕与乡村社会

欧洲农业发端于地中海沿岸，早在公元前7000年，希腊即已出现农业耕种和农业定居点的雏形。希腊早期农耕历史既与最早生活在本土的土著人相关，又受两河流域以及古埃及农业文明传播的影响。希腊地区与两河流域的交往对农耕文化的传播发挥了重要作用，早在公元前7000年至前6000年之间，来自于西亚的人口大量进入爱琴海诸岛和希腊大陆，带来了发达的农业文化。此后，在希腊兴起的克里特文明和迈锡尼文明，继续保持与西亚的密切交往，且在许多方面与西亚文明具有相似性。

欧洲农耕文明传承自古希腊文明，农耕文化从地中海沿岸向欧洲腹地的传播，经历了十分漫长而复杂的过程。在延绵数千年的政治动荡、人口迁徙和自然变迁中，欧洲的农耕文化自成体系，在农业生产方式、乡村社会组织形态和社会治理模式衍变中，经历了与东方农耕文明迥异的发展轨迹。

一、古希腊农业与城邦农业社会

希腊地处欧洲南部，位于地中海环绕着的巴尔干半岛的南端，包括东面的爱琴海和西面的爱奥尼亚海诸岛屿及希腊半岛和伯罗奔尼撒半岛，以及小亚细亚西南沿岸，意大利南部和西西里岛东部沿岸地区。作为西方文明的摇篮，古希腊北连欧洲大陆、南隔地中海与非洲大陆相望，三面环海，地理区位独特。地理环境的开放性，铸就了古希腊兴旺的航海业和工商业，对与东南隔海的西亚和埃及、以及同面隔海的北非地区交往提供了便利的条件，为古代世界文明的传播和交融发挥了独特的作用，为世界早期文明唤醒欧洲大陆发挥了重要桥头堡作用。

希腊爱琴地区很早就有人类活动。在北希腊的卡尔息狄斯地区曾发现早期人类头骨。南希腊阿哥利斯地区的弗朗克提洞穴中有约公元前7000年的中石器时代遗址，居民捕捉海鱼，并使用黑曜石制作的石器。新石器时期遗址有马其顿新尼可米底亚、色萨利的塞斯克罗和克里特的克诺索斯等，这一时期的村落遗址中发现了石、骨器农具、炭化谷物和羊骨等，证明早在新石器时期希腊已进入农业、畜牧阶段。古代希腊的原住居

图3-24　古希腊农业以种植小麦、大麦、油橄榄和葡萄为主

民为皮拉斯吉人、勒勒吉人和卡利亚人，公元前2500年后，一批属于印欧语系的操希腊语的人从多瑙河流域来到马其顿等地，并逐渐扩散到北希腊各个地区，以后几个世纪中，进入中、南希腊，与当地居民混合而成为希腊人。

希腊的农业文明晚于西亚地区近3000年，受西亚农耕文明影响①，伴随人口迁徙，农耕技术从小亚半岛由海陆两方面传入希腊，主要种植大麦、小麦和

---

① 根据相关资料综合，农业文明从西亚向欧洲的传播路径有多条，其中主要的有：一是从西亚经土耳其到乌克兰平原，经东欧、波罗的海到达斯堪的纳维亚半岛；二是越过博斯普鲁斯海峡到达巴尔干半岛，经多瑙河至欧洲中部，再到达大西洋西部海岸；三是经爱琴海到达希腊，经意大利、法国南部和西班牙。第三种途径从文化的传承和影响上分析，应是影响最深远的路径。

豆类作物，驯养绵羊、山羊、猪等家畜。公元前3500至公元前3000年，克里特岛在克里特文化和迈锡尼文化时期，已出现青铜农具。到公元前1130年开始使用铁器，最早的铁制农具是镰刀，接着其他铁制农具也迅速发展起来。在希腊城邦时期，木犁装上了铁制的犁铧，推动了农业产量提高，进而拉动了贸易兴起。希腊属于典型的地中海式海洋气候，温暖湿润，四季早晚温差小，既无欧洲大陆冬天的寒冷，也无非洲夏日的炎热，克里特岛林木茂密，东部平原适于农耕，农业以种植谷物、橄榄、葡萄为主，橄榄油和葡萄酒是主要的大宗农产品。但是，在希腊内陆腹地多山地，平原因山地分隔面积小而分散，土地小而贫瘠，粮食产量低，不能满足人口增长的需要，这使得希腊人只有通过商业贸易才能维持生存和发展。早在克里特文明时期，橄榄油和葡萄酒即成为古希腊对外的贸易产品，其时爱琴海的海上贸易十分繁荣。古希腊曲折的海岸，众多天然的海湾良港，温和的气候，晴朗的天空，风平浪静的海洋，为工商航海贸易提供了最为便利的条件，这也是古希腊商业和手工业十分发达的重要原因。

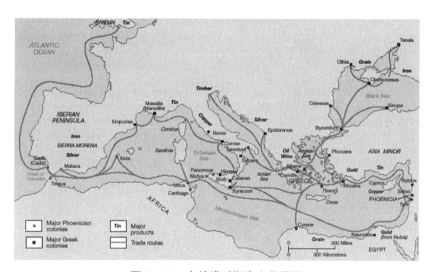

图3-25　古希腊时期海上贸易图

至公元前8世纪至公元前6世纪，希腊继迈锡尼文明、荷马时代之后进入古风时期，即小国寡民的城邦时期。此时，铁制工具普遍使用，农业中装铁铧的重犁及铁锄、铁斧、铁锹发挥了作用，贫瘠的土地得到开垦与深耕，粮食产量也有较大提高，而手工业中制陶、造船、冶金业也尤为发达。诗人赫西俄德在长诗《工作与时日》中，对当时的现实生活做了生动的描写，也许当时的许多希腊人像他父亲一样，在浓厚的商业氛围中，既从事农业或手工业，又兼营商业。赫西俄德在诗中说他的父亲是库麦城（Cyma）人，是一个农民，农忙之余驾船出海从事贸易，后移居希腊大陆的波俄提亚（Boeotia）的阿斯克拉村（Sacra）垦荒种地、放牧牲畜，农闲时节继续出海做生意。赫西俄德在诗385行中描述了农作物的播种和收获季节，大约阳历11月播种、5月收获，收获中使用的工具是镰刀，估计种植的作物应是麦类。作者在诗中详细地描述了农业生产的季节时令、农具制作和使用、播种过程和要领，生动描述了勤劳耕种对个人及家庭的重要性。

古代希腊城邦的手工业、商业十分活跃，且在对外海上贸易方面积淀了十分丰富的经验，同时对外殖民，对以后欧洲的复兴产生了十分重要的影响。但是，就其经济属性而言，古希腊城邦仍是与东方"小农经济"有别的农业耕牧社会，农业仍是确保社会正常运行的经济命脉，这一点被学术界的许多人所忽视。早期希腊人的观念中，农本思想占据十分重要的位置，《荷马史诗》中农业是文明的

图 3 - 26　古希腊时期手工业

标志，奥德休斯用两个标准区分野蛮和文明：一是勤于农耕；二是有无社会成员参加的议政会议。亚里斯多德的《家庭经济》一文中，列举了城邦的主要经济来源，其中城邦最大宗、重要的收入来源于土地，其次才是港口税和市场交易税。对家庭而言，重要的收入也是来源于农业，其次才是其他方面。古希腊人区分职业的高低贵贱，把农业看作最"绅士"的职业，公元4世纪的雅典作家色诺芬认为，手工业是低贱的职业，不适合于城邦生活或文明生活，而对"绅士"而言，最适合不过的职业就是农业，因为农业提供了生活所需。在古希腊人的观念中，土地是个人财产和身份的象征，作为城邦公民集体，只有公民才能参加公民大会，或在城邦中担任官职、参与诉讼，也只有公民才能拥有土地和房产，而外邦人或没有公民权的自由人即使再富有，也不能购置土地，房屋也只能租赁。这方面充分说明：城邦的主体阶层属于以农业为生的土地所有者。

古希腊地区土地贫瘠，长年耕种就失去肥力，加上耕地面积有限，撂荒制农业难有承续的空间。在长期的生产实践中，总结并实行了特殊的轮作方式，

即二圃制①和在二圃制基础上发展起来的三圃制轮作体耕农业，这种方式也成为欧洲中世纪农业的主要耕作方式。在公元前 1000 年左右，希腊最早推行两年制轮作方式，即二圃制，具体做法是：将土地分为两个区，一个区种植麦类作物，一个区休闲，次年调换，以恢复地力。至公元前 5 世纪，由于人口增加和农业生产工具改进，特别是有轮重犁的使用，新开垦的土地实行了三圃制，即将土地分为三个区域，两个区分别种植越冬作物如小麦和春播作物，另一个区则休耕，三年一轮换。在农业生产条件较差、生产技术落后的状态下，较之于东方精耕细作中耕农业而言，二圃制或三圃制耕作制具有较大的落差，但对于古希腊农业所处的自然和社会环境、特别是以后数千年欧洲农业与牧业并行的实际而言，这种休耕轮作方式的长期存在亦具有一定的合理性。

二、古罗马土地制度及农业概况

古罗马的兴衰史长达近 1300 年，这一曾横跨亚、非、欧三大洲，纵横地中海沿岸的宠大帝国影响了欧洲、乃至世界的历史进程。从意大利半岛中部台伯河畔兴起，古罗马在公元前 8 世纪至前 6 世纪为王政时期，公元前 509 年至前 27 年为共和时期，公元前 27 年至公 476 年进入罗马帝国时期。

古罗马农业生产受制于土地制度，在不同的时期具有不同的特点。

（1）古罗马土地制度形成和衍变。公元前 7 世纪以前，古罗马氏族制度刚刚解体，即使最初的王政时期也还带有氏族制度的特征，如土地仍归属于氏族公社，属于氏族成员共同所有。在社会分工和私有化逐渐扩展的社会背景下，氏族内部成员分化亦加快，一部分在氏族内有地位、富有的成员成为贵族，并不断占有氏族的土地，由家庭内拥有的奴隶开展农业生产。氏族内破产的成员依附于氏族贵族取得份地，从事小农经营。另有一部分地位较低的居民，则只能从贵族手中租用土地进行生产。公元前 510 年，古罗马进入由贵族专政的共和时期，当时的社会矛盾集中于土地与债务问题，通过平民与贵族之间的激烈斗争，公元前 367 年，"李锡尼—塞克斯图法案"规定了公民都有使用和占有"公地"的权利，规定个人占有最高限额不能超过 500 犹格②。在"公地"上放牧时，大牲畜不能超过 100 头，小牲畜不得超过 500 头。这一法案限制了大土地所有，减缓了土地向少部分人手中集中的势头，一段时期内，小土地生产得到

---

① 土地轮作方法之一，在欧洲盛行于公元 9 世纪前。具体的做法是把土地分成两部分，一部分耕种，另一部分休耕，逐年调换以保地力。

② 罗马亩制单位，相当于 1/4 公顷。

了较快发展。

图 3-27　2 世纪古罗马全盛时期版图

　　古罗马频繁的战争加速了土地向少部分权势阶层集中，在统一意大利和对外战争中获取的土地，除一部份分给破产农民移居屯垦外，很大一部分由元老院拍卖成为权势阶层的私产，战争中俘获的战俘变成了为贵族耕种的奴隶，在这样的背景下，贵族所有的大土地生产方式逐渐占据主导地位。在三次布匿战争①以后，罗马成为东起小亚细亚，西抵大西洋的地中海世界的霸主，帝国全盛时期东起幼发拉底河，西迄不列颠，北越多瑙河，南抵北非。随同奴隶制大地产的发展，大批小农破产，社会矛盾日趋尖锐。公元前133 至前121 年，格拉古兄弟先后推行的以土地为中心的改革活动。公元前133 年中，提比略·格拉古改革法案规定每一个土地占有者占有的土地不得超过500 犹格，最大的两个

----

①　古罗马和迦太基两个国家为争夺地中海西部统治权而进行的战争。第一次布匿战争（前264—前241），先在西西里岛交战，接着罗马进攻迦太基本土，迦太基被打败。第二次布匿战争（前218—前201），迦太基主帅汉尼拔率6 万大军穿过阿尔卑斯山，入侵罗马，罗马则出兵迦太基本土，汉尼拔回军驰援，迦太基战败，丧失全部海外领地，交出舰船，并向罗马赔款。第三次布匿战争（前149—前146），罗马主动进攻，长期围困迦太基城，最后迦太基战败惨遭屠城，领土成为罗马的一个省份即阿非利加行省。

成年儿子可以各占有 250 犹格，这样限定每家占有土地不得超过 1000 犹格，凡超过的全部收归国有，然后分给贫穷农民世袭使用，每户以 30 犹格为单位。农民的土地禁止出售和转让，防止再度破产。公元前 122 年，盖约·格拉古把土地运动推向了新的高潮，系统性地提出了土地法、粮食法、修筑道路法、亚细亚行省法和审判法。格拉古兄弟改革虽然遭到贵族势力的反对而失败，但仍有部分人（约占公民总数的 1/4）在改革中获得了土地，而且改革措施对社会发展带来了深远的影响。

公元 27 年开始，罗马进入军事独裁时期，以后近 200 年保持了政局的相对稳定。在持续不断的对外战争中，罗马帝国的内部和外部矛盾不断激发，并最终导致帝国走向衰亡。至公元 2 世纪时，奴隶主大多被迫采用奴隶授产制，即把土地分成小块出租给佃耕者，隶农制渐趋流行。隶农主要由破产农民和奴隶构成，隶农耕种奴隶主土地，除了上交部分实物产品外，还要上缴货币充当地租。

（2）古罗马农业生产状况。关于对古罗马时期农业生产的著作很多，如公元前 2 世纪加图的《农业志》、公元前 1 世纪瓦罗的《论农业》和维吉尔的《田园诗》、公元 1 世纪科鲁美拉的《论农务》，普林尼的《自然史》以及公元 4 世纪帕拉迪乌斯的《论农业》等。古代罗马所在的地区属典型的地中海气候，冬季温暖潮湿，夏季干燥，雨季一般从 9 月初、最晚 10 月末开始，在第二年 4 月初或 5 月末停止，雨季也有充足的阳光。优越的气候资源非常有利于发展农业生产，古罗马诗人维吉尔提道："这是永恒的春天，夏季的时间非常长，羊可以繁殖两季，树木为我们提供两季的果实。"

古罗马时期，农业是主要的经济部门，也是罗马各个时期进行军事扩张的物质基础。农业中主要种植品种为小麦、大麦、豌豆、蚕豆等；牧草有红三叶、苜蓿等；蔬菜有蔓菁、卷心菜、羽扇豆等；果树有葡萄、橄榄等。饲养的家畜有牛、马、驴和猪、羊等家畜，多数的牲畜使用苜宿、干草及大麦圈养，羊则放牧。铁制农具在农业生产中已广泛使用，最常见的是铁制轻型犁，耕作时由两头公牛牵引，然后锄耕碎土，播撒种子。麦类收割季节使用镰刀，从穗颈部割取果实，据普林尼①在《自然史》中的记载，在高卢南部的平坦地区，曾使用过由一头公牛推动的带轮割谷器，即在车的前面安装两把梳子形的切割刀，

---

① 盖乌斯·普林尼·塞孔都斯（Gaius Polonius Seconds），生于公元 23，卒于公元 79 年，世称老普林尼（与其养子小普林尼相区别），古代罗马的百科全书式的作家，以其所著《自然史》著称。

牛在后面推着车往前走，就能把麦粒切割下来。《自然史》中还记述了四种葡萄压榨机。从农具的使用情况来分析，古罗马时期农业的生产水平超过中世纪前期欧洲生产水平，说明欧洲腹地在较长的历史时期内，农业技术传播和使用处于停滞状态。

罗马人在农业生产实践中，总结并掌握了土地培肥、休耕、轮作等方面的技术。对土地的利用区分肥瘦、软硬、干湿采取相应的农技措施，认识到肥沃的土壤连续耕种会导致地力降低。如科鲁美拉①在《论农务》中说："松散、干燥的土壤，盖因连续种植作物而导致地力衰竭。"瓦罗②认为："在处女地、每年都耕种的土地或者偶尔休耕的土地上耕种后，结果会截然不同。"罗马时期的农业用肥主要使用动物排泄物，也种植豆科作物用于肥田。为了确保土地持续的肥力，休耕和轮作是较好的应对措施。维吉尔在《田园诗》中记载："土地收获后，偶尔进行休耕，允许土地通过休耕恢复地力；……过多地为土地施肥，也可以把灰烬撒在贫瘠的土地上。因此，作物交替种植，可以恢复地力，同时不耕种土地，也可以恢复地力。"罗马农民采取轮作豆科作物的措施增强土地肥力，在豆科作物生长到一定阶段就犁入土中。用作绿肥的作物通常有菜豆、野豌豆、亚麻叶香豌豆、小扁豆、鹰嘴豆和豌豆。为应对冬季多雨、夏天少雨对土壤保墒、土粒流失的影响，同时也为了减少杂草对农作物的危害，罗马农民习惯于对土地进行多次翻耕，无论对休耕地或种植的土地，一年中上壤翻耕 2 至 3 次，经过翻耕细碎的土壤有利于作物幼苗的生长发育。在土质较肥沃和适宜种植谷物的区域，一般实行套种，最常见的是谷物与橄榄树或葡萄树的套种。

在罗马王政和共和早期，意大利半岛中部拉丁姆平原及其他适合耕种的地区，已种植谷物、蔬菜，而葡萄等果树则多生长在丘陵山地，羊群等牲畜到亚平宁山区放牧。当罗马军事扩张成就地中海霸业进程中，不断新增侵掠的土地，在新占领的地方掠夺粮食以供应后方城市，从而带动了意大利半岛在种植业结

---

① 科鲁美拉（公元1世纪）是古罗马杰出的农学家，生于西班牙的迦狄斯，中年时（约在公元36年）曾作为将军，在叙利亚、西西里的第三兵团服过役，后来在拉丁姆的俄提亚获得一块村地，从而跻身于大庄园主的行列。公元60年左右，他写成《论农务》一书，奠定了他作为农学家的地位。

② 瓦罗（公元前116—公元前27年）是罗马时代的政治家，著名学者，出生于萨宾地区的一个小乡村雷亚特。也被称为雷亚提努斯（Ratings），曾任大法官（执政官）。现存的著作有两部，其中《论农业》是他的代表作。

构上发生变化，原来种植谷物的区域被更赚钱的果树和蔬菜所取代。加图①在他的《农业志》中，把意大利的农庄分为七类，即依次为葡萄园、菜园、柳树园、橄榄园、牧场、谷物和森林，果园占据主要地位。在罗马帝国后期，因种植业萎缩，农民弃耕而形成大片荒地，许多农庄改成了牧场。

三、中世纪农业与传统乡村社会

中世纪（Middle Ages）是欧洲历史上的一个时代（主要是西欧），指西罗马帝国灭亡（476）到文艺复兴和大航海时代（13世纪末至14世纪中叶）的这段时期。"中世纪"一词是15世纪后期的意大利人文主义者比昂多开始使用的。中世纪也指欧洲历史的中古时期，是西欧各民族、各地域传统文化的形成时期，无论宗教传统、地域习俗对现代欧洲各国都具有根深蒂固的影响。中世纪的前几百年，欧洲战乱频发，经济低迷，文化落后，思想愚昧，是历史上所谓的"黑暗时代"。基督教产生于东方，来自于耶路撒冷，在人口迁徙和东西方交流中，基督教文明逐渐西移，最后在中世纪兴起，并在欧洲扎根，成为影响西方复兴的重要文化标识。原始的游牧民族（日耳曼人）向南迁移中，在其自身原始的民族文化基础上，逐步接受基督文明，承继古希腊、古罗马文明，成为欧洲的主宰。

（1）中世纪欧洲土地经营制度。中世纪时期，封建制度的形成、发展和解体经历了千年。5世纪，日耳曼法兰克人击溃西罗马势力，占领法国高卢地区，以巴黎为都建立了墨洛温王朝。800年查理加冕称帝，成为查理曼帝国，843年内部分裂为三部分，即西法兰克王国（843—987）、中法兰克王国（843—855）和东法兰克王国（843—911）三国，经过870年《墨尔森条约》的调整成为后来法兰西王国、意大利王国和德意志

图 3 - 28　中世纪欧洲领主庄园

① 马尔库斯·波尔基乌斯·加图（Cato Mayor），罗马共和国时期的政治家、国务活动家、演说家，前195年的执政官。《农业志》是一本论述奴隶制大庄园经济的著作，全文尚存，是加图最受赞誉的作品，大约完成于前160年。

第一帝国三个国家的雏形。法兰克王室采取国王死后诸子平均继承土地的制度，特别是推行军事"采邑制"①，使王权不断削弱，封建主的势力不断增强，奠定了封建割据的制度基础。中世纪欧洲的封建庄园经济是主要的经济形式，大大小小的领主拥有土地，由农奴或雇佣自由农民进行农业生产，或将土地出租给自由农民进行耕种。庄园中的农奴来源于罗马帝国时期的奴隶及其后代，或战争中的俘虏，这些人无人身自由，与领主之间存在人身依附关系。另一部分受雇佣从事庄园农业耕种的自由农民来自于有人身自由的破产农民或破产市民。庄园内农奴生产的产品属领主所有，由领主提供农奴维持生存的生活必须品，而雇佣农民的收成则以实物形式至少一半以上、有时甚至达到8成以上缴给领主。同时，庄园主需向上级的封建主上缴比例不等的产品或向天主教会上缴"什一税"。在中世纪前期，地租的形式主要表现为实物地租，至公元1500年左右逐渐衍变为货币地租。英国从威廉一世开始也实行采邑制。土地采邑制的普遍推行且持续时间长，固化了封建庄园制的生产形式，对中世纪欧洲的政治、经济和社会发展具有深远影响。

　　中世纪的英国在较长的时期内实行了"敞田制"，这种制度至今在学界颇具争议。著名农史学家琼·瑟斯克将敞田制归纳为四要素：第一，耕地和草地划分为条田，每个农户占有若干分散的条田；第二，在收获后和休耕期，耕地和草地要敞开用于公共放牧；第三，有公共牧场和荒地，条田占有者享有在那里放牧以及拾柴火、泥炭等物的权利；第四，上述活动由庄园法庭或村民会议统一规定并管理②。英国敞田制大体可分为三种形式，一是在米德兰地区较为典型的敞田制，因土质重黏，耕作困难，必须使用重犁，休耕期主要养殖牛；二是米德兰周边的轻沙土地区，土质贫瘠，需要重肥，则主要养殖羊群；三是在其他土质较好、耕种容易的地区，集体合作的休耕、放牧并非特别需要，实行敞田制并不规范，但却也保留了一些敞田制的核心要素，即将收获后的私有土地变成公共牧场的义务。为了确保敞田制的正常运行，需要通过庄园和乡村共同体实施强制轮作和按规定时间放牧的管理，有许多学者认为敞田制具有一定的公共属性。农史学家克里奇说："公田是这样一种田制：各部分或地块（或它们的使用）属于个体所有者，在土地种植期他们行使独占的财产权，但在非种

①　采邑制是西欧在中世纪实施的一种土地占有制度，法兰克王国墨洛温王朝时期，国王对于服军役或执行其他任务的臣属，以封赐土地或金钱等作为恩赏，称作采邑，采邑一词的原意即恩赏。
②　向荣：《中国社会科学》2014年1期。

植期个人独占的权利暂时失效，土地处于所有业主共同的和按照共同协议的管理之下。"敞田制的推行，不仅满足了人们对粮食和肉食的双重需要，更重要的是提高了农业生产率，推进了种植业和牧业的结合。

（2）中世纪欧洲传统耕作制度。欧洲以阿尔卑斯山为界分为南北两大区域，南部属典型的地中海式气候，夏季高温、受撒哈拉少漠热气流影响十分干燥，冬季多雨，但十分阴冷。西北部区域属温带海洋性气候，冬暖夏凉，全年季节性温差小，雨量分布均衡。欧洲雨热不同季的气候特点，不利于需要高温高湿的淀粉类作物形成高产。加之欧洲西北部土壤酸性重，肥沃程度低，土壤粘性重，难于深犁翻耕，加之冬季雨水多，排水不畅，形成较多的沼泽分布。而在近地中海区域，高温干燥不宜深耕，土壤保墒能力差，不利于作物对养分的吸收。总之从气候和土壤条件上看，欧洲与中国富庶的黄河及长江流域相比，农业生产的自然条件相差很远。除了自然因素对农业生产带来的不利影响外，欧洲中世纪早期的农业技术也处于较低水平。古罗马帝国时期，农业作为重要的经济部门，农业生产技术达到了较高的水准，随着日耳曼人入侵，农业生产也遭受沉重打击。被称为蛮族的日耳曼人尚处于游牧、初期定居式农业的原始公社状态，随即成为欧陆大地的主人，带来的是习惯的、原始农业生产方式。公元5世纪前后，欧洲粮食生产产量很低，即使至查理大帝时期，小麦产量只能达到播种量的1.7倍，大麦为1.6倍，黑麦只能达到1.1倍，粮食基本处于欠收状态。

西欧大部分地区农业起步较晚，即使在庞大的罗马帝国时期，这片森林茂盛的土地也未曾耕种，直到加洛林五朝时期，大规模的殖民带动了大规模的农业开发，一个又一个的农业定居点被建立起来。然而，农业的技术改进、生产水平却进展缓慢。据资

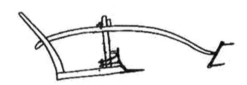

图3-29 欧洲中世纪早期农具，深入土中的犁壁为木质

料显示，加洛林时代富有庄园的农具清单中，金属工具极为稀少，甚至木制工具亦极为难得。这一时期，即使农业最发达的法国北部地区，麦类收获量也仅是播种量的3倍，甚至更少。进入11世纪至13世纪，这种局面终被打破，一场空前的"农业革命"改变了西欧农业的面貌，为欧洲人提供了充足而丰富的粮食。导致欧洲农业迅猛发展的原动力，除了加快移民垦殖和庄园制经济体制进入稳定期等政治和社会因素外，生产工具的改进和气候变化也是重要的推动力量。利用畜力牵引的重犁在生产中使用，克服了西北欧使用简便农具难于深耕的弱点，农业生产力得到了释放，生产水平得到了大幅度提高。同时气候的变

迁使西欧在公元 700 年至 1200 年间进入一个"宜人时代",这一时期不仅气温变得温暖(最多有 1 摄氏度的提升),而且相对干燥,这无疑更有利于作物的生长和产量提高。

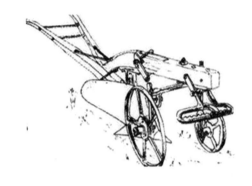

图 3 - 30　欧洲中世纪发明的有轮犁具,对北欧坚硬的土壤耕作十分有效,由畜力牵引,劳动生产力得到提高

这一时期,农业的灌溉和排水技术也得到了普及。农业灌溉方面意大利处于领先地位,关于牧场设置永久性的灌溉设施于公元 1138 年出现在米兰。至公元 1250 年左右推广到波河以北地区,公元 14 世纪到达帕尔玛、莫迪拉、波罗纳,至公元 15 世纪末,意大利成为模范的灌溉地区。与此同时,在英格兰和法国,草地灌溉和排水技术使牧草更加茂盛,土壤更加适宜于作物生长。山地排水技术最先出现在意大利,较大规模的沼泽排水则出现在英格兰东部的林肯郡和东盎格利亚,低地国家如荷兰的沼泽排水规模更大,水被排干后变成了牧场甚至耕地①。

为了恢复地力,中世纪欧洲的土地耕作制度大致有两种。一种是续耕续休制,即对一块地连续耕种几年后让其长期休耕。这种制度主要在居民点分散的山区实行。另一种是让一块地每二年或三年中休耕一年,习称为二圃制或三圃制,10 世纪以后主要在平原丘陵地区实行。13 世纪时法国的北部和东北部实行三年轮作制,即第一年种秋播的冬小麦,第二年种春播的大麦或燕麦,第三年实行休闲;在中部和南部地区实行两年轮作制,即一年种植谷物,一年休耕(在贫瘠地区也有休耕几年的),休耕的土地上可放牧牲畜,以补充天然草地的不足。二圃制和三圃制休耕符合中世纪欧洲农业生产的实际状况,存续了 2000 年之久,但由于其耕作粗放,对耕地利用率低,至 19 世纪后即被废止。

(3) 中世纪欧洲乡村社会。进入中世纪的欧洲,乡村占据了政治、经济、文化及社会生活的主导地位。中世纪前期,罗马的城市消失殆尽,日耳曼蛮族把乡村变成了自己的领地,大大小小的领主在庄园内行使管辖权。居于支配地位的强势阶层除了皇权以下的贵族、朝臣、军官受封领地外,还有神职人员,主教与修道院长控制所有人的精神世界。富有的人向教会贡献土地和财富以求得到救赎的机会。修道院也拥有土地,甚至庄园,每个教区都有自己的教堂,

---

① 刘景华:《史学集刊》2006 年 3 月第 2 期。

大多数贵族家庭还有自己的私人礼拜堂。乡村的教堂无疑是本地区最为华丽、壮观的建筑，也是村民的公共活动空间，供村民祈祷和举行各种宗教活动。

　　欧洲中世纪最为独特的骑士制度，与宗教和封建采邑制密不可分，在中世纪相当长的历史时期内占据重要的位置。日耳曼人是崇尚武力的游牧民族，在男人的成人典礼上，有被授予佩剑的习俗，这被认为是骑士制度的前身。早期的骑士是职业军人，被认为是最忠诚，最勇敢的人，主要职责是征战，每年为领主服兵役 40~60 天。11 世纪以前的骑士是一个开放的阶层，任何有能力置办武器和战马的人行过臣服礼之后都可以受封为骑士。中世纪骑士的装备很昂贵，一名骑士的装备超过了 22 头公牛的价格，所以，也不是所有人都有能力成为骑士。在 11 世纪，洛尔河到莱茵河之间远离劳作的贵族子弟从小就要接受格斗技巧和马术的训练，所以真正能成为骑士的大多数人具有贵族血统。作为一名骑士，具有服兵役的义务，其条件是从他的上一级领主手中得到封地。日尔曼的法典曾写道"采邑就是骑士的报酬"，作为接受了采邑的领主，骑士享有该采邑领地上的全部收入，用于装备自己。随着基督教在中世纪欧洲地位的不断提高，骑士也经历了被基督教化的过程。早期的骑士大多是服兵役的武士，并无行为规范，至 10 世纪，教会提出了和平运动，规定："如果有骑士抢劫或违背教会，攻击手无寸铁的牧师，或劫掠农民商人和穷人，那么教会将开除其教籍；禁止骑士们在星期天或者神圣的节日进行战争，禁止在教堂或者教堂附近进行暴力活动。"基督教对骑士的限制，缓解了骑士相互征战的破坏性。

　　中世纪欧洲乡村处于从属地位的是庄园内的农奴，拥有小块土地的自由农民。农奴的一切，包括他自己，都是领主的财产，所以，领主可以随意对农奴作出任何要求，农奴不能反抗。英国历史学家亨利·斯坦利·贝内特所著《英国庄园生活》详细介绍了中世纪英国庄园生活的各个方面，他根据农奴使用份地的规模区分为：①农民贵族，他们在公地上持有 30 英亩或更多的土地；②持有 30 英亩"全份地"一半土地的人；③只有 10 或 15 英亩的"弗隆"；④勉强维持生计的茅舍农、小佃农和立锥农，他们仅有一二亩地，甚至只有茅舍周围的小块地或院落①。同时，他还介绍了农奴所承担的劳役及义务种类，包括周工，即农奴每周需对领主承担 4~6 天的劳役，根据季节不同而有所调整，但所提供的劳役天数相对固定；另一种是布恩工，即在收获的季节领主要求农民放下自己的庄稼为自己提供额外的劳役，布恩工通常要求庄园所有人都参加。为了使农民卖力，领主通常为农奴提供丰盛的膳食和酒，甚至还有各种奖励；农

---

　　① 亨利·斯坦利·贝内特（英）：《英国庄园生活》，上海人民出版社，2005 年 7 月。

奴所应遵守的还有磨坊及面包房义务，即领主要求将谷物集中到磨坊碾磨，将面拿到指定的面包房去烤，一旦没有遵守，就要被课以罚金。除以上义务外，领主还规定塔利税和遗产税，塔利税就是领主可以对农奴任意征收数额不定的税，而且征收时间也不定，遗产税则是庄园领主对死亡佃户提出财产要求。遗产税源自于古老的惯例，根据该惯例，所有的人在死亡后必须归还原本由领主为其提供的作战工具。农奴缴纳的遗产税通常是一头最好的家畜或物件。在农奴死亡后，教会还要征收"死手捐"。除此之外，不能私自酿酒；不经允许不能捕捞河里的鱼；也不能捕猎树林里的野兽；为获得林木，必须缴纳"林地税"；为获得饲养家禽的权利，必须在指定季节将一只母鸡或一些鸡蛋送到领主那里；出卖牲畜，必须给领主一笔钱；出嫁女儿，必须给领主一笔钱；儿子受教育，必须给领主一笔钱等①。

自由农民大多数属于拥有土地和生产工具的自耕农，在中世纪欧洲，自由农民要承担相应的交纳租税和服徭役的义务，但不承担与人身不自由相关的义务，其人身是自由的，包括行动自由。中世纪早期，大批日耳曼士兵带领妻儿被分配给地主，在他们的土地上从事耕种，形成了隶农。同时，古罗马的自由农民继续成为保留土地的纳税者并服徭役。在领主土地上生存的茅舍农依附于庄园并成为佃农，这种情况十分普遍。自由农民在自身经营状况不佳的情况下，都会破产失去土地，并最终沦为佃农或雇佣工。11世纪以后，随着工商业兴起，欧洲城镇迅速发展，封建领主受商品经济刺激，为获得更多的货币资本，把庄园的劳役地租转换成货币地租和实物地租，允许农奴用金钱赎取人身自由，这样就形成了大量的自由民，另一种情形是随城镇的发展，大量的农奴逃进城市，也加速了封建庄园制的瓦解。

庄园是中世纪欧洲自给自足的基本经济单位，独立的庄园拥有属于自己的耕地、森林、草场、池塘等，村落中包括教堂、领主邸第、庄园法庭与农奴住宅等。领主在庄园中设置的生产设施，如磨坊、烤炉与榨酒设备，农奴必须付费使用。在平原地区，由农户为主组成聚集的村落，农户的房屋集中在路边，每天很早出发到较远的地方干农活。在山岳地带和丛林地区，农户散居或聚集成较小的村落，在居住地周边的土地进行耕种。早期农户的居住房屋十分简陋，英格兰中世纪早期流行的建筑形式是传统的长方形房屋，12至13世纪期间，大多数农民都居住在这样的房屋内，人畜共居，仅能避风遮雨。至中世纪晚期，随着农业生产发展，农民生活水平有了提高，农民的住宿条件也得到改观，长

---

① 亨利·斯坦利·贝内特（英）：《英国庄园生活》，上海人民出版社，2005年7月。

方形房屋向上几个单体建筑构成的农庄发展，这些单体建筑分别承担居住、饲养、贮藏等功能。生活空间包括住房、厨房、面包房等；养畜空间包括牛栏、猪圈、羊棚等；农用空间，包括谷仓、储藏室、农具存放室等①。至中世纪晚期，英国农民的房屋建筑已由草木结构发展为石木结构。

在中世纪法国，农民的居住和生活条件很艰苦，除南部外有石造和瓦盖的房屋外，大部分法国农民住在矮小、寒冷、潮湿的茅房里，由木条和泥筑成，上面盖着茅草。房间没有烟囱，火放在房间中央，房间里烟雾弥漫。房屋一般只有一层，人和牲畜时常住在一处。家具只有一张桌子，几条凳子，几个制面包用木箱，全家唯一的一张床，一家人都睡在上面。农民主要食物是粥，裸麦做的黑面包，蔬菜（种类很少变化），肥咸肉和干酪。除了过大节日，他们几乎从不吃肉，喝的差不多都是水②。

---

① 郭华：《中世纪晚期英国农民居住状况的变迁》，载《首都师范大学学报》2008 年第 4 期。

② 参照《中世纪的农业和生活》http：//wenku. baidu. com。

第四章

城乡考证：城市与文明勃兴

人们来到城市是为了生活，人们居住在城市是为了生活得更好。

——亚里士多德

城市产生与发展的历史，是人类文明衍变的历史。城市作为人类的聚居地，也是人类经济与社会活动的集中地。城市与乡村代表两种不同的生活形态，在不同的历史条件下，二者相互作用形成独特的、代表不同时期文明特征的城乡关系。从人类文明发端至今，城市与乡村相对独立，在城乡关系中，城市居于主导地位，引领人类的生活潮流和发展方向，乡村处于从属地位，但这种从属关系并非完全地被动服从，乡村的生存状态和发展水平，反过来则极大地影响着城市的发展水平。

第一节 古代城市：人类文明的兴起

一、城市的起源与衍变

据文字资料记载和考古发现：世界上城市的起源可追溯到公元前10000年左右。巴勒期坦的耶利哥早在10000年前的新时器时期即已存在，城址位于约旦河西，低于海平面250米，处于耶路撒冷与安曼之间的约旦河河谷中央。早期的耶利哥居民约2000人，以采摘和家畜养殖为主，

图 4-1 耶利哥城遗址

居住在园型竖穴式房屋内。耶利哥城历经兴废，最为著名的事件来自于《圣经·约书亚纪》，其中记载了约书亚率领以色列人智取耶利哥城的事件。英国女考古学家凯瑟琳·凯里扬博士在 1952—1958 年的考古发掘中，发现了古老耶利哥城的城墙遗址，经过放射性元素碳 14 测定，最早的年代为公元前 8000 年，耶利哥城在被以色列人毁灭之前至少已经存在了 6500 年。现存的最为古老的城市大多数都成为了今天的旅游胜地，其历史皆可追溯到公元前 2000—前 3000 年。如土耳其的加济安泰普市被认为是一直有人居住的古城，其历史可追溯到公元前 3650 年；以色列的耶路撒冷是宗教和政治反复争斗的城市，但被认为城市的历史可上溯到公元前 3000 年；伊拉克的伊尔库克是古代亚述王朝的都城，今天是伊拉克的"文化之都"，在公元前 1000 年这里是亚述帝国的心脏，人类筑城的历史也可追溯到公元前 3000 年；瑞士的苏黎士是目前世界上生活质量最高的城市，而且是全球重要的金融中心，过去是罗马人的货物征税点，从公元前 3000 年即有人类在此居住；土耳其的科尼亚在古希腊、罗马时代的书籍里就被提及，曾经是早期著名的军事重镇，也是塔吉克著名思想家、哲学家迈乌·拉纳的诞生地，科尼亚在公元前 10000 年前就有人类聚居，而且是最早种植稻谷和酿造啤酒的地方；埃及的吉萨因金字塔而闻名于世，大约建立于公元前 2568 年；埃及的亚西乌特目前是居住人口 40 万人的现代化城市，在此之前毁灭于卢克索与亚西乌特之间的一场战争，其建城历史可追溯到公元前 2160 年；卢索克是埃及最著名的旅游胜地，其金字塔和众多的宗教遗址为世人称道，最早的建城时约在公元前 2160 年；葡萄牙的里斯本是一座海港城市，早在公元前 1200 年就是大西洋沿岸的重要海港，其筑城历史在公元前 2000 年左右。

中国是世界文明古国之一，中华文明的发端可追溯到公元前 10000 年。根据目前考古资料，中华文明并非国外部分学者认为的"外来说"，也不是单一的"中心说"，而是来自于主要分布在长江与黄河流域的多个起源中心，这与中国所处的地理位置、气候特征、生态环境和资源禀赋息息相关。约公元 10000 年新石器时期，农业在长江与黄河流域开始兴起，人口在这些区域开始聚集并定居下来。约公元前 7000 年至前 5000 年的新石器中期，人口集中已形成较大部落，此一时期的考古遗址中已发现农业生产和农业产品的痕迹。约公元前 5000 年至前 3000 年新石器晚期，人们的居住条件较之以前有了很大改善，房屋结构更加美观和先进，但居所条件还没有贫富之分。到公元前 3000 年左右，中华文明进入考古所称的龙山文化时期，此时铜器开始出现，社会生产力得到了极大发展，社会财富不断丰富，人口中也出现贫富差距，考古发掘的居住遗迹印证了这一点，此时人们的居住条件已出现了较大的差异。学界大都认为：中国城市的形成集中于新石器晚期，约在公元前3000年左右，据安徽含山县凌家滩贵址发掘资料显示，公元前3300—前3600年，这里曾是一座繁华的城市，有红陶土堆筑而成的广场、宫殿、神庙，有众多的古建筑、古井、墓葬、护城壕沟和手工作坊，还有制作精美的玉器。另外，陕西高凌杨官寨遗址占地近80万平方米，是一座距今约6000年的规模超巨大的史前聚落，形成于史前4000年，杨官寨遗址发掘出各类房址，以及仰

图4-2　陕西高凌杨官寨遗址

韶时期的灰坑、陶窑、瓮棺葬等，出土陶器、石器、骨器、蚌器众多，文化堆积主要属半坡四期文化遗存和庙底沟文化遗存，以半坡四期文化遗存为主，这应是中国最早的城市雏形。山东省济南市龙山遗址所代表的龙山文化形成于史前2600—前2000年，泛指中国黄河中下游地区新石器晚期铜石并用的文化遗存，此时是中国城市形成的重要时期。

表4-1　世界历史上各阶段城市规模排名第一的都市

年代	城市	所属国家	人口（万人）
3100BC	孟菲斯（Memphis）	埃及	
2240BC	亚加（Akkad）	埃及	
2030BC	乌尔（Ur）		6.5
80BC	底比斯（Thebes）	希腊	6.0
1770BC	巴比伦城（Babylon）	巴比伦	6.0
1670BC	阿瓦利斯（Aviaries）		10.0
1557BC	孟菲斯（Memphis）	埃及	3.2
1400BC	底比斯（Thebes）	希腊	8.0
668BC	尼尼微（Nineveh）	亚述	12.0
612BC	巴比伦城（Babylon）	巴比伦	20.0
320BC	亚历山大（Alexandria）	马其顿	30.0
300BC	巴特那（Patna）	印度	10.0

续表

年代	城市	所属国家	人口（万人）
195BC	长安（Chang'an）	西汉帝国	40.0
25BC	罗马（Rome）	罗马帝国	45.0
340	君士坦丁堡（Constantinople）	东罗马帝国	30.0
570	科特斯芬（Ctesiphon）		40.0
637	长安（Chang'an）	唐帝国	40.0
775	巴格达（Bagdad）	萨珊	100.0
935	科尔多瓦（Cordova）	阿拉伯帝国	60.0
1013	汴京（Planking）（开封）	北宋帝国	101.0
1127	君士坦丁堡（Constantinople）	拜占庭	110.0
1170	菲斯（Fez）	摩洛哥	90.0
1180	临安（Lingam）（杭州）	南宋帝国	100.0
1223	大都（Tate）（北京）	元帝国	100.0
1315	开罗（Cairo）	埃及	70.0
1348	杭州（Hangchow）	元帝国	80.0
1358	南京（Nanking）	明帝国	100.0
1460	北京（Peking）	明帝国	100.0
1650	伊斯坦布尔（Istanbul）	奥斯曼	80.0
1710	北京（Peking）	清帝国	120.0
1825	伦敦（London）	联合王国	510.0
1925	纽约（New York）	美国	650.0
1965	东京（Tokyo）	日本	730.0
2000	东京（Tokyo）	日本	2800.0

资料来源：参考周一良吴于廑《世界通史》，人民出版社，1962 年 10 月出版。

二、城市文明的兴起

从城市产生起，人类即开始尝试有别于乡村松散自由生活的城市生活方式，城市以人口聚集为基本特征，城市的生活规则对居民的约束性更强，人群之间相互联系和影响的作用更大，文化、技术和知识的传播更快。一般而言，城市引领科学技术、文化取向，代表了特定地域、特定时期对大自然和人类社会的认知水平，创造了推进人类社会进步的城市文明。公元前 3000 年，古代西方文明发轫于地中海东部的克里特岛，这一时期克里特岛及其周围地区以及希腊大陆尚处于青铜文化时期，史称爱琴文明。克里特岛是爱琴海上最大的岛屿，正是克里特点燃了古希腊文明的圣火，约公元前2000年，这里产生了以克诺索斯为中心的欧洲最早的奴隶制占有国家。克诺索斯位于克里特岛北部，这里最早的宫殿建于公元前1900年左右，考古发现的宫殿、居民区、墓葬、器皿证明这一时期的文明达到了相当发达的高度。同时，社会分工已相当精细，考古资料显示，在爱琴文明的克里特时期，手工业中已出现武器匠、木匠、铁匠、皮革匠、制壶匠、青铜器匠、镂刻匠、象牙技师、画家、雕塑家。公元前1700年至前1400年，克里特文明发展到全盛时期，或因巨大的火山爆发或来自巴尔干半岛的希腊人入侵，克里特文明不久突然衰退，文明的中心转移到希腊半岛的迈锡尼，开启了新的迈锡尼文明时期。迈锡尼人来自于欧洲内陆，约在公元前2000年前后定居于伯罗奔尼撒半岛，此时的克里特文明处于鼎盛时期，而迈锡尼人则较落后。在克里特文明的影响下，迈锡尼人逐渐向文明过渡，于公元前1600年建立自己的王国。迈锡尼文明在继承克里特文明基础上，把爱琴文明推向了另一个鼎盛时期，其宫殿建筑创造了自己的风格和特点，更兼具了更为实用的军事特征。迈锡尼文明时期的农业、手工业更为发达，分工更为精细，对外贸易更是达到了空前鼎盛的高度。

图 4 - 3　古希腊城邦地图

希腊历史继爱琴文明之后，又经历了荷马时代（约公元前11世纪至前9世纪）、城邦时代（约公元前8世纪到前6世纪）、古典时代（约公元前5世纪至前4世纪），至公元前338年前后，希腊地区相继被马期顿、罗马、奥斯曼、土尔其控制。其中，城邦时期的文明模式更为后世所关注，它不仅创造了古希腊时期繁荣的农业、手工业以及兴旺的贸易，而且开创了民主制度的先河。所谓城邦就是以城市为中心，包括周边乡村的城市国家，一般地不过百里，人不过数万。当时古希腊的城邦国家众多，正如柏拉图所说："散布在从高加索到直布罗陀各海岸的希腊城邦，好像与散布在池塘周围的青蛙一样。"

对于城邦国家的形成原因，史学家有很多推论，有的认为城邦形成是因为地理因素所致，多山、多岛屿，缺乏淡水，对资源的占有和分配使人聚集在一起，形成以城市为中心的聚落式国家。有的人认为形成城邦最主要的推动力是宗教因素，英国剑桥大学著名的希腊考古学家斯诺德格拉斯教授认为，城市中如神庙和议政厅等公共建筑的出现是城邦形成的重要标志，人口的急剧增长则推动了城邦的形成。法国学者波里尼阿从宗教崇拜的演变来探讨城邦制度的形成，提出古风时代早期希腊各邦保护神及其宗教崇拜的确立象征着古典城邦的形成。更多的研究者则认为城邦的形成是古希腊政治、经济、社会发展的必然结果，是在下层社会与贵族势力斗争中产生的。在迈锡尼文明走向消亡的过程中，地方贵族势力崛起形成了最早的城邦。古希腊城邦时期约有 200 多个城邦国家，在下层平民社会与贵族的争斗中逐渐推动了民主政治的萌芽。以公民大会为特征的民主形式逐渐形成较为完整的制度体系，最为典型的当属雅典。另一个城邦国家斯巴达，实行公民共餐制，按照这个制度，包括国王在内的所有男性公民都要集体就餐，为了维持这种集体就餐的制度，每个公民每年必须向城邦交纳一定数量的粮食，如果无法交纳规定量的粮食，他就会丧失公民权。城邦国家并非只存在于古希腊，两河（底格里斯河和幼发拉底河）之间的苏美尔地区，在公元前 4000—前 3000 年，亦已建立起了属于苏美尔人的城邦，这一时期创造的美索不达米亚文明，是亚洲三大人类文明发祥地之一，另外两个发祥地就是黄河—长江中下游地区和印度河流域。

考古学所称的中国龙山文化时期即司马迁《史记·五帝本记》所记载的五帝（黄帝、颛帝、帝喾、尧、舜）时期，是中华文明和中国城市起源时期，最初的城市形态由原始的聚落或聚落群衍变而来。此一时期处于铜石并用的新石器晚期，分布在黄河中下游地区、渭河中下游地区和长江中下游地区的龙山文化、客省庄二期文化、良渚文化以及同一时期的内蒙古老虎山文化的遗迹中都发现了人口聚居的聚落形态和城市雏形，其结构形成多级式，围绕发掘出的中心城址形成次中心即聚落群，聚落群边缘形成普通聚落或散落的居住点，其结构大致为三至四级。中心城址周围有壕沟或土夯、石垒的城墙，主要承担城市的防护功能。

至公元前 2100 年，中国第一个王朝即夏朝建立。五帝时期氏族公社制度，部落首领实行"禅让制"，直至"禹传启，家天下，奠定王权"，开创中国近四千年世袭王位之先河。夏王启定都城于河南阳翟，今河南禹州，太康时夏都为斟鄩，即今豫西，《史记·夏本记》云："太康居斟鄩、羿亦居之，桀又居之。"1959 年，对豫西进行"夏墟"调查时，在洛阳偃师市翟镇乡二里头村发现了一处大型遗址。考古发掘和研究情况表明，这里是公元前 2000 年之前东亚地区最大的聚落，它拥有目前所知中国最早的宫殿建筑群、最早的青铜礼器群及青铜冶铸作坊，是迄今为止可确认的我国最早的王国都城遗址。这个遗址就是夏都斟鄩遗址。

在远古中国，"城"与"市"是两个在地域和功能上截然不同的独立存在的实体，随经济、社会发展经历了从分离到融合的发展过程。《墨子·七患》中说："城者，可以自守也。"早期的部落或部落联盟之间频繁发生战争，从而在人口聚居的周围深挖壕沟或筑起城墙，以抵御外敌。此时的"城"是孤立的，只是用于防御的城堡。自从西周初期周公创建东都成周（今河南洛阳），开创小城连结大郭的布局，"筑城以卫君，造郭以居民"，这种方式成为此后建设都城的准则。所谓小城即君主或部落首领的居所，而郭则是普通平民聚居的地方。"市"是商品交换的场所，最初的市无固业场所，随着商业的兴起，从而有了固定的市场，但城和市仍然是分离的。至春秋战国时期，城和市才融合在一起。随着商品经济的发展，居民生活上的需要，"城"和"郭"中常设有"市"，"郭"中的"市"就有了一定的规模。例如《战国策》说赵的上党郡有十七县，而《史记》又说上党有城市之邑十七。《考工记》说：匠人建筑国都"面朝后市"，所以要规定国都的建筑前面为朝廷而后面为市。秦统一中国之前，夏、商、周实行分封制，除都城外，诸侯根据相应的地位，分别在封地内筑城，推动了城市的迅猛兴起。商代城市主要分布在黄河中下游地区，著名城市有商、殷、亳、蕃、雇、霍、孟等，长江流域相对稀少。周朝（公元前 1046 年至前 256 年）是中国历史上延续时间最长的王朝，前后共传 30 代 37 王，共计约 790 年。周初，武王分封姬姓子弟和功臣为列国诸侯，《荀子·儒效》篇中："立七十一国，姬姓独居五十三人。"大量的诸侯列国兴起规模空前的筑城运动。

古代中西方城市的兴起和发展，是人类文明进步的重要里程碑。城市的兴起结束了人类原始的游牧和简单聚居生活状态，改变了人类生产、生活的组织结构和方式，引领了人类进步和发展的新潮流。无论古希腊的城邦制、中国夏、商、周时期的分封制，以及国家产生之后的君主管理模式，都对以后的政治、经济、文化产生深远的影响，为人类社会的管理提供了最初的样本。伴随城市的兴起，加速了手工业从原始的农业中分离出来，加快了生产工具的改进，反过来又推动了农业生产力的进步，改进了人类的生产、生活条件和生产方式。"城"与"市"融合牵引商业发展，推动商业模式进步，对以后的商业繁荣和贸易兴起奠定了基础。城市人口聚集促进频繁的人际交往、劳动力和技术等要素的交流推动了技术进步，城市生活方式亦促进文化、艺术繁荣，丰富了人类的精神生活。

三、中古时期：农业文明与城市嬗变

中古时期①是传统农业的鼎盛时期，农业在经济中占据主体地位，城市的发展依赖于农业并带有农业文明的时代印迹。本文对这一时期的农业做如下初略界定：①农业从游牧业中分离出来，脱离原始农业特征，在固定的区域居住、耕种，生产单元以自耕农或封建领主制为主；②农业是主要的经济活动，农业在经济中占据主导地位；③以人力、畜力为主，铁器、木器为主要的耕犁工具，农田水利、耕作技术逐渐成熟；④欧洲以中世纪、中国以秦汉至明清时期最为典型。此时期在世界文明史持续时间最长，对近代发展影响深远。

从公元476年西罗马帝国灭亡至公元1500年的1000年间，欧洲进入中世纪的"黑暗时期"，这一时期也是欧洲农业发展和资本主义萌芽的重要时期。4世纪前后，罗马帝国的宁静被异族入侵和频繁的战争打破，地中海贸易逐渐萎缩和萧条，欧洲大陆的南北交通和贸易也受到打击，商路中断，封建领主和贵族因为市场的产品需求下降，转而将土地出租给农民耕种。同时，"蛮族"成为欧洲的主宰，来自东方的"蛮族"属游牧部落，在与罗马帝国的战争中吸取了罗马人的生活方式，定居下来。军事首领被分封为地区管理者，同时继承罗马贵族的庄园和城堡，成为新的庄园主和城堡的主人。

中世纪前期，战争导致城市衰败，许多城市沦为废墟。至1000年左右，欧洲大陆的政治和社会逐渐安定下来，来自外族的战争得到遏制，欧洲进入了一个相对和平的时期。

1050—1300年发生的"大垦荒"，其直接参与者大多是生活困苦的农民，但主导者却是教会和封建领主。一方面城镇的发展推动了拓荒运动，一些拥有土地的封建领主通过建设小城镇来吸引农民，为拓荒提供劳动力；另一方面，拓荒又反过来为城镇发展提供丰富物质资源。同时，这一时期，欧洲文明的中心从地中海沿岸向北大西洋地区转移，从英格兰南部到乌拉尔山之间的大部分欧洲地区，因为新技术和铁制农具使用，使农业得到了快速发展，由此也带动了手工业和市场繁荣。许多地区随市场兴起而形成新的城市或城镇，特别是形成了一大批小型城镇，据统计，1330年西欧全部3267座城市中，2000人口以下的小型城市共计3000座，占全部统计总数的90%以上。商业贸易催化了一批新

---

① 中古是历史学名词，在西欧指西罗马帝国灭亡（476）至文艺复兴（1453），在中国大概从秦朝开始至清朝，即以1840年为界，以后即进入近代。这样的划分，学术界存有争论，本文为便于阐述和对比中西方城乡衍变与发展，故采用上古、中古的时期划分。

型商业大中城市，欧洲的国际贸易需求推动了产品的集中，加速了产品集散地的出现，使西欧各国的"中心地"城市相继兴起：巴黎、里昂、都尔奈、马赛、科隆、特里尔、斯特拉斯堡、汉堡、威尼斯、热拉亚等等，重新形成了一个以地中海为中心的贸易区。

在古老的东方中国，公元前221年秦始皇灭六国，建立了大一统的君主专制国家，结束了春秋战国的长期动乱局面。秦统一文字、货币和度量衡，建都咸阳，废除分封制，在全国建立36个郡，实行郡县制，中央集权得以巩固。秦都咸阳自秦孝公始，前后经营了140年，至秦统一中国后人口规模达到100万，成为世界上第一个大城市。郡县制的施行，推动了城市在更大的地域空间展开，郡以下设县，县下设乡，乡下设里，郡县派重兵守卫，并设置司法机构加强对地方的管理。秦朝以都城为中心，覆盖郡县的网状城市体系初步形成，这种城市

坞壁阙（萧默等）四川羊子山东汉墓出土画像砖

图4-4　汉画像砖中的宫阙

体系为以后各朝代所继承。据资料记载：秦时全国大中小城市有300—400座。两汉时期承继秦时体制，郡县制有了更进一步的完善，随疆域的扩展，城市的数量和规模进一步扩张。西汉时实行休养生息的政策，经济有了较快发展，人口规模快速增长。公元前202年的汉初时期，全国总人口数量在1500万—1800万人。至汉平帝元始二年（公元2年）全国人口增长到12233602户，59594978人。因早期农业发展集中在黄河流域，故人口密度分布为北多，南少。若以淮河、秦岭为界，北部人口占据85%以上，以南人口占据不到15%。

在城市的空间布局上，黄河中下游和淮河流域的关东地区是城市分布最稠密的地区，西汉末期，关东地区约占全国幅员面积的9.06%，但城市数量占全国城市总量的38%。在关中地区，以长安为中心，东西200公里、南北100公里范围内，密布着39座城市①。同时，城市的人口规模也较快增长，西汉时成都有35.4万居民；洛阳有33.2万居民；国都长安约有24.62万居民，而东汉国都雒阳约有50万居民。生活在城市中的绝大部分平民百姓大部分住在外城及其

---

①　彭卫：《20世纪以来中国秦汉的城市史研究》，载《中日古代城市研究》。

城墙门楼之外的区域。秦汉时期的城市虽然具有市场属性，都城和郡县的市场都有专门的机构和官吏进行管理，但长期实行抑商重农政策，商业并不被统治集团所重视，体现在城市的规划和建设中，城市仍然以政治性和军事防御性为主。同时，统治集团更热衷于营造豪华的宫殿，秦朝只有十五年短暂的统治期，在先期建造了甘泉宫、信宫、兴乐宫、长杨宫、梁山宫后，又建设了著名的阿房宫，《史记》对阿房宫的描述："先作前殿阿房，东西五百步，南北五十丈，上可以坐万人，下可以建五丈旗，周驰为阁道，自殿下直抵南山，表南山之颠以为阙，为复道，自阿房渡渭，属之咸阳。"汉朝都城长安在初期复建秦时长乐宫，另建了未央宫和北宫，至汉武帝时兴建了桂宫、明光宫，还在城外营造了建章宫和上林苑。除宫殿外，城内还有必府、九市、三庙等。

汉朝（两汉）的统治持续了400年，是中国经济、社会发展较快的一个重要历史时期，在全面推行郡县制的基础上，各方面的制度进一步完善。此一时期，也是中国城市发展的重要时期，全国不但随商业发展兴起了一批新的商业都市，如洛阳、南阳、建康、邺城、成都等，也在北方建起了抵抗匈奴的防御城市。汉都长安的人口规模空前，兴盛时期高达

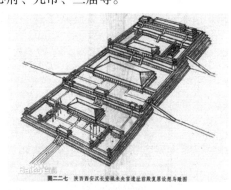

图4-5　汉长安城未央宫遗址前殿复原图（资料来源于百度百科）

30万人口，城区面积35平方公里，周长62里，有八道九陌（纵为道横为陌）十二门，一门三道制。汉时为强化中央集权，在长安周围皇帝陵外设陵城，西汉时陵城多达11座，在长安外围形成规模很大的城市群落，其中茂陵人口多达27万。汉朝时也是中国建筑技术大发展的时期，许多中国建筑技术的木构架形式在这一时期形成并成熟运用，包括抬梁式、穿斗式、干栏式、井干式等。建筑技术的革新不但体现在宫殿建筑上，而且也广泛运用于民间建筑中，许多富豪、官吏的宅第也十分豪华，一般采用院落多重房屋结构，附带园林，《后汉书》卷六十四对此类宅第（恒帝时大将军梁冀宅第）记载："冀大起第舍，而寿（梁冀妻孙寿）亦对街为宅，殚极土木，互相夸竞。堂寝皆有阴阳奥室，连房洞户，柱壁雕镂，加以铜漆，窗牖皆有绮疏青琐，图以云气仙灵。台阁周通，更相临望。飞梁石磴，凌跨水道。金玉珠玑，异方珍怪，克积藏室。"

唐宋时期是中国社会发生重要变革的期，唐代经济、政治、军事及文化方面发生的重大变化，是中国封建社会从前时向后期转变的标志，由唐到宋的重

大变革，政治、经济、军事、文化等诸多领域都呈现出与之前不同的面貌，其中，作为社会重要载体的城市可以说往往起着既引领社会潮流，又设置种种藩篱的双重作用①。唐宋时期也是中国古代商品经济发展的高峰期，农业的快速发展带动了手工业和商业繁荣，手工业形成了门类众多的完整体系，交通网络形成更便利于商业往来，唐时长安有五条陆上交通干线通往全国各主要城市，进而连接到各州县。这一时期还形成了一些通往朝鲜、日本、中亚、南亚和东南亚各国的国际贸易通道，横贯亚洲大陆的"丝绸之路"又有了新的路线。唐宋时期的社会、经济变迁集中反映到城市的建设和发展上也具有了新的时代特点。唐宋时城市的数量更多、分布更广，城市职能更进一步商业化，城市人口增多，城乡人口流动更加频繁、人口文化结构发生深刻变化，市民阶层逐渐兴起。唐宋城市的转型发展反映了这一时期中国社会的深刻变迁。

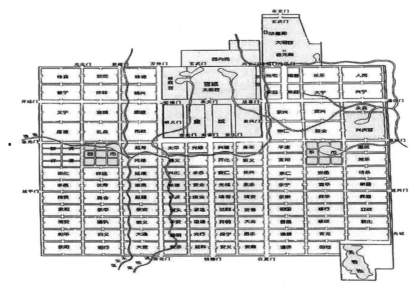

图 4-6 唐长安城布局图（资料来源于人民网）

秦汉时期城市建设以宫殿城池为标志，而隋唐时期则以坊市制度为标志，宋及以后时期以坊市合一、临街设店为特征。唐初时实行严格的坊市制度，但南方很多地方出现的"草市"则已经突破了"墙"的束缚。"坊"作为居民区与"市"分开，坊不得从事商业活动，而市作为商业区，四周设有围墙与坊分

---

① 宁欣、陈涛，《唐宋城市社会变革研究的缘起与启程》，中国经济史论坛，http://economy. guoxue. com。

开，市门定时关启，实行夜禁，在坊内，不许向街路开门。唐代曾经在长安、洛阳以及各州县开设坊制，两京及各州治，设有东市、西市、南市、北市等，县治也设县市，但这些市是限定的商业区域。就是说，它的区域

图 4 - 7　唐长安大明宫含元殿（傅熹年年复原）

是一定的，原则上，规定商店应该在市内，商店根据它所买卖的商品种类聚在一起，称之为行，行聚而成市。都城长安的皇城南三十六坊，每坊各有东西两门，其他七十余坊，各有东西南北四门；坊内除了联络东西南北各门的道路以外，还有若干条道路。坊市制度至北宋末年完全崩溃。至两宋时期，城市的人口规模进一步增加，北宋汴京的人口达到 140 万，南宋临安的人口更是达到 250 万。此时期城市突破"墙"的观念，虽然城外居住了大批人口，但不再以扩建外城方式把他们扩进来。在两宋时期，市民阶层逐渐兴起，城市工商业人口比重加大，文学艺术包括说话、话本、元曲、杂剧、小说、曲艺、戏剧等因市民的需要而产生和发展，士大夫也因城居而更接近市民阶层①。

孟元老《东京梦华录》记载了宋徽宗崇宁到宣和（1102—1125）年间北宋都城东京开封的情况："举目则青楼画阁，绣户珠帘，雕车竞争驻于天街，宝马争驰于御路，金翠耀目，罗绮飘香。新声巧笑于柳陌花衢，按管调弦于茶坊酒肆。八荒争凑，万国咸通。"② 其中叙述了当时手工业和商业状况，行业涵盖了姜行、纱行、牛行、马行、果子行、鱼行、米行、肉行、南猪行、北猪行、大货行、小货行、布行、邸店、堆垛场、酒楼、食店、茶坊、酒店、客店、瓠羹店、馒头店、面店、煎饼店、瓦子、妓院、杂物铺、药铺、金银铺、彩帛铺、染店、珠子铺、香药铺、靴店等三十多"行"，其中提到的一百多家店铺中，酒楼和各种饮食店就占有半数以上。为满足市民夜生活的延长，商家为了追求更多的商业利益，原先坊市制下长期实行的"夜禁"也自然而然宣布取消，开封城里出现了"夜市""早市"和"鬼市"。各种店铺的夜市直至三更方尽，五更又重新开张；如果是热闹去处，更是通晓不绝；而有的茶房每天五更点灯开张，博易买卖衣服、图画、花环、领抹之类，至晓即散，谓之鬼市。

①　宁欣、陈涛，《唐宋城市社会变革研究的缘起与启程》，中国经济史论坛，http：//econ-omy. guoxue. com。

②　孟无老（宋）《东京梦华录》序，中州古籍出版社，2010 年 6 月 1 日。

图 4 - 8　清明上河图（局部）

张择端的《清明上河图》更是形象地展示了北宋都城汴京（约公元 1200 年左右）在清明时节的繁华热闹景象。清明上河是当时的民间风俗，是经历严寒后（据记载宋朝是中国最严寒的时期）春暖花开时，人们竞相外出踏青，逛市井集市的日子。图中除展现了市井人物的生活百态、汴京繁华外，更重要的是表达了当时商业繁荣的景象。商贾云集、店铺林立、百业兴旺，汴河上货船往来不断，展现了当时对外贸易和内河航运的发达程度。据载：汴梁共有四条主要的河流，都是人工开凿的运河，即金水河、五丈河、蔡河和汴河，依托四条河流，特别是汴河航运，将四方八面的粮食和物资源源不断地运往京师。汴河所引黄河水泥沙含量高，宋初时从十月到次年二月封航，其间调集 30 万民工清理河床，以确保次年大航运畅通无阻。自唐朝起中国航海外贸即兴起，至两宋时期与中国建立贸易关系的国家发展到五十多个，外贸通商直到阿拉伯及西欧地中海地区，出口货物以丝绸、漆器、茶叶、铜铁器、瓷器、麻布纸等为主，进口则以香料、犀角、象牙、珠宝、木材和棉布为主。朝廷十分重视外贸发展，设立市舶司专司外贸的发展和事务管理。至 997 年（至道 3 年），一年间官造商船即达 3000 多艘，远洋海船载重可达五千石以上，甚至重量级的运粮船载重可达 1 万石（约 500 吨）以上，贸易税收占政府总收入的 15% 以上①。

宋代以来发生的商业和城市变革得到了进一步发展，封建制经济在明清时期达到顶峰，传统农业的发展处于鼎盛时期，城市手工业走向成熟、现代工商业逐渐萌芽。此时期的经济已经出现明显的区域分工，一些全国范围内的区域

---

①　赵广超：《笔记清明上河图》7 - 19 页，生活·读书·新知三联书店，2005 年第一版。

经济中心开始显现。例如，以太湖平原为中心的江南地区，成为全国经济的富庶之地，其主要特点是发展高效农业和农副产品加工，特别是丝织、棉织业的发达带动商贸繁荣，形成了密集的商业市镇，其城市化程度走在全国前列；珠江三角洲地区的开发始于宋朝，起步较晚，以外贸为导向的转口贸易迅猛发展，至清中叶已成为全国重要的贸易重镇；长江上中游地区从元末起由江西向湖广移民，至明中叶形成第一次高潮、清前期形成第二次移民高潮，以此带动"湖广填四川"的大规模移民。在明清时期的长江上中游地区，伴随"移民潮"而形成的"开发潮"，使该地区成为重要的粮食生产地和输出地；华北平原冀鲁豫地区在1200—1400年屡受战乱破坏，经济发展受到影响。在明朝时实行屯垦政策，经济在一定程度上得到恢复发展，农村集镇大量兴起。此外，清上中叶十分注重对边疆的开发和治理，使东北地区和台湾地区农业得到较快进步。明代长时期实行海禁，限制了海外贸易和运输业发展，至清时海禁开放，沿海、沿江贸易得到了大规模的提升，由此拉动了华北平原和长江中下游地

图 4 - 9　清朝末北京城景景象
（资料来源于中华和谐文化网）

区经济发展。清代前期中国内河航运里程已达 5 万公里以上，沿海航线 1 万公里①，随着清代国家版图的扩大和边贸的扩大，新疆、蒙古与内地的贸易也有大规模的发展，山西商人开辟的从蒙古草原直抵俄罗斯的北疆陆路贸易线亦达万里之遥。伴随经济发展，明清时期城市建设在扩张中也出现了一些新的特点。城市人口规模扩大，区域性中心城市得到快速扩张，城市职能进一步商业化，市镇和城市蓬勃兴起，城市分布地域明显增大。

在明清时期的中国城市中，人口规模超过 100 万的有 3 个，分别是北京、南京和苏州。另外还有十个左右的区域性中心城市的人口规模在 50 万 ~ 100 万。

---

① 许涤新、吴承明主编：《中国资本主义的萌芽——中国资本主义发展史第一卷》，人民出版社出版 2005 年 1 月出版。

与之相比较，封建时代的西欧，城市人口规模要小得多。阿尔卑斯山脉以北的整个西欧地区，只有巴黎、科隆和伦敦三座人口超过 5 万的大城市。那些著名的工商业中心城市，都不过只有两三万人①。美国《纽约时报》一记者在 1871 年游历广州时，对广州城市的繁荣惊叹不已："宽阔的珠江，清式和西式的阁楼、宝塔、博物馆、清真寺、大厦、仓库、商铺，等等。这些建筑物看上去并没有分成街道，而是毫不间断地紧紧挨在一起。远处可见英国领事馆的小教堂，上面有钟楼和高高的十字架。"② 在清初及中叶，经济的区域分工已经明显，许多经济发达地区出现了区域性的依托商业或制造业的中心城市，如棉纺业发达的松江、陶瓷业发达的景德镇、冶铁业发达的佛山、长江的商品转运码头汉口等地。据《吴江县志》记载："明清时期，江南地区……丝织巨镇盛泽镇③，本是青草滩上一荒村"，"明初居民止五六十家，嘉靖间倍之，以绫绸为业，始称为市"。因"丝绸之利日扩"，到乾隆时，"居民百倍于昔，绫绸之聚亦且十倍……盖其繁阜喧盛，实为邑中诸镇之第一"。同时，经济繁荣也推进了遍布于乡村的集市发展。据统计：清代中叶全国集市总数达 22000～25000 个，集市密度大体在每 100 平方公里 1～2 集，平均交易半径 4～6 公里。也就是说，赴集市贸易一般只需 1～2 小时的路程，步行半日即可往返。

第二节 工业文明与城市化

伴随工业革命，人类历史进入新纪元。以大机器生产为特征的工业化，不但推进了广泛的城市化，而且带来整个人类社会生产、生活的深刻变迁和社会组织形式、社会族群价值观念的深刻变革。近代以来，工业化与城市化是所有国家、民族向现代化迈进的两个主要命题。

---

① 张冠增：《中世纪西欧城市的商业垄断》，《历史研究》1993 年第 1 期。
② 郑曦原：《帝国的回忆：〈纽约时报〉晚清观察记》，生活·读书·新知三联书店 2001 年出版。
③ 盛泽镇在苏州吴江县辖区内，盛行种桑养蚕，由此带动丝绸行业十分兴旺。明清时期即成为远近闻名的专业化商贸重镇，受到学界关注。明朝冯梦龙所作《醒世恒言》中对盛泽镇当时的盛况亦有生动描写："苏州府吴江县离城七十里，有个乡镇，地名盛泽，镇上居民稠广，土俗淳朴，俱以蚕桑为业。男女勤谨，络纬机杼之声，通宵彻夜。那市上两岸绸丝牙行，约有千百余家，远近村坊织成绸匹，俱到此上市。四方商贾来收买的，蜂攒蚁集，挨挤不开，路途无伫足之隙：乃出产锦绣之乡，积聚绫罗之地。"

一、欧洲工业革命与城市扩张

第一次工业革命发端于英国，不仅对英国的政治、经济和社会发展带来了深刻影响，而且对整个人类的发展进程产生了深刻影响。1765年，英国工人詹姆斯·哈格里夫斯发明了珍妮纺纱机，揭开了工业革命的序幕。1769年，詹姆斯·瓦特改良钮可门的蒸汽机为"单动式蒸汽机"，此后一系列以蒸汽为动力的发明开启了人类在18世纪60年代至19世纪中期的"蒸汽时代"。第一次工业革命的实质是以机器大生产取代手工工场的过程，之所以发生在英国与当时的世界政治、经济格局和历史背景息息相关。1588年，英国在与西班牙争夺海上霸权的"英西大海战"中取得胜利，并从此由一个海上岛国逐步衍变为影响全球的"日不落帝国"，通过对外通商和殖民，创造了极大的商品需求和积累了引领世界潮流的巨大财富，对工业革命的引爆奠定了雄厚的经济基础。自16世纪下半叶起，英国政府为了发展对外贸

图4-10 瓦特改良后的蒸汽机

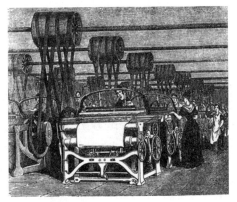

图4-11 第一次工业革命中的大机器生产车间

易，大力扶植造船业，支持在海外成立特权贸易公司。其中影响最大的有1600年英国在印度成立的东印度公司和1670年在北美成立的哈德逊公司。东印度公司强迫印度农民种鸦片，输出到各国取得高额利润，同时低价收购印度大米，卖给其他国家获取暴利。哈德逊公司对美洲和澳洲殖民地的土著，一方面残酷消灭屠杀，另一方面开展掠夺式的贸易，大量的财富和货币源源不断地流回国内。第一次工业革命在英国兴起，还与当时英国国内的政治、经济形势密切相关。在资产阶级革命取得胜利之前，英国还是一个封建制的农业小国，全国有人口550万，其中410万人住在农村。最大的城市伦敦人口也只有20万，其他

城市的人口最多也不超过两万。1688 年英国资产阶级革命取得胜利后，1689 年国王威廉三世接受《权利法案》，自此君主立宪制、内阁制和议会制作为英国资产阶级革命的成果而被正式确立。在这场影响深远的资产阶级革命中，封建领主制度被打破，乡村小农经济破产，随"圈地运动"的推行，大批无人身依附关系又无生产资料的破产农民和被解放的农奴，为工业革命提供了劳动力支撑。

产业基础方面，早在罗马统治不列颠时已经开始发展，其羊毛制品在整个罗马帝国都享有盛名。在 11—12 世纪英国兴起的各大城市中，涌现了若干个纺织生产中心，其中比较著名的有林肯、北安普顿、斯坦福、约克、贝弗利和布里斯托尔等。作为英国的传统产业，养羊和呢绒工业是国家财政收入主要支柱，也是出口的主要产品。1300 年英国贸易出口总值为 30 万英镑，其中羊毛出口总值就有 28 万英磅，约占整个出口总额的 93%。此后，随着英国棉纺织业兴起与发展，在与国际棉纺织产品竞争博弈中，英国政府采取高税收限制国外产品进口，同时在国内采取一系列激励政策、革新技术，使国内棉纺织业得到了快速发展，并很快在国际市场取得了竞争优势。至公元 18 世纪以后，英国以棉纺为主的纺织业推动了英国产业结构从农业国转变成为以工业和贸易为主的工业化国家，并作为英国工业革命的号角，使其在世界上率先走上了工业革命的道路。工业革命的深入推进，也带动了冶炼、机械、运输等行业发展，改变了英国的产业结构。

1825 年，英国建造了世界上第一条铁路。在 1836 年，英国修建了 25 条新铁路，总里程到达 1600 多公里，到 1855 年达 12960 公里，内陆铁路运输网逐渐形成。在 19 世纪 50 年代，英格兰的大中城市都通了火车，大部分地方离火车站的距离已在 10 英里以内。在运河的开凿方面，自从 1761 年开凿了从沃斯利到曼彻斯特的第一条运河以后，到 1842 年，英国已修建了 3960 公里的人工运河，曼彻斯特、伯明翰成了著名的运河枢纽。因此，有人评价说"在几乎不到 30 年的时间，整个大不列颠的地面上都开了四通八达的航路"[①]。据统计：1801 年，英国农业、工业和第三产业占国民生产总值的比重分别是 32%、23% 和 45%，而到了 1841 年则变成了 22%、34% 和 44%。

伴随工业化，英国城市化迅猛推进。恩格斯关于工业革命和城市化，有这么一段经典论述："大工业企业需要许多工人在一个建筑物里面共同劳动，这些工人必须住在近处，甚至在不大的工厂近旁，他们也会形成一个完整的村镇。他们都有一定的需要，为了满足这些需要，还需要有其他的人，于是手工业者、

---

① 克拉潘：《现代英国经济史》中卷，第 501 页。

裁缝、鞋匠、面包师、泥瓦匠、木匠都搬到这里来了。……于是村镇就变成小城市，而小城市又变成大城市。城市愈大，搬到里面的就愈有利……这就决定了大工厂城市惊人迅速地成长。"① 工业化的技术成果和装备扩散到乡村，提高了农业的劳动生产率，使乡村出现了大批剩余劳动力，从而导致农村人口大量向城市迁徙。同时，工业化不但吸引了本国人口进入城市，而且还吸引了大批外国人口进入英国，从而带来工业化集中地区

图 4 - 12　19 世纪时英国棉都曼彻斯特，其棉纺交易量达到世界交易量的 80%，年均煤炭消耗量达 100 万吨以上（图片资料来源于澳信网）

人口快速增长。如格拉斯哥在 18 世纪末还是一个默默无闻的小城镇，但到了 1831 年已经是一个 20 万人的大城市了，靠的就是拥有 60 多条汽船和 107 家纺织厂②。曼彻斯特人口也从 1801 年的 7.5 万增加到 1871 年的 35.1 万。伯明翰在 16 世纪时还是一个小村镇，人口不到 500 人，1801 年人口增至 7.4 万人，在工业化的带动下，伯明翰依靠着自己的钢铁工业，超过了曼彻斯特和利物浦，成为英国第二大城市③。1800 年伦敦仅有 100 万人口，到 1850 年人口增加到 236.3 万。1851 年，英国的城市人口已经占全国人口的 52%，而 1870 年，英国城市人口比例上升到 65.2%，1890 年又上升到 74.9%，1910 年更达 78.9%，从而成为高度城市化的国家④。

到 19 世纪 50 年代，英国成为"世界工厂"，继英国之后，美、法、德、俄等国大体上从 19 世纪 50 年代末到 80 年代末，都先后完成了工业革命。至 19 世纪中叶法国工业仅次于英国，居世界第二位。19 世纪 70 年代，德国开始跻身世界先进资本主义国家行列。随着工业化的迅猛发展，欧洲的城市化快速推进，在短短的时间内城市人口规模迅速膨胀，形成了一批区域性大城市。1880 年，伦敦人口为 90 万，巴黎人口为 60 万，柏林人口为 17 万。到 1900 年，这些数字分别增至 470 万、360 万和 270 万。格拉斯哥、维也纳、圣彼得堡的人口也都超

①　马克思、恩格斯：《马克思恩格斯全集》第 2 卷，人民出版社，1957 年版，第 300 - 301 页。

②　钱乘旦：《英国史论文集》，生活·读书·新知三联书店出版，1982 年版，第 103 页。

③　林秀玉：《工业革命与英国都市化特征之探析》，《闽江学院学报》，2004 年，第 6 期。

④　米歇尔·博德：《资本主义史》，东方出版社，第 111 页。

过 100 万，人口超过 50 万的欧洲城市有 16 座。在第一批工业化地区，例如大不列颠、比利时、法国及德国的煤矿与冶金中心，城市化现象极为明显。棉纺工业中心曼彻斯特，人口在 1800—1900 年增加了 10 倍以上。在鲁尔区的埃森，1800 年不过是仅有 4000 人的小镇，到 1900 年人口增至 30 万。

二、第二次工业革命与美国城市化

公元 19 世纪初，工业革命从英国扩散到欧洲大陆和世界其他地区，美国工业革命首先从纺织业开始，纽约、马萨诸塞、康涅狄格、新罕布什尔等地先后建立起了一批新型纺织厂。1815 年马萨诸塞有 57 家纺织厂，康涅狄格有 14 家。19 世纪 20 至 40 年代，北部进入工厂制盛行时期，纺织厂数目不断增加，至 1831 年达到 801 家，1840 年增加到 1240 家。受欧洲工业革命的影响，美国在第一次工业革命期间，建立起了以纺织为主体的轻工业体系，形成了以大机器生产为主要特征的工厂制，以此推进了美国的城市化进程，为第二次工业革命奠定了深厚的物质经济基础。

公元 19 世纪末，世界范围内的第二次工业革命首先在美国开始。这次工业革命发端于美国在电气技术上的一系列发明和创造，如爱迪生发明了电灯、莫尔斯发明了电报、贝尔发明了电话，这些重要的发明应用于生产中，不仅开启了人类的电气化时代，而且也迅速使美国完成了工业化和城市化，跻身于世界强国之列。①1859 年，美国约有 14 万个工业生产单位，其中很多还属于手工业作

图 4-13 托马斯·阿尔瓦·爱迪生（美国著名发明家、企业家）

坊，全年生产总值只 20 亿美元，至 1914 年，工厂总数增至 27.5 万家，生产总值增至 340 亿美元。电力和内燃机的发明和使用是第二次工业革命的重要标志，电动机和电气制造成为美国的新兴主导产业，许多地方建起了大型发电厂，1898 年全国有发电厂 2700 多家，至 1913 年全国发电量达到 248 亿度。②1890 年美国钢产量为 100 万吨，1915 年钢产量达到 3200 万吨。1860 年美国生铁产量不足 100 万吨，1915 年超过 3300 万吨。至 1914 年，美国已有 587 家钢铁工厂，其机车、机床、铸件、缝纫机、机械农具等钢铁产品在世界市场具有很大影响。③1860 年，美国煤产量 1450 万吨，1890 年达到 5780 万吨，1914 年增至 51350

万，其产量占全世界总产量的 30% 以上。④在 1900 年之前美国石油开采量不足一万吨，至 1914 年达到 26580 万吨。⑤钢铁、能源工业的发展推动了交通运输业的改革和繁荣，带动了公路、铁路、航运业的兴旺发达。在欧洲工业革命之初，美国即热衷于对公路的修建，1811 年，康涅狄克州拥有公路里程 800 英里，纽约州有公路 1400 英里，以后历经建设方式和技术更新的影响，直至 20 世纪 30~40 年代，美国适应于现代经济的高速公路网络基本形成。自英国于 1825 年建成第一条铁路后，兴建铁路的热潮迅速波及到欧洲大陆和北美，进而延伸到欧美的殖民地及附属国家。19 世纪 30 年代以后，美国进入修建铁路的高潮期。1860 年美国铁路总长 30625 英里，至 19 世纪末增至 14 万英里，建起了"联合太平洋""北太平洋""大北方""芝加哥至圣保罗"干线。与此同时，内河航运也快速发展，伊利运河、费城运河等运河相继完工，至 1840 年全美运河长度已达 3300 英里，形成了沟通全国的运河网。

美国在第二次工业革命中，不但实现了由农业国向工业国的嬗变，而且实现了工业由轻工业向重工业的转型。1850—1900 年，农业产值增加了 3 倍，而工业产值增加了 15 倍；19 世纪的最后 10 年，重工业发展速度超过了轻工业的发展速度，钢铁生产在工业中的比重已占据第一位，在 1860 年居第一位的纺织业退居第七位。1860 年在美国国民经济中，轻重工业比例为 2.4：1，至 1900 年变化为 1.2：1。至 19 世纪末，美国钢产量是英国的 2 倍多，德国的的 1 倍多，生铁产量是英国与德国之和。至 1913 年美国工业产量占全世界工业产量的 36%，超过英、德、法、日工业总量的总和，成为首屈一指的世界工业强国①。

第二次工业革命推动了以重工业企业联合为主的资本垄断化。1879 年美国出现了世界上第一个工业垄断组织，美孚石油公司托拉斯，它拥有 14 家公司，控制着 26 个石油公司的多数股票。其他的工业产品如棉籽油、亚麻油、制糖、铅制品、制革、纺织、烟草、威士忌酒等都相继成立了垄断性质的托拉斯。第二次工业革命以后，为适应大规模生产的客观要求，工业部门出现了大规模的企业联合，1893 年美国发生了严重的经济危机，更加促进了企业的吞并浪潮，1895—1904 年的 10 年间，每年有数百家企业被同行业的企业吞并而消失，仅 1899 年被吞并的企业即达 1208 家。除了同类企业的横向联合，也有不同工业部门特别是产业相关的上下游部门之间的联合，如美国钢铁公司即是铁矿、煤矿、炼铁、轧钢、铁路运输等企业联合的庞大集团。至 20 世纪初，美国工业、运输

---

① 龚淑林：《美国第二次工业革命及其影响》，江西大学学报（哲学社会科学版），1998 年第 1 期。

和城市公共事业的托拉斯组织发展到 445 个，共合并了 8700 家企业，拥有资产达 203.79 亿美元，垄断企业产值占美国工业产值的 50% 以上。

美国是一个新兴的移民国家，与欧洲特别是西欧各国之间有深厚的政治、经济、文化关系，其工业化进程与欧洲同步，且在第二次工业革命中走到了世界最前列。美国第二次工业革命不但完成了城市化而且开创了城市生活的现代化模式，同时，对世界城市化和世界经济格局的形成带来了深远影响。1870 年美国共有 663 个城

图 4-14   20 世纪初美国城市

市，近 990 万人口居住在城市中，城市人口占全国总人口比例为 25%，至 1920 年，美国的城市数量攀升至 2722 个，城市人口数量增至 5020 万人，城市人口占总人口的比例达到 50.9%。在工业化如火如荼发展的背景下，许多工厂向乡村延伸、向西部扩散，使西部迅速从落后的农业社会转型发展为高度集中的城市化工业社会，许多城市在乡村从无到有、从小到大发展迅猛，甚而成区域性、全国性的经济中心。就美国西部而言，从 1860 年至 1910 年间，城市人口从 600 万增加到 4200 万，城市化水平从 20% 增加到 46%，西部地区用 50 年时间就实现了城市化，城镇化体系迅速形成。旧金山原是一个很小的村落，1860 年人口为 5600 人，1890 年发展到 30 万人，在美国大城市中名列第 9 位。丹佛市在 1860 年在地图上还找不到，到 1900 年发展成 13.4 万人的城市。1860 年洛杉矶仅是一个几千人的居民区，1900 年发展成拥有 32 万人口的大城市。特别是作为技术革命的大、中城市，其扩张更加迅猛，1890 年纽约及布鲁克林地区人口共230 万，费城及芝加哥亦不足 100 万，至 1930 年，纽约人口已发展到 693 万，芝加哥人口发展到 338 万，费城、底特津等城市人口已超 100 万①。

三、后工业革命与全球化

人类跨入 20 世纪的门槛，工业化成为全球所有国家和地区的发展主题。在大多数发展中国家尚处于工业化前期和中期的情况下，先行工业化的欧美国家进入后工业时期。1973 年，美国社会学家丹尼尔·贝尔出版了《后工业社会到

---

① 杨荣：《工业革命对美国城市化的影响》，安庆师范学院学报（社会科学版），2002 年第 21 卷第 3 期。

来》一书，明确提出了"后工业社会"的概念。作者把人类社会分为前工业社会、工业社会和后工业社会三个阶段，前工业社会在工业化之前，以传统主义为轴心，应对自然挑战，大多数劳动力从事农业、林业、渔业、矿产等采集作业；工业社会以经济增长为轴心，同经过加工的的自然界竞争，机器是资源，企业主是社会的统治人物；至20世纪70年代以后进入后工业社会，此时以理论知识为轴心，以知识竞争为主，科技精英成为社会中坚力量。

在后工业时代，经济结构从商品生产经济转向服务型经济，随着工业化的劳动生产率提高，国民收入也有大幅增长，对服务业的需求越来越大，劳动力随之向服务业转移。后工业时代的特征就是：大多数劳动力不再从事农业和制造业，而是从事服务业，即商业、财经、交通、卫生、娱乐、科研、教育和行政工作等方面逐渐成为主流。后工业社会的职业分布以技术阶层的崛起为特征，随着服务型经济的发展，工作重心转向办公室、教育机构和政府部门，自然引起职业向"白领职员"转化。如美国至1956年，白领职员总数第一次超过蓝领工人总数，到1970年达到5：4。现代科技革命日新月异，特别是原子能、生物技术、计算机及网络化在人类生产、生活中的广泛运用，既拉近了国家、地域及民族之间的距离，也使全方位竞争进入白热化，一波又一波的全球化浪潮不断改变世界经济、政治格局。

工业化推动全球化，全球化又使世界各经济体的依存度提高，资源配置和产业布局在全球展开，产业关联度得以加强。同时，城市化竞争更加激烈，并出现向多极发展的新特点：①发达国家城市国际化和部分城市衰落并存。随着产业布局和资源配置全球分工逐步深入，发达国家淘汰低效的制造业，使传统的以制造业为主的城市出现产业空虚化，从而造成城市人口流失。如英国利物浦在20世纪初盛极一时，曾被赞誉为"英国的纽约"，随着传统的制造业，特别是造船业的萎缩，城市随即衰落下去。至21世纪初叶，城市人口减少近半，城市区内杂草丛生，许多基础设施闲置。另一个比较典型的城市则是美国的底特津，曾是美国的"汽车之都"，在遭遇20世纪70年代的石油危机以后，汽车销量下降，工厂大量减员，城市也逐渐萧条下去。从1950年至2010年，底特津人口减少60%。另一方面，在全球分工中处于上游的部分大城市则进一步国际化，成为世界级金融、贸易服务中心，如纽约、伦敦、巴黎、东京、香港被公认为世界级中心城市。②城市化与逆城市化并存。大批发展中国家人口向城市集中，城市化尚处于初期或中期水平，与此同时，欧美城市则出现逆城市化倾向。因为人口集中产生的"城市病"不堪其扰，使大量城市人口向城市边缘甚至乡村疏散。发达国家与发展中国家出现两种截然不同的"城市病"，发达国家表现为城市人口与基础设施、环境容量供给不足的矛盾，而发展中国家则表现城市人口贫困化，进入城市的乡村人口处于贫困状态之中。③城市发展创新与文化复古并存。城市发展理念在创新中更加注重与自然和谐、与现代科技融合，形成了城市向智能、生态、绿色发展的系列理念，并体现在城市的规划建设中，与此同时，城市人文则更加注重传统文化的弘扬和保护，更加注重城市的历史文脉。

第五章

中国近代化与城乡变迁

古老的文明可能走到一定的尽头，但是无论在中国建立什么样的政体，或者强加给它什么样的政体，这个民族的基本特征是不会改变的。

——利玛窦《中国札记》英译本序言

中国近代化始于 1840 年鸦片战争结束以后，以经济工业化和政治民主化为标志，经历了长期而曲折过程。工业化在外力的作用下，根植于传统农业社会基础，经历了与其他国家和地区不同的特殊进程。同时，伴随工业化兴起的快速城市化，对传统乡村产生强力冲击，并对传统农耕社会带来根本的结构性变迁。自欧洲工业革命发生以后，从 19 世纪以来的 200 年以内，世界政治格局风云变幻，以工业化为主要特征的现代化突飞猛进，世界上所有的国家和民族无一例外地跻身于时代洪流中，竞相赶超。时至中国最后一个王朝，清朝的经济规模，在世界经济总量中仍占据很大比重，但在波澜壮阔的大时代背景下，封闭的传统社会仍不能置之度外，随之而来的是政治、经济、文化和社会各个领域的根本性变迁。

第一节　中国近代工业化进程

中国近代城乡关系变化的原动力来自于工业化所带来的城市扩张、政治格局变迁以及各种复杂的因素，但工业化是最根本的因素。城市化与工业化相伴而行，至 19 世纪中期，先行完成工业化的欧洲国家城市化水平远远超过以传统农业为主的其他国家，如 1851 年，英国总人口仅 1800 万，城市人口占总人口比例达到 52%，超过半数以上人口居住在城市，同一年度法国总人口约 3600 万，城市人口占总人口比重达 25%，此时中国总人口约 43200 万人，城市人口占总人口比重仅 11%。19 世纪初至 20 世纪中叶的 100 多年间，中国政局动荡，对内和对外战争频发，民生凋敝，人口基数变动很大，城市化随工业化曲折推进而波动起伏，直到 1949 年新中国成立后，城市化才以较快的速度推进。根据国家统计局数据：1800 年，全国一万人口以上的城市居住人口占全国总人口仅 3.8%，至 1949 年达到 7.3%，1957 年为 10.9%，1978 年达到 17.9%，至 2008 年提高到 45.68%。

一、中国近代工业化的三个重要因素

中国近代工业化起步基于三个重要的因素：①欧美列强对传统社会的冲击；②官方对工业化的被动因应；③民族资本主义顺应工业化而发展。在持续几千年的中国农耕社会，无论政治、经济、文化以及社会的各个层面，工业化皆缺乏广泛的物质和社会文化基础，来自于自身的内在动力不足，工业化脱离农业社会的现实状况，举步维艰、发展缓慢。

（1）欧美扩张对中国工业化的影响。至 19 世纪中叶，英国作为开工业化先河的国家国力昌盛，已建立起经济和军事实力强大的"日不落"帝国，对贸易市场的开拓已延伸到东

图 5 - 1　当时讽刺鸦片贸易的英国漫画
（资料来源于乐居网）

方。成立于 1600 年的东印度公司，于 1600 年 12 月 31 日被英格兰女王伊丽莎白一世授予皇家特许状，给予其在印度的贸易特权。正是东印度公司对华开展鸦片贸易打破了传统的中英贸易格局，原本中国对英国的贸易顺差变成了贸易逆差，因鸦片贸易使中国每年流向英国的白银达 600 万两之巨。不道德的鸦片贸易不但使中国经济受损，严重破坏了社会生产力，造成东南沿海地区的工商业萧条和衰落，更加重要的是败坏了社会风尚，摧残了人民的身心健康，烟毒泛滥给中国人在精神上、肉体上带来严重损害，正如清代学者魏源在《海国国志》一书中说："鸦烟流毒，为中国三千年未有之祸。"

中国官方历来禁止鸦片贸易，不准进口，1821 年至 1834 年共颁布禁令八次，但屡禁不绝，从印度孟买生产的鸦片通过走私进入中国广州等沿海地区。1840—1842 年第一次鸦片战争，清廷战败签订《南京条约》，首开割地赔款、

开放口岸先例，特别是发生在 1856—1860 年第二次鸦片战争，中国向俄国割让国土达 150 万平方公里。自鸦片战争以后，1894 年至 1895 年中日甲午战争、1900 年八国联军侵入中国，中国屡次战败，先后签订屈辱性的《北京条约》《马关条约》《辛丑各国合约》，赔款总值约为库平银 956814007 两，合关银 941375451 两，合 1326323847 银元，相当于 1901 年清政府财政收入的 11 倍。

除了战争赔款外，历次对外战争中被割让的国土很多。例如，中英《南京条约》割香港岛给英国；中俄《瑷珲条约》割黑龙江以北、外兴安岭以南 60 多万平方公里的领土给俄国；中英《北京条约》割九龙司地方一区给英国；中俄《北京条约》割乌苏里江以东，包括库页岛在内的 40 万平方公里领土给俄国；《中俄勘分西北界约记》割巴尔喀什湖以东以南 44 万平方公里领土给俄国；《中俄改订条约》及以后五个勘界议定书，割去中国西部 7 万多平方公里领土给俄国；中日《马关条约》割让辽东半岛、台湾、澎湖列岛及附属岛屿给日本。

中国对外签署的不平等条约，促使国门洞开，贸易利益尽失。自《南京条约》起，中国先后开放了广州、厦门、福州、宁波、上海为通商口岸；准许英国在五处通商口岸派驻领事；英商进出口货物缴纳的税款，由两国商定。同时自《虎门条约》起，英、美、法、俄、日等相继取得类似特权。欧美国家在中国享有领事裁判权，即这些国家的侨民不受居留国（中国）法律管辖，其主要内容是：侨民在中国犯罪，或成为民事诉讼的被告时，只由其本国在中国的领事或法庭依其本国法律审理。欧美等国先后在中国获得享有片面最惠国待遇①，如《虎门条约》规定：中国今后如有"新恩施及各国，亦准英人一体均沾"，即为中国近代给予外国侵略者片面最惠国待遇之始。

欧美列强对中国的入侵和掠夺，铸就中国近百年屈辱史，在重大变局中，中华民族忍辱负重、自强不息的精神辉耀青史。自鸦片战争以后，中国的近代化进程波澜壮阔，触及政治、经济、文化、社会等各个领域的变革风云变幻。沿袭数千年的帝制寿终正寝；闭关锁国的状态被打破，中西方文化交流日渐频繁，西方科学思想在中国得以传播，现代技术在生产领域逐渐得到推广和运用；欧美列强的进入使中国成为了欧美的原材料供应地和产品倾销地，同时也推进了中国工业化兴起。

（2）满清王朝对工业化的反应和应对。鸦片战争失败以后，中国与欧美强

---

① 在国际条约中，缔约双方互相享受对方已经或将要给予第三国的同等的条约权利（一般包括通商、航运、税收、投资、居住等方面），这种待遇称最惠国待遇；仅缔约一方享受这种权利，而并不对对方以对等的权利或利益者，则为片面最惠国待遇。

国之间的差距显露无遗，满清朝庭面对欧美日俄强国坚船利炮威胁，不得不放下"天朝大国"的傲慢，痛定思痛，满朝文武意欲图强的争论十分激烈。在这场论争中，以同治帝师、工部尚书、文渊阁大学士倭仁等为代表的顽固派，主张"立国之道，尚礼义不尚权谋，根本之图，在人心不在技艺"，实行"以忠信为甲胄，礼义为干橹"应对外侮。以总理衙门和地方权臣为主的洋务派以爱新觉罗·奕訢、李鸿章、张之洞、曾国藩、左宗棠等为代表，主张"师夷长技以制夷"，两派观点迥异，争论十分激烈，乃至于"二三十年来，中外臣僚正由于未得制敌之要，徒以空言塞责，以致酿成庚申之变①"。

1861 年 1 月 11 日（咸丰十年十二月初一日），圆明园被烧之后一病不起的咸丰帝，批准了恭亲王奕訢会同军机大臣桂良、文祥上奏的《通筹夷务全局酌拟章程六条折》，总理衙门设立，洋务运动由此开端。辛酉政变以后，慈禧垂帘听政进入统治集团权力中心，为稳固权力，取得以奕訢为代表的实力派支持，慈禧对洋务运动采取了扶助政策。自此洋务派正式走上中国的政治舞台，拉开了中国近代化的帷幕。洋务运动大力兴办西学、引进西方科学技术、兴办军事和民用工业，对中国近代经济、政治与世界接轨和社会向现代转型产生了深远影响。

图 5 - 2　洋务运动中的汉阳铁厂（资料来源于历史趣闻网）

洋务运动至甲午战争以北洋海军全军覆灭为止，前后持续了 35 年，其间提出"自强""求富"思想，主要体现在兴办军事工业，"师夷制夷"以达到强兵目的，即学习西方的长技用以抵制西方的侵略。在后期为解决军事工业资金、燃料、运输等方面的困难，秉承"求富"理念兴办民用工业和通信、交通运输业等，与洋人"商战""争利"。洋务派思想家冯桂芬于 1861 年在《校邠庐抗议》一书中说："以中国之伦常名数为原本，辅以诸国富强之术"，首次提出中学与西学的"本"与"辅"的主从关系。1896 年四月，《万国公报》的编者沈

---

① 庚申之变指 1860 年在中国发生的重大事件，在这一年，英法联军占领北京，烧毁圆明园，咸丰皇帝逃往承德避暑山庄，最终被迫与列强签订《北京条约》。

寿康在《匡时策》中说:"中西学问术自互有得失,为华人计,宜以中学为体,西学为用。"在此表明"中西学问"对于社会,都是为了"用"。"中体西用"的观点成为洋务运动中处理中西民族、国家关系及中西文化交流的基本准绳。

满清朝庭在甲午战争中败北,洋务运动中建立起来的北洋水师荡然无存,这在形式上标明了洋务运动的结束。为什么这场运动没有最终延续下来并获得成功?这是留给后人总结和思考的重大问题。就其洋务运动所处的历史背景而言,洋务运动所做出的努力,对中国近代化演进发挥了诸多积极的影响,但其时所处的政治、经济和社会环境与近代化之落差巨大,两者之间不相适应是洋务运动难于成功的根本原因。其一,以集权王朝、小农社会为主要特征的政治、社会基础,缺乏支撑工业化的政治环境和广泛社会氛围,资产阶级缺乏从内部滋生的土壤。而由一部分统治者上层和地方官僚构成的洋务派,仅单纯从军事上考量抵御外侮谋动洋务,缺乏从根本上推动社会进步的原始动力。其二,洋务运动的推动力来自于外部,即体制内最高统治集团的支持和国外列强在科学技术上的依赖,一旦触及到其利益,则阻力也来自于内外部这两个方面,这也是洋务运动失败的重要原因,戊戌变法的流产和甲午战争失败则成为必然。

(3)民族资本对工业化的推动。中国民族资产阶级萌芽于明朝中后期,主要产生于商品经济较为发达的江南地区,以较为发达的丝织加工为基础,主要特征为"机户"开设"机房",雇用"机工"劳动,由此产生最早的资本主义生产关系。但是,在中国小农经济大环境下,资本主义生产方式难成气候,发展缓慢,至清前期的200余年间,民族资产阶级仍难有大作为。清朝后期,随着外国列强对中国的入侵和洋务运动兴起,中国民族资本主义逐步觉醒并发展壮大起来。19世纪60~70年代,在外资企业和洋务企业的刺激和引导下,一些官僚、地主、商人、买办和华侨纷纷投资兴办工厂,还有一些传统的手工工场开始采用机器生产,从而转化为现代工矿企业。洋务运动兴起的19世纪60年代,民族工业掀起了一个小高潮,带动了中国民族资产阶级发展,这也为以后戊戌变法和辛亥革命奠定了社会基础。

早期的民族资本主要涉及缫丝、棉纺、煤矿、船舶修造等行业,投资规模少,力量十分弱小。到1894年,投资额仅700余万元。甲午战争失败后,国人呼吁抵制洋货、设厂自救,加之清朝政府为缓解财政危机,放宽对民间设厂的限制,特别在民主政治运动的推动下,民族资本逐步得到扩张。此时期民族资本投资结构以纺织、面粉、火柴等轻工业为主,电力和内河航运也有发展,并开始出现民办铁路和银行,据资料显示:1895—1913年约20年间投资额约1.5亿元。1912年至1919年,辛亥革命以后鼓励发展工商业,以及第一次世界大战发生，诸列强无暇东顾，民族工业经历了短暂的发展高潮。其时金贵银贱、工业品价格上扬，民族工业利润优厚，被称为发展工业的"黄金时代"。仅1914—1919年，工矿业投资即达1亿元左右，棉纺织行业繁荣直到1922年。到20世纪20年代前期，民族工业一度出现萧条，30年代前期更陷入严重的危机，一时停歇改组之风弥漫，不少企业被外国资本和官僚资本所吞并、拍卖和接管。这期间也有酸碱、橡胶、制药和多种日用品新工业出现，并有向内地发展的趋势；随着电力的普及，一些工场手工业向机器工业过渡；交通方面开始出现汽车运输。1936年以后，民族资本得到恢复发展，商业投资远大于工业，金融业也有畸形发展之势。1937—1945年中日战争时期，民族工业进入萎缩时期，日占区受日本掠夺、国统区受官僚资本挤压，民族工业发展艰难。抗战结束以后，中美签订《中美友好通商航海条约》，美国大量对华进行商品输出，排挤了国货，加上官僚资本的经济垄断，挤压民族工业。因连年内战苛捐杂税不断增加，通货膨胀，原料昂贵而产品滞销，民族工业持续低迷不振。

二、中国近代工业化的四个阶段

中国近代化历程从经济的工业化到政治的民主化，再到文化层面的科学化，经历了复杂而曲折的过程，其中工业化是近代化的核心。在复杂的政治、经济和社会环境下，处于战乱、动荡之中的工业蹒跚起步、艰难发展，始终在阵痛之中。以重大历史事件的时间节点划分，至1949年新中国成立之初，中国近代工业化大致可分为三个阶段。

（1）第一阶段：工业化起步阶段。时间跨度大致为1840年第一次鸦片战争至1894年甲午战争，其间以外国资本进入中国和洋务运动创

图5-3 曾国藩和安庆内军械所旧址

立实业、民族工业起步为主要特征，开启了中国近代工业化先河。1843年至1894年，国外资本在华设立了191个工业企业，其中116个属于船舶修造和丝茶等出口商品加工工业。除船舶修造和出口加工外，其余涉及食品加工、水、电、煤气、火柴、服皂、制药、造纸、木材、玻璃、水泥等轻工行业，至1894年总投资约2000万元。

从1861年至1894年，清政府一共经营了21家军用工厂（包括一家船厂）。其中：1861年，曾国藩在安庆创设安庆内军械所，是仿制西式武器的第一个军

工企业，主要制造子弹、火药、炸炮等；1865年，李鸿章在上海创办江南制造总局，依靠国外技术和设备，除制造枪炮弹药外，也制造机器和修造轮船，后扩充成为中国最大的军工企业；1866年，左宗棠在福州马尾创办福州船政局，辛亥革命后，改称海军造船所；1867年，三口通商大臣崇厚于天津创设天津机器制造局，该局分为东、西两局。东局设城东贾家沽，以制造火药、枪炮、子弹和水雷为主。西局设城南海光寺，以制造军用器具、开花子弹及布置水雷用的轮船和挖河船为主；1889年春，两广总督张之洞创办汉阳铁厂，辛亥革命前夕，汉阳铁厂工人约3000人，每年出钢七万吨。抗日战争时期，汉阳铁厂被国民政府迁往重庆成立大渡口钢铁厂；1872年，李鸿章招商筹办、1873年1月成立轮船招商局，是中国第一家轮船公司，成立时购买轮船3艘，到1877年收买美国旗昌轮船公司，拥有轮船30多艘，至1947年，公司拥有船460艘、33万余吨。

（2）第二阶段：工业化发展阶段。时间跨度约甲午战争结束至第一次世界大战前夕，即1895—1913年，其间发生了多起影响中国进程的重大历史事件。这一时期，民族资产阶级作为新的、独立的政治力量登上了历史舞台。1898年6月11日至9月21日，以康有为、梁启超为主的维新派人士通过光绪帝进行倡导学习西方，提倡科学文化，改革政治、教育制度，发展农、工、商业等的政治改良运动，史称戊戌变法。这场变法维新虽然最终归于失败，但却为推进中国的近代化发挥了先驱性作用，对辛亥革命的爆发打下了思想基础；1899—1900年，爆发了以"扶清灭洋"为口号的义和团运动；1900年，英、美、法、俄、日、德、意、奥组织八国联军，发动侵华战争；清宣统三年，即1911年至1912年初，辛亥革命推翻了清政府，结束了中国延绵几千年的皇权统治；1912年1月1日，中华民国成立，孙中山在南京就任临时大总统。

甲午战争后，民族矛盾日趋激化，抵制外货、设厂自救的呼声遍及全国。由于清政府放宽对民间设厂的限制，一大批实业家在"实业救国"口号下，兴办实业，特别在轻工业领域卓有建树。这一时期，中国近代民族工业进入初步发展时期，并且在1896—1898年以及1905—1908年出现了两次工业投资热潮。这19年中

图5-4 荣氏兄弟创办的茂兴面粉厂

国国内新创办的、资本在 1 万元以上的工厂共有 463 家，平均每年增设 24.6 家，新投资总额达 9822 万元，平均每年新投资为 516.9 万元①。民族资本成为本国工业资本的主体。同时在工业企业的地区配置上，开始越出沿海、沿江口岸，逐渐向内地城市伸展。此一时期，已开始出现重工业，如创建于 1889 年的汉阳铁厂，该厂于 1904 年与大冶铁矿、萍乡煤矿合组为汉冶萍煤铁厂矿有限公司。这期间民族工业发展很快，并出现了很多典型的代表人物。如 1896 年荣氏兄弟（荣宗敬、荣德生）筹办面粉厂，于 1900 年与人合作开办了第一家面粉厂即保兴面粉厂。1905 年荣氏兄弟开办振兴纱厂，随后在无锡、上海、汉口开设申新纺织厂、1912 年在上海开设福新面粉厂、茂新面粉厂。至 1921 年荣氏工厂发展到 12 家，产能占据全国总量的 31.4%，即使算上外商的面粉厂，其市场占有率仍高达 23.4%。1895—1911 年，上海新办民族资本经营的工厂 112 家，占全国总数的 25.1%，开办资本 2799.2 万元，占全国总额的 28.6%。

这一时期，民族工业虽然有了很快的发展，但外资的发展更快。据统计：1895—1913 年，外国在华投资建立工厂共达 136 家，资本总额达 10315.3 万元，为甲午战争以来至此前 50 年间投资总额的 5 倍以上。民族工业在这期间兴办企业数量虽然较多，但从投资额上看，大多数属于较小型的企业，而大多数较大的工厂仍由外国资本投资。与之前的时期相比，民族资投资的工厂规模虽小，但发展势头很猛，从兴办工厂的数量上看，1872—1894 年，民族资本设厂数量仅 53 个，而 1895—1913 年的 18 年是此前 20 年设厂数量的 9 倍（见表）。

表 5-1　中国近代工业发展情况统计表

年代	商办		官办或官商合办		外商企业	
	设厂数	资本（千元）	设厂数	资本（千元）	设厂数	资本（千元）
1872—1894 年	53	4697	19	1619	103	28000
1895—1913 年	463	90801	86	28469	136	103153

（3）第三阶段：工业化短暂"春天"。第一次世界大战于 1914 年爆发，英、法、德、俄国等忙于战争，无瑕东顾，对华资本输出减少，同时，主要帝国主义国家因为战争，生产遭受破坏，有利于中国对外出口。在这样的大背景下，中国的民族工业进入了一个短暂的发展春天，这一"春天"从 1914 年开始至一

———————
① 资料来源：http://zhidao.baidu.com。

战结束以后，大约至 1922 年，共经历了 8 年时间。

第一次世界大战期间，中国新建厂矿达 600 多家，其中发展最快的是纺织业和面粉业，此外还有缫丝、卷烟、榨油、火柴、食品加工等轻工业都有很大幅度的发展。采煤、冶金、水泥等重工业方面也出现了比较大的民族企业，但是基础极为薄弱，没有形成独立完整的工业体系。1914—1918 年的 5 年间，注册设厂达 183 家，平均每年近 37 家，其中以棉纺厂、面粉厂为最多，1914 年民族资本纱厂只有 21 家，产纱锭 503104 枚，到 1922 年纱厂增加到 65 家，产纱锭增至 2221000 枚；布机由 2254 台增至 12459 台。缫丝业也有较快发展，缫丝厂从 1913 年的 170 家增至 1918 年的 433 家，丝车总数达到 166754 台。战前面粉厂 40 余家，到 1921 年增至 120 多家。火柴、造纸、卷烟、水泥、榨油、制糖等轻工业都有较大的发展。煤产量 1913 年为 12879770 吨，1920 年增至 21318825 吨；生铁产量 1913 年为 267513 吨，1920 年增至 429548 吨。这一时期，全国华商机器采煤量从 1912 年的 180 万吨，增加到 1919 年的 330 万吨①。随着民族工业的发展，外国资本和本国资本的比例也在变化，外国资本占中国投资总额的比重 1913 年为 80.3%，1920 年降至 70.4%；本国资本占投资总额的比重 1913 年为 19.7%，1920 年上升至 29.6%。中国民族工业的迅速发展促进了工人队伍的壮大，1919 年中国产业工人达到 200 万人左右。在第一次世界大战期间，中国对外贸易环境发生了大的变化，出口增加、进口减少，贸易逆差缩小。据海关统计，1914—1918 年，我国进口货物价值比 1913 年减少了 20.3%，出口每年比 1913 年增加了 14.8%～20.5%，入超由每年的 2 亿多海关银减至 3000 多万两，1919 年更减至 1600 多万两②。但是，随着第一次世界大战结束，帝国主义对华出口迅速增长，中国出口大幅度下降（见下表）。

表 5 - 2　第一次世界大战前后中国进出口比较（单位：两）

年份	出口	进口	出超（+）或入超（-）
1913	3384088	11094775	- 706687
1918	10080756	947420	+ 913336
1922	663290	18059756	- 11427466

（4）第四阶段：工业化徘徊时期。1922—1949 年，中国经历了连年军阀混

---

① 王方中；《中国民族资本主义的兴衰》，高等教育出版社，1993 年。
② 严中平：《中国近代经济史统计资料选辑》，北京科学出版社，1955 年。

战、国民革命和北伐战争、中日战争和国共内战，政局动荡，民生凋敝，工业化几经波折徘徊不前。1927年南京国民政府成立伊始，即着手整顿经济，采取了有利于工业发展的政策，工业特别是民族工业至1936年得以较快发展，随之而至的中日战争和国内战争阻挠了这一发展势头，从而使工业化的进程放缓，工业生产处于徘徊甚至萎缩状态。

1928年，国民党政府分别在上海和南京召开全国经济工作会和全国财政工作会，在全国各阶层特别是工商界呼吁下，实施了统一货币、废两改元；关税自主，提高进口关税，保护民族工业；裁撤厘金，开设统税等措施。1929年3月，国民党第三次全国代表大会在南京召开，大会通过的政治报告决议案指出：必须确立财政整理之计划，而预定其实行之步骤。大会认为是经济计划和政策原则有十个方面：①统一全国之财政；②确定国家行政经费、省行政经费、县行政经费以及地方自治经费分配；③依国家财务行政统一进行之步骤，编制全国之精确预算，以期预算制定之确立；④划分国税与地方税，凡国家征收之税地方不得截留；⑤整理国税与地方税制，并杜绝税收机关之一切积弊；⑥根据第一次全国代表大会宣言对外政策各款，分别整理外债，并筹备偿还外债之方法；⑦权衡国家建设政策之轻重缓急，节省政费，裁减一切骈枝之机关；⑧依本国生产力之情况与世界经济之大势，整理币制，巩固金融；⑨在保护本国商业及国民经济之原则上，统一货币之铸造权与货币发行权，使外国货币不得充斥于国内市场；⑩依照建国大纲所定经济建设之原则，凡土地之岁收，地价之增益，公地之生产，山林川泽之息，矿产水力之利，皆为县政府所有，而用以经营地方人民之事业①。同时，重点开展交通、水利、电力等基础设施建设，为恢复工、农业生产创造条件。1928年8月，在国民党二届五中全会上，工商部长孔祥熙提出将钢铁、机械、电力、化工及特种矿产开发等基础工业列入政府投资创办范围，并于次年提出了投资2亿元建设基础工业的五年计划。这一时期，国民政府经济委员会、建设委员会、农林部、交通部、铁道部等部门纷纷提出和制订各方面的经济建设计划。

因为资金匮乏，加之缺乏统筹，诸多建设计划大多未能实施。1936年3月，国家资源委员会制定了"重工业五年建设计划"，计划投资27100余万元，5年内建设冶金、化工、煤炭、机械、非铁金属等31家工矿企业。根据1934年国民政府与德国签订的《中德经济合作协定》，与德国签订了一个换货方案。德国允诺向中国提供13500万元的信用贷款，供中国购买德国军火及重工业设备；中

---

① 王卫星：《1927－1937年南京国民政府的工业发展政策》，http：//www.docin.com。

国则以钨、锑、桐油、生丝、猪鬃等农矿产品抵付。虽然中德信用合作解决了
重工业发展的启动资金问题，但最终这一计划因为中日战争爆发而收效甚微。
1927—1936 年，因为国民政府采取了一系列鼓励民营经济发展的措施，如对新
发明、新工艺改造传统手工业、采取先进技术、产品进入国外市场等给予奖励，
同时将兴办工厂和实业纳入法制化轨道，提高外资建设工厂的门槛等，使这一
时期的民族工业得到了较快发展，至 1936 年中国工业总产值比 1927 年增加了
80%。与 1920 年第一次世界大战结束后比较，1936 年工农业总产值、近代工业
产值等指标都有大幅度增长（见下表）。

表 5 – 3　1920——1936 年中国工业发展水平估算　单位：亿元

年份	工农业总产值	工业总产值			占工业总产值中的比重（%）		占工农业总产值中的比重（%）	
		近代工业产值	手工业产值	工业总产值	近代工业	手工业	近代工业	手工业
1920	219.03	10.66	43.17	53.83	19.8	80.2	4.9	19.7
1936	306.12	33.19	73.71	106.89	31.0	69.0	10.8	24.1

这一时期内，中国工业的资本构成也发生了较大的变化，在生产规模的构
成中，民族资本的比例上升，而官僚资本的比例下降；与此同时，国内资本的
产出比例上升，而国外资本的产出比例下降（见下表）。民族资本产值年均增长
达 12.41%，国内资本产值年均增长达 63.2%。

表 5 – 4　1920 年与 1936 年官僚资本与民族资本产值比较　单位：亿元

	1920 年		1936 年	
	产值	比重（%）	产值	比重（%）
官僚资本	1.84	42.2	2.22	12.0
民族资本	2.51	57.8	16.32	88.0
合计	4.35	100.0	18.54	100.0

表5－5　1920年与1936年国内资本与国外资本产值比较　单位：亿元

	1920年		1936年	
	产值	比重（%）	产值	比重（%）
国内资本	6.61	44.8	26.09	63.2
国外资本	8.13	55.2	15.16	36.8
合计	14.74	100.0	41.25	100.0

中国民族工商业到1936年达到颠峰，随着1937年中日战争全面爆发，形势急转直下，民族工商业在战争中遭受重大打击，损失惨重。中日战争发生之前，大多数的民族工业分布在沿海和长江中下游地区，在战争中大多数的厂矿遭受战火破坏，部分厂矿迁往内地，在沦陷区幸存的工厂受到日伪盘剥，萎靡不振。如荣氏兄弟创办的面粉厂在战事中损失巨大，1937年11月25日，日军攻占无锡，在无锡的荣氏面粉厂被日军付之一炬，茂新一厂被日军抢走四万袋面粉，亦被放火焚烧，大火一直持续了5天5夜。几个月的时间，荣氏在沪、锡和济南的14个工厂横遭日寇的毁坏和洗劫。许多在敌占区的民族工业，难逃被日军破坏或霸占的厄运。

西南一隅的战争大后方，在战前属于民族工业尚不发达的地区，据统计：战前后方工厂数量、资本额、工人人数仅占全国的1%。战争期间，由于全国经济、政治中心西移，大批人口内迁，物质供应十分紧张，特别是日军对后方的封锁，许多战争物质十分匮乏。值得一提的是，在民族危亡面前，大批民族工商业者为抗战做出了巨大的贡献，大批工厂内迁，在后方重新建厂恢复生产，大批物资运销后方，缓解了后方物资供需紧张的状况。如被誉为中国民族化学工业之父范旭东，在得知日军进入天津的消息后，即拆迁设备，将重要的资料、

图5－5　抗战初期民生公司民本轮从南京转运难民

设备和工人疏散到后方，并于1938年7月在四川自流井开办了久大自流井盐

厂，同时，在四川犍为县五通桥开办了永利川厂。实业家卢作孚组织宜昌大撤退，于1938年12月，动用20多艘轮船和850多只木船，不停地穿梭峡江40天，运送部队、伤兵、难民等各类人员，总计150余万，货物100余万吨，其中包括两万吨空军器材和广东炮厂的物资，被称誉为"东方敦刻尔克"大撤退。

中日战争期间，国民政府提出了"抗战建国同时并行"的纲领，根据这一纲领，国民政府资源委员会于1939年10月提出了举办国营工业三年计划，拟于1940年至1942年内，投资法币27248万元、美金2375万元，建设钢铁、机械、化工、燃料、电机、发电及铜、铅、锌、金矿等产业，但由于经费短缺、交通运输困难及其他种种因素，这一计划未能全面实行。中国民族工业在中日战争中支撑了抗战的物质供应，但因战争期间条件所致，生产规模极为有限。据统计，后方工业产值仅达到战前工业产值的12%。中日战争之后接连爆发国共内战，民族工业并未得到喘息的机会，加之受到欧美商品倾销、物价不稳、官僚资本挤压，民族工业至1949年陷入最低谷。从抗战之初的1937年至1949年中，因连续内战和外战，中国近代化受到严重阻滞，工业化徘徊不前，国民收入和人均国民收入皆呈下降趋势，为近代百年经济史中最严重的衰退时期。

第二节　近代工业化对中国城市化的影响

近代城市化包含四个方面的内容：一是人口城市化，大量乡村人口向城市聚集；二是经济城市化，生产要素以及二、三产业向城市集中；三是地域的城市化，即城市化状态在地域空间布局上扩大；四是文化城市化，城市生活习俗和特质对人们生活的影响。近代工业化改变了人类的生活状态，也成为近代城市化的根本动因。以近代工业技术支撑的城市化进程，不但有别于远古和中古时期城市的兴起和发展，而且从根本上改变了城市的生存状态，从生活模式到社会组织形态等方面，开启了人类崭新的现代文明。中国近代的工业化与城市化相伴而行。在打破传统农耕社会相对稳定的状态、受外力驱动而起步的城市化，经历了曲折而艰辛的过程。这一进程改变了传统的城乡格局，对中国社会的现代化产生了深远的影响。中国近代城市化进程随工业化的跌宕起伏而呈现阶段性特点。

一、近代城市化初期

时间跨度约为 1840 年至 1894 年，这一时期是中国近代城市化起步期，城市人口占总人口比重从 5% 上升到 19 世纪末 7.9%。中国在鸦片战争中战败以后，清政府被迫于 1842 年 8 月 29 日与英国签订《南京条约》，首开向列强敞开国门、开放口岸之先河。《南京条约》，中第三款规定："自今以后，大皇帝（清朝皇帝）恩准英国人民带同所属家眷寄居大清沿海之广州、福州、厦门、宁波、上海等五处港口，贸易通商无碍。"以上五处成为首批向外国列强开放的城市，随同外商和外资设厂开矿、开发交通、电力等基础设施，城市规模随之扩大，近代城市化进程随之开启。

上海是中国最大的城市，也是近现代中最重要的港口之一，在开埠之前，上海是一个拥有 27 万人口的县城。1843 年 10 月 8 日，继《南京条约》之后，清政府与英国又签订了《虎门条约》，其中第九款规定："中华地方官必须与英国管事官各就地方民情拟于何地、用何房屋和基地系准英国人租赁。"由此对英国在上海

图 5-6　19 世纪末上海外滩
（资料来源于新民网，德国文献旧照）

图 5-7　19 世纪广州城（资料来源于
《美国画报》版画，新浪网）

首先设置租界制造了借口。同年 11 月 8 日，英国首任驻上海领事巴富尔到任，他根据《虎门条约》向上海道台官慕久要求划出一块土地做"居留地"，专供英国侨民使用。宫慕久认为华洋分居能避免"纠纷"，默许巴富尔的要求。据此，巴富尔在 11 月 14 日发出通告，宣布上海于 1843 年 11 月 17 日正式开埠。此后，1845 年英国殖民者首先在上海县境内划定英租界。1849 年，法国殖民者也

划定法租界，1863 年，美租界与英租界合并成立公共租界。至 1914 年，上海租界区面积已达 5 万亩，昔日破旧的外滩变成了十里洋场。

广州是中国最早进行对外贸易的重要港口，在中国对外交往中占据重要的地位。明嘉庆二年（公元 1523 年）因"争贡之役①"，朝庭严申海禁，撤消泉州、宁波二市舶司，止存广东司，广州便成为全国对外贸易的惟一口岸。直至 1842 年，时断时续的"一口通商"地位，促进了广州繁荣。自明清以来，中国内地的丝绸、茶叶、香料、瓷器沿着珠江水道从四面八方运至广州，然后漂洋过海，行销世界。第二次鸦片战争期间，英法侵略军攻占广州城，1861 年 9 月 3 日，清政府被迫签约，将沙面划为英法租借地。每亩地年租为制钱 1500 文，租期 99 年。近代以来，因其独特的地理区位和悠久的对外交往历史，广州成为中国与域外政治交锋、文化融合的中心，其中许多重大历史事件影响了中国近代化进程。诸外国列强通过广州的对华贸易，商品输出使广州成为重要的物资集散地和海陆交通枢纽，同时也拉动了区域内的城市化进程。与此同时，民族工业特别是侨办工商业兴起，进一步推动了经济和社会转型，如 1862 年，秘鲁华侨黎某等集资在广州创办"万隆兴行"，经营进出口业务；1879 年，旅日华侨卫省轩在广州文昌沙创办了巧明火柴厂，1889 年，又相继办了 7 家火柴厂，工人达 1400 多人；旅美华侨黄秉常在广州自办电厂，创办电灯公司，发电照明。

近代中国城市化初期，工商业带动城市化首发于沿海和沿江城市，随交通条件的改善向内陆扩展。汉口于 1861 年开辟为通商口岸，至 1911 年的 50 年间，武汉三镇城区由不足 20 平方公里扩展到 60 平方公里。其他如焦作、南通、郑州、石家庄、东北的大连、长春、哈尔滨等城市都是伴随中国工业化和列强经济入侵而出现②。但是，城市化进程在不同区域之间发展不平衡，中北部地区进展较慢，长江上、中游地区远远慢于长江下游地区（见下表）。

---

① 嘉庆二年六月，日本左京兆大夫内艺兴遣使宗设抵宁波，同时，右京兆大夫高贡遣使瑞佐偕宁波人宋素卿也到宁波。由于宋素卿贿赂宁波市舶太监，瑞佐货船虽然后至，但先于宗设货船受检，宗设怒杀瑞佐，焚其船只，追宋素卿至绍兴城下，沿途劫掠而去，明备倭都指挥刘锦、千户张镗战死，浙中大震，史称"争贡之役"。

② 陶炎武：《试论中国近化城市化进程》，载《咸宁师专学报》第 17 卷第 4 期。

表 5-6 1843 年与 1893 年中国以人口为基数的城市化率对比（单位：%）

	中国北部	中国西北	长江上游	长江中游	长江下游	东南沿海	两广地区	云贵地区	合计
1843 年	4.2	4.9	4.1	4.5	7.4	5.8	7.0	4.0	5.1
1893 年	4.8	5.4	4.7	5.2	10.6	6.4	8.7	4.5	6.0

资料来源：《中国城市及其文明的演变》

二、近代城市化发展期

此时期从 1895 年至 1936 年，随中外贸易扩大，主要由于外国列强对华工业品倾销，沿海、沿江地区城市成为重要的商品通道和投资加工区，城市化水平迅速提高。同时期的民族工业进入较快的发展时期，也带动了部分资源开发型城市发展。随交通、能源等基础设施改善，城市化趋势亦慢慢向内陆腹地发展，至 20 世纪 30 年代，全国城市化率上升到 12% ~ 15%。

香港在开埠之前是一个小岛，继中英《南京条约》割让给英国后，1860 年，中英《北京条约》又割让九龙给英国，1898 年中英《展拓香港界址专条》又租借九龙北部和新界给英国 99 年。一系列不平等条约使中国失去了对香港的主权，但同时，也使香港成为英国在远东的政治、经济据点，经济得到了较快发展。这一时期，香港人口从 1900 年的 21.4 万增加到 1936 年的 98.8 万

图 5-8 19 世纪香港维多利亚港

人，成为中国南部的大城市。青岛原是一个小渔村，19 世纪末被德国占领，并建立港口，在青岛投资兴办纺织厂，一些民族资本也聚集于此，城市很快得到发展。1914 年日本取代德国占领青岛，增加对青岛的资本输出，进一步加快了城市化进程。1902 年，青岛人口仅 11.6 万人，至 1936 年达到 40 万人。还有一些城市如焦作、南通、郑州、石家庄，东北的大连、哈尔滨、长春等城市，都是伴随列强的经济入侵和中国的工业化而出现的①。

---

① 陶炎武：《试论中国近化城市化进程》，载《咸宁师专学报》第 17 卷第 4 期。

天津东临渤海，北依燕山，西靠北京，地处太平洋西岸环渤海经济圈的中心，中国北方十几个省市区对外交往的重要通道，也是北方最大的港口城市。自古以来，天津就是中国沟通南北贸易的集散地，唐中叶以后，是南方粮食、丝绸北销的重要港口。明永乐二年（1404）设卫，天津也是明清时期重要的军事要地。鸦片战争以后，天津逐渐成为西方列强对华进行经济侵略的重要基地，1860 年被迫开埠，诸列强纷纷在此设立租界。同时，天津也是中国洋务运动的中心，铁路、电报、电话、邮政、采矿、近代教育、司法等方面建设，均开全国之先河。近代工业化和对外贸易的兴起，推动了天津的城市建设，城市化水平在 19 世纪末至 20 世纪中叶迅速提高。1895 年以前天津总人口达 30.07 万人，1895—1910 年，总人口达 60.14 万人；1911—1927 年突破百万，达到 111.10 万人；1928—1937 年达到 113.22 万人。

1895 年以后，中国城市化扩张主要基于近代工业化快速推进。其中工业化的意义不仅局限于国外资本、技术的输入对中国工业文明的触动，更在于对中国传统经济模式和社会组织方式的深层改造。经济上的改造以传统手工业向现代工业转型为代表，社会组织方式的改造以传统城市向现代城市转型为代表，皆具划时代意义。经济和社会转型首先发生于沿海城市和重要的商贸城市，也导致了中国一大批大城市和区域经济中心城市的形成，如上海、广州、天津、武汉等。在 1895—1920 年，广州城市化进程最快，是城市近代化的全面发展时期。在这一时期，也是近代工业化最为明显的时期，织布、针织、火柴、水泥、机器制造、军工、机器缫丝、造纸、印刷、玻璃、制革、橡胶、烟草、饼干、罐头、日用化工、电力、自来水等近 20 多个行业建立起了近代工业机制①。在天津城市扩张最快的时期，也是城市现代工业人口增长最快的时期，如 1895—1910 年，工业人口仅 6432 人，城市泛工业人口 3.79 万人，泛工业人口占总人口比重为 6.3%；1911—1927 年，工业人口达到 7.59 万人，泛工业人口达到 41 万人，泛工业人口占总人口比重达到 36.9%；1928 年至 1937 年间，天津工业人口达到 9.6 万人，泛工业人口达到 46.16 万人，占总人口的比重达到 40.8%②。

三、近代城市化衰退及停滞期

大约为 1937 年至 1949 年，因为中日战争和国共内战，中国城市化率下降到

---

① 王美怡：《"活在历史中"的城市——近代广州城市史研究刍议》，http://www.gzass.gd.cn。

② 董智勇：《经济发展与人口迁移的互动：以天津近代工业化为例》，载社《会科学论坛》2010 年第 7 期。

10.6%。战争中断了工业化进程，也使城市化出现衰退，中日战争初期，许多工业、商贸较为发达的沿海城市，相继沦陷，除战争直接导致工业，特别是与军事相关的重工业受到严重破坏外，也带来大量人口向内地大迁徙和生产技术、设备和物资的大转移。在抗战爆发前十年左右，中国近代化工业总产值以6.5%的速度增长，至1936年资本主义工业已占工业总产值的65%以上。在战争期间，随着日本占领大片国土，中国丧失了40%以上的小城市和80%以上的大城市，有的城市毁于战火，有的在战争中成为废墟，大量人口流离失所。战争使中国丧失了大片的耕地、森林，失去大量的工厂、矿场和铁路，据不完全统计，战争造成中国直接经济损失达6000亿美元之巨。

工业化进程减缓，造成城市化停滞并畸型化。大量流亡人口涌入战略后方，充斥于内地城市和乡村，导致城市人口膨胀，物价飞涨，生活质量下降，城市基础设施超过承载极限，治安状态恶化。据不完全统计，难民在1937年7月至1938年3月的战争之初即达2000万，受影响人口超过1亿。随着战争扩大，难民的流动呈现无序状态，上海在战前人口超过300万，战争期间每天向外流走近30万人，因周边地区相继沦陷，上海总人口在战时却有增无减，达到350万。1938—1947年，天津城市人口从113万增加到171万，但工业人口却从9.62万人减少到6.11万人，泛工业人口从46.16万减少到31.16万，泛工业人口占总人口比重从40.8%降至10.8%，这充分说明城市工业退步，而城市人口却畸型增长，城市处于不正常运行状态中。在国共内战时期，工业化继续处于低潮，民族工业没有得到恢复和发展，国民党占领的大城市工商业萧条，物价不稳，生活动荡、治安混乱，城市化亦处于衰退状态。

第三节　传统乡村变迁与民国乡村建设运动

中国近代化似疾风骤雨穿越百年，伴随中华民族重获新生的阵痛艰难前行。在追赶时代潮流的脚步声中，数千年农业文明积淀所形成的固有秩序、社会格局被打破，其中，最为震撼的莫过于传统乡村社会的曲折变迁和转型发展。

一、中国近代化中的乡村变迁

以农业为基础的乡村社会，相伴人类社会从产生到发展经历了漫长的历史时期。在社会分工缓慢的状态下，以农耕生产和手工业为主要形式的生产形式、乡村社会组织形式处于相对稳定的状态。自秦汉以来，乡村社会、以及乡村社会生活方式始终占据主导地位。而定居于城市的人口比重小，城市生活则处于从属地位。唐宋时期，全国城市人口占总人口比重约10%，至清前期，尽管城市人口增加很多，但占总人口比重却下降到5%左右。以1843年为例，全国城镇人口约2027万人，是宋时的一倍，是盛唐时的1.5倍，但只占总人口的5%。

中国近代化在外力作用下起步，畸形的城市化带来区域间、城乡间社会、经济失衡。同时，连续的战乱造成的破坏，使乡村处于凋敝状态。传统乡村在近代化中的变迁，反映了中国近百年的艰难历程。

（1）理想与现实：传统乡村的两个视角。中国是世界上农业文明程度最高的国家，在农耕文明基础上形成的传统乡村，承载了几千年中国人祖祖辈辈的梦想。无论远离国门身居海外，或远离乡村身居城市，所有的中国人都有属于自己的乡村之梦，这就是属于自己、与祖先血缘相联的生息之地，带有乡土、乡音、乡味的"家"。不同地域的中古农耕文明，对生息于斯的人类打上自身的烙印，形成独特的民族性影响到现代人。与西方人心中的"理想国"和"乌托邦"相比，中国人对传统农耕文明之下的乡村理想更具浪漫性，这多反映在诗、词、歌、赋等众多不朽的文学作品中。

历代文人将传统乡村理想入诗入画，影响了一代又一代的后人，其中源于晋代陶渊明和南北朝谢灵运，以唐代王维、孟浩然等为代表田园诗最为典型。陶渊明在《桃花源记》中，采取浪漫的手法描写了超现实乡村生活的场景，感人致深。其中对景物的描写"忽逢桃花林，夹岸数百步，中无杂树，芳草鲜美，落英缤纷……"表现了对山水风情的赞美。"土地平旷，屋舍俨然，有良田美池桑竹之属。阡陌交通，鸡犬相闻。"反映了理想中的传统乡村恬静、安详，和传统的男耕女织农耕经济的和谐。"其中往来种作，男女衣着，悉如外人。黄发垂髫，并怡然自乐。""设酒杀

图5-9 曾德昭（资料来源于百度图片）

鸡作食"和"村中闻有此人，咸来问讯，余人各复延至其家，皆出酒食"等内容则赞美了村人朴素、勤劳的性格和善待外来人的人情味。

古代文人对乡村的记叙多赞美之词，不足以准确反映传统乡村的实际状况。对中国近代化之前的传统乡村客观评述，还可从外国人的记载中找到线索。葡萄牙人奥伐罗·塞默多（中国名曾德昭）1613 年来到中国，1636 年回到欧洲，在中国生活了 22 年之久。其后又于 1649 年返回广州，曾经为南明永历帝宫中人员举行宗教仪式，后死于广州。他曾经在杭州、嘉定、上海、南京、西安居住过多年，行程遍及中国南北，以一个外来人的眼光，考察了当时中国的政治制度、风俗习惯、语言文学、服饰、宗教信仰等方面的情况，在旅途中完成了《大中国志》写作，其中对乡村的描述也较为详尽。当时中国沿海和长江中下游地区，是人口稠密的区域，乡镇和村庄分布密集，这在《大中国志》的记载中得到印证："这个国家人口众多，不仅村庄，连城镇都彼此在望，有些地方河流甚多，屋舍几乎连绵不绝"，"境内人口众多，村落彼此相接，由 3 英里接 3 英里不断"。《大中国志》还记载了农耕的情况："看见有人用三块铁犁，即犁头耕地，走一趟就犁出三条畦。又因土壤宜于我们叫作 Easels 即菜豆的种子，他们把它放进一个固定在犁的顶端的容器，即方盘内，这样，豆种随犁头前进缓缓撒播地上，像谷物随磨斗转动落入磨石。所以耕地和撒播来年期望的谷种，是同时进行的。"

葡萄牙传教士克鲁士 1556 年（嘉靖三十五年）在中国游历，在其所著的《中国志》中描述中国乡村农业状况："在中国，一切下种后能收获的土地都开耕了。不宜于谷物的山地，生长着极好的松树林，可能的话也在树间种植豆类。""在干土和硬地上，他们种植麦和豆，在既多又开阔的水淹低地，他们种植大米；低地有的一年两收或三收。只有在气候严寒的高山上，不宜于种植，没有开发。""人粪都得到利用，用钱收买或交换蔬菜，人粪用来施在他们的菜园里，他们说施肥后蔬菜可得到生长；他们把粪搅合泥土，在太阳下烘干。"从明朝中后期及清朝前期，还有许多欧美旅行家、外交家和传教士来到中国，留下了许多关于传统中国乡村风物、生产和生活的记载。

（2）中国传统乡村特性。传统乡村从人类定居伊始，在长期的生产和生活实践中，通过总结和探索，积淀起了顺应自然规律、社会发展规律的知识和文化，这些知识和文化既有一定的普遍性，又因地域性差异，以及政治传统和社会组织方式不同而具有地缘性特征。中国传统乡村是血缘与地缘的共同体，在其产生与发展过程中，形成了有别于古希腊公民社会，以及中世纪欧洲乡村不同的特征。

一是封闭性。中国传统农业以家庭为生产单元，以自耕自食为主。无论拥有小块土地的小农生产，还是租佃土地的小农生产，均以家庭为单位，从播种到收获全程依靠人力、畜力完成，所生产的农产品除抵扣地租、少部分用于销售换取其他生活必须品外，大多数农产品用于自身家庭消费。以家庭为单位的小农经济，主要凭传统的经验耕种，种植技术来自于父辈或乡邻传授，技术更新慢，年复一年周而复始地在同等的生产水平上循环，生产处于完全的封闭系统中。几千年以来，家庭内部生产分工以"男耕女织"为特点，种桑养蚕、织布纺麻、饲养家畜、家禽，都不需要开展生产合作，局限在家庭内部即可完成，所生产的产品即使进入市场，也是为了换取生活必需品，用于满足家庭消费。

生产的封闭性决定了传统乡村社会生活的封闭性。在农业村落内部，社会关系单一而简洁，村民主要依循血缘关系，通过婚姻纽带而形成人际交往圈，社会交往很窄小。在村落之间，经济联结、联动和往来少，加上交通不便，特别在南方多山的地区，对外交通不畅，村民之间仅因个人原因，如婚姻关系、技艺传承、同窗学谊等保持有限的对外交往，缺乏因个人诉求、志趣相同而形成的社团组织。没有这样类似的社团组织作为媒介，村民就没有机会参与更多的社会活动，得到更多的外部信息。

二是稳定性。中国传统乡村皇权、宗权、神权和民权并存，从秦汉实行郡县制，皇权通过宗权对乡村实行间接治理，神权处于从属地位，而民权则处于受压制地位。宗权是中国专制体制下的衍生品，从产生开始即与皇权紧密联系在一起。商周时期实行分封制，宗族即是王族、贵族和卿大夫等上级阶层的联盟，此时期的宗族很少触及平民阶层。秦汉以后，宗族向士族阶层、平民阶层发展，但宗族的主体是士族联盟，主要由掌控朝政的官员构成。宋朝以后，平民宗族成长壮大，并至明清时期成为宗族的主流。传统的宗族组织依托血缘关系，聚族而居，等级制度森严、尊卑有序，宗族规条涉及族内事务处理，颇多严厉，具有政权认可或默许的成份。江苏毗陵《费氏重修宗谱》卷一《家规罚例》就规定："其有诸侄孙干犯伯叔父、伯叔祖父者，责二十板，锁祠内十日……其或恃祖、父行欺凌卑幼者，量事缘由，重者议责，轻者议罚。兄弟有序，以弟犯兄，不恭，责三十板；以兄凌弟，不友，责十板。[1]"

宗族伦理制度对族人的约束，具有绝对的权威性。宋代以后宗族奉行"尊祖敬宗睦族"，尊祖，讲求孝道，孝顺父母、祖父母，同时睦族，倡导关爱族人。孝的最高境界就是为官作宦出仕，为皇家做事、得到皇家的认可和赐予的荣誉，这样就能"光宗耀祖"。其次就是在地方拥有财富，获得声望，得到族人的尊敬。历代政府实行以孝治天下政策，忠孝相通，在大多数的情况下，宗族

---

① 韩海浪：《宗族与古代基层社会治理》，载《群众·决策资讯》，2015 年第 2 期。

制度成为皇权治理天下的社会基石。

宗族观念的核心是孝亲睦族，族人需尊从宗规家训。所有的宗族家训虽细则不一，但大多遵守"三纲五常"的行为规范。三纲指"君为臣纲，父为子纲，夫为妻纲"，五常即"仁、义、礼、智、信"。三纲要求所有的臣子服从君王、子女服从父亲、妻子服从丈夫，同时君、子、夫要为臣、子、妻做出表率。五常则为规范人际关系的行为准则，即道德标准。名教是儒家传统思想的重要组成部分，名就是名份，教就是教化，即通过确定名份来教化天下，通过名教维持等级和秩序。名教主要通过宗族制度来实现，即通过宗族对族人的教化实现皇权对天下子民的教化。明朝顾炎武①在《华阴王氏宗祠记》所言："自三代以下，人主之于民，赋敛之而已尔，役使之而已尔，凡所以为厚生正德之事，一切置之不理，而听民之所自为，于是乎教化之权常不在上而在下。"在宋朝以后，特别是明清时期，宗族制平民化，传统的乡村社会通过宗族制度凝聚族人，同时也通过严酷的宗规家训、家法禁锢思想、约束行为，民权无法张扬，实现了乡村社会的相对稳固性。

三是共生性。传统乡村内部，无数个家庭以宗族为寄托，共生共荣，共同进退，抱团生存，皆因传统的小农经济背景下，生产规模小，自然风险大，宗族组织是规避风险的有效形式。中国是自然灾害频繁的国度，据史料记载，在西汉至南北朝的 785 年中，共发生水灾 162 次，平均每 4.8 年一次；旱灾 179 次，平均每 4.3 年一次；风灾 50 次，平均每 15.7 年一次；蝗灾 87 次（其中螟灾 7 次），平均每 9 年发生一次；饥馑 56 次，平均每 14 年发生一次；雹灾 52 次，平均每 15 年一次；霜灾 24 次，雪灾 15 次，冰灾 1 次；地震 241 次，平均每 3.2 年一次；人疫 46 次、牛疫 5 次。隋、唐、五代十国时期，共发生旱灾 170 次，水灾 163 次，虫灾 55 次，雹灾 39 次，霜冻 18 次，风灾 31 次，疫灾 19 次，牛疫 7 次，地震 61 次，旱灾引起的饥荒 17 次，不明原因的饥荒 56 次，水灾引起的饥荒 2 次，雪灾 11 次，鼠灾 5 次，山摧 4 次，其他灾害 2 次。宋元明清时期，自然灾害发生频率越来越高，宋王朝从宋太祖建隆元年（960）到宋祥兴二年（1299）的 319 年，就有 297 年发生的自然灾害，占其统治年数的93.1%。元朝从 1271 年到 1367 年（元朝灭亡）的 96 年时间，年年发生自然灾害，且多数年成一年数灾。明王朝从明太祖洪武元年（1368）到明思宗崇祯十

---

① 顾炎武（1613 年 7 月 15—1682 年 2 月 15）汉族，明朝南直隶苏州府昆山人，是明末清初的杰出的思想家、经学家、史地学家和音韵学家，与黄宗羲、王夫之并称为明末清初"三大儒"。

六年（1643）的 275 年中，仅有 9 年无灾，其余 266 年都发生自然灾害，占 96.7%．从清世祖顺治元年（1644）到清宣统三年（1911）的 267 年，年年有灾，且第年数灾并发，灾情严重①。

宗族赈灾是古代社会救助的重要形式，一旦遇到天灾人祸，宗族即按照族规开展救助。北宋皇祐二年（1050），范仲淹在其原籍苏州吴县捐助田地 1000 多亩设立范氏义庄，其地租用于族内贫困人口的救助。自此，范氏义庄成为后世宗族自我救助的范本，纷纷设立义庄、义田、社仓。宗族的义田属于族田的一部分，族田除用于救灾的义田外，还有祭田。清朝乾隆年间，江苏巡抚庄有恭就族田问题说："直省士庶之家，其笃念亲友者，每立祀产以供先世蒸尝，立义田以赡同宗贫乏，其祀产、义田岁所收获，除完纳条漕及春秋祭扫、赡给支销外，所有盈余，俱储积以备饥年之用。"除赈灾救济外，宗族组织还开展其他方面的公益和公共活动，如兴办义学，鼓励宗族子女学有所成、学有所仕，同时，也开展修谱、祭祖等活动，以弘扬祖德激励后人。

宗族的共生性还表现在共同承担法律责任，一人犯罪、众人受罚。所以自古宗族家训中皆教育族人、子女遵守国法，完粮纳税，积极承担国家的兵役、劳役义务等。光绪三十二年（1906），浙江山阴县《钱氏宗谱》规定：首先"乡约当遵"。所谓"乡约"，主要就是明太祖朱元璋约束基层群众的"圣谕六言"（孝顺父母，尊敬长上，和睦乡里，教训子孙，各安生理，无作非为）。其次"赋役当供"。"赋税力役皆国家法度所系，

图 5-10 19 世纪山东乡村生活
（资料来源于 www. 360doc. com）

若拖欠钱粮，躲避差徭，便是不良百姓，姓，连累里长，脑烦官长……"② 中国自古刑罚严酷，如族诛、连坐等法则是一人获罪、殃及族人、乡邻，历朝历代皆有诛连三族、九族的案例，最多的诛连十族。明初，朱元璋以蓝玉"为乱，谋泄"为由族诛者 1.5 万人；明成祖朱棣即位时，诛杀方孝孺及族人共 873 人，甚至门生、朋友也不放过，即所谓诛十族。

---

① 资料参考自亢标：《中国古代自然灾害》，http：//www. 360doc. com。
② 韩海浪：《宗族与古代基层社会治理》，载《群众·决策资讯》，2015 年第 2 期。

（3）中国传统乡村的变迁。近代工业化、城市化拉动传统乡村格局发生变化是显而易见的。但学界对乡村在变化中发展，或在变化中衰退的观点对立，主流的看法是乡村在变迁中衰退。大多数人认为乡村经济处于衰落和崩溃之势，农民生活入不敷出，日趋贫困。经济史学者陈振汉在《政府银行学术机关与复兴农村》中说："今日农村经济崩溃，与古代盛世恍若隔世。"① 梁漱溟认为："民国以来，中国农村日趋破坏，农民的日子大不如前。"② 千家驹在《中国农村的出路在哪里》中指出："近几年农村的状况，一年不如一年。"③ 顾高扬认为："现在中国的农村经济已经整个崩溃了，荒地面积增加，农产收获减少，农民收入降低，处处证明了中国农村经济的破产。"④ 除了主流观点外，也有一少部分学者认为乡村在发展，农民生活中，衣食改善，居住的房屋由草屋改成了瓦屋。如来自美国的农业经济学家卜凯（John Lubbock）根据 1910—1933 年的调查，认为中国农民的生活条件有所改善，有的地区，农民生活程度降低，是灾荒期间的一种间歇现象，而非趋势⑤。

事实上，近代中国传统乡村的变局反映在经济领域，主要表现自然经济快速市场化。在国门洞开、内外贸易、城市工商业迅速兴起和发展的背景下，乡村成为工业品倾销市场和原材料供应基地，小农生产被迫市场化，对市场的依存度很快提高。而这一进程中，传统小农对市场不适应，在市场竞争中处于劣势地位，从而利益受损，甚至破产。传统小农经济市场化究竟有多快？或者说市场对小农的影响究竟有多大？这些问题的答案可以从当时学者的调查中找到。卜凯（John Lubbock）1921 至 1925 年对全国 7 省 17 处 2866 家农户调查统计，以总平均计，农产品自用部分占 47.7%，出售部分占 52.3%，农家生活资料中自给部分和购买部分各占 65.9% 和 34.1%。⑥ 马札亚尔研究，在 20 世纪 20 年代末至 30 年代前期，中国"农民经济的商品性任何地方都不低于百分之四十，并且在市场的帮助下来满足自己的需要，也不低于 40%。"⑦ 从这些调查可以看出，中国农村自然经济的封闭性被打破，市场化已达到较高的程度。

大多数的人从乡村的经济状况、人口的生活状况评析乡村的变化。诚然，

① 陈振汉：《国闻周报》第 10 卷第 46 期，1933 年 11 月。

② 梁漱溟：《梁漱溟全集》第四卷，山东人民出版社 1992 年版。

③ 千家驹：《中国农村的出路在哪里》，载《中国农村》第 2 卷第 1 期，1936 年 1 月。

④ 顾高扬：《复兴农村之金融问题》，载《中国经济》第 2 卷第 8 期，1934 年 8 月。

⑤ 卜凯：《中国土地利用》，成都金陵大学农学院经济系 1941 年版。

⑥ 严中平等编：《中国近代经济史统计资料选辑》，科学出版社 1955 年版。

⑦ 马札亚尔：《中国经济大纲》，新生命书局 1933 年版。

近代中国乡村的绝对贫困与工业化和城市化对乡村资源的吸附甚至掠夺有一定关系，但更多的原因则与朝代更迭、制度变迁的大势下，战争频仍、政局动荡，加之自然灾害多发，对经济的破坏和对乡村的冲击有关。美国传教士明恩溥（Arthur Henderson Smith 1845—1932）在《中国乡村生活》一书中，详细记载了乡村状况的各方面细节，其中描述了社会动荡对乡村平静生活所带来的影响。他举例写道："几年前，驻扎在山东境内黄河附近的几个军团发生叛变，士兵们杀死了一个官员，逃回老家。这个事件的信息传遍了全省，各地区的人们都唯恐遭到士兵们的抢劫和杀戮。巨大的恐慌导致大批的乡民们放弃刚刚开始收割的农作物，离开家乡涌向城墙里寻找安全。其结果是乡民们蒙受了大量的损失。"

作为一个在中国生活几十年的传教士，明恩溥对中国社会动荡、以及乡村在动荡中的实际情况较为了解。他在《中国乡村生活》中说："诸如此类的事件随时都有可能发生，半个世纪前规模庞大的太平天国运动就带来了混乱的结果，其对没有围墙的乡村造成的不安全给人留下了无法磨灭的印象。尽管围墙在高度上一般不超过十五到二十英尺，但是，遇上收成不好的光景，同时抢劫者又大举入侵的情况，即使这样的防卫设施，也能奏效。应当说，这种围墙在抵抗有组织的、正面的攻击上的价值并不很大。然而，经验表明，它们的威慑力足以打消企图入侵者的念头，使他们转向不会遇到阻力的乡村。任何有关叛乱的传闻都会促使乡民们开始征收地税，以便修复他们的土制防御工事。按理说，对付那些有组织的入侵者，尤其是叛乱集团，是当局责无旁贷的事情，不过，与其等待谨小慎微、拖拖拉拉的行动，乡民们更相信自己的力量。"

近代化中乡村的变迁不仅反映在经济和乡民生活中，更重要的是乡村社会结构性的变迁。以传统血缘关系为纽带的宗族制在经济、政治转型的大格局下，逐步分化瓦解。在变局中乡村人口进入城市或远走他乡，乡村人口流动变得越来越频繁。特别是在战乱和灾荒来临，乡村人口大量逃离，对原有的乡村秩序带来重大冲击。以近代科学技术传播为主要内容的西学进入中国，影响到乡村，使乡村人口特别是年轻一代观念逐步更新，宗族和旧的传统思想得到削弱。受城市工商阶层、知识阶层的影响，乡村自主婚姻逐步被接受，家庭关系亦随之发生变化，家庭成员关系更趋平等。随着新的政权建立，许多宗族传统、包括宗族严酷规条被限制，宗族的强制力被大大削弱。至民国时期颁布施行的《中华民国民法》，在法律层面规定男女平等，使中国的婚姻制度、继承制度实现制度层面的近代化。

二、民国乡村建设运动

20世纪20~30年代，中国掀起了对传统乡村、传统农业的改造浪潮。针对乡村的贫弱状况，许多知识界、实业界人士到农村开展试验，以乡村自治、合作社和平民教育为重心，对乡村文化、乡村经济与乡村政治实现全面改造，这一社会运动，虽然最终因为各种原因被中断，未能彻底进行下去，但其探索的许多重要经验仍值得借鉴。

（1）民国乡村建设运动的背景民国乡村建设运动在特定的历史背景下发生，是一场影响深远的社会实践运动。不同的社会团体、社会组织不约而同地参与到这一运动中，并非偶然，而是中国社会转型中的大势所迫。正如梁漱溟在1934年10月10日定县乡村工作讨论会上所说："四面八方的来到一块，这证明今日乡村运动好像是天安排下的，非出偶然。"20世纪前期，中国从动荡中走向一个相对稳定时期，1927年国民政府初治天下，急须恢复经济、稳定政局，大批知识分子和社会活动家得到政府的认可、或地方政府支持，在学习西方发展理念基础上，大胆施展治国抱负。与此同时，乡村在转型中积贫积弱，成为各方关注的焦点，一场对中国农村、农业经济进行全面改造的社会运动就成为必然。

近代以来，中国传统乡村始终处于绝对贫困和落后中，20世纪前期的经济大环境更加剧了这一状况。从世界经济格局上看，1929年至1933年，全球处于经济大萧条中，中国工商业、对外贸易受到影响。同时，因为危机使农产品价格下跌，农民损失严重。由于国际市场萎缩和通货紧缩，以1926年为基期年，1931年至1936年上海农产品趸售物价指数平均下降19%。以1930年为基期年，则1931年至1934年上海五谷类趸售物价指数平均下降34.03%；纺织原料类同期指数平均下降18.7%，豆及籽仁类同期指数平均下降16.2%，茶叶类同期指数分别平均下降4.75%[①]。同时，由于国外农产品进入中国，价格低廉，国内农产品受到很大冲击。1930年，中国进口大米总量达到1900万石，以后，都维持在这个水平上徘徊。上海洋米虽然在市场上的占有份额小，但价格低，影响到国产米的价格，特别是影响到湖南、安徽等主产区的米价。即使在丰产年，"谷贱伤农"也让农民的利益受到损害。

叶圣陶先生在其作品《多收了三五斗》中生动地描写了20世纪30年代的实际状况。在"天照应，雨水调匀，小虫子也不来作梗，一亩田多收这么三五

① 章有义编：《中国近代农业史资料》（第三辑），生活·读书·新知三联书店1957年版。

斗"的情况下，万盛米行的河埠头，横七竖八停泊着乡村里出来的敞口船。船里装载的是新米，把船身压得很低。但米行先生的报价"糙米五块，谷三块，"让种田的"旧毡帽朋友"几乎不相信自己的耳朵。先生的冷笑和告白更让农夫陷于绝望中，"你们不粜，人家就饿死了么？各处地方多的是洋米，洋面，头几批还没吃完，外洋大轮船又有几批运来了。"这样的情形农夫是别无选择的，种出来的粮食只能按照米行的价格卖出，"田主方面的租是要缴的，为了雇帮工，买肥料，吃饱肚皮，借下的债是要还的。"卖完米的农夫还要到镇上去买回洋肥皂、洋火、洋油、洋布等生活必须品，米没有卖出好价钱，只好节约开销。

1930年前后，中国乡村建设运动由民间团体兴办，在各地纷纷涌现。随着建设运动向纵深发展，民国政府和一些地方政府也进行了一定程度的推动。至后期政府与社会团体的共同参与，使建设运动走向了农政道路。河南省主席韩复榘支持河南的乡村建设运动，1930年调山东任省主席后，梁漱溟等又移师山东，于1931年6月在山东邹平重建山东乡村建设研究院，从村治运动转向乡村建设运动。1931年，晏阳初到南京向蒋介石汇报定县乡村建设等方面的情况，蒋介石夫妇予以热情接待，并与之彻夜长谈。蒋介石对定县教育实验很感兴趣，当即决定自溪口选派人员赴定县训练。他还请晏阳初到中央军校高级班演讲，自己不仅亲临会场听讲，而且还于晏讲完后发表了长达45分钟的致辞，赞许定县实验是三民主义的基本工作[①]。此后乡村建设运动逐步得到地方政府的认可和支持。

（2）民国乡村建设运动的始末。河北定县翟城村，距离县城15公里，是中国近代村民自治第一村。早在1902年米鉴三在翟城村先后创办高等小学校、女子国民学校、女子高等小学校，并开展了民众识字和公民教育。1914年，其子米迪刚从日本留学归国，根据日本地方自治的经验，在取得县政府的支持后，在翟城村成立自治公所，开始了中国近代乡村自治的先河。其后，一部分知识界人

图 5 - 11 晏阳初在定县亲自为农民扫盲
（资料来源于 http：//blog．sina．com．cn）

---

① 蒋宝麟：民国乡村建设运动："政教合一"及其悖论，载《二十一世纪》网络版，ht-tp：//www.cuhk.edu.hk。

士、社会团体自发地开展乡村问题的研究和建设实践，直至20世纪30年代形成大的声势。在这一时期，全国参与乡村建设的团体达600多个，开展乡村建设实践活动的区域多达1000个左右，其中最具代表性的当属河北定县和山东邹平两地。

晏阳初的"平民教育派"将中国农村问题锁定为"愚穷弱私"，依此提出解决中国农村问题的路径就是"四大教育"，即用文艺教育培养"知识力"，用生计教育培养"生产力"，用卫生教育培养"健强力"，用公民教育培养"团结力"。1923年8月，中华平民教育促进会成立，晏阳初为总干事长。平教会在成立之初主要在城市开展平民识字教育活动，后认识到中国乡村的重要性，遂开始把工作重点从城市转至乡村。因河北定县离北京不远，又有米氏父子创办"模范村"的基础，平教会于1926年选取定县作为实验区，以翟城村为中心，开展以识字教育为中心的建设运动。晏阳初的团队大多是有远大抱负的知识分子，其骨干成员很多是留学国外的硕士、博士，如陈筑山、郑锦、冯锐、李景汉、刘拓、孙伏园、熊佛西等，虽然艰苦的乡村生活使来自于大都市人极不适应，部分人放弃了理想，但晏阳初的团队却越来越大，至1935年，团队成员达到500多人，许多人是国内大、中学的毕业生和各路热血青年。

对于定县乡村建设运动，1929年是一个转折。在此之前，来到定县的平教会并未大规模开展活动，晏阳初称之为准备期，在这一时期，主要推动乡村教育运动，开展社会调查、平民识字等活动，至1929年则转向为全面的乡村建设运动。因队伍扩大、经费出现困难，平教会逐步意识到与政府合作的必要，因而呈请地方政府"补助经费，维持秩序，并规定褒奖和惩戒办法，使平民教育在地方上易于普及"。平教会与政府的合作，标志着乡村建设社会运动转化为政府的农政运动，且逐步由政府掌控主导权。虽然参与乡村建设运动的知识分子希望保持其学术研究和社会建设运动的独立性，但具体的地方政治情势和困难却不得不与政府开展合作，以期推动各项活动的开展。

孙中山在早年即提出地方自治以县为目标，以实现民权、民生两大主义为目的。1929年，国民党中央将地方自治列为训政建设的中心工作，宣布在六年内完成地方自治，实行宪政。1930年前后，民间兴起的乡村建设运动引起国民党的重视，并于1932年成立河北、山东、江苏等省的地方自治筹备委员会，并委任晏阳初、梁漱溟等知名人士担任地方自治指导员。1932年，国民政府在南京召开第二次全国内政会议，决定改革县政，地方自治以县为单位，从而使乡村建设运动进入县政建设阶段。在这次会议上，中央政府决定设立各省县政建设研究院和县政建设实验区，河北即于1933年5月在定县正式成立县政研究院，并把定县作为全省县政建设实验区。此后的定县乡村建设运动重点放在体制内的县政改革，主要内容包括：①在县政府设立县政委员会，除行政人员外，另"罗织一部分名誉职之学者专家，遇有要政兴革特请参预"；②在乡镇（村）自治机构改革上，改设乡镇建设委员会以取代乡镇公所，由"当地之有资望阅历者"担任，并设乡镇公民大会加以限制和监督。乡镇公民大会由全体村民参加，选举产生乡镇建设委员会。1935 年冬，各示范村成立乡镇建设委员会的工作全部完成，并开始推广到全县各地；③考虑到乡镇建设委员会过于薄弱，平教会又在乡间设"农村建设辅导员"，负责传达县政府的政令，以督促训练农村办事人员①。定县试验在各级政府认可和支持下取得了一定成功，但社会学术和政权结合的自身矛盾，以及体制的和固有的农村各种利益集团之间的对立，乡村建设对县政的改革不可能触及中国乡村最深层次的问题，以至以最终难以取得既定的效果。

另一个民国乡村建设运动的典范是以梁漱溟为代表的理论及实践。梁漱溟在早期从社会文化视角分析中国社会，认为中国传统社会与西方社会基础各异，改造中国社会需针对中国"伦理本位、职业分途"的特殊性，从乡村着手，以教育为手段来达成目的。为此，他撰写了《乡村建设大意》《乡村建设理论》《答乡村建设批判》等一系列著作，阐明他的乡建理论。1828 年，他到广东开展乡村建设实践，次年到北京，担任《乡村月刊》主编，后又担任河南村治学院教务长。1931 年到山东创办山东乡村建设学院，并在邹平等地开展乡村建设实验。

在众多的乡村建设流派中，梁漱溟的观点最为激进，他认为中国传统乡村没落的根本原因，在于乡村固有的道德败坏，社会失序，乡村建设运动的核心是重建人与人之间的"伦常关系"。他认为对民众的教育是乡村建设的重要步骤，因而在他的乡村建设方案中，把教育放在最优先的地位。在教育的方式上，他反对盲目模仿欧式教育模式，对"欧风美雨驰而东"表示深恶痛绝，认为："西方功利思想进来，士不惟不以言利为耻，反以言利为尚。"梁漱溟带着他的理论，在山

图 5-12　梁漱溟

①　蒋宝麟：《民国乡村建设运动："政教合一"及其悖论——基于对晏阳初"定县实验"的考察》，载《二十一世纪》网络版，2006 年 8 月，总第 53 期。

东邹平办起了山东乡村建设研究院。

梁漱溟的乡村建设实践概括为把行政和教育联结在一起的"政教合一"形式。山东乡村建设研究院分三个部分，乡村建设研究部、乡村服务人员训练部和乡村建设实验区，邹平被确定为实验区。在实验区内推行行政系统机关化，县以下乡镇公所，设"政教合一"的乡学，乡以下设村学，乡学既是教育机构，又是行政机关。乡镇组建董事会，推出德高望重者担任学长，由县政府任命，学长居于众人之上，监督调合乡村各项秩序。乡里的行政事务由乡理事负责，其工作受到学长的监督。乡学内部还设有教导主任，负责教育事务，乡村建设研究院向实验区派出输导员，指导协助乡理事和教导主任在工作中贯彻乡村建设思想。乡学内部设立乡队部、户籍室和卫生室，所有的农民都是乡学或村学的学众，被组织起来形成"团体组织"，生产中主要形式就是生产合作社。在实验区相继组织成立了棉花运销、机织、林业、蚕业合作社等，并成立了农村金融流通处、农村信用合作社和邹平卫生院等。梁漱溟在山东的乡村建设运动，倡导"团体组织、科学技术"精神，提出"大家齐心向上，学好求进步"即体现了这一精神。

全国的乡村建设运动，大多被抗战的来临中断。卢沟桥事变后，日军大举进攻华北，1937 年 9 月 24 日定县陷落，平教会开展的定县实验被迫中断，除平教会 1938 年在四川新都设立实验区外，其他地方的乡村建设实验先后停止。1937 年 10 月 13 日，日军攻下平原、进逼禹城、直指济南，韩复榘不战而退，11 月 23 日夜，日军强渡黄河，进入邹平境内，邹平乡村建设运动即告终结。在战略大后方重庆，卢作孚在北碚开展的乡村建设运动亦引人注目。1927 年，卢作孚担任嘉陵江三峡地区巴县、璧山、江北、合川四县峡防团务局长，决定对峡区开展综合治理，开展以北碚为中心的乡村建设运动。

卢作孚认为中国传统乡村中，农民生活在两重集团中，一是以家庭为核心的第一重集团；二是以家庭延伸至家族、婚姻、邻里、朋友关系的第二重集团。两重集团的存在使乡村农民只知家庭而不知社会，只知宗族而不知国家、民族，两重集团的存在是中国现代落后的主要原因，这也是中国现代化建设的重要障碍。中国要实现现代化，必须建立超越家庭、邻里和朋友关系的"现代集团生活"，也就是要建立"工商时代的集团生活组织"。中国的弱点在于没有完成实现人工化的物质建设和社会组织建设，因此，必须通过发展实业，普及甚而实用教育，兴建公共基础设施，使人民"皆有知识、皆有职业、皆能自治、皆无迷信"，使"地方皆清洁、皆美丽、皆有秩序、皆可居住、皆可游览"。

北碚的乡村建设以民生公司为依托，大力发展经济、兴办交通等基础设施、

发展教育和农业，取得
了一系列成就。经济方
面：成立天府煤矿公司、
创办三峡染织厂、组建
大明纺织印染厂，建造
合川水电厂，建立北碚
农村银行等。基础建设
方面：开通合川—北碚
—重庆嘉陵江航线，修
筑北川铁路；修建北温
泉公园、北碚公园、缙
云山黛湖公园和北碚街
心花园；架设乡村电话
线路；修建地方医院，

图 5 - 13　20 世纪 40 年代初北碚街景
（资料存北碚卢作孚纪念馆）

引进现代化医疗设施；建造体育场馆等。文化教育方面：拆除庙宇，破除封建
迷信，移风易俗，修建博物馆、图书馆，如北碚民众图书馆、民生公司图书馆，
并通过兴办民众夜课学校、船夫学校、力夫学校、妇女学校，办报刊（如《嘉
陵江日报》《北碚月刊》《农民周刊》），建立西部研究院等方式，大力普及基础
实用教育，弘扬现代科学与文化。农业方面：设置气象台，建立农事试验场和
苗圃，修建公共水利设施，改良副业，加强技术指导，改良农作物品种①。卢
作孚在北碚的乡村建设实验，一直持续到 1949 年，其成就受到各方肯定和赞
誉，1948 年获得四川模范实验区；同年被联合国教科文卫组织评为"基本教育
实验区"。

（3）对民国乡村建设运动的评述。民国乡村建设运动是中国近代发生的重
要事件，在中国社会的转型发展中，作为一场影响广泛的社会改良运动，对中
国的发展和进步带来诸多的思考和启示。

乡村建设运动的产生并非偶然，反映了全球工业化、城市化背景下，中国
近代化对改造传统农业社会的必然要求。在新的生产力爆发式推进社会向前发
展的大势面前，传统农业社会在竞争中处于十分被动的弱势地位，以至于积贫
积弱。同时，工业化时代的科学技术催生新的知识阶层，对中国社会传统有了
更新的认识，这些受西学影响的新知识阶层，与中国传统社会精英集团、实业

① 彭永锋：《卢作孚与中国乡村建设》http：//wenku. baidu. com。

界阶层从各自视野审视社会沉疴，寻求救国之道，对传统乡村的改造和重建理想，促动和引发了乡村建设运动的伟大实践。这一社会运动发生在 20 世纪 30 年代，最终因战争而被迫中断，持续时间虽然很短，但所取得的成效和有益的尝试，却对未来中国现代化发展留下了宝贵的精神财富。

知识界的觉醒是乡村建设运动的主要推手，各流派的乡村建设理论竞相在乡村付诸实践，并在乡村建设实验区采取不同的措施。参与乡村建设运动的知识界包括乡村建设派、平民教育派、乡村生活改造派、中华职业教育社和江苏省立教育学院等几个主要派别，他们各自抱着对乡村改造和建设的理想开展讨论，付诸实践。其中，把教育放在优先和重要位置，治贫重在"治愚"，以及对农业合作化探索、推动农政发展等方面的做法，对以后中国乡村的转型发展提供了宝贵经验。

然而，囿于时代的局限性，乡村建设运动中的知识精英不能从深层次上剖析中国乡村、难于认识中国社会所面临的主要矛盾，以至于不能从制度层面去动摇乡村持续贫困的根基，其实质就是中国的"改良主义运动"。1938 年，梁漱溟到延安同毛泽东发生的思想交锋，即围绕中国传统社会"阶级论"和"伦理本位"论而展开，毛泽东认为中国社会存在着与西方社会共同的一面，即阶级的对立、矛盾和斗争。梁漱溟则强调中国社会特殊的一面，即中国社会"伦理本位"和西方社会"职业分途"的区别。他认为，西方人讲自由、平等、权利，按照社会分工存在职业区别，你干哪一行，从事哪件工作，就有责任把它做好，人人尽责，做好本行，则社会就稳定、发展。而中国则是"伦理本位"的社会，贫富贵贱不鲜明、不强烈、不固定，因此阶级分化和对立也不鲜明、不强烈、不固定。而父慈子孝、兄友弟恭、夫妻相敬、亲朋相善等伦理内容才是指导中国家庭和社会的重要原则，即注重义务，每个人都要认识自己的义务是什么，本着自己的义务去尽自己的责任，孝家庭，也孝社会。按照两种不同的观点，对中国传统乡村的改造道路就截然不同了。

第六章

中国当代城乡关系衍变及分析

> 要巩固工农联盟，要使城市与乡村的关系得到正确解决，对工农关系就应该有一个正确的认识。这个问题一般都不大谈，似乎并不严重。但在人们的思想上，在政策的执行上，对这个问题常常发生一些偏差。如城与乡的关系，哪个居于领导地位？就常常把量和质弄混了。
>
> ——周恩来《处理好人民民主统一战线中的四个关系》

美国独立之初，第一任财政部长亚历山大·汉密尔顿指出："不仅国家富裕，而且国家的独立与安全，在物质上都与制造业的繁荣密切相关。"中国作为历史最悠久的传统农业大国，处于快速工业化、全球化的时代背景下，从新中国成立伊始即面临着完成传统社会改造和转型的重大历史任务。特别是处在20世纪中后期十分复杂的国际环境中，迅速推进国家工业化成为强国富民必然选择。对此，在国家战略层面确保工业、特别是重工业优先发展成为明智的选择，但是这一战略也致使城乡关系在相当长的一个时期内，处于扭曲状态。从建国以来，城乡关系经历了城乡兼顾、城乡分离、城乡均衡到城乡统筹和一体化发展的历史轨型，这一过程是中国经济、社会发展的基础和现实所决定的。

第一节　国家计划体制下城乡关系阶段性特征

自解放战争结束以后近30年时间，中国经历了土地改革、合作化，以及集体化的人民公社时期，这一阶段的城乡关系从初期的城乡兼顾发展至以乡援城的制度变迁，带来城乡隔离的二元社会分离，城乡严重对立。计划经济体制造成产品短缺，城乡实行配给制度使人们饱受生活艰难之苦。改革开放以后，经济快速发展，随同工业化推进，城市化进程加快，城市与乡村关系进一步失衡。由此，国家从政策层面及时调整发展战略，坚持统筹、协调城乡关系，推进一体化发展则成为形势所迫，任务所需。

一、城乡兼顾时期（1949—1953）

在以农业为主的传统社会，农民占总人口的绝大多数，中国共产党走过了依靠农民、从农村到城市，最后夺取全国政权的道路。至解放战争结束，新的解放区人口达 31000 万人，其中农民达 26400 万人，农民占总人口的比例高达 85%，农民是社会的主体力量。1949 年 9 月第一届全国政协会议上通过《共同纲领》，其中确定了国家建设的经济方针是"公私兼顾，劳资两利，城乡互助，内外交流"，城市与农村、工业与农业处于兼顾地位。对于农村政策，《共同纲领》提出："土地改革为发展生产力和国家工业化的必要条件。凡已实行土地改革的地区，必须保护农民已得土地的所有权。凡尚未实行土地改革的地区，必

须发动农民群众，建立农民团体，经过清除土匪恶霸、减租减息和分配土地等项步骤，实现耕者有其田。"中央人民政府于 1950 年 6 月 30 日颁布了《中华人民共和国土地改革法》，从 1950 年秋季开始，土地改革运动在新解放区分期分批地展开，其政策是依靠贫农、雇农，团结中农，中立富农，有步骤有分别地消灭剥削制度，发展农业生产。至 1952 年年底，除部分少数民族地区外，全国基本上完成了土地改革。通过土改，获得经济利益的农民占农业人口的 60% ~ 70%，连同老解放区全国大约三亿农民分得了大约七亿亩土地，由此每年免除地租 3000 万吨粮食。据统计，

图 6 - 1　解放初土地改革

（资料来源于 http://photo. eastday. com）

1951 年全国粮食产量比 1949 年增加 28%；1952 年比 1949 年增加 40% 左右，超过抗战前最高年产量的 9%。1951 年棉花等工业原料作物的产量超过历史最高年水平。通过土地改革，农民的积极性空前高涨，新政权获得了农民的高度信任，使他们成为稳固新政权的社会基础。

农村土改由乡村农民协会主导，实行土地农民所有制，达成耕者有其田的目的。土改推行的政策主要通过没收地主的土地、耕畜、农具及农村中多余的

房屋，分给无生产资料的贫困农民，对地主保留必要的生产资料，对其进行改造。以土改为主线的农村政策极大地刺激了农村"小农"经济的恢复与发展。与此同时，城市和工业在战争结束后也得到了恢复发展，1949 年全国工业总产值仅 140 亿元，至 1952 年达到 349 亿元，超过解放前最高年份的 1936 年。但是，由于战争的破坏，城市恢复工业生产经历了困难的过程，通货膨胀严重，市场萧条，失业严重，由此，国家采取了扩大和鼓励城乡交流的措施。一方面鼓励城市失业人员回到农村从事农业生产；另一方面，则推动农产品进城活跃市场。1951 年 2 月，中财委将"扩大城乡物质交流"作为首要任务。同年 5 月，中央贸易部部长叶季状重申："城乡物质交流是今年贸易工作的中心任务，也是全部财经工作的中心任务。"

1949—1953 年这一段时期内，国内经济处于战争后的恢复时期，由于政策和措施得当，经济得到了快速的恢复发展。特别是农村土地改革顺利实施，极大地调动了占大多数人口的农民积极性，使农业成为恢复国民经济、稳定社会、安定人心的主流力量。在这一时期，城乡之间要素自由流动，城乡交流频繁，城乡之间处于兼顾发展状态。

二、城乡分离形成时期（1953—1958）

1948 年 10 月《中共中央关于九月会议的通知》提出："必须尽一切可能修理和掌握铁路、公路、轮船等近代交通工具，加强城市和工业的管理工作，使党的工作的重心逐步地由乡村转到城市。"1949 年 3 月，中共七届二中全会提出："从现在起，开始了由城市到乡村并由城市带领乡村的时期，在南方各地，人民解放军将是先占城市，后战乡村，城乡必须兼顾，必须使城市工作和乡村工作，使工人和农民，使工业和农业紧密地联系起来，绝不可丢掉乡村，仅顾城市，如果这样想，那是完全错误的，但是党的工作重心必须放在城市。"中国共产党的工作重心从农村转向城市、从农业转向工业是历史的必然，是历史的大趋势和时代背景所决定的。20 世纪 50 年代初，全球掀起工业化浪潮，工业化水平成为衡量一个国家综合国力的重要支柱，欧美先行工业化国家领跑世界潮流，凭借实力向外扩张，工业化滞后的国家竞相追赶。在二战以后崛起的、以苏联为核心的社会主义阵容不仅与西方在政治制度与军事实力上展开全方位竞争，还围绕着两种不同的经济发展道路展开了激烈较量。建国之初的中华人民共和国在紧张的世界局势下，唯有迅速工业化，增强国力，才能得以壮大和发展。

"一边倒"的外交政策，使西方资本主义阵营对中国进行政治孤立、经济制裁与军事封锁，中国无法充分利用资本主义阵营充足的资金与先进的技术进行经济建设。但苏联及一些东欧国家却在资金、技术等方面对中国工业化给予了支持，1950年2月，中国与苏联签署了《中苏友好同盟互助条约》。从1953年至1957年第一个五年计划期间内，苏联共援建了156个项目，这些项目的实施，对建立和形成中国完整的工业体系发挥了重要作用。第一个五年计划时期，一是集中力量进行工业化建设，二是加快各

图6-2　1958年5月，长春第一汽车制造厂生产的东风牌小轿车

经济领域的社会主义改造。至1957年，全国生产钢535万吨，原煤1.3亿吨，粮食1.95亿吨。社会总产值平均每年增长11.3%，工农业产值平均每年增长11.1%，农业为4.5%，工业为18%。在工农业总产值中，工业总产值的比重由1949年的30%上升到1957年的56.7%。同时，完成了对农业、手工业和资本主义工商业的社会主义改造。最为典型的是：1953年年底，鞍山钢铁公司大型轧钢厂等三大工程建成投产；1956年年底，长春第一汽车制造厂建成投产；中国试飞成功第一架喷气式飞机；沈阳第一机床厂建成投产；1957年，武汉长江大桥建成；川藏、青藏、新藏公路建成；形成了以鞍山钢铁公司为中心的东北工业基地，沿海地区原有的工业基地得到加强，在华北、西北建立了一批新工业基地。

　　1953年至1958年这一时期，也是农业生产恢复和发展时期，此时期的农业经营体制以合作化为主，经历了由互助组、初级社、高级社到人民公社的转变。在合作化高峰之后的1957年，全国农业总产值比1952年增长25%，1957年全国粮食产量达19505万吨，比1952年的产量水平增长19%；棉花产量达164万吨，比1952年增长25.8%；猪、牛、羊肉产量达到398.5吨，比1952年增长17.7%。但是，在农业整体向前发展推进的同时，农村中的一些问题也逐渐显现出来。如小农生产的恢复使农村出现贫富"两极分化"，由于经营水平和生产技能上的差异，特别是天灾人祸的影响，部分土改中分得土地的农民出卖土地，沦为贫困者；一些地区或因生产条件较差、或受到自然灾害影响而出现缺粮，许多年份各地均出现"春荒"。与此同时，工业的发展需集中更多的资源，包括对农产品的需求猛烈增加，以致于不得不对农产品进行限量和限价供应。1953

年，全国的城镇人口达到 7826 万人，比 1952 年增加 663 万、比 1949 年增加 2016 万，该年农村非种粮人口得因灾害减产造成的缺粮人口，需要供应商品粮的也有 1 亿人左右①。

粮食统购统销政策和户口管理两个方面是形成城乡"二元化"的制度基础。建国以后，由于城市人口增长较快，粮食储备购少销多，1953 年春，全国一些地方出现霜灾，由于惜售备荒，农民秋后不愿出售粮食，无论卖给国家或商人。正如陈云所说："有的同志提出去掉商人，我们可以多买一点粮食。我看去掉商人并不等于农民的粮食一定可以多卖给国家。"在这样的情况下，毛泽东要求中央财经委员会拿出办法，中财委提出了八套方案，最终选定推行"统购统销"政策。1953 年 10 月 2 日晚，中央政治局扩大会议决定采取统购统销政策。发布的《中共中央关于粮食统购统销的决议》规定："所有收购量和供应量，收购标准和供应标准，收购价格和供应价格等，都必须由中央统一规定或经中央批准。"其后，中共中央和政务院分别在 1953 年 11 月 15 日、1954 年 9 月 9 日做出《关于在全国实行计划收购油料的决定》《关于实行棉布计划收购和计划供应的命令》和《关于棉花计划收购的命令》，对油料、棉布实行统购统销，对棉花实行统购。

1953 年以后，在全国范围内出现了严重的"盲流"问题，这些流动的农民开始对城市造成巨大冲击。1956 年 12 月，周恩来签发了《国务院关于防止农村人口盲流目外流的指示》，但盲流问题并没有得到制止。为此，中共中央、国务院又于 1957 年 3 月、9 月和 12 月下发通知和指示，要求各地采取坚决措施制止农民外流，开展生产自救战胜灾荒。同时，禁止城市粮食部门供应没有城市户口的人员粮食，禁止工矿企业私自招用农村劳动力。1958 年 1 月，经第一届全国人大常委会第 91 次会议通过，公布实施了《中华人民共和国户口登记条例》，取消了和限制了人口的自由迁徙，堵住了农村人口向城市的自由流动。

三、城乡分离固化时期（1958—1978）

从 1958 年至 1978 年的 20 年间，三个重要的因素使城乡要素交流中断，城乡关系紧张，城乡二元化制度被固化下来。一是人民公社化，剥夺乡村人口财产权，农民生产积极性下降，农村形势低迷；二是严格的户籍管理，限制了城乡人口自由流动，形成城乡藩篱；三是短缺经济下的票证制，使城乡生活陷入困苦。加之频繁的政治运动成为保护城乡二元体制的超经济力量。

---

① 薄一波：《若干重大决策与事件回顾》上卷，中共中央党校出版社 1991 年，第 256 页。

（1）人民公社体制。建国之初土地改革完成以后，农民对土地拥有了所有权，小农经济迅速得到了恢复。以家庭经营为主要特点的传统农业随着生产社会化的客观需要，逐步走上合作化道路，此时，政府对农民合作化的积极引导是完全正确的。但是，在合作化过程中对农民的过高要求和冒进做法，乃至于后期的人民公社化，则导致农村工作走向了另一个极端，对农村经济的发展带来了重大体制性弊端。1955年，毛泽东在《大社的优越性》一文的按语中写道："现在办的半社会主义的合作化，为了易于办成，为了使干部和群众迅速取得经验，二三十户的小社为多。但是小社人少地少资金少，不能进行大规模的经营，不能使用机器。这种小社仍然束缚生产力的发展，不能停留太久，应当逐步合并。有些地方可以一乡为一个社，少数地方可以几乡为一个社，当然会有很多地方一乡有几个社的。不但平原地区可以办大社，山区也可以办大社。"这说明毛泽东在更早的时间就已产生合作社扩大规模的想法。毛泽东于1958年3月召开成都会议，提议将有计划地将合作社规模扩大，成都会议通过了《中共中央关于把小型的农业合作社适当地合并为大社的意见》，该意见于同年4月8日被中央政治局批准。1958年8月，中共中央政治局在北戴河举行扩大会

图6-3　人民公社大食堂
（资料来源于 http://3g. china. com）

议，通过了《中共中央关于在农村建立人民公社问题的决议》，全国一哄而起掀起了人民公社化运动。在体制设计上，人民公社被作为社会主义社会向共产主义社会过渡中的社会基层组织，包括了工、农、商、学、兵，政社合一的组织。在所有制和分配制上，实行集体所有制，并逐步向全民所有制过渡，公社社员仍然坚持按劳分配原则，实行工资制或按劳动日计酬。根据1958年9月29日统计：全国在数月内共建起人民公社23384个，加入农户1.1亿多，占总农户的90.4%，每社平均4797户（据11个省、市、区7589个公社的统计，5000户以下的5287个；5000到1万户的1718个；1万到2万户的533个；2万户以上的51个）。河南、吉林等13个省，还有94个县以县为单位，建立了县人民公社或县联社。

人民公社的主要特点是"一大二公"。"大"表现在规模大，全国平均28.5

个合作社合并成一个人民公社，而每个合作社一般都在 4000 户左右；在经营管理范围上，原合作化时期的初级社、高级社都以农业生产经营为主，而人民公社则是农、林、牧、副、渔全面发展，工、农、商、学、兵五位一体的社会基层组织。"公"则表现在三个方面：一是以公有制为主，政社合一；二是消除生产资料私有制，把社员自留地、家禽家畜、家庭副业收归社有；三是实行组织军事化、行动战斗化、生活集体化，大搞公共食堂等公益事业，并实行工资制和供给制相结合的分配制度。人民公社"政社合一"体制，各种权力集中在县、社两级，基层生产单位没有自主权，"一平二调"和"共产风"盛行，农民的利益受到损害、积极性受到打击，农村处于饥饿和恐慌之中。在人民公社体制延续的 20 多年间，其间管理体制经历了多次反复和调整。1962 年 9 月党的八届十中全会上，中央通过了《农业六十条》的修正案，提出"人民公社的基本核算单位是生产队。根据各地方的不同情况，人民公社组织，可以是两级，即公社和生产队；也可以是三级，即公社、生产大队和生产队"。生产队"实行独立核算，自负盈亏，直接组织生产，组织收益的分配。这种制度定下来以后，至少 30 年不变"。以后几经演变反复和曲折，管理体制从公社一级所有制→公社、大队（管理区）、生产队（原高级社）三级所有制（以生产队或生产大队为基本核算单位）→公社、大队（原生产队）、生产队（原生产小队）三级所有制（以生产队为基本核算单位）的变迁，一直到 1982 年全国五届人大第二次对人民公社制度的终结。

（2）户口管理制度。新中国成立初期，随着国民经济的恢复和大规模经济建设的开始，城镇人口迅速增加，至 1953 年城镇人口达到 7826 万人，比 1949 年增加 2061 万人，1949、1952 和 1953 年城镇人口占全国总人口的比例分别为 10.6%，12.5% 和 13.3%。城镇人口的迅速增加很重要的一个因素是农村向城市的人口迁移和流动。1949—1958 年，是新中国历史上户口迁移最频繁的时期，仅 1954—1956 年的 3 年间，迁

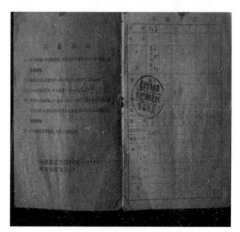

图 6 - 4　20 世纪 50 年代户籍证
（资料来源于中国收藏热线）

移人数就达 7700 万。为了减轻城市的压力，国家采取了严格的户籍管理政策。1957 年 12 月，中共中央、国务院联合发出《关于制止农村人口盲目外流的指

示》，要求城乡户口管理部门严格户籍管理，切实做好制止农业人口盲目外流工作。1958 年 1 月，我国第一个户籍管理法规即《中华人民共和国户口登记条例》正式颁布。该条例规定了公民户口登记、户口迁移审批和凭证落户制度，限制了人口的自由迁徙，特别堵塞了农村人口自由进入城镇，在城乡之间筑起了一道制度性藩篱。由于大跃进出现浮夸风，以及牺牲农业发展工业，加之自然灾害，1959—1961 年成为历史上的三年困难时期，此时的城乡壁垒更加森严。1961 年中共中央发出的《关于减少城镇人口和压缩城镇粮销量的九条办法》规定："巩固工农联盟、调整城乡关系、贯彻国民经济按照农轻重发展次序，增加农村劳动力、发展农村经济的方针，争取在三年内恢复农业生产，提出关于减少城镇人口和压缩城镇粮食销量的九条办法。"其中要求在 1960 年全国城镇人口 1.29 亿基数上，3 年内减少城镇人口 2000 万以上，当年减少 1000 万，1961 年减少 800 万，1962 年扫尾完成减少城镇人口目标。同时要求城镇粮食销量在 1961 年至 1962 年间压缩至 480 亿～490 亿斤。中央和地方共同核实城镇首先是大中城市的人口，清查黑人黑户，做到人、粮相符，严禁虚报冒领和营私舞弊。

　　这一时期，社会保障实行"单位化"，有单位就有保障，好单位就好保障，农民的保障也就只能"家庭化""公社化"。建立在户籍严格管理基础上的社会保障制度，严格地把个人身份区分为"城里人"和"农村人"，个人从出生后开始户籍登记起，即被打上不同的身份烙印，享受着不同的社会待遇。1962 年公安部出台《关于加强户口管理工作的意见》，其中规定："对农村迁往城市的，必须严格控制……特别是迁入北京、上海、天津、武汉、广州等五大城市的，要适当控制。"1977 年 11 月，国务院批转《公安部关于处理户口迁移的规定》，其中提出："由农业人口转为非农业人口，从其他市迁入北京、上海、天津三市的，要严格控制。"而此后通过的 1975 年《中华人民共和国宪法》和后来历次修改的《宪法》，都不再有关于人口迁移的条文。1977 年 12 月，国务院批转了《公安部关于处理户口迁移的规定》，确立了处理户口迁移的主要原则是："从农村迁往市、镇（含矿区、林区等），由农业人口转为非农业人口，从其他城市迁往北京、天津、上海三市的，要严格控制，从一般农村迁往市郊、镇郊农村或国营农场、蔬菜队、经济作物区的应适当控制。"

　　（3）票证管理制度。1953 年以后，中国推行粮油统购统销政策，票证制度正式进入历史舞台，持续时间达 40 多年。时至今日稍上年纪的中老年人对票证的记忆当用"刻骨铭心"四个字来形容，因为在那个年代，吃饭、穿衣及一切生活必需品皆凭票供应，无票寸步难行。特别在生活困难、物质供应紧张的时期，票证成为"黑市"商品，成为财富和个人身份的象征。从 1958 年"大跃进"使中国进入极端困难时期,至改革开放止,票证在人们生活中的作用无可替代,其影响无可比拟。但是,从票证的沿革上看,票证的产生则要追溯至更早的时间。1955 年 8 月 25 日,国务院正式颁布《市镇粮食定量供应暂行办法》,这年 10 月,以中华人民共和国粮食部的名义印制全国通用粮票开始在全国各地使用,从这时开始,中国人的生活正式进入了票证时期。

图 6 - 5　计划供应中的各类票证
(资料来源于视野网)

票证种类最多的时期达 60 余种,涉及粮票、油票、布票、肉票、糖票、豆制品票、工业券……各式各样的票,这些票证一定程度上缓解了百姓对生活品的供需矛盾,成为短缺经济时期的主要特征。由于生活必须品供应紧张,票证的使用涉及到方方面面,阻碍了人们的自由流动和城乡交流。就粮票而言,有全国粮票、地方粮票、军用粮票和划拨粮票等数种,省、地区、县级都发行地方粮票,在所辖区内流通,只有全国粮票可在全国通用,凡异地出差的人员必须持单位证明去粮食部门换取一定数额的全国粮票。所有的票证成为界定个人身份的界标,许多紧缺的生活必须品只针对城镇人口凭票供应,即使城镇人口也根据体力劳动、脑力劳动和非劳动力的区分制定不同的供应标准,农村人口除少数如布料等生活品实行"布票"计划供给外,粮食等消费品则需要自给。农村人口不但得不到国家计划供应保障,而且还承担着粮油统购统销的义务。

票证制度与户籍制度相互关联和相互依存,使城乡对立的二元体制凝固化,城乡要素交流基本断绝。1963 年以后,公安部在人口统计中把是否吃国家供应的商品粮作为划分户口性质的标准,吃国家供应粮的户口即城镇居民称作"非农业户口",而与之对应的农村居民则成为"农业户口",由此,城市人口和农村人口享有迥然不同的国民待遇。与户籍制相同属性的票证制,同样具有代际继承关系,出生在拥有城市户口和国家计划供给制家庭的人口,先天即拥有城市户口和国家对基本生活品的供给和保障,而出生在农村户籍和非国家计划供给家庭的人口,则先天只能务农和被计划体制边缘化。由户籍和票证制度决定的等级制不但表现在城市与农村地缘化的身份差别上,而且表现在城市内部职业和工种的差异上。计划体制下的票证制通过工业"剪刀差"剥夺农村,据初略统计集聚农业近 6000 亿~8000 亿元资本支持了国家工业化,直到 20 世纪 90

年代初才退出历史舞台。

第二节 市场化转型中的城乡关系衍变

1978 年 12 月，中共中央召开了十一届三中全会，以这次会议为标志，启动了中国改革开放的进程。在这次会议开幕之前，中共中央召开了长达 36 天的中央工作会议，并就一系列重大的方针和问题展开了充分讨论。十一届三中会会实现了中国共产党工作重心向经济建设转移，实现了思想路线、政治路线和组织路线的拨乱反正。会议作出了改革开放的决策，同意将《中共中央关于加快农业发展若干问题的决定（草案）》等文件发到各省、市、自治区讨论和试行，这个重要文件经过修改和充实之后正式发布，并随之相继出台了一系列农村改革政策，自此揭开了农村改革发展的序幕，亦拉动城乡关系进入新的时期。

一、城乡关系调整时期（1978—2003）

1979 年 9 月，中共中央十一届四中全会通过了《关于加快农业发展若干问题的决定》，允许农民在国家统一计划指导下，因时因地制宜，保障他们的经营自主权，发挥他们的生产积极性。1980 年 9 月，中共中央下发《关于进一步加强和完善农业生产责任制的几个问题》，肯定了包产到户的社会主义性质。1982 年，中共中央批转了《全国农村工作会议记要》，指出农村实行的各种责任制都是社会主义集体经济的生产责任制，1983 年中央下发文件，指出联产承包制是在党的领导下中国农民的

图 6-6 实行联产承包责任制后，粮食喜获丰收（资料来源于中国干部学习网）

伟大创造，是马克思主义农业合作化理论在中国实践中的新发展。至 1983 年初，农村家庭联产承包责任制在全国范围内全面推广。伴随家庭联产承包经营制度成为中国农村的基本经营制度，农村的管理体制亦发生重大变革。1982 年，《中华人民共和国宪法》规定，将乡镇设定为我国农村的基层政权组织和行政区

域。1983 年 10 月，中共中央、国务院发出《关于实行政社分开，建立乡政府》的通知，宣告人民公社制度走向终结。

　　改革开放以后，统购统销政策也不断松动。从 1979 年夏粮上市开始，国家较大幅度地提高了 18 类大宗农副产品收购价格，同时开放了城乡农副产品贸易市场，减少了农业价值向工业与城市流出的数量。十一届四中全会通过的《关于加快农业发展若干问题的决定》规定：粮食统购价格 1979 年上市期提高 20%，超购部分在这个基础上再加价 50%，棉花、油料、畜产品、水产品等的收购价格也要分别情况，逐步做相应提高。1981 年 8 月，国务院批转了《农副产品议购议销价格管理办法》（试行）；1982 年 6 月，国务院作出《关于疏通城乡商品流通渠道，扩大工业品下乡的决定》；1983 年 2 月，国务院批转《关于农村商业流通体制若干问题的试行规定》；1984 年 7 月，国务院批转《关于进一步做好农村商品流通的报告》。通过一系列政策调整和改革、农副产品的收购价格 1983 年比 1978 年提高了 47.4%，1984 年又比 1983 年提高了 4%。1985 年 1 月 1 日，《中共中央、国务院关于进一步活跃农村经济的十项政策》中规定："从今年起，除个别品种外，国家不再向农民下达农产品统购派购任务，按照不同情况，分别实行合同定购和市场收购。"由此，推行了 30 多年的统购统销政策正式退出历史舞台。

　　随着农村经济的活跃与发展，农副产品增多，城乡市场不断丰富。同时与农业生产形势相伴而行的是，农村的剩余劳动力也大量出现，从事农业生产的季节性兼业呈发展之势。此时，城乡户籍管理也出现松动，城市的大门不断向乡村敞开。1984 年的中共中央一号文件规定，允许务工、经商、办服装业的农民自带口粮在城镇落户。国务院又发出《关于农民进入集镇落户问题的通知》，允许农民自理口粮进集镇落户。1985 年 7 月，公安部又颁布了《关于城镇人口管理的暂行规定》，"农转非"内部指标定在每年万分之二。同时，作为人口管理现代化基础的居民身份证制度也在同样的背景下由全国人大常委会于 1985 年 9 月宣布实施。1994 年，取消户口按商品粮为标准划分为农业和非农业户口的"二元结构"，而以居住地和职业划分为农业和非农业人口，建立以常住户口、暂住户口、寄住户口三种管理形式为基础的登记制度，并逐步实现证件化管理。

　　1997 年 6 月，国家进一步放宽了城镇户口限制，国务院批转了公安部《小城镇户籍管理制度改革试点方案和关于完善农村户籍管理制度的意见》，其中规定："从农村到小城镇务工或者兴办第二、第三产业的人员，小城镇的机关、团体、企业和事业单位聘用的管理人员、专业技术人员，在小城镇购买了商品房或者有合法自建房的居民，以及其共同居住的直系亲属，可以办理城镇常住户口。"1998 年 7 月，国务院批转了公安部《关于解决当前户口管理工作中几个突出问题的意见》，规定在城市投资、兴办实业、购买商品房的公民及随其共同居住的直系亲属，凡在城市有合法固定的住房、合法稳定的职业或者生活来源，已居住一定年限并符合当地政府有关规定的，可准予在该城市落户。同时，解决了新生婴儿随父落户、夫妻分居等方面的问题。2001 年 3 月 30 日，国务院批转了公安部《关于推进小城镇户籍管理制度改革的意见》，提出在县级市的市区、县人民政府驻地的建制镇及其他镇实施户籍制度改革，凡在上述区域内有合法固定的住所、稳定的职业或生活来源的人员及与其共同居住生活的直系亲属，均可根据本人意愿办理城镇常住户口。已在小城镇办理的蓝印户口、地方城镇居民户口、自理口粮户口等，符合上述条件的，统一登记为城镇常住户口。对办理小城镇常住户口的人员，不再实行计划指标管理。同时，很多大城市也放松外地人口落户的限制，许多地方采取了鼓励农民到小城镇创业居住的政策。由此，全国城镇人口的比例从 1985 年的 23.71% 提高到 2002 年的 39.09%。

1978—2003 年，虽然农业在经历体制改革后得到了大幅度发展，城乡壁垒被打破，城乡经济空前活跃，但是，从总体局势上"农村支援城市、农业支援工业"的格局仍然是主流，主要在经济上表现为对"三农"的"多取""少予"。一方面，这期间农民要向国家缴纳农业税、农业特产税和屠宰税，要向乡镇、村缴纳提留统筹费，要支付公益和公共基础项目的集资和摊派，还要无偿提供义务工和积累工；另一方面，财政支农资金的主要来源为国债资金，国债资金占年度中央预算内农业基建投资的 70% 以上，正常的年度预算内农业基建投资不足 30%，中央财政对农业投入增长的机制没有建立起来，对农业的补贴主要集中在农产品的流通环节。同时，进城农民工与城镇职工在工资收入上、福利待遇上存在很大的差异，除了城镇对廉价劳动力的掠夺外，农村耕地也随着城市的扩张，通过国家征用等方式支撑了城镇化发展。由于城市化的快速推进，这一时期也是城乡收入差距扩大的时期，1985 年城乡居民人均可支配收入之比为 1.86∶1，1990 年扩大大到 2.2∶1，至 2002 年城乡居民人均可支配收入比达到 3.11∶1，2003 年扩大到 3.24∶1。

二、城乡统筹发展时期（2003 年以来）

20 世纪 80 年代农村改革蓬勃兴起，农村经济摆脱大集体的束缚快速发展，农村各项事业和农民收入也得到了较快发展和增长。但是，进入 20 世纪 90 年代，随着城市和城市经济的开放发展，城市居民收入增长速度超过农村居民的收入增长速度，从而拉大了城乡收入差距，这种差距一直持续至今，形成了城乡之间个人收入的巨大落差。从 2003 年以来，尽管中国政府对农业和农村工作十分重视，在政策上对农业和农村实行"多予"和"少取"，但由于城乡之间、工农之间基础差异和产业特性差异，城乡差别形成的"二元"关系呈现出新的特点，并有逐步扩大的趋势。这一时期的城乡关系出现两个方面的发展趋势：一方面从政策杠杆上加大对农业扶持，加快农村发展，推动城乡一体化发展，城乡融合度扩大；另一方面城乡差别出现因地区差异、城乡区域差异、城乡产业结构的不同，城乡关系出现更为复杂的分化局面。

从 2002 年中共十六大起，"三农"和城乡统筹发展被提到议事日程，受到空前的重视，将其置于经济社会发展的全局和优先位置来考虑，中央政府出台了一系列有利于农村发展和城乡统筹发展的政策。2003 年，中共十六届三中全会通过的《关于完善社会主义市场经济体制若干问题的决定》提出："按照统筹城乡发展、统筹区域发展、统筹经济社会发展、统筹人与自然和谐发展、统筹国内发展和对外开放的要求……为全面建设小康社会提供有力的体制保障。"2004 年，中国政府开始实行减征或免征农业税的政策。2005 年 10 月 8 日，中国共产党十六届五中全会通过《十一五规划纲要建议》，提出要按照"生产发展、生活宽裕、乡风文明、村容整洁、管理民主"的要求，推进社会主义新农村建设。2005 年 12 月 29 日，第十届全国人大常委会第 19 次会议表决决定，《农业税条例》[1] 自 2006 年 1 月 1 日起废止。同日，国家主席胡锦涛签署第 46 号主席令，宣布全面取消农业税，这标志着延续了 2600 年的"皇粮国税"走进了历史。2006 年 10 月，中共十六届六中全会通过了《中共中央关于构建社会主义和谐社会若干重大问题的决定》，提出了建立"覆盖城乡居民的社会保障体系"的目标，即"到 2020 年，构建社会主义和谐社会的目标和主要任务是……城乡、区域发展差距扩大的趋势逐步扭转，合理有序的收入分配格局基本形成……覆盖城乡居民的社会保障体系基本建立……实现全面建设惠及十几亿人口的更高水平的小康社会的目标"。2007 年 10 月，中共十七大更进一步提出了社会建设的目标，指出："必须在经济发展的基础上，更加注重社会建设，着力保障和改善民生，推进社会体制改革，扩大公共服务，完善社会管理，促进社会公平正义，努力使全体人民学有所教、劳有所得、病有所医、老有所养、住有所居，推动建设和谐社会"。

在深化国情认识基础上，中央政府在政策设计上进一步加大推进城乡统筹

---

① 《农业税条例》于 1958 年 6 月 3 日第一届全国人大常委会第 96 次会议通过，至 2005 年止，农业税在新中国实行了近半个世纪。

发展的力度。2008 年 10 月，中共十七届三中全会通过《中共中央关于推进农村改革发展若干重大问题的决定》，其中指出："我国总体上已进入以工促农、以城带乡的发展阶段，进入加快改造传统农业、走中国特色农业现代化道路的关键时刻，进入着力破除城乡二元结构、形成城乡经济社会发展一体化新格局的重要时期。"对此"必须统筹城乡经济社会发展，始终把着力构建新型工农、城乡关系作为加快推进现代化的重大战略。统筹工业化、城镇化、农业现代化建设，加快建立健全以工促农、以城带乡长效机制，调整国民收入分配格局，巩固和完善强农惠农政策，把国家基础设施建设和社会事业发展重点放在农村，推进城乡基本公共服务均等化，实现城乡、区域协调发展，使广大农民平等参与现代化进程、共享改革发展成果"。2010 年 1 月，中共中央、国务院发出《关于加大统筹城乡发展力度进一步夯实农业农村发展基础的若干意见》，系统性地提出了推进城乡统筹发展的各项政策措施。2012 年胡锦涛同志在党的十八大报告中指出："解决好农业农村农民问题是全党工作重中之重，城乡发展一体化是解决'三农'问题的根本途径。要加大统筹城乡发展力度，增强农村发展活力，逐步缩小城乡差距，促进城乡共同繁荣。坚持工业反哺农业、城市支持农村和多予少取放活方针，加大强农惠农富农政策力度，让广大农民平等参与现代化进程、共同分享现代化成果。"

2013 年 11 月，中共十八届三中全会通过了《关于全面深化改革若干重大问题的决定》，其中对深化农村改革作出了全面的布置。决定以推进城乡一体化发展为主线，提出了一系列农村改革和强农惠农措施。《决定》赋予农民更多财产权利，赋予农民对承包地占有、使用、收益、流转及承包经营权抵押、担保权能，赋予农民对集体资产股份占有、收益、有偿退出及抵押、担保、继承权。允许农民以承包经营权入股发展农业产业化经营，允许通过试点推进农民住房财产权抵押、担保、转让，允许财政项目资金直接投向符合条件的合作社，允许财政补助形成的资产转交合作社持有和管护，允许合作社开展信用合作，允许企业和社会组织在农村兴办各类事业，允许农村集体经营性建设用地出让租赁入股、实行与国有土地同等入市同权同价。鼓励承包经营权在公开市场上向专业大户、家庭农场、农民合作社、农业企业流转，鼓励和引导工商资本到农村发展适合企业化经营的现代种养业，鼓励农村发展合作经济，鼓励社会资本投向农村建设。提出了保障农民集体经济组织成员权利，保障农户宅基地用益物权，保障农民工同工同酬，保障农民公平分享土地增值收益，保障金融机构农村存款主要用于农业农村。《决定》提出了推进家庭经营、集体经营、合作经营、企业经营等共同发展的农业经营方式创新，推进城乡要素平等交换和公共资源均衡配置，推进城乡基本公共服务均等化，推进农业转移人口市民化、逐步把符合条件的农业转移人口转为城镇居民，推进城镇基本公共服务常住人口全覆盖，进城落户农民完全纳入城镇住房和社会保障体系、在农村参加的养老保险和医疗保险规范接入城镇社保体系。建立兼顾国家、集体、个人的土地增值收益分配机制，建立农村产权流转市场，建立财政转移支付同农业转移人口市民化挂钩机制。《决定》提出完善对被征地农民合理、规范、多元保障机制，完善农产品价格形成机制，完善粮食主产区利益补偿机制，完善农业保险制度，健全农业支持保护体系，健全农村留守儿童、妇女、老年人关爱服务体系。提出了四个方面的制度改革措施，即改革完善农村宅基地制度，改革农业补贴制度，完善集体林权制度改革，加快户籍制度改革。在城乡一体化发展方面，抓好五个方面的统筹，即：统筹城乡基础设施建设和社区建设，统筹城乡义务教育资源均衡配置，完善城乡均等的公共就业创业服务体系，整合城乡居民基本养老保险制度、基本医疗保险制度，推进城乡最低生活保障制度统筹发展。

从 2003 年起，一系列强农惠农政策对"三农"注入活力，城乡二元政策松绑刺激了城乡之间要素流动，农业、农村经济进入了稳定增长时期。从 2004 年起，全国粮食产量保持了"十一连增"，2014 年达到 6.07 亿吨，达历史最高水平，同时，2014 年全国农民人均纯收入达到 9892 元，也保持了连续"十一连增"，比 2010 年水平增加近 4000 元，已连续五年高于城镇居民收入和 GDP 增幅。城乡居民收入差距连续五年缩小，从 2009 年的 3.33：1 下降到 2.92：1。2014 年，全国农民人均生活消费支出近 7000 元/年，比 2010 年增长近 3000 元，农村居民家庭恩格尔系数从 2010 年的 41.1% 下降到 2013 年的 37.7%，食品消费支出比重明显降低。同时，财政对农业转移支付水平大大提高，各项农业补贴政策相继实施，农村交通、饮水等基础条件大为改观，农村社会保障水平、农村环境条件也得到极大的改善。但是，由于传统的二元体制尚未根本破除，城乡之间、区域之间发展基础不平衡，工农差距、城乡差距以及区域之间的差距仍然存在，城乡一体化发展还有很长的路要走，目标还较为遥远。

第三节　中国城乡二元化演变及分析

一、从"制度化二元"到"市场化二元"

在 1978 年以前，中国以发展工业、特别是重工业为基本国策，农业和农村对工业发展提供了资金、资源和劳动力支持，政府从宏观政策层面实行了一整套重工轻农举措。这一时期，制度化造成城乡经济、文化、社会福利和社会组织体系的两极分化，这种分化受到制度保护并具严格的强制行为。由制度性壁垒构筑的城乡二元结构集中表现在：集体化对乡村经济利益剥夺，带来农村贫困化；由城乡二元化户籍制度限制人口自由迁居权，阻隔城乡资源自由流动，城乡经济、文化交流中断；供给制、票证制打压物资和商品自由流通，使城乡居民对生活品需求长期处于短缺之中，生活状态堪忧。这种因制度壁垒维系的城乡二元状态，不但极大地损伤了农村居民的利益，限制了乡村发展，同时，也扼杀了城市商品流通，使城市经济结构畸形发展。城乡经济的二元分化，带来城乡在社会结构、社会组织形式以及城乡文化等方面的二元化，最终形成城乡背离的两种不同地域、两种不同生活方式的社会族群。

伴随计划经济体制终结，随之横亘于城乡之间的制度壁垒逐步消亡，生产要素在城乡之间自由流动，城乡商品经济趋于活跃，市场机制成为配置资源的重要手段。这一嬗变从 20 世纪 80 年代起，经历了较长的制度衍变、创新的历史过程。制度层面的变革是艰难的过程，时至今日仍处于深水区，还在摸索前进中。随着经济体制向市场化推进，传统的农村经济迅速得到恢复性发展，城市经济体制改革亦同时启动，党的十一届三中全会上明确提出要改革经济管理体制和经济管理方法，其重点是精简各级行政机构，改变经济管理权力过于集中问题，让企业拥有更多的经营自主权，认真解决以党代政和以政代企问题。会后全国各地开展了围绕扩大企业生产经营自主权的各项改革试点，在下放管理权限、扩大企业制定生产经营计划、产品自主销售、自主定价、企业留利以及厂长经理负责制等方面取得了突破，收到了较好效果。1984 年 10 月，中国共产党召开十二届三中全会，做出了经济体制改革的决定，明确提出商品经济的充分发展，是社会经济发展不可逾越的阶段，是实现社会主义现代化的必要条件。提出了"公有制基础上有计划的商品经济"概念，以此为基础和依据，会议确立了全面经济体制改革的方针和任务。十二届三中全会决定加快以城市为重点的经济改革步伐，以求通过改革建立有中国特色的社会主义经济体制。1992 年 10 月中共十四大提出建立社会主义市场经济体制，其中心环节就是转换国有企业特别是大中型企业经营机制上，立求于把企业推向市场。1993 年中共十四届三中全会，通过了《关于建立社会主义市场经济体制若干问题的决定》，勾画了社会主义市场经济体制基本框架，提出了建立现代企业制度的基本构想，标志着中国建立社会主义市场经济体制进入整体性推进的新阶段。

经济体制改革逐步深化，对工商业发展注入了强大的活力，由此拉动了城市经济各个领域的繁荣和快步发展。1978 年中国工业增加值为 1607 亿元，2000 年突破 40000 亿元，2007 年突破 10 万亿元，达到 107367 亿元，比 1978 年增长 23 倍，改革开放前 30 年，工业增加值年均增长 11.6%。改革开放以后，商品经济发展更为迅猛，1978 年社会消费品零售总额 1559 亿元，2007 年达到 89210 亿元，增加了 56.2 倍。1978 年人均消费品零售额仅 162 元，至 2007 年达到 6752 元，增加了 41 倍。工业和商业的快速发展，拉动了城市服务业的快速兴起。城市作为工业和商业的载体，以城市为主要节点的物流、运输、仓储、加工等以及金融、保险、城市房地产、城市生活服务、时尚文化等蓬勃兴起，拉动了城市经济以较快的速度向前发展。

　　随城乡户籍放开和城市经济加快发展，从 20 世纪 80 年代中期起，大量农村人口涌入城市，内地人口流向南方，形成了现代中国最具特色的人口迁徙和流动①。1980—1983 年，全国从农村到城市的流动人口为 200～300 万，到 1990 年增长至 2135 万。1994 年左右，农业银行信贷部与中国社会科学院利用农村固定观察点调查系统，国务院发展研究中心农村部与全国政协经济委员会对全国 28 个县（市）的乡镇、村社开展大范围调查，推算估计：①乡外县内流动 1991 年 4200 万人，1993 年 6300 万人，1994 年 7000 万人，1995 年 7500 万人；②县外省内为 1993 年 4300 万人，1994 年为 5000 万人，1995 年为 5500 万人；③跨省流动人口从 1988 年约 500 万人，至 1989 年达到 700 万人，1993 年达 2200 万人，1995 年达 2500 至 2800 万人。1996 年，国务院研究中心和全国政协经济委员会又对国内 38 个县市开展了调查，38 个县市农村总人口 2756.3 万人，劳力 1224.1 万人。劳动力就业状况主要有三种形式：第一种通过乡镇企业就地转入二、三产业 388 万人，占农村劳力的 31.5%；第二种外出（出县）就业 201.5 万人，其中常年在外就业 6 个月以上的 149.4 万人，占农村劳力 12%。两者合计非农就业已经占农村劳力的 43.7%。第三种可称"留在农业的劳动力"达 686.6 万人，占总劳力的 56%。但据各县市测算，留在农业的劳力比实

---

①　迁徙通常指动物居住地在地理空间上的变化，如鸟类根据季节性变化变更栖息地。根据《中华人民共和国户口登记条例》规定，公民迁出原户口管辖区，注销户口，再到迁入地登记落户的人口为迁徙人口，一般因职业、婚姻和个人境遇发生变化，需要到迁出地生活，符合国家户口迁移规定的落户人口。人口流动与人口迁徙在具体的行为上具有较大的区别，人口流动指不变更户籍管属地，临时或长期变更居住地，因满足某种社会经济生活需要而产生的迁徙人口。近几十年形成的民工潮，主要特征为农民进城务工生活，大部分属于人口从农村向城市流动，许多人虽然多年工作、生活在某一个城市或远离家乡的其他地区，但户口仍保留在原居住地，在原居住地仍保留了承包的耕地。

际需要的务农劳力（从事种养殖业及农村多种经营）259.5万人，占农村劳力的21%，其余留乡农村劳动力仍处于潜在失业状态。

大量农村人口流入城市，出现一定程度的"弃农弃耕"现象。一方面，快速发展的城市经济创造了更多的就业空间，需要更多的农村劳动力进入城市。从20世纪80年代起，城市产业集聚和建设热潮产生了对劳动力需求的巨大空间，农村劳动力进入城市，至20世纪80年代末形成"民工潮"，城市里的大多数体力岗位，如环卫清扫、家政服务、物流装卸、建筑、安全保卫以及工厂内的装配制造，无不大量使用来自于农村的青壮劳动力。时至今日，第一批涌入城市的农民工已发生结构性的分化，一部分人融入城市，即部分人通过资本积累，以及在城市创业从而在城市立足，有了一席之地；部分打工仔又回到了农村，这部分人已近老年，体力丧失，唯有回到祖辈生活的故土养老度日。新生代的农民工已不同于他们的上一辈，这些农民的后代大多受到了一定程度的教育，比上一辈更有文化，在观念上更适应于城市生活方式，许多人虽然父辈仍居住在农村，但已不再把自己看作农村人，即使在城市维持较低的生活水准，但也不会再回到农村从事农业生产。在进入城市的民工群中，还有一类特殊的族群，即游离在农村与城市之间的亦工亦农的打工者，这些人大多因为家庭的原因，如照顾老人或农业仍是家庭的主要收入来源，只能季节性的在城市务工，农闲时到城市务工，农忙时回到农村种田，回到农村的时间大约在春秋栽种和收获季节。另外一种情况则是就近务工，在附近的城市或城镇打零工，城里有事做即到城里，无事时则回到农村，这部分季节性务工者大多由居住在城里的"包工头"组织。

农村人口受利益驱使，冲破城乡制度壁垒向城市流动，不仅对城市经济发展、社会生活带来不可估量的变化，也对农村经济和乡村社会转化带来深远的影响。自20世纪80年代初农村改革掀开新的一页，农村经济得到了快速发展，但是，这种发展是在打破集体经济框架基础上，小农经济模式下的恢复性发展。家庭联产承包责任制推行以家庭为主要生产单元的小规模土地经营模式，很好地解决了农村人口温饱问题，但是极低的劳动生产率与非农产业相比存在较大的反差，从事农业的劳动报酬与离乡进城打工的劳动报酬不可同日而语。不难看出追逐经济利益的原始冲动是大批农民工进入城市的动力，尽管进入城市的劳动大军从事了比城里人更脏更累的体力劳动，报酬也比城里人低，但与生活在农村相比，劳动收入比从事农业却要高得多。农村劳动力进入城市，特别是长年外出人口的比例扩大，对传统农业和传统乡村带来很大的冲击。在很多劳务输出的西部省区，城乡之间劳动报酬的落差导致"弃农抛耕"现象，在重庆、四川等西南省市，目前劳动力（普工）日工价为80～100元，按照目前谷物价格，每亩两熟制良田收入，除去种子、肥料、农药等生产资料投入后，毛收入为500～800元，除去劳动力投入基本没有纯收入甚至收入倒挂。据估计：西部传统的劳务输出地区，耕地撂荒率达到25%左右，比较严重的偏远乡村达到35%～40%。耕地撂荒分为季节性撂荒和常年性撂荒，季节性撂荒多为降低耕地熟制，两熟变一熟，一般全年只种一季水稻，而且投入的劳动力数量大幅减少，管理水平下降。常年性撂荒大多属全家外出，耕地连年荒芜的现象，在很多地方连续三年没有耕种的土地占比达到5%～10%，而且有逐年扩大的趋向。

　　现代工业与传统农业的落差，使城乡之间在经济、社会发展水平上的距离拉大，城乡二元结构表现为从"制度化二元"向"市场化二元"转化。新的城乡二元结构产生于不断活跃的市场环境，是生产要素在城乡之间非均衡流动的结果。一方面，现代工业造就了城市的繁荣和现代气息，对周边农村人口、土地及各种资源、要素产生强大的吸聚作用；另一方面，固守于乡村的传统农业在外力作

图6－7　乡村留守老人和儿童
（资料来源于法制网，记者张媛摄）

用下难以为继，以劳动力、资本、土地为主的各种生产要素从乡村流失，从而使传统乡村出现衰落景象。具体地说，乡村的衰落表现为农业被边缘化、乡村人口减少，交通、电力、通信等基础设施落后以及滞留于农村的人口在就学、就医等方面与城市的差距拉大。这一现象虽不能一概而论，但确实在越边远、越以农业为主的传统农区表现越为突出，同时东部与西部地区的情况亦不尽相同。在工业较为发达的东部、沿海以及大城市延绵地区，随着工业和城市扩张，农村土地已全部或大部分被征收用作建设用地，农民在土地征收中得到了经济补偿，大多数已脱离农业，这些地区已不再是农区。而在边远的西部地区或东部远离大城市的边缘区域，乡村的状况则大相径庭，固守于农村的主要是老人和小孩，这些被称为"留守老人"和"留守儿童"的群体仍然过着传统的农耕生活，其中部分人因疾病和辍学成为农村的贫困群体。

二、"二元分化"中的城乡差距

　　城乡发展不平衡造成城乡差距扩大，这一问题成为制约中国健康发展的主

要矛盾。当前，城乡之间的差距表现在经济、社会、文化等各个领域，并对城乡之间、区域之间和谐发展带来深刻的影响。中国农业大学教授张正河认为：当前城乡差距主要表现在六个方面，即城乡居民收入差距，城乡居民收入比达到3.2∶1，如果考虑个人在住房、教育、医疗、社会保障等福利所得，城乡居民收入比更大；城乡教育差距，城镇高中、中专、大专、本科、研究生学历人口的比例分别是乡村的3.4倍、6.1倍、13.3倍、43.8倍、68.1倍；城乡医疗差距，城乡在公共医疗覆盖率、就医条件等各个方面差距很大，由于农村公共卫生供给短缺，医疗价格大幅度攀升，不少地方出现了因病致贫、因病返贫的现象；城乡消费差距，从总体上看，目前农村居民的消费水平只相当于20世纪90年代初期城市居民的消费水平，整整落后10年；城乡就业差距，城市劳动人口的登记失业率为5%，农村劳动人口的失业率没有人计算得出，抛开进城务工的1.3亿劳动力不算，留在农村4亿劳动力的利用率也只有50%左右；政府公共投入差距，由于我国城乡之间以及城乡内部在制度、市场和公共服务方面存在分割问题，在城市内被认定为公共产品的福利，可能在农村就不属于公共产品，需要农村人口自行支出，"公共产品"具有了排他性，因而从这个意义上来讲，可以将其看作是个人收入。

城乡交通、电力、通讯等基础设施的差距尤为巨大，以交通为例，城市交通、市政道路以政府投资为主，在供给方式上以政府投入为主。城市居民无论出行条件、出行方式、交通便捷程度、交通设施拥有量都比乡村优越。乡村幅员辽阔，居住分散，对交通的需求巨大，地方政府投入不足，交通通行条件落后。当然，乡村交通条件落后也不能一概而论，同时还存在很大的区域差异，在沿海、东部发达地区，交通条件比西部地区优越很多。距离城市特别是大城市较近的郊区或近郊区，交通通行条件比边远地区优越。根据交通运输部2014年公布的数据：全国农村公路里程已达388.16万公里，其中县道55.20万公里、乡道110.51万公里、村道222.45万公里，农村公路建设逐年发展很快，仅2014年上年度基础上，县道、乡道、村道分别增加里程数即达0.52万、1.45万、7.71万公里，总里程增加达9.68万公里。近些年来，农村公路的质量和等级也有很大的提高，至2014年，全国通公路的乡（镇）占全国乡（镇）总数99.98%，其中通硬化路面的乡（镇）占全国乡（镇）总数98.08%，比上年末提高0.28个百分点；通公路的建制村占全国建制村总数99.82%，其中通硬化路面的建制村占全国建制村总数91.76%，提高2.76个百分点。但是，在一些远离城市的边远贫困山区，行路难仍然是制约当地经济发展和生活便捷的重要问题。如在大山延绵、沟壑纵横的秦巴山区，许多贫困度较深的村社，虽然公路可通进村内，但由于投资少，地方政府资金配套不到位，建设档次低、质量差、缺乏维修养护，交通通行能力弱、道路泥泞难行。

与交通状况相似，其他的农村基础设施与城市相比差距也很大，这种差距不但表现在基础设施的质和量上，而且表现在投资方式的差别上。城市基础设施大多表现为公共产品，政府成为供给主体，而农村的基础设施则表现为"部分公共产品"由政府补贴投入，其中的部分基础设施如通社道路、通户道路、小型水利设施则由居民自身投资，即使国家补贴的公路、桥梁、塘库、渠系等农村公共投入的项目，也需要当地农户捐资投劳一部分。在20世纪80年代以前，城乡壁垒森严，城市国有化、乡村集体化，城市基础设施以国家投入为主，乡村基础设施以集体投入为主，农村大型水利设施、区间交通的投入建设采取"一大二公"调集集体资源方式，由人民公社统一调集土地、劳动力资源，基本不计个人报酬。农村改革开放以后，对于公共设施的建设，采取谁建设、谁投入，谁受益谁负担的方式，由农村居民分摊投入，国家补助部分投资，份额很小，政府大多对建筑材料进行补贴。由于个人对公共产品的"搭便车"行为，农村公共设施建设组织难、实施难，甚至许多基础设施在使用中缺乏管理，基础设施的总体水平落后于改革开放以前。

政府公共服务资源分配不均直接导致城乡个人福利水平上的差距，农村居民在社会保障制度安排上滞后，在保障水平上与城市相比也存在落差。中国的社会保障主要包括社会保险、社会福利和社会救助等几个方面，城市在几个方面的制度已经建立并在逐步完善中，而农村只能享受到养老保险和医疗、生育保险两个项目。农村社会福利和社会救助两个方面虽然在制度层面正在推进中，但与城市相比仍然存在较大差距。中国社科院发布的2014年《社会蓝皮书》中显示：2012年，城镇基本养老保险和新农保的参保率分别呈上升趋势，其中，城镇职工人均养老金水平已达2.09万元，新农保为859.15元，两者养老金水平相差24倍之多。

除城乡之间在个人社会保障水平存在差距外，政府公共资源在分布上向城市特别是大城市集中更加拉大了城乡差距，这主要表现在教育、卫生等公共服务资源的分配和流向方面。分级办医、分级办学使农村办学、办医经费不足，由于地方政府负责辖区内各级医院、学校的建设和管理，越接近基层，条件越艰苦，投入越不足，医疗、教育的质量越差。在众多的偏远贫困山区，缺医少药、教育缺失仍是很多贫困群体致贫的主要原因。城市对医疗、教学资源具有强烈的集聚效应，优秀的教师资源、医生资源都通过各种渠道从农村向城市、从小城市向更大的城市集中。

近30年来，城市快速扩张不仅占用大量良田沃土，挤压农村的生产空间，而且城市扩张的负外部性还造成农村的环境质量快速降低，挤压了农村的生存空间。工业和城市的快速发展需要大量的能源、水资源、矿产资源、生物资源等基础资源的强力支撑，这些最基本的资源来源于农村。农村改革开放以后，与城市和工业发展密不可分的农村乡镇企业和私营企业蓬勃兴起，在城市化的大背景下，农村的各类企业虽然对当地经济增长、农民增收带来好处，但是，大多数的这些企业技术水平低、生产手段落后、生产效率低下，对环境的破坏和影响巨大。西部地区的四川、重庆和贵州等省市区，过去以采煤为主的矿产业非常发达，但是过度的采掘带来很多地方发生地质灾害，山体崩塌、水源断绝带来长期的隐忧，恢复和治理十分困难。因为农村垃圾、污水收集处理能力弱，面源污染严重，土质、水质下降，生产和生活环境日益恶化。

三、城乡"二元分化"的经济效应

在自由竞争的市场经济条件下，城乡二元化是工业化、城市化初期的必然现象，许多先行工业化国家都经历过这一过程。城乡二元化的基本问题是城乡经济二元化，经济二元化的最终结果造成城乡经济、社会、文化等多方面的两极分化，以致于导致城乡壁垒。城乡经济二元化是依托于城市的工业与存在于农村的农业，在同一市场竞争环境下，现代技术与传统生产方式的博弈。

亚当·斯密认为：都市产业的报酬，必然比农业产业优异，都市的劳动工资和资本利润必然也明显比农村大。他还说：农业生产力上的增进，总跟不上制造业劳动生产力增进的主要原因，也许就是农业不能采取完全的分工制度。在《国民财富的性质和原因的研究》中，亚当·斯密指出："农业由于它的性质，不能有像制造业那样细密的分工，各种工作，不能像制造业那样判然分立。……农业上种种劳动，随季节推移而巡回，要指定一个人只从事一种劳动，事实上绝不可能。所以，农业上劳动生产力的增进，总跟不上制造业上劳动生产力增进的原因，也许就是农业不能采取完全的分工制度。""制造业因为劳动力分工节约了从一道工序转换到另一道工序的时间，提高了劳动生产率。由于节约了从一道工序到另一工序所花费的时间，这中间所获得的利益也远远超过我们乍一看时所能想象的。"马克思在《资本论》关于时间的论述中，对农业的特殊性也作了深刻的剖析，他分析了生产时间与劳动时间不一致给农业生产者带来的损失。"生产时间和劳动时间的差别，在农业上特别显著。在我们温带气候条件下，土地每年长一次谷物。生产期间（冬季作物平均9个月）的缩短或延长，还要看年景好坏变化而定，因此不像真正的工业那样，可以预先准确地确定和控制。只有牛奶、干酪等副产品，可以在较短的期间继续生产和出售。……因此气候越是不利，农业劳动期间，资本和劳动的支出，就越是紧缩在短时期内。……在这里可以看到，生产期间和劳动时间的不一致（后者仅仅是前者的一部分）怎样成为农业和农村副业相结合的自然基础；另一方面，农村副业又怎样成为当初以商人身份挤进去的资本家的据点。后来，当资本主义生产完成制造业和农业分离后，农业工人就越来越依赖纯粹带偶然性的副业，因而他们的状况也就恶化了。我们以后会看到，对资本来说，周转的一切差别都会互相抵消，而对工人来说，就不是这样。"马克思通过分析劳动时间与生产时间的差别，论证了农业劳动者状况的恶化。

　　同时，马克思还分析了农业生产过程投入中的效率损失。"在大部分真正的工业部门，采矿业、运输业等，生产是均衡地进行的，劳动时间年年相同，撇开价格波动、生产停滞等等反常的中断现象不说，进入每天流通过程的资本的支出，是均衡地分配的。同样，在市场关系的其他条件不变时，流动资本的回流或更新，也是均衡地分配在一年的各个时期。但在劳动时间只是生产时间一部分的那些部门，流动资本的支出，在一年的各个不同时期是极不平衡的，而回流只是按自然条件所规定的时间完成。因此，如果生产规模相同，也就是说预付流动资本的量相同，和那些有连续生产时间的部门相比，这些生产部门就必须为更长的时间一次性预付更大量的资本。在这里，固定资本的寿命和它在生产中实际执行职能的时间也显然不同。由于劳动时间和生产时间有差别，所使用的固定资本的使用时间，当然也会在或长或短的时间内不断发生中断，例如在农业方面，役畜、农具和机械就是这样。"

　　经典理论分析了农业与工业的特性，指出了农业与工业在同一竞争环境下的"先天不足"。从生产过程来看，农业是自然再生产与经济再生产的结合，其自然再生产过程决定了生产时间和劳动时间不一致以致有农业不能进行生产工序的合理分工，从而导致农业生产效率降低，投资报酬下降。这种先天不足在部分文献中称为"弱质性"，也被部分学者称为"产业缺陷"。"产业缺陷"或"弱质性"使投资农业的机会成本增加，延长和增加了资本占用量，降低了投入要素的生产效率，意味着投入等量的资本到农业或非农产业，农业的回报要低得多。在完全竞争的市场环境下，生产要素从乡村流向城市受到价格杠杆支配，以有组织的大机器生产为特征的工业对劳动力、资本、土地等生产要素产生集聚效应，使传统农业的生存空间萎缩，这就是工业化进程中城乡二元分化的经济根源。

　　农业产品既是"私人产品"也是"公共产品"，作为私人产品表现为农产品的实物属性，可进入市场进行等价交换；作为公共产品表现为满足全社会需要，提供社会最基本的，正常、稳定运转的"食物安全"。农民在生产农产品这种私人产品同时，也生产了本应由全部社会成员承担成本、由政府作为供给者的公共产品，这部分公共产品（食品安全）表现为政府通过向农民"购买"的方式向社会提供保障。农业作为基础产业，确保了全体社会成员对食物的需要，是任何现代社会所不能忽视和放弃的，在中国改革开放以前，政府通过剥夺方式，凭借制度性强制行为确保全社会"食物安全"，将部分"食物安全"的生产成本转嫁给农民，此时的城乡关系二元化表现为"制度性"的二元结构。在农村改革开放以后，农业经历了小农经济恢复发展、低落下滑的过程，在社会生产力快速发展的背景下，小农经济的不适应性表现得愈为突出，呈现出不断没落的状况，由此，城乡关系的二元分化表现为"市场化"的二元结构。在中国经济、社会尚处于转型发展的时期，城乡制度壁垒还没有根本消除，政府对农业的支持政策还没有完全到位，城乡之间的不平衡发展以及由此引发的经济问题、社会矛盾将十分突出。

第七章

城乡融合：国内外城乡一体化发展评述

我只拿一盏灯来指引我的脚步，而那盏灯就是经验，对于未来，我只能以过去来判断。

——帕特里克·亨利（美国政治家，弗吉利亚首任州长）

从世界工业化、城市化的历史来看，城市化与工业化相伴而生，它反映了人类历史发展的客观必然性。城市化既改变了城市的发展状况，也改变了乡村社会；城市化路径既反映了一国或地区工业化特征，又决定了特定阶段的城乡依存关系及乡村发展水平。

第一节　国际经验：城乡一体化发展路径

一个国家或地区的现代化，是消除城乡二元结构，逐渐实现城乡一体化发展的过程。西方先行工业化和城市化国家，在发展初期都经历了城乡矛盾突出的二元化阶段，但是，随着工业化和城市化的进一步推进，城乡关系发生重大变化，从19世纪中叶起，城乡一体化发展成为社会经济发展的主流。在推进城乡一体化发展进程中，由于各个国家和地区特殊的政治、经济、社会和文化背景不同，以及工业化和城市化水平迥异，所选择的路径和结果则大相径庭。

一、美国城乡一体化进程

从19世纪中叶工业革命开始，美国的农村人口迅速向工业城市和矿业基地集中，加快了美国城市化步伐。到1930年前后，传统的农村在美国基本消失。1952年，美国有1万人口以上的城市2480个，城市人口的比重达到64%，1968年进一步提高到87%，直接从事农业生产活动的人口占全部经济活动人口只有3%，美国实现了真正意义上的城市化。

美国是世界上城乡一体化发展最成功的国家。主要表现在：①城乡收入无差距。根据美国农业部的抽样调查数据，从 1997 年至 2007 年的 10 年间，其中 6 年城市居民家庭平均年净收入略高于农村居民家庭，有 4 年则是农村居民家庭净收入略高于城市居民家庭，收入差别都在 10% 以下。2012 年 10 月，美国人口普查局发布的全美城乡居民生存状况调查数据显示：2011 年度，美国中等家庭的年收入为 50502 美元，但是，包括芝加哥、费城、旧金山等 17 个主要大城市中等居民家庭的年收入都低于这条平均线，而所随机抽取调查的 50 个人口在一万人以下的小城市，也就是城市郊区和农村区域，中等家庭年收入为 53716 美元，结果是美国大城市的人均可支配收入低于小城镇和农村地区。②城乡居民社会保障无区别。从上世纪的 30 年代起，美国所有城乡年满 65 岁的居民，人人都有养老保障，养老制度主要包括三个方面。一是联邦退休金制度。职工退休年龄不分男女，都是 65 岁，只要纳税 40 个季度，就能够享受退休金待遇。养老保险的费用，由联邦政府以征收社会保障税的方式筹集，由雇主和雇员按同一税率缴纳。二是私人退休金制度。联邦政府向雇主提供税收优惠措施，鼓励雇主为雇员建立"私人年金计划"。三是养老补助制度。对于既没有缴纳社会安全税，又没有参加"私人年金计划"的老年人，也就是没有任何经济收入的 65 岁以上老年人，政府提供养老补助金，以确保这一群体的基本生活需要。③城乡居民医疗照顾无差别。在乡村建设中，联邦政府提供特别资助，鼓励基金组织在乡村建设医院，并加强对乡村各种救护设施设备的配备。对乡村 65 岁以上的老人，提供与城市完全一样的医疗照顾，全部医疗费用由政府承担。④城乡基础设施无差别。乡村人口虽然分散，但供水、供电、通讯、绿化、道路建设、垃圾与污水处理等公共设施与城市无差别，这些基础设施建设由政府承担，并对设施的维护运行，政府给予补贴。

美国的城乡一体化发展与城镇化同步，经历了上百年时间，在城镇化的不同阶段，采取了一系列推进区域协调发展、城乡一体化发展的重大战略措施。发端于 19 世纪初的西部大开发在美国历史上极具战略意义，不但在政治上奠定了美国在西方阵营的霸主地位，而且为美国快速工业化和城市化做出了重大贡献。美国的西部开发有两个集中的时期，一是

图 7 - 1　美国西部开发时期，政府鼓励向西部移民（资料来源于新浪网）

1860—1890 年，主要动力来源于当时的皮货贸易、土地投机以及奴隶主庄园的扩张，此期间内美国人在西部占据了 4.3 亿英亩土地，并在西部成立了 10 个新的州。联邦"公共土地"政策，鼓励更多的人向西部迁移，对推动西部开发发挥了重要作用。1862 年通过的《宅地法》规定，每个年满 21 岁的美国公民只须交纳 10 美元手续费即可获得无人居住的土地 160 英亩。只要定居和开垦 5 年，土地永远归其所有，并可出售；1873 年通过的《鼓励西部草原植树法》规定，只要在自己的土地上种植 40 英亩树并保持 10 年以上，就可获得 160 英亩联邦土地。1877 年颁布的《沙漠土地法》规定，愿意在干旱区域修筑灌溉沟渠的人，政府以每英亩 25 美分的价格出售 640 英亩土地，而且可以在 3 年内付清。1878 年实施的《木材石料法》规定，允许把不宜农耕的土地，可出产木材和石料的土地以每亩 2.5 美元出售，每人限购 160 英亩。二是 1930—1970 年，罗斯福新政以后，美国加大对西部的财政投入和政策支持，大力发展军工企业、新技术产业，调整西部经济结构，使美国经济重心西移，至上世纪 80 年代初，东西部之间经济趋于平衡发展。

从 20 世纪 30 年代初，美国政府根据"新政"法规，成立了"田纳西流域管理委员会"（TVA），负责组织管理田纳西河流域和密西西比河中下游地区的水利综合开发。该组织董事会由三人组成，由总统直接任命，每一成员任期 9 年，至今已发展成直属于联邦政府的最大电力生产企业，发电能力可满足 730 万居民的需要，供电区域涵盖了美国东南部 20 万平方公里的广大区域。这一区域曾经是美国最贫穷的农业区，历经水患困扰，通过联邦政府实施区域援助政策，区域开发取得了良好的经济效益和社会效益，使其在二战以后迅速崛起。20 世纪 50 至 60 年代初，美国遭受了严重的经济危机袭击，很多地区失业率高居不下，为此，1961 年 5 月政府颁布"地区再开发法"，这是美国第一次将地区失业和经济落后问题作为全法案，并确定了政府援助地区再开发的标准，即某一地区过去 3 ~ 4 年失业率超过全国平均水平 50%，或者过去 2 年内失业率超过全国平均水平 75%，或者过去 2 年内有 1 年失业率超过全国平均水平 1 倍的，即为政府援助的再开发地区。按此标准，全美国确定了上千个地区为受援地区，覆盖全国人口 1/5，失业人数的 27%。1965 年政府又颁布了"公共工程和经济开发法"（EDA），把援助重点放到公共工程投资上；颁布"阿巴拉契亚区域开发法"，对纵跨美国 13 个州的集中贫困区域予以支持，成立联邦政府和州政府合作的阿巴拉契亚区域委员会（ARC），把公路建设作为重点，集中 10 年时间完成公路交通网络建设，此后又集中支持该区域教育和卫生基础设施建设。从 1965 年至 1976 年，该区域人均国民收入翻了一番，从相当于全国平均水平的

78.2%提高到84.8%，人口外流趋势出现逆转。

进入上世纪80年代中期以后，美国区域发展差距再度呈现扩大趋势，贫困区域特别在乡村年轻劳动力外流，乡村就业下降，人们的不满情况增加，区域发展政策再度受到联邦政府的重视。克林顿政府于1993年8月颁布了"联邦受援区和受援社区法"，这是美国政府第一个系统解决欠发达地区发展问题的法案。根据该法案，政府拨款25亿美元用于税收优惠，10亿美元用于贫困地区援助。联邦政府成立援助计划执行董事机构，具体由美国住房和城市发展署以及农业部地区管理署承担，各州政府也积极参与此项工作。1994年6月，全国有约500多个地区和社区提出受援申请，住房和城市发展署批准了6个城市受援地区和65个城市受援社区；农业部批准了3个农村受援地区和30个农村受援社区。

20世纪初期美国已基本实现了城市化，随之而来的是郊区化的萌芽和发展，郊区化进程在二战结束之后进入爆发式发展阶段。美国城市郊区化是一个中产阶级形成与崛起以及见证"美国梦"的过程，这一过程既是社会的技术经济发展的结果，又是联邦城市政策的产物，同时也与美国的社会特征有密切的关系。20世纪70年代以来，随着美国郊区化水平的进一步提高，白人中产阶级核心家庭构成郊区人口的主体。郊区化推进了城乡一体化，使美国进入了城乡经济社会融合发展的阶段。

美国以交通为主的基础设施建设，也极大地促进了城乡一体化进程。特别是交通建设在每一个时期，都是区域开发的重点，在1880—1920年的加速城镇化阶段，城郊有轨电车和高架铁路加速发展，连接全国各个城镇的铁路网也在这个时期普遍建立起来。在1920—1950年的城镇郊区化阶段，随着美国大规模援助公路建设政策的推行，遍布全国的公路网尤其是高速公路网迅速建立起来，加之小汽车的大量普及，城镇发展逐步由聚集转向辐射，步入了城市郊区化发展时代。1950年至今，随着现代交通、通信技术的进一步发展，城镇发展由郊区化进一步分散化，导致城镇和乡村逐步融合发展。在推进区域一体化和城乡一体化发展中，以人口为中心的要素自由流动发挥了重要作用。美国没有户籍制度，每个合法居民有一个社会安全号码，跟随本人终身。任何一个人都可以根据自己的愿望，自由选择在城市或者乡村生活。只要有合法身份，居住在哪里，就享受哪里的福利，当然同时也要在哪里尽到自己的义务。正是这种城乡居民双向自由迁徙制度既保证了公民个人自由选择定居地的基本权利，也促进了美国产业的适应性发展，同时，对人口在全国城乡和区域的自然合理布局，发挥了重要作用。1970年以后，逆城市化使美国人口开始以较快的速度从城市向农村倒流，至1990年，全国的城市化水平降低到76%。仅纽约、芝加哥、费城和底特律4个城市，从1971年到1990年就有276万人口迁移到农村地区。

二、欧洲城乡一体化的主要做法

（1）英国模式。英国是全世界最早走工业化道路的国家，也是区域发展极不平衡的国家。英格兰东南部是经济集中区域，而英格兰北部及西部、苏格兰、威尔士以及北爱尔兰都属于经济发展缓慢的地区，为解决区域发展不平衡问题，英国政府进行了国家干预。同时，在城市化早期，由于城市迅速扩张而乡村逐渐衰落，乡村经济不断萎缩，城乡居民收入差距不断扩大，形成了城市与乡村的对立。在长达3个世纪的"圈地运动"以后，至工业化后期，为了限制农村人口向城市的无限扩张，以缓解城市面临的人口和环境压力，英国政府又颁布了《济贫法》《定居法》等一系列法律，限制农民自由迁徙，使英国出现了城乡失衡的发展局面。1928年为解决区域发展不平衡问题，英国政府成立"工业迁移委员会"，帮助困难地区劳动力就业。1934年，英国颁布了《特别区域法》，将苏格兰中部、东北沿海、西卡伯兰和威尔士南部划为特别区，政府支持这些地区的基础设施建设，并以投资补贴形式鼓励企业迁往这些地区。1940年英国工业人口地理分布皇家委员会发表《巴劳报告》，提出英国区域政策实施"胡萝卜+大棒"政策，即采取刺激与控制相结合策略，许多建议被采纳后影响至今。

战后，英国政府加强对贫困区域的支持力度。1945年颁布《工业布局法》，将特别区改为发展区，并扩大发展区范围。政府采取企业贷款、提供投资补贴，以及对企业提供服务等多种政策工具，吸引企业迁移到发展区。1960年，政府颁布《地方就业法》取代《工业布局法》，将发展区改为165个小发展区，按失业率4.5%为线进行动态管理，对失业率降到4%以下的则不再享受受援待遇。进入20世纪70年代，英国成立全国性的工业发展执行委员会和6个地区性工业发展局，负责对受援助区域项目进行评估、协商和监督。把原来进入受援支持的企业，从制造业扩展到服务业，对于迁入受援区的企业按就业人数给予补贴。70年代中期以后，由于英政府财政困难，逐渐取消区域援助政策，以至于受援区就业人口比例从1979年47%下降到28%。至20世纪80年代，英国进一步调整区域援助政策，鼓励老工业区新办企业，实行选择性援助政策。至90年代初，区域政策调整为鼓励落后地区自力更生，重点刺激当地企业快速发展，使区域增长的动力由外部投资转向内生发展。

图7-2　英国乡村风情（资料来源于住在杭州网 http：//zzhzbbs.zjol.com.cn）

作为第一个工业国家，英国也是世界上城乡统筹理论与实践探索最深的国家，"田园城市"、"卫星城"等概念来自于英国城乡统筹的理论或实践探索。英国也是世界上第一个制定城乡规划法和建立城乡社会保障体系的国家。第二次世界大战以后，英国在促进区域协调发展和城乡一体化发展上，主要做法有以下方面：①实施逆城市化，将政府部门或下属机构向小城镇转移，公共事业单位、企业也紧随其后。由此，小城镇基础设施条件得到改善，与大城市的差距缩小，城乡一体化进程得到加快发展。②推行农业规模化经营，鼓励兴办乡村企业。根据英国环境、食品和农村事务部（DEFRA）2014年2月的统计，在英国农村地区，每万人企业数达520家，小企业（Business）数量比城市地区还多，年营业总额超过3000亿英镑，中小企业大部分集中在农村地区。同时，农业规模经营也得到较快发展，1935年英国有680万个家庭农场，到20世纪80年代末减至200万个左右。③支持乡村基础设施建设。重视农村的道路、排灌、水电等基础设施及教育、文化、卫生等社会公共事业建设，逐步实现了乡村生活方式的城市化。在全国范围内建立了职业教育网络，根据地方产业特色，实行多元化的农民职业技术教育。在乡村建立生态服务系统（Ecosystem Services），在政策制定、资金支持、灾害预防、资源利用等方面为农村生态系统保护提供保障，以充分挖掘农村生态环境的经济价值。④建立城乡一体化社会保障体系。从1927年开始，逐步建立起城乡居民的失业保险制度。英国社会保障制度实行城乡统一立法，统一管理，以国家《社会保障法》为基础，社会保障项目由国家设立确定。在国家统一立法下，由中央政府所属的社会保障部负责集中统一管理。不同地域、民族、职业、城乡等之间的社会保障待遇无实质差别，达到"国民皆保障"水平。⑤城乡统筹规划和立法。1947 年英国颁布了《1947 年英国城镇和乡村规划法》，确立了城乡规划的法律规范。1990 年，颁布新的《城市规划法》，新法以城乡统筹为核心，强调城市和乡村的协调发展，完善了国家、区域、结构和地方规划体系。20 世纪以来，为了解决城市化快速发展带来的生态环境、社会管理以及经济结构转变等问题，英国政府通过创建新城（new town）转移 200 多万人口，通过产业转移、旧城改造、发展乡村基础设施等措施，将乡村作为城乡规划的重要支点。新城建设体现的是城市和乡村的在生产方式和生活方式上的完美结合，是城乡统筹规划的典范①。

（2）法国模式。法国是西欧面积最大的国家，是欧盟最大的农业生产国，也是世界主要农副产品出口国，其农业产值占国内生产总值的 3%～5%，用工人数约占总劳动力人数的 2.2%，农业和林业用地占国土面积的 87%，农业用地的 96% 为家庭所有。法国是农业生产水平很高的国家，甜菜产

图 7 - 3 法国 60% 的农场经营蔬菜、11% 的农场经营花卉、8% 的农场经营蔬菜、5% 的农场经营养殖业和水果，其余为多种经营。75% 的家庭农场劳动力由家庭承担。（资料来源于新浪网 http://blog. sina. com. cn）

量居世界首位，葡萄酒产量居世界第 2 位，牛奶产量居世界第 3 位，肉类产量居世界第 4 位，小麦、玉米产量居世界第 5 位，蔬菜、水果和马铃薯产量居欧盟前列。法国城市化自 1830 年起，从 10% 提升到 50% 用了 101 年。1993 年，法国人均国民生产总值达到 22490 美元，其中第一产业占 3%，第二产业占 29%，第三产业占 68%，第三产业份额占据主导地位。第二次世界大战前，法国基本上已经完成了工业化和城市化进程，为了缩小城乡差距，法国政府限制大城市扩张，大力发展中小城市，利用工业反哺，加大农业补贴力度，从而大大加快

---

① 王勇辉管一凡：《英国城乡统筹政策对我国城乡一体化战略的启示》，《城市观察》2014 年第 5 期。

了农业发展。1945 至 1980 年，仅 30 多年时间，法国就在实现工业化、城市化的同时也实现了农业现代化和城乡一体化。

大革命时期，法国政府将土地分成小块，卖给农民。土地成为私有，农民种地积极性非常高涨，粮食产量连年增长。但好景不长，由于土地分散，不能发挥农机的作用，新科技也施展不开，再加上农村人口多，农业生产徘徊不前。农民为了解决温饱问题，过着日出而作、日落而息的小农经济生活，这段时期长达一个半世纪。20 世纪 50 年代中期，法国政府出台了一系列措施，推动土地集中，实现规模经营。为了转移农村剩余劳动力，政府实行了"减"的办法：年龄 55 岁以上的农民，国家负责供养，一次性发放"终身补贴"；鼓励年轻人离开农村，到企业做工；青壮年劳力，由政府出钱培训之后再务农。与减少农业人口的做法相反，对农地经营规模，政府采用的是"加"法：规定农场主的合法继承人只有一个，防止土地进一步分散；推出税收优惠政策，鼓励父子农场、兄弟农场以土地入股，开展联合经营。各级政府还组建了土地整治公司，这是一种非营利组织，它们拥有土地优先购买权，将买进的插花地、低产地块集中连片，整治成标准农场，然后再低价保本出售。另外，国家还给大农场提供低息贷款，对农民自发的土地合并减免税费，促使农场规模扩大。1955 年，法国 10 公顷以下的农场 127 万个；20 年后，10 公顷以下的农场减少到 53 万个，50 公顷以上的大农场增加了 4 万多个。农业劳动力占总人口的比例，20 世纪 50 年代初近 40%，现在只有 2.2%①。

从二战时起，法国农业开始推进机械化，农民购买农业机械，既可以享受到政府的价格补贴，还可享受到由国家担保的 5 年期低息贷款，其金额占自筹资金的一半以上；农业机械燃料全部免税，农业用电也远比工业便宜。为保证农机质量和方便使用，法国政府颁发"特许权证"，指定专门企业，在各地建立销售、服务网点。法国用 15 年的时间，实现了农业机械化。在实现机械化后，法国农业走上了专业化生产道路。全国分成了 22 个大农业区，其下再细分为 470 个小区，形成专业化的商品产区：巴黎盆地，土地肥沃，适宜种植小麦，该地区的小麦产量占全国产量的 1/3；西部山区，草场资源丰富，重点发展畜禽牧业，该地区提供全国猪肉产量的 40%、牛肉的 32%、畜肉的 30% 及蛋类的 20%；北部地区，气温低，大规模种植了马铃薯和甜菜，其马铃薯占全国产量的 50%；地中海地区，则发挥其传统优势，扩大葡萄种植，专业化经营，使农

---

① 顾修林：《借鉴法国农村城市化进程经验推动中国城乡一体化》，《全球科技经济瞭望》2013 年第 1 期。

业生产分工越来越细，效率越来越高，收益也越来越高①。在专业化和机械化基础上，围绕食品安全、农业产前、产中、产后服务大力发展合作社，到20世纪60年代末，法国建立了3100个农业信贷合作社，7200个供应和销售合作社，14000个服务合作社。

图7-4　德国小城镇巴特洪堡（资料来源于新浪网 http：//blog. sina. com. cn）

（3）德国模式。德国是世界上城镇化率较高，城乡发展较快的国家。德国在发展中十分注重大中城市与小城镇协调发展，形成了城乡统筹、分布合理、均衡发展的模式。德国城市分布均匀，11个大都市圈遍布全国，与中小城市相互联通形成有机整体。2004年，德国有82个10万人口以上的城市居住了2530万人口，占德国总人口30%，其余人口则生活在2000～10000人口规模的中小城镇。德国中小城市的交通、通信、电力、供水等基础设施十分完善，发达的交通网络四通八达，医院、学校、购物等所有服务设施一应俱全，与大城市相比毫不逊色，且乡村和小城镇环境优美，更适宜人居。德国法制比较健全，宪法赋予给每个公民在选举、迁徙、就业、社会保障等方面的权益相同，无区域差别和城乡差别。城乡社会保障十分完善，并无城乡和个人身份差别。

德国在城乡一体化发展中值得总结的经验有几个方面：①德国坚持以均衡持续发展观为指导，并采取相应政策措施。德国在城乡建设和区域规划方面始

---

① 顾修林：《借鉴法国农村城市化进程经验推动中国城乡一体化》，《全球科技经济瞭望》2013年第1期。

终坚持两点：在所有地区形成平等的生活环境、各地区差异小和坚持可持续的发展观点。②城乡规划管理体制为城市的发展提供了自由发挥的余地。德国的城乡管理体制由上而下分为四级机构层次，联邦规划局的主要工作任务就是制定政策，联邦政府发布区域规划报告，指导整个国家的城乡建设，联邦以下则具体执行规划，各个市在土地使用规划的指导下，编制城市的建筑规划。③德国健全的社会保障体系降低了城乡人口流动的障碍，德国在宪法上规定了人的基本权利，享有选举、工作、就业、社会保障的平等权利。在德国没有城乡差别，也没有市民与农民的差别，农民享有市民享有的一切权利。农民只要进城工作，正常纳税，按规定进入社会保障，他们将与市民享有同等待遇。④德国便利的交通网络对城乡均衡发展起到很大的作用。德国目前仍然还有许多有轨电车，它有运量大、无污染、安全、速度快而且准时的特点，方便的交通将德国的市镇连接起来，人们的活动半径很大，人们可以在城市工作而在小镇居住，因为在交通如此便捷的德国，人们选择居住地点首先考虑的是环境。⑤德国相当注重市民的广泛参与。因为市民对当地的地理条件很了解，可以给政府提供一些城市规划建议。市民的广泛参与，减少了城市建设过程中的阻碍①。

三、亚洲、拉美国家城乡一体化发展状况

与欧美国家相比，亚洲、非洲及拉美国家的城市化和城乡一体化发展则更为曲折。除少数国家外，很多国家皆难以跨越"中等收入陷阱"。许多学者认为：发展中国家在城市化中受到工业化的约束，难以实现城市化和现代化的蝶恋。在工业化进程中，国际化分工使发展中国家处于产业分工下游，大多承担了工业化劳动密集型、效率低下的加工制造业等环节的生产，由此带来的低收入、高投入，以及发展中对环境造成的负外部性，使大多数发展中国家难以支付城市化的高成本。当然，这一过程也与国家的历史、政治、经济、社会等多方面的背景有关，城乡发展中的政策失误也是重要原因之一。

（1）日本城乡一体化发展经验。1868年明治维新时起，日本即开始近现代化征程，工业化与城市化同步，经济迅速发展。在战争时期，日本的城市化所放缓，二战结束后，重新加快工业化和城市化进程，出口导向型经济取得了空前成功，使日本迅速摆脱战争阴影，经济、社会快速发展。1950—1975年是日本城市化的高速增长期，其间城市人口由2915万增加到6337万，城市化水平由34.9%增加到56.8%，基本进入城市社会。1920年，日本仅有83个城市，至

① 余燕 袁培：《国内外城乡一体化发展模式探索》，http://www.zhazhi.com。

1950 年增加到 254 个，1975 年增加到 644 个。1950—1975 年平均每年增加 15 个城市，至 2005 年日本的城市化水平为 65.7%，城市人口为 8400 万人。

在日本城市化高速增长过程中，日本政府一方面鼓励劳动力向大城市集中，另一方面采用合并村镇，建立新城的方法，促进农村人口就地城市化。日本政府为此在 1955 年出台了《町村合并促进法》，促使日本在 1950—1975 年间共减少 7720 个村庄，平均每年减少 309 个村。到 2000 年日本村的数量甚至比城市还少。1950 年以来，日本町（镇）的数目保持在 2000 个左右。町（镇）村的平均人口规模则不断增加，从 1950 年的 5148 人增长到 2000 年的 10579 人，规模扩大了整整一倍①。在工业化过程中，大量农村人口进入太平洋沿岸城市带，加快了城市化进程，在工业化和城市化取得成效基础上，加强反哺农业和农村的措施，使城乡发展保持了同步。至 1972 年，日本城乡居民收入水平基本持平，1998 年，农村就业人口的比重下降到占总人口的 5.2%。

图 7-5　日本乡村风景（资源来源于新浪网 http://blog.sina.com.cn）

在推进城乡统筹发展上，日本采取了一系列比较务实的措施：①保护进城农民利益。战后经济高速发展时期，日本大量农民离开土地进城工作，日本政

---

①　黄璜：《日本推进城乡一体化的经验》，http://www.ce.cn。

府一方面为新进城务工的农民提供与城市居民相同的社会保障和市民身份；另一方面严格要求企业保障劳动者就业，采用"终身雇用制"等方式确保农民在进城后不会因失业而陷入困境。②重视城市布局，避免城市出现"贫民窟"。在城市人口急剧增长时期，依托轨道交通建设配套齐全的居民区，带动周边发展，东京周边的"首都圈"和大阪神户周边的"阪神圈"等发达经济圈应运而生。③建立全国统一的社会保障体系。在日本，居民的养老、失业和医疗保险全国统一，不以地区或身份不同有所区别，居民迁移不受户籍限制。④落实系列支持农村和保护农业的措施。支持农村道路、水利、通讯、电力等基础设施建设，整治农村环境。推行职业训练制度，建立职业训练机构，鼓励社团和企业开展对农村的职业培训。提高农产品价格，给予农业补贴。大力发展中小城市，对落后地区进行综合开发。组建农协，为农业提供服务，几乎每个市町村都设有农业协会，农协把大部分农户组织起来，目的在于提高农业生产力和农民在社会上的经济地位，同时促进国民经济的发展。推进农地规模经营，1961年制定了《农业基本法》，该法以扩大农业规模为首要政策目标。1962年和1970年先后两次修改《农地法》，废除土地保有面积的上限，撤销对地租的限制。1975年政府制定了《关于农业振兴区域条件整备问题的法律》，允许农民经过集体协商，根据双方达成的协议条件，自由签订或解除10年以内的短期土地租借合同。制度改革促进了以土地买卖和土地租借为主要形式的土地流动，为土地规模经营提供了前提①。

（2）韩国"新村运动"。20世纪60年代，韩国工业化进展快，曾创造了"汉城奇迹"。但在工业化过程中，由于忽视农村问题，使城乡差距扩大，曾一度使城乡居民的收入差距达到3∶1的畸形状态。进入20世纪70年代，为处理好城乡发展中的矛盾，缩小城乡差距，韩国开展"新村运动"，经过几十年努力基本实现了城乡协调发展，至2004年，城乡收入差距缩小到1∶0.84。韩国新村运

图7-6　韩国"新村运动"中建设的农舍（资料来源于http：//www. cmzz 1980. com）

---

① 黄璜：《日本推进城乡一体化的经验》，http：//www. ce. cn。

动大致经历了三个阶段。第一阶段：新村动动初始阶段，主要为 20 世纪 70 年代，政府主导加快农村基础设施建设，改善农民居住条件；第二阶段：新村运动转型发展期，主要时段为 1981—1988 年，建立完善的全国性新村运动民间组织，把新村运动转变为民间主导并达到高潮；第三阶段：第二次新村运动阶段，1988 年后开展以"生活改革运动"和"构建新的地区共同体"为核心的第二次新村运动。在新村建设过程中，韩国的工农结构发生了质的变化，从 1970 年至 1997 年，农业人口减少 990 万人，但农业总产值却增加了 2767 万美元。1998 年，农户平均收入实现 19897.1 美元，至 2001 年，农业人口比重下降到 7.7%。

韩国新村运动的主要经验有：①政府引导激励，村民主体意识强。村民是乡村建设的主体，建好乡村是为了村民更好地生活，怎样建设乡村应由村民说了算。韩国的乡村运动在村的具体项目建设上，由村庄决定，政府不强制推进。政府以实物形式对村庄建设进行补贴支持，大多以水泥、钢材等建筑材料兑现。②注重乡村文化建设。韩国新村运动着力于提高村民文化素养，启发村民勤奋、互助、协同以及奉献精神，加强对村民的培训教育，建设各类文化设施，举办各类文化活动。③建立严格的管理制度。划分中央、道（省）、郡（县）、面（乡镇）各级的政府职责，确保政策落实到位。由政府公务员在村里调查研究，收集整理有关数据；郡级负责监督有关政策落实情况，及时发现建设中的有关问题；汲及中央的职责在于掌握基层情况，及时调整和制定有关政策，加以推进和矫正①。

（3）拉美"中等收入陷阱"。当一个国家发展到中等收入阶段（人均国内生产总值 3000 美元），国内矛盾将进入集中发生期，收入差距、环境问题甚而社会动荡将阻碍国家经济继续增长，从而国家长期处于增长徘徊和社会不稳定状态，这一道坎就是所谓的"中等收入陷阱"。从二战结束以后，许多国家都陷入了"中等收入陷阱"的魔怔，难于实现向富裕国家俱乐部的跨越。一百多个国家和地区中，真正实现了跨越"中等收入陷阱"的除了部分石汕输出国外，仅日本和被称为"亚洲四小龙"的几个国家和地区。在研究中收入问题的大多数学者中，都把拉美国家作为典型案例。

二战以后，拉美国家经济曾经一度以较快速度增长，阿根廷、智利、墨西哥、巴西、哥伦比亚等国均达到中等收入水平，有的国家甚至高于当时欧洲国家水平。1950 年至 1980 年是拉美经济发展的"黄金期"，整个地区经济年均增长 5.3%，其中巴西在 1968 年至 1973 年期间，经济更是取得了 10% 以上的增

---

① 新玉言：《国外城镇化比较研究与经验启示》，国家行政学院出版社，2013 年 2 月第 1 版。

长。但是，随着 20 世纪 70 年代的能源危机引发的全球萧条，拉美国家长期坚持的"出口替代战略"出现严重问题，政府债台高筑，投资萎缩，经济下滑。从 1980 年至 1990 年间，拉美地区经济增长率仅 1.2%。1979—1995 年，法国、英国、日本、新加坡等经济体，先后跨越中等收入，进入高收入国家行业，但拉美国家仍停步于"中等收入陷井"难以跨越，许多拉美国家停滞发展持续 40 年以上，其中阿根廷已达 50 年以上。

许多经济、社会学者分析拉美陷入中等收入陷井的原因，大都仁者见仁、智者见智。大多数人认为，拉美问题既是经济问题，更是社会问题，其结果既与参与国际分工、国际政治背景，特别是国际萧条影响下的大环境有关，更与国内政治、社会和经济背景有关，在应对工业化、城市化诸多问题，面临重大战略选择时，政府宏观失策和微观管理失效也是重要的因素。笔者总结多种观点，对拉美难于跨越"陷井"从三个方面进行剖析：①过度城市化带来城市贫穷化。20 世纪中叶以后，拉美地区城市化发展很快，从 1950 年至 1980 年，巴西的城市化水平从 36.2% 上升到 67.6%，墨西哥的城市化水平从 42.6% 上升到 66.3%，此时的城市化水平，主要的拉美国家已与欧洲发达国家水平相当。至 2000 年，拉美地区城市人口占总人口的比重上升到 78%，其中乌拉圭达到 93.7%，阿根廷达到 89.6%，巴西为 80%。但与此同时，拉美国家工业化并未跟上城市化进程，亦即城市工业乃至整个经济增长速度远没有城市化进程这么快，以至于大批乡村人口进入城市找不到工作，从而形成城市化的过程仅仅将乡村剩余劳动力转移

图 7-7 墨西哥贫民窟与一墙之隔的富人区

(图片来源于 www.baidu.com)

到城市成为城市剩余劳动力，造成大批进城人口无工可做、无钱可赚、无处可居，城市出现大量贫民窟。墨西哥贫民窟人口约 1470 万人，约占城市总人口 20%；②社会不公，矛盾突显。到 20 世纪 90 年代末，由于收入分配不公。巴西的基尼系数达到 0.64，乌拉圭和哥斯达黎加低于 0.48，但仍高于国际公认的警戒线。2003 年，占拉美人口 30% 的穷人仅获得国民收入的 7.5%，占人口 10% 的富人却拥有国民收入的 60%，基尼系数达到 0.6。由于社会不公，贫民游离于社会管理之外，严重影响社会安定。在里约，数百个盘踞山头的贫民窟成为

滋生犯罪的温床，造成严重的社会问题；③民粹主义盛行，政局不稳。极端的分配不公状况在民主制度框架内演绎为民粹主义与权贵主义激烈博弈，造成政治动荡不安。利益集团之间始终存在"变革与反变革"的斗争，各派政治势力轮流登场，政局不稳又对经济、社会秩序带来剧烈影响，加剧不稳定状态。

第二节　中国道路：新农村建设实践探索

建立良性互动的城乡关系，是确保中国未来持续健康发展的重大课题之一。由于历史、文化以及社会制度等方面的原因，中国的城市化既具有与其他国家和地区在发展中的共性特征，也有自身国情所决定的特殊性一面，把遵循普遍规律与中国国情结合起来谋划未来，这就是我们所谓的"中国道路"。中国改革开放30多年来，大批农村人口向城市流动，改变了城乡既有的经济和社会结构。农民进城务工是农民进城的原始冲动，虽然在城市中大量农民工从事着不固定的、待遇较低的体力劳动，工作和生活环境很差，但事实上并没有出现如拉美一样的城市"贫民窟"现象，究其根源，中国进城农民工"进城不失地"，传统农业为走出去的农民提供了"避风港"，当进城农民找不到工作、难以维持生计的情况下，他可以回到乡下，继续从事农业，延续乡村生活。在四川、重庆、贵州等劳务输出集中的乡村，很多农民工外出是季节性的，即"离土不离乡"式的迁移，虽然农忙季节回到乡里，但很少出现农民已经外出，再相对固定地回乡务农的现象，除非家庭有特殊的原因。真正回到农村的是那些年龄较大、基本丧失劳动能力的，在城里务工力不从心或难以找到合适工作的人，而这部分人正是上世纪九十年代初外出的农民工，没有在城市里立足的部分人。而出生于八十年代以后的年轻人，即使本人或父母在城里没有真正驻扎下来，但他们仍然不愿意、也不会回到乡下从事农业生产。

当前，在推进城市化方式上存在"激进"和"非激进"两种模式的博弈，地方政府大多采取各种激进措施鼓励农民进城，各地进行了很多有益的探索；而部分学者则赞同采取非激进方式，平稳推进农民进城实现城市化，如贺雪峰所著《城市化的中国道路》中，提出稳健的中国城市化路径。笔者认为：虽然农业和农村对城市化提供了一道保险，在城市遇到困难的时候让农民再回农村，但这一过程却损害了农民的利益。因为农民再回农村绝不是受小块土地的利益驱使，而是被城市遗弃后的无奈之举，中国的城市化也绝不能以此作为政策依据，让农民回到原点，承受城市化失败的痛苦和成本。科学而理性的城市化进程应以人口自由迁徙为前提，不以城市化率为目标，其重点在于消除城乡差距，构建健康的城乡关系为中心，实现城乡之间、工农之间协调发展。城市化水平应与经济、社会发展水平相适应，既不能采取激进措施强迫农民进城，又不能对农民进城设置条件，损害进城农民的权益。务实地推进城市化进程，构建和谐的城乡关系，城市和乡村两个方面需要协同推进：一是加快城市发展，让城市提供更多的就业机会，使进城农民有收入保障和权益保障；二是加快乡村发展，缩小城乡差距，使自愿回乡的人乐得其所。

重视乡村建设与发展，是每一个国家或地区城市化发展的必然趋势，是城市化发展到成熟期的阶段性特征，中国自 20 世纪 70 年代末开始，改革开放的着力点首先放在了农村，在短短的几年时间里，使农村摆脱了极度贫困，实现了总体温饱有余。但是，随着工业化和城市化的深入推进，城乡差距被放大，城乡矛盾日益突显，以至于新的时代背景下，妥善地处理好新形势下的城乡关系成为影响全局的重要任务。2005 年 10 月，中共十六届五中全会提出建设社会主义新农村极具深远的现实意义。

一、新农村建设概貌

十六届五中全会提出新农村建设二十字方针"生产发展、生活宽裕、村容整洁、乡风文明、管理民主"，涉及乡村建设的各个方面，包括了经济、社会、文化、生态等内容。在十一五开局之时，中共中央、国务院公开发表了《关于推进社会主义新农村建设的若干意见》，是指导社会主义新农村建设的纲领性文件，明确提出了推进社会主义新农村建设的总体要求和重大方针政策。提出了当前和今后一个时期的重点：①要进一步解放和发展农村生产力，针对制约农业和农村经济发展的突出问题，抓住关键环节，采取综合措施，加强农村基础设施建设，加快农业科技进步，转变农业增长方式，增强粮食综合生产能力，推进现代农业建设；②要坚持把促进农民增收作为农业和农村工作的中心任务，挖掘农业内部增收潜力，广辟农村富余劳动力转移就业途径，形成农民增收的长效机制；③要扩大农村基层民主，搞好村民自治，健全村务公开制度，开展普法教育，确保广大农民群众依法行使当家做主的权利；④要加强社会主义精神文明建设，加快发展农村教育、科技和文化、卫生事业，倡导健康文明的新风尚，培育造就新型农民；⑤要加强农村社会管理和公共服务，坚持以解决好农民群众最关心、最直接、最现实的利益问题为着力点，改善农民的生产、生活条件，发展农村卫生事业，关心困难群众生活，促进农村和谐社会建设；⑥要坚持社会主义市场经济的改革方向，稳定和完善农村基本经营体制，统筹推进农村各项改革，充分尊重广大农民群众的首创精神，全面增强农业和农村发展的活力；⑦要充分发挥各方面的积极性，依靠农民辛勤劳动、国家扶持和社会力量的广泛参与，不断改善农村的整体面貌；⑧要充分发挥农村基层党组织的领导核心作用，为建设社会主义新农村提供坚强的政治和组织保障。

自 2005 年以来，国家增加"三农"的投入，效果明显。中央财政对包括粮食直补、农资综合补贴、良种补贴、农机具购置补贴在内的四项重大补贴项目资金从 2002 年的 1 亿元增加到 2006 年的 300 亿元，至 2012 年，四项补贴总额达到 1653 亿元。2005 年，中央财政对"三农"投入达到 2975 亿元，至 2013 年达到 13799 亿元。农业、农村以较快的速度发展，农村面貌焕然一新。一是农业综合生产能力得到提升。农业保持连续增产，2014 年全国粮食总产达到12142 亿斤，连续 4 年超过 11000 亿斤，棉油糖、肉蛋奶、果菜茶、水产品等主要农产品市场供应充足。农业设施装备水平稳步提升，2013 年底全国农田有效灌溉面积达 9.52 亿亩，比 2005 年增加 1.27 亿亩；农机总动力超过 10 亿千瓦，比 2005 年增加 3.5 亿千瓦。2013 年全国农作物耕种收综合机械化水平达到59.5%，农业科技进步贡献率达到 55.2%；二是农民收入持续增长。2013 年，全国农民人均纯收入达到 8896 元，城乡居民收入比由 2009 年的 3.33∶1 缩小到2013 年的 3.03∶1，农村居民家庭恩格尔系数从 2005 年的 45.5% 下降到 2013 年的 37.7%；三是农村基础设施建设不断加强。自"十一五"以来，农村交通条件明显改善，全国农村公路总里程达 378 万公里，乡镇基本实现通公路和沥青（水泥）路，99.7% 的建制村通公路，89% 的建制村通沥青（水泥）路。全国农村集中供水人口受益比例达到 78%。农村电力基础设施持续改善，实施新一轮农村电网改造升级工程，27 个省份实现了城乡用电同网同价。改造农村（含国有农林场）危房近 1300 万户，上千万农牧户已逐步告别危房、土坯房、毡房，住上了结构牢靠的安全房。农村环境逐步改善，大力开展农村环境综合整治，治理村庄 4.6 万个，惠及农村居民 8700 万人。开展农村生态乡镇、生态村、美丽乡村创建，加强传统村落、农业文化遗产保护，发展休闲观光农业，4500 多个乡镇、9 万多个村庄受益。农村信息化基础设施不断改善，实现村村通电话、乡乡能上网、广播电视基本全覆盖。农村市场流通体系加快发展，深入实施"万村千乡市场工程"，建成日用品、农资经营连锁农家店 73 万个，覆盖了100% 的县域、97% 的乡镇和 82% 的行政村。

二、新农村建设范例

从 20 世纪末以来，在推进城乡统筹发展战略中，新农村建设得到了各级政府的高度重视，从各省、市、自治区，到各县市，甚至乡镇、村社，围绕社会主义新农村建设，在实践中探索经验，各地出现了一大批新农村建设的典型，为全国乡村建设发挥了示范作用。在诉诸报端和众多宣传材料的典型案例中，样板村从发展产业、村庄建设、环境整治、社区治理等各个角度彰显自身优势和特点，对面上新农村建设工作具有一定的借鉴意义。但是，纵观全国各地推进新农村建设工作的具体做法，由于各地区具体情况不同，新乡村建设的愿景不一样，各地的具体做法也不相同，其中，立足各地实际，发挥各地自身优势至关重要。2014 年 2 月 24 日，在贵州黔西南召开的第二届"中国美丽乡村·万峰林峰会——美丽乡村建设国际研讨会"上，国家农业部正式对外发布了中国美丽乡村建设十大模式，似乎这是最为权威的官方认可的成功案例。

　　农业部总结归纳的十种模式包括：①产业发展型模式。以江苏省张家港市南丰镇永联村为代表。主要在东部沿海等经济相对发达地区，其特点是产业优势和特色明显，农民专业合作社、龙头企业发展基础好，产业化水平高，初步形成"一村一品"、"一乡一业"，实现了农业生产聚集、农业规模经营，农业产业链条不断延伸，产业带动效果明显。②生态保护型模式。以浙江省安吉县山川乡高家堂村为代表。主要是在生态优美、环境污染少的地区，其特点是自然条件优越，水资源和森林资源丰富，具有传统的田园风光和乡村特色，生态环境优势明显，把生态环境优势变为经济优势的潜力大，适宜发展生态旅游。③城郊集约型模式。以上海市松江区泖港镇为代表。主要是在大中城市郊区，其特点是经济条件较好，公共设施和基础设施较为完善，交通便捷，农业集约化、规模化经营水平高，土地产出率高，农民收入水平相对较高，是大中城市重要的"菜篮子"基地。④社会综治型模式。以吉林省松原市扶余市弓棚子镇广发村为代表。主要在人数较多，规模较大，居住较集中的村镇，其特点是区位条件好，经济基础强，带动作用大，基础设施相对完善。⑤文化传承型模式。以河南省洛阳市孟津县平乐镇平乐村为代表。在具有特殊人文景观，包括古村落、古建筑、古民居以及传统文化的地区，其特点是乡村文化资源丰富，具有优秀民俗文化以及非物质文化，文化展示和传承的潜力大。⑥渔业开发型模式。以广东省广州市南沙区横沥镇冯马三村为代表。主要在沿海和水网地区的传统渔区，其特点是产业以渔业为主，通过发展渔业促进就业，增加渔民收入，繁荣农村经济，渔业在农业产业中占主导地位。⑦草原牧场型模式。以内蒙古锡林郭勒盟西乌珠穆沁旗浩勒图高勒镇脑干哈达嘎查为代表。主要在我国牧区半牧区县（旗、市），占全国国土面积的 40% 以上。其特点是草原畜牧业是牧区经济发展的基础产业，是牧民收入的主要来源。⑧环境整治型模式。以广西壮族自治区恭城瑶族自治县莲花镇红岩村为代表。主要在农村脏乱差问题突出的地区，其特点是农村环境基础设施建设滞后，环境污染问题，当地农民群众对环境整治的呼声高、反应强烈。⑨休闲旅游型模式。以江西省婺源县江湾镇为代表。主要是在适宜发展乡村旅游的地区，其特点是旅游资源丰富，住宿、餐饮、休闲娱乐设施完善齐备，交通便捷，距离城市较近，适合休闲度假，发展乡村旅游潜力大。⑩高效农业型模式。以福建省漳州市平和县三坪村为代表。主要在我国的农业主产区，其特点是以发展农业作物生产为主，农田水利等农业基础设施相对完善，农产品商品化率和农业机械化水平高，人均耕地资源丰富，农作物秸秆产量大。

中国农村开启了改革开放先河，许多"名村"备受瞩目，他们所走过的道路从未离开过人们的视野。诸如安徽省凤阳县小岗村、江苏省江阴市华西村等，至今仍是剖析中国乡村发展的鲜活样本。被誉为中国"改革第一村"的小岗村，曾因改革开放初期的分田下户"大包干"，拉开了中国农村改革的序幕，小岗村也因为"第一个敢吃螃蟹"的村闻名遐迩。时隔 30 年后，小岗村并没有变成富

图 7－8　小岗村 18 户居民在 30 年前率先"包产到户"，拉开了中国农村改革的序幕（资料来源于中国新闻网）

裕村，在收获"改革第一村"所带来的荣誉和实惠的同时，小岗村也收获了来身于各方面的质疑和问号。在涉及小岗村较多的信息中，几十年来小岗村所走过的路，终结在几个基于事实的话题方面：①各级政府包括外地的一些企业很重视和支持小岗村的发展，在各方面支持下，小岗村的基础设施面貌焕然一新。在"大包干"二十周年前夕，安徽省八个厅局的一把手进驻小岗村，各包一块，改变小岗村的村容村貌。为庆祝改革开放二十周年由政府和社会出资兴建了友谊大道、小学校舍、村委会办公楼，而且还开通了程控电话。②经过 30 多年的奋斗，小岗村发生了巨大的变化，草房被瓦房和楼房取代；黄泥巴小路被宽敞的水泥大道替代，村小学、自来水、电灯、电话，还有卫星电视接收系统，都在小岗村出现；彩电、冰箱、摩托车等高档生活用品已进入农户家庭。然而，这些变化是大多数中国农村的普通村子都具备的，而小岗村犹如其他任何一个普通的村子一样，经济收入不高，大多数农民依靠外出务工养家糊口。直到2016 年，小岗村村民年人均收入仅 4000 元，即使在中西部地区收入水平仍处于

较低水平。③在经历土地大包干几十年后，大部分耕地被流转到企业手中。企业兴办的农业项目建设滞后，造成大量土地闲置。与此同时，企业也难以摆脱"圈地"的嫌疑，进入小岗村的企业大多以兴办农业项目名义从集体手中流转土地，大部分村民对流转的土地不知情。从土地流转价格来看，每亩地400～800元，除国家和地方政府对流转价格的补贴后，企业不用自己掏腰包。④村里公共事务管理水平低下。与外面豪化的标志性建筑形成鲜明对比的是，内部管理脏乱差，许多公共厕所脏乱不堪。

小岗村18个农民按下红手印签订大包干契约，使小岗村村民从饥饿状态中解脱出来，实现了温饱线的跨越。但是，随后的几十年，小岗村处于经济发展停滞状态，"大包干"并没把小岗村带入富裕的门槛，和众多中国农村普通的乡村一样，在商品经济大潮中经受"优胜劣汰"的考验，只不过小岗村更背上一份历史包袱，感受着"第一村"的沉重感。曾几何时，小岗人也在反思，极个别的领导人希望把小岗村再带回集体化或合作化的轨道，但终因大包干第一村的包袱太重而未果。2004年11月，在安徽省委选派到小岗村任职的干部沈浩带领下，小岗村组织干部和村民到依靠集体经济走上致富路的四个明星村（大寨、耿庄、红旗渠、南街村）参观，学习经验。在告别南街村时，小岗人在留言簿上留言说："学习南街村，壮大集体经济，走向共同富裕！"沈浩承认："当时考察完后，大家都觉得很惭愧，小岗落后了。在返回的路上，我们就开会讨论，下决心招商引资办工厂，走集体经济致富之路。"但是，在回村后的"合地"动员会上，重新将土地集中的措施遇到阻力，走集体经济的路子从此被中断。

小岗村的部分人把失败归咎于没有及时地回归"集休主义"道路，他们曾经把自身的情况与集体化的典范——南街村作比较，并认定南街村的集体化模式应是他们学习的样本。位于河南省漯河市临颖县的南街村，这个曾经全国知名的村庄，以走集体主义道路而闻名。从20世纪80年代起，南街村大力发展村办企业，经过多年努力小企业壮大成企业集团，下辖28个企业，产业涉及食品、饮料、酒类、印刷、包装、医药、工艺品雕刻、旅游等各个现代化产业。1984年，南街村这个仅1.87平方公里，3000人的村落在支部书记王宏斌的带领下，以极大的勇气重走集体化道路，将学习"毛选"、念毛主席语录、召开"批斗会"等原本已消失的举动搬回到生产生活中来。通过回收耕地开设村办企业，1989年当地集体经济产值达到了2100万元。1991年，南街村摘取了河南省首个"亿元村"称号，并树立起汉白玉的毛主席雕像。每天清晨，《东方红》乐曲伴随人们走进工厂，下午人们又在《大海航行靠舵手》乐声中归家。干部与职工同工同酬，即使村干部也只领取250元工资。

进入南街村，眼前是宽阔平坦的街道，楼群、公园和整洁的环境，让你领略到全新的"乡村都市"风彩。由于集体经济实力增长，村里的社会事业和村民的福

图7-9 河南省临颖县南街村

利待遇得到了提高。村里成立了艺术团、军乐队、盘鼓队、门球队，建起了文化园、图书馆、档案馆、医院、康寿乐园等。同时，大办教育事业，投巨资建起了现代化、高标准的幼儿园、中小学和高中，还办起了报社、广播站和电视台。分配上实行基本工资＋供给制，村里建起了22幢现代化居民楼，全体村民居住在配备齐全的花园式的现代化公寓里。村民每家每户的家具、电器、灶具等都是村里统一配备，村民所用的水、电、汽、面、蛋、肉、鱼等几十种生活用品都由村里统一分配。村民免费享受住房、就医、就学等福利待遇。

南街村在发展中依托集体经济解决了村民的贫困问题，这是中国乡村发展中许多地方仍然困扰的"老大难"问题；南街村村民所享有的福利在大多数的中国农村、即使大多数城市里也无力企及；南街人提出建设"共产主义小社区"的目标具体而明确，说明南街人对未来充满信心。南街村几十年所经历的集体化实践、探索的经验和所遇到的问题都弥足珍贵，值得我们去研究、去思考，理性而冷静地作出符合实际的结论，但至目前，这方面的工作是不够的。对关注南街模式的众多人士而言，大多带有固有的价值理念去评判一切，总是给出全盘"对"或"不对"的简单结论。给南街村引来争议的，主要集中在南街村是凭借"外力"或"内力"的焦点上，从实际情况来看，南街村集体经济从20世纪80年代开始，得到了大量银行贷款的支撑，其后才有了企业的大步发展，以及大量外来廉价劳动力的奉献。1990—1992年，当南街村成为全国典型后，获得了银行巨额贷款的支持，企业得到快速发展，但到2003年左右，由于企业效益不佳，大多数金融机构对南街村亮起了红灯。最具争议的是至2008年，南街村负债已高达17亿。中国人民大学教授冯仕政根据银行对南街村的贷款进行研究得出结论："南街村的高速经济增长不是靠自身积累，而是靠银行贷款。"他认为，南街村是典型"高增长、低效率"，在巨额银行贷款支撑下，南街村经济效率低于全国平均水平，而增长速度远高于全国平均。

另一个与南街村类似的典型就是江苏省江阴市的华西村，在乡村发展与建

设中的名气甚至超过南街村。与南街
发展的轨迹和模式相似,华西村从
20世纪60年代开始即为农村的先进
典型,依托传统的乡办企业做大做
强,华西村走过了一条不平凡的路。
20世纪90年代初,华西村在江阴和
唐山投资钢铁厂,赶上了中国钢铁的
"黄金年代",同时也铸就了华西村
的财富神话。至2013年,华西村企

图7-10 华西村农民别墅

业总数发展到58家,其中上市公司一家,产品涵盖六大系列、1000多个品种、
10000多只产品的生产规模。华西集团拥有2.5万名职工,其中中高级技术人员
就达2000人以上,从国外引进先进设备,所生产的面料、西服、化纤、针织染
整、线材、热带、法兰等系列产品,现已发展到1000多个品种,10000多个规
格,并远销亚、欧、美洲等40多个国家和地区。被人津津乐道的不仅有实力雄
厚的工业,更有金壁辉煌的宏伟建筑和成排成行的农民别墅。近年来,华西企
业经营效益不佳也带来人们的担忧,华西传统的钢铁产业不景气,旗下的博丰
钢铁、华西北钢和华西南钢已全面亏损。2016年华西集团总资产533.88亿元,
总负债357.37亿元,负债率66.94%。华西村的领导也承认部分企业经营不善,
靠贷款度日。

2005年9月3日至9月5日,全国第五届村长论坛在山西省晋中市召开,
会上评选出了"中国十大名村",除了以上提到的华西村、南街村、小岗村榜上
有名外,还有山西省大寨村、北京韩村河村、上海九星村、安徽小岗村、浙江
花园村、云南福保村、浙江滕头村、江西进顺村进入全国十大名村之列。

三、大观样本:我和团队所经历的新村建设

出重庆主城60余公里,沿渝湘高速行驶不到一个小时,就到了大观地界。
大观是重庆市南川区所辖的一个建制镇,连同周边的乡镇,这里视野开阔,以
浅丘陵沟槽地形为主,四季分明,森林植被良好,物产丰茂,具备发展现代农
业和开展新农村建设试点的一切必备条件。追溯到重庆直辖之初,重庆市政府
分管农村经济的领导和农业部门即看好这个区域,希望在此搞出一个样板来,
为此,市里在项目安排和资金扶持上对大观给予了大量倾斜,并把大观命名为
重庆市生态农业园区。至2009年下半年,南川区委、区政府正式成立重庆市大
观生态农业园区,把大观镇、兴隆镇、黎香湖镇、木凉乡、河图乡纳入管理,

并成立管委会。2010年年初，我从奉节县调南川区政府工作，分管和参与了大观农业园区的工作长达八年之久，与我所在的团队共同见证了大观的发展，同时，较长时间经历了一场新农村建设的乡土实践。

图7-11　重庆市大观生态农业园区金龙村村貌

依托于大观生态农业园区，南川区成为全国现代农业示范区、全国生态农业和乡村旅游示范区，大观园区成为重庆区呈现了以下几方面变化：①农业产业较快发展。大观园区内以丘陵冲沟为主，海拔700米左右，适宜多种作物生长发育。但是，地形狭窄不适宜于大规模生产，园区以1000亩示范园为基础推进农业产业发展，取得了较好效果。至2012年，通过示范园建设，基本上完成了园区内产业结构调整，实现了园区内适度规模经营。以优质稻、高端蔬菜、优质水果（蓝莓、葡萄、弥猴桃等为主）、优质水产等为主的示范园取代了传统的单一种植粮食的生产结构。在此基础上，2012年园区提出大力发展"小农庄经济"（近似于以后的家庭农场），依托于有一定规模的种植园发展农家乐，这一时期，大大小小的农家乐发展到300家左右。②基础条件较快改善。对园区交通重新规划布局，分期融资建设或改造，形成了连通园区各乡镇、居民点、种植园的交通网络。对园区内主干溪流龙川江进行了整治，提高了防洪的设防标准。③乡村旅游已成气候。从2010年开始，结合农业产业发展，鼓励发展花卉苗木产业，形成了以玫瑰园、香草园、荷花园、蓝莓园、桂花园为重点的十大花卉园，以观花、采摘、农事体验为主，发展乡村旅游。在大观园内，每个季节都有不同的乡村旅游节庆活动，近几年，结合园区内景区景点打造，乡村旅游形成了大观园"十二金钗"的品牌效应。④民居改造初具特色。对民居改造采取多种模式，一是项目拆迁带动模式，如黎香湖镇中海外开发项目，对拆迁户集中建设农民新村模式；二是政府规划，分户建设居民点模式，如兴隆镇广福村居民点建设由政府统一规划，居民分户建设的模式；三是生态移民搬迁模式，结合国家扶持政策，打捆扶贫、土地复垦、危房改造等政策，由政府规划，村民组织自建的模式。通过以上几种方式，大观生态农业园区内民居改造取得了很大进展，初具了一定的地域特色。

图7-12　重庆市大观生态农业园区玫瑰园

　　大观农业园区的五个乡镇既有与其他普通乡村相同之处，也有其特殊的优势。与其他普通乡村相同之处在于：传统的种养殖业占据主导地位，农民外出务工收入是农户的主要经济来源。其特殊的优势除了良好的生态和种植条件外，离重庆主城区较近、交通便捷则是其他普通的乡村所不具备的。在园区的开发建设中，改善基础条件、调整产业结构、增加农民收入成为主要的任务，三者之间相互联系，互为整体，其中最关键的因素取决于资本的进入。在以家庭经营为主体的传统生产模式下，农民自身无资本、无技术改造传统农业，只能依靠外来资本和技术发展农业的适度规模经营，最便捷的方式就是通过招商引资引入城市资本。与此同时，大规模引进城市资本改造传统农业，需要改善农村基础条件，对交通、水利、土地进行整治，降低资本进入的成本，创造开发的条件，而这一系列工作需要资本的投入。随同产业开发和园区建设进程，充分吸收农户参与，以此撬动农民的多元化增收。按照这一逻辑关系，首要的是需要政府先期引导投入，改造基础条件，对园区开发夯基立柱。

　　在政府没有资金支持的情况下，怎样解决基础建设投入问题？生态农业园区成立之初，区委、区政府专门行文作出决定，从明确管委会职能（统一规划、管理、建设）、落实人员编制，到通过税收按比例返还园区等政策支持园区建设。总体来讲，政府在资金方面没有投入能力，只能靠园区通过自身发展解决问题。对此，园区管委会通过实现极差地租的方式取得了极大成功，不但解决了园区发展中公共投入问题，而且还支持了区里其他方面的建设。主要做法是：①规划牵引，显现"核心区"价值。按照城乡一体化发展目标，编制园区总体规划和各项专业性规划，将园区五个乡镇280平方公里范围统筹规划，把条件较好的大观镇作为园区核心区，其余四个乡镇作为特色乡镇进行打造，将城镇建设用地集中布局在大观镇，使大观核心区建设用地集中10000亩以上，提升了园区城镇建设用地价值。②成立融资平台，融建一体。在园区管委会成立之初，区政府成立惠农公司赋予融资建设职能，后期因惠农公司工作调整，园区又成立联航公司。依托园区平台公司贮备、整治土地职能，先后融资共10亿元以上，启动了园区交通、水利等基础设施建设。③与社会资本合作，共建园中园。2015年，园区管委会与重庆市地矿集团合作对园区内食品加工园（后期调整为中医药科技园）进行联合整治，以500亩城镇建设用地指标为代价，由重庆市地矿集团对园区（中医药科技园）基础设施建设和土地整治进行投资，在一年的时间内，共获得1000亩成熟的工业用地，后期中医药科技园区扩展到3平方公里。

　　与很多其他的园区一样，大观生态农业园区属于政府主导建设的园区。作为决策者和建设者，值得欣慰的是，园区先后实施了大量的基础设施工程，但没有背上沉重的债务包袱，园区成功实现了土地资源向土地资本转换，实现了可持续发展。在推进城乡一体化发展中，大观作为一个样本，其自身条件是其他很多地方所不具备的，不具有可复制性。但是，在同样面临城乡关系变局，作为受到城市化冲击更为剧烈的乡村一隅，大观的实践仍可给予我们有益的启示。首先，政府锁定目标，不忘初心是前提。新农村建设运动是一项系统工程，任务既是艰巨的，也是长期的。就其具体某一区域实践推进，也是循序渐进的，是政府的跨届工程。政府换届不换目标、不换口号是推进工作的前提。其次，重塑乡村社会，重建乡村秩序是基础。乡村发展不但要推进乡村建设，更要推进社会重建，乡村组织化、秩序化是基础，在此基础上才能吸取民意、调动民智，发挥好村民的主体作用。没有良好的乡风民俗，乡村如一盘散沙，村民甚至村社干部私心为先，动辄堵工堵路，就会使政府陷入被动的局面。再次，引进外部要素，改造乡村社会是关键。通过招商引资引进外部资本，开发农业产业是乡村发展的关键。

第三节　综述：乡村建设的冲动与理性

　　从国内外工业化、城市化发展的实践来看：农业现代化和乡村现代化是工业化、城市化的必然结果，城乡一体化发展是城市化发展的必然趋势。在工业化和城市化进程中，正确处理城乡关系，确保城乡统筹、协调发展，是国家或地区实现整体现代化和社会稳定协调发展的总战略和总目标。

　　在城乡一体化发展中，需要通过市场配置资源调节生产要素在城乡之间分配，确保城乡在发展中实现"有效率增长"，即充分尊重和发挥市场的作用，调动资本及其他生产要素的逐利能力，让要素在城乡分配中，通过竞争实现有效率配置。但是，资本逐利的本能决定了乡村在要素聚集中处于弱势地位，资本在完全市场化环境中不会自觉地流向乡村，乡村建设只能在政府干预下达成愿景：①政府通过公共投入改善乡村基础条件，完善公共服务网络，为市场主体参与乡村建设创造条件；②政府通过体系化政策设计，对市场主体所承担的社会公共职能予以补偿；③通过政府的媒介作用，聚集市场主体、生产要素完成传统农业改造，在此基础上加快对传统乡村社会的改造。

乡村建设的冲动来自于工业化和城市化的客观需要，是工业化成果向乡村辐射、工业化产品向乡村扩散的必然趋势。同时，对于政府而言，协调城乡关系、推动乡村发展不仅代表一个国家或地区的整体发展水平，而且是消除社会矛盾，确保社会长治久安的政治需要。乡村建设不仅是经济建设，也是政治建设、社会建设以及生态文明建设，是体现经济效益、社会效益以及生态效益的系统性工程。先行完成工业化、城市化的欧美国家在其发展进程中，都把区域平衡发展、城乡平衡发展作为国家战略，从法律、政策角度确立落后地区和乡村发展的重要地位，吸引社会资本到落后地区和乡村参与开发。对贫困地区的大规模开发，欧美国家十分重视交通运输业的带动，在不同的历史时期，通过铁路、公路的延伸，形成连接城乡之间、区域之间四通八达的交通网络，以此推动物流，带动城乡交易，形成统一市场。19世纪初，美国的主要城市分布在海岸线上，其他区域主要是乡村，从19世纪中叶开始，美国从发展铁路交通到发展公路交通，形成全国密布的交通网络。二战以后，随着小汽车的普及出现都市人口向郊区，高速公路网络的形成，便捷的交通使居住人口向小城镇和乡村聚集，拉动了小城镇及乡村发展。法国从19世纪中叶开始，政府重点发展铁路交通，推动了农业大市场的形成，至1913年在拉维莱特建立的牲畜贸易市场集中了全国近一半的大牲畜交易。

在工业化大背景下，依托于现代工业技术，农业有条件实现机械化提高农业劳动生产率。机械化推动农业生产规模化，这是有别于传统农业小规模生产的全新方式，代表了工业时代的现代农业水平。现代生物技术的运用提高了农业良种、良法水平，这又构成对农业改造的另一途径。以上两个方面是欧美和东亚日本、韩国发展现代农业的主要做法，但是，因国情不同，不同的国家在具体的推进方式上各不相同，欧美的传统产业以畜牧业为主，在进入20世纪后却成为世界粮食主产国及农产品输出国，其主要原因即在于地域辽阔，耕地面积宽广，机械化操作下的大规模生产，极大地提高了耕地的产出水平。而在人多地少、以传统农业为主的东亚地区，如日本、韩国等国则通过生物技术及土地的适度规模经营，完成了对传统农业的改造。在工业化和城市化中，农业现代化是消除城乡差距的根本措施：一方面，现代农业生产方式提高农业劳动生产率，大大节省了劳动力投入，使大量的人口摆脱了对土地的依附关系。目前，欧美国家真正滞留在乡村，以农业为主的人口所占比例很小，美国的农业人口仅占总人口的 2.4%，英国仅占 1.7%，法国为 3.0%，德国为 2.3%，日本为 3.4%，韩国为 7.7%；另一方面，城乡之间的收入差距缩小。20 世纪 40~50 年代，美国城乡收入比例为 1.66 : 2.0，到 20 世纪 70 至 90 年代缩小为 1.28 : 1.33，进入 21 世纪，城乡收入比例达到 1 : 1.17。上世纪 70 年代，韩国城乡收入差距为 3 : 1，至 2004 年缩小到 1 : 0.84。日本工业化早期和中期时，城乡收入差距为 0.77 : 0.67，至 1964 年以后，农家收入已超过城市居民收入。

各国政府在拉动乡村建设与发展中，建立了完整的政策支持体系：①制定消除区域差距的行动计划；②制定消除城乡差距的政策措施；③制定补贴农业的支持政策；④制定加大乡村基础设施建设的投入政策；⑤制定城乡一体化的社会保障政策；⑥制定提升农民文化水平和技能水平的政策；⑦制定对特殊区域和特殊人群的扶持政策。国家及地区政府根据本国及本地区实际情况，采取适宜手段推进政策实施，提高政策的实际效率。以上政策的制定和落实，是大多数的国家或地区政府皆乐于促成之事，但不是所有的政府皆能如愿。对贫困地区和乡村的扶持，需要支付高昂的成本，其资本来源于工业化和城市化的财富积累。工业化和城市化是支撑乡村建设和发展的基础，没有成熟的工业化和城市化，乡村建设与发展将无从谈起。正因为工业化和城市化与乡村建设和发展的内在关系，决定了各国或各地区在解决城乡差距、实现城乡一体化中的阶段性。事实表明：欧美发达国家有效地消除了城乡差距问题，其动力源泉正是来源于成熟的工业化和城市化，而欠发达国家和地区城乡差距大，二元化结构明显，正是工业化和城市化缓慢所致。

工业化和城市化不但对消除城乡二元结构提供经济基础，也提供了适应于社会生产力发展的制度基础，以及改造乡村的社会文化基础。对解决城乡差距问题，既不能忽视工业化和城市化对乡村发展的客观需要固步自封，也不能超越工业化和城市化现实主观盲动，应在协调工业与农业、城市与乡村两者关系中，统筹推进，循序渐进。中国的政治、经济和社会发展根植于传统农业社会的土壤，其发展轨迹具有与其他国家不一般的特殊性，地区差距、城乡差距巨大的现实决定了解决"农业、农民和农村"问题的复杂性，在区域发展极不平衡、各地区工业化和城市化水平差距很大的情况下，解决城乡差距也会有先有后，发达地区比落后地区更有条件率先解决好"农业、农民和农村"问题。

乡村建设与发展惠及最广大的农民，农民是推进乡村建设与发展的主体。没有觉醒的农民就没有农民的自觉行为，这是近年来各地推进新农村建设的一条基本经验。没有广大的农民积极参与和配合，乡村建设就成为政府一厢情愿的政绩工程，农民与政府甚至成为对立面。实际工作中，我们所遇到的群众阻工、上访与政府组织的强制施工、强制拆迁对立的案件，无不与农民和政府在意愿上相左有关。如何在乡村建设中突出农民的主体地位、体现农民的主观意愿、解决农民的实际需要、发动农民积极参与是一项重大课题，必须认真面对和有效破解。解决这一问题，需要通过民主的方式去引导、教育和组织农民，在实际工作中，只有被农民接受和认可的组织方式和工作措施才是有效的。

在家庭联产责任制作为农村的基本经济制度被确立以后，土地承包经营成为农村的主要经营形式，新农村建设中倡导合作化是发展方向，但不能擅自剥夺农民的土地使用权和经营自主权。在地理条件优越，乡办或村办企业规模大、效益好的部分典型村庄，回归"公有"和"集体化"的模式，对大多数村社而言，既不具备效仿的条件，其具体的做法也不具有可持续性。其一，由企业效益支撑的农民福利，并非由"公有"或"集体化"所带来，而取决于企业的经营状况，"公有"或"集体化"并不是为企业带来效益进而增进农民福利的直接原因。当企业效益不佳，农民福利不能确保，"公有"或"集体化"将成为不能支撑农村发展的伪命题。其二，"公有"或"集体化"方式下的宣传和组织形式，其最终目的在于影响村民、组织村民，实现村民与组织者同心同向，当村民福利不能实现的情况下，任何表面化的夸张宣传和组织形式将失去效果。其三，乡村建设与发展需要能人、也应依靠能人，但不能保证所有的乡村、长远的时间跨度中都能选到出类拔萃的能人。乡村治理还是要回归到村民自治框架下，发挥广大村民的作用才是长久之计。在村民自治框架内，发挥班子的带头作用十分重要，任何脱离组织构架的能人，在长期的自我陶醉中，都会出现制造"永动机"的冲动。

第八章

中国城乡一体化路径

要把工业和农业、城市和乡村作为一个整体统筹谋划，要继续推进新农村建设，使之与新型城镇化协调发展、互惠一体，形成双轮驱动。"城乡一体化"的改革思想具有重要的理论和实践意义。

——习近平

城镇化与农业现代化是中国城乡协调发展的两个战略支点，这是中国国情决定的。中国是人口大国，资源和环境承载能力有限，在城市化进程中，并不能从根本上用城市取代乡村，进而消灭乡村生活形态，而是要在现代化进程中改造乡村，从而构建协调的城乡关系推进城乡一体化发展。改造乡村的重点在于改造小农经济，以及与小农经济相联系的社会组织形式、生活方式、文化意识形态，这是一项系统工程，也是一项十分艰巨、影响深远的划时代工程。

第一节　城镇化：中国式城市化道路选择

西方理论一般认为，城市化是一个农业人口转化为非农业人口、农业地域转化为非农业地域、农业活动转化为非农业活动的过程。马克思在对城市产生原因的有关论述中，阐明了城市的本质是社会制度下的人造环境，资本主义条件下，城市人造环境的生产和创建过程是在资本控制和作用下的结果，是资本本身发展需要创建一种适应其生产目的的人文物质景观的后果。简单地讲，作为与工业化相伴而行的城市化，最典型的特征就是城市生活形态的扩散和延伸，这一过程包括了城市在地理空间上数量、规模增加，城市文化、生活模式、生活观念及价值观念的传播和普及。在国内，许多人把城镇化等同于城市化，对于二者之间的含义无严格的界定，这种情况也受到很多人的反对，在许多文献中，对于城镇化的描述有别于城市化。但是，至今对于城镇化的概念并无严格的、得到所有人认同的界定。就其本质而言，城镇化的提出与中国国情相关，是中国城市化的一种探索模式，其主要观点更加重视小城市特别是县、乡镇级城镇在城市化中的作用。

一、城镇化是中国国情的城市化选择

1983 年，中国城镇化道路学术研讨会认为中国应该走一条"适合中国国情、具有自己特点的社会主义城镇化道路""各不同地区的城镇化道路也应各具特色"。研讨会认为"积极恢复和发展小城镇，特别是广大的农村集镇"，小城市"是符合理性的，是有生命力的"，这些观点在 20 世纪 90 年代以前占据主导地位。中共第十五届四中全会通过的《关于制定国民经济和社会发展第十个五年计划的建议》正式采用了"城镇化"一词，这是近 50 年来中国首次在最高官方文件中使用"城镇化"这一概念。但是，在推进中国城市化进程中，无论在各地区城市化实践中还是在学术界从未停止过对中国城市化道路的探索，特别在学术界，20 世纪 80～90 年代，对城市化的争论尤其激烈，有的学者认为应首先发展具备条件的大城市或中心城市，通过大城市或中心城市的带动加快城市化进程；也有学者提出农村城镇化和"城市圈为中心的提高内涵为主的"城市现代化、城市内涵化的二元（或多元）城镇化道路模式，或大中小城市互相协调，东中西部差异化发展道路；还有学者提出："不存在统一的能被普遍接受的最佳城市规模，城镇体系永远是由大中小各级城镇组成的，而各级城市都有发展的客观要求，所以城市化的模式应该是多元的、多层次的。"

从欧美先行工业化和城市化的历程来看，城市化经历了复杂而曲折的过程，从城市化、郊区城市化、逆城市化、再城市化的过程，反映了城与乡的不断博弈和衍变。在城乡关系的变迁中，城市对资源的集聚居于主导地位，而农村则处于从属地位，但是，即使在科技十分发达、工业化和城市化水平很高的国家，作为农业承续载体的乡村仍然受到高度关注和极端重视，因为农业作为基础性产业，对经济、社会发展具有"稳人心、安天下"的作用。在工业化后期，许多先行国家对乡村的重视程度愈发提高，乡村不但没有被城市取代，反过来实现了工业和城市对农业和乡村的支持。中国是人口大国，粮食安全至关重要，农业是关系长远和左右国家长治久安的战略性产业，任何时候、任何条件下都不可忽视。近 30 年来，随着国家工业化和城市化大幅推进，农业和乡村出现萎

缩状况，粮食自给率不断下降，至近年已降至令人担忧的 85% 左右①，耕地红线一再受到城市扩张的冲击，面积下降，污染严重。中国的城市化必须解决好农业问题，除此之外，别无他途，正如习近平总书记指出的那样："我国是个人口众多的大国，解决好吃饭问题始终是治国理政的头等大事。""一定要看到，农业还是'四化同步'的短腿，农村还是全面建成小康社会的短板。"

美国前国务卿基辛格说："你控制了石油，就控制了所有的国家；控制了粮食，就控制了人类。"中国人的饭碗任何时候都不能丢掉，正如习近平总书记所说："中国人的饭碗任何时候都要牢牢端在自己手上，我们的饭碗应该装中国粮。"所说的"任何时候"即包括现在乃至可预见的将来，这也是过去中国几千年历史经验和教训的总结。中国古人所谓的"洪范八政，食为政首"，"国以民为本，民以食为天"，"无农不稳，无粮不安"的理念，都阐释着粮食对于国家安全的至关重要。中国城市化路径选择不得不考虑"三农"的实际状况，花大力气解决农村问题。片面强调大中城市的建设和发展，势必更加剧城乡对立，带来城乡两极分化，失去农业和乡村的支撑。走城镇化的路子有利于解决幅员广阔的农村基础条件、产业发展、环境治理等多方面问题，有利于提高全体国民的福利水平。

中国的城镇化路径相较发达国家而言，具有更加广阔的内涵，是中国特色城市化的现实选择。城镇化的本质在于使大城市、中等城市、农村集镇各得其所，城市与乡村协调发展。对大城市和特大城市而言，城市化并非全域房地产

---

① 人们通常会用"粮食自给率"（即粮食产量占当年消费量的比重）来衡量一个国家的粮食安全水平。一般认为"粮食自给率"在 100% 以上是完全自给；在 95%～100% 属于基本自给；在 90%～95%，是可以接受的水平。2008 年，中国《国家粮食安全中长期规划纲要（2008—2020 年）》再次确认粮食自给率要稳定在 95% 以上。按广义粮食口径，2004 年中国粮食自给率即下降至 95% 安全水平以下，2012 年为 88.38%。2013 年，中国粮食产量达 60194 万吨，进口谷物 1101.63 万吨，占比达到 1.83%，加上大豆进口量达到 7439.14 万吨，占比达到 12.36%。

化，而是要在优势产业、优势文化集聚基础上，走城市智慧化①、生态化的可持续路子，大城市和特大城市要提升城市在高端智能产业、文化软实力方面的实力和竞争力。要结合区域特色和城市品质，发展城市集群，立足创新提升国际影响力。当前，要重视和总结世界先行国家工业化和城市化进程中的经验和教训，避免单纯工业化牵引城市化所带来城市病，减少城市对土地、水源、能源的过度耗损和污染排放，发展物联网，推动城市可持续性发展。对 100 万～400 万人口的中等城市，依托于本地资源优势，抓好产业提升，重点集约发展好依托于农村资源的加工业。发展教育、医疗、文化、旅游，提升公共服务水平，吸纳区域内农村人口城市化。对于小城市和农村乡集镇，要重点作为就地吸纳、转移农村人口的主要场所，加快基础设施建设和互联互通，提升区域内公共服务水平，抓好环境治理，提升环境承载能力。小城镇是联结农村的通道，要在规划、建设中做到城乡一体，带动乡村发展。

综上所述：城镇化是中国国情城市化的必然选择，其主旨在于统筹大城市、中等城市、小城市及农村集镇协调发展，统筹城乡一体化发展。其内涵包括：①经济、社会从传统向现代转型发展的过程，城市化不但局限于土地、矿产、水资源等自然资源的城市化利用，更在于人口的城市化和公共服务的城乡均衡化；②城市化不是大城市化和城市房地产化，而是在进程中使大中小城市和乡村发展协调并举、相得益彰。在空间布局上发展和形成相互联系、相互补充的城市网络；③更加重视小城市、乡镇集镇和乡村建设在城市化中的重要作用，中央和地方政府在政策和资源调度配置上给予大力支持。

二、发展小城镇是实现城乡一体化的基础

城镇化的目标在于实现城乡一体化，达到消除城乡差距、工农差距的终极目标。目前，业界对城乡一体化的认识不尽一致，但其基本内容大体可概括为

---

① 智慧城市是城市化发展的高级阶段，是建立在城市各大系统整合、物理空间和网络空间交互、普通百姓广泛参与的基础上的。智能化城市要求城市的管理更加精细、环境更加和谐、经济更加高端和生活更加舒适。与数字城市相比，智慧城市更加聚焦民生与服务，更加鼓励创新与发展，更加强调感知与物联，更加强调公众参与和互动。欧盟的智慧城市评价标准包括智能经济（即创新型经济）、智能移动（即不仅是智能交通，也延伸到教育、购物等领域）、智能环境（即注重城市的生态环境）、智能治理（即政府管理模式的调整和改善）等多种指标。2007 年，欧盟就提出了建立智慧城市的设想。接着在 2009 年，欧盟委员会提出了建设智慧城市的具体计划，并且决定投入 100 亿～120 亿欧元用于智慧城市建设。欧盟智慧城市建设主要包括智能建筑、智能能源网络、智慧城市交通和智能医疗系统等方面。

以下几个方面：①城乡在规划建设、产业发展、市场信息、政策措施、生态环境保护、社会事业发展的一体化；②城乡在产业发展、资源配置、文化事业上相互融通，互为补充，共同促进，协调发展；③城市居民和农村人口在思想观念、生产方式、生活方式和居住方式上共同进步，创新文明模式。城乡人口享有同等的、受宪法保护的基本权益；④城乡公共服务均衡化。虽然不同的学科对城乡一体化的理解不完全一致，但其共性也得到大多数人的认同。这些认同包括：一是在城乡一体化中，城与乡仍然是各具特点的两个不同形态，在生产方式上，乡村仍然是农业的载体，城市是工业载体；在生活方式和居住方式上，城市以集中为主，乡村以分散为主。城乡一体化并非从根本上消灭乡村形态，而是城与乡的联系更加紧密，相互补充；二是城乡一体化是随着生产力发展和人类文明进步，城乡差距缩小或基本消除，城乡居民权益对等、福利相近，城乡协调发展，是社会发展到较高级阶段的新形态；三是城乡一体化建设是涉及面广的系统工程，反映到经济、社会、生态、文化、制度建设各个方面，各领域建设的侧重点不同。

学术界对小城镇的认识也不统一，各学科从不同的专业视角给予不同的界定。有的学者从行政建制设置上区分，把县级政府所在地城市和建制镇称为小城镇，有的也把农村集镇纳入统一称为小城镇，有的学者认为小城镇就是建制镇。《中华人民共和国城乡规划法》中把城乡规划分为城镇体系规划、城市规划、镇规划、乡规划和村庄规划和社区规划，提出了城市、镇、乡、村庄、社区的层级划分，城市和镇划定建成区和规划区进行管理，而乡则作为农村集镇进行管理，镇乡界限明显，镇已具备城市属性，介于城市和乡村之间，具有一定的过渡特性。按照这一划分，小城镇应包括小城市和镇两个层级，不包括乡集镇和村庄以下的聚居点。1984年国务院转批民政部《关于调整建制镇标准的报告》中关于设镇的规定如下：①凡县级地方国家机关所在地，均应设置镇的建制。②总人口在2万以下的乡，乡政府驻地非农业人口超过20%的，可以建镇；总人口在2万以上的乡、乡政府驻地非农业人口占全乡人口10%以上的亦可建镇。③少数民族地区，人口稀少的边远地区，山区和小型工矿区，小港口，风景旅游，边境口岸等地，非农业人口虽不足20%，如确有必要，也可设置镇的建制。按照这一规定，县政府驻地、有一定比例非农业人口和特殊区域皆可设镇，把县城纳入小城镇范畴应是合理的。本文根据需要，把县城、镇、乡及以下农村集镇皆界定为小城镇。

小城镇是具有地域特征和区域文化特质的特定区域，是介于传统意义城市和乡村之间的过渡区，也是农村城市化集中区域。小城镇兼具城市和乡村的两重特性，其城市化程度可由非农人口、非农产业占比等技术经济指标来衡量，小城镇的城市化水平代表了一定区域内农村城市化的发展水平。中国城镇化过程是渐变演进的过程，遵循特定区域内经济、社会、文化建设的发展规律，是特定区域内经济发展、社会进步、文化繁荣的集中体现。城镇化不可超越经济、社会发展规律一蹴而就，违背发展规律的小城镇建设将造成资源浪费、效率低下，城镇"空虚化"，阻碍区域内人口福利水平提高和生活质量改善。

　　小城镇发展水平是乡村非农化的标志，是区域内农村城市化的具体表现。小城镇建设是一项涉及产业转型发展、制度创新、社会文化建设、城镇规划建设和生态环境保护的系统工程。小城镇的发展规模根据区域内人口及生产力布局确定，根据地域文化引领特色。在小城镇的建设、发展中，生产要素集聚与产业发展是小城镇产生和发展的核心，那些历史悠久的传统小城镇，饱经沧桑经久不衰或

图8-1　重庆武隆区仙女山镇，依托景区发展小城镇，目前已成为国内知名的旅游渡假胜地

是手工业的兴旺之所，或是占据要道的商埠之地，总之与传统手工业、商业的兴旺发达相关。在近代工业化衍变中，随着现代交通网络的延伸和机械动力交通工具的普及使用，各地的交通区位发生了根本性变化，位于城市之间交通要道的众多小城镇，适应城市工业化需要，加工业和商业迅速发展，其规模也迅速扩张，小城镇产业与小城镇本身也逐步从传统城镇向现代工商业城镇转型。一些地方，由于特殊的地理优势及资源优势，工业化和城市化带动了一大批新型小城镇发展。与此同时，那些失去现代交通优势的传统小城镇，传统加工业和商贸逐渐衰落，曾经盛极一时的城镇也随之萧条下去。一般而言，区域内城镇的发展是农村产业转型升级的引擎，主要表现在：一方面，城镇工业拉动农村产业向规模化、标准化和集约化发展；另一方面，城镇工业立足于农村产业而彰显区域特性。

　　小城镇人口大多数来自于邻近的乡村，是乡村人口进城和农村剩余劳动力就业的主要载体。这一进程与传统乡村社会改造及复兴相伴而生，极具重要的现实意义。在延续几千年的中国农耕社会，传统的小农经济占据主导地位，与小规模农业生产相适应的农村社会以封闭、分散为主要特征。在乡村治理中，以血缘关系为主的宗族势力和以地缘关系为主的强权势力占主导地位，社会普

通成员的人身权利受到约束，经济利益受到影响。在中国的现代化道路中，对乡村社会的改造是必须完成的历史任务，其中，小城镇发展对乡村人口的吸引，是对传统乡村社会改造，推动乡村人口城市化的有效形式，在这一过程中，包含了从宗族社会向公民社会过渡的一系列社会治理中的制度创新。

小城镇是城市与乡村之间各种要素交流的重要场所，城市工业品主要通过小城镇为枢纽涵盖乡村市场；农产品通过城镇加工业加工或直接通过小城镇物流走向城市。在有形的商业交易过程中，交织着城市与乡村在思想理念、生活方式、价值观念和习俗、信仰等方面的交流和融通。进入小城镇的乡村人口，特别是交通发达、与城市交流密切的小城镇居民，思想观念更多地受到城市影响，生活方式更易与城市接轨。在城乡一体化发展中，城乡文化相互影响，更多的是乡村人口受到城市影响，从封闭、传统的生活方式向开放、现代的生活方式转变。培育城乡一体化条件下的文化，并非简单地用城市化价值观取代乡村传统文化，而是要在"扬弃"中继承和发展，既要承续中国传统社会的优良品质，又要抛弃传统社会落后的观念和习俗，用科学取代愚昧。同时，小城镇发展具有特殊的地域性，不同地域的小城镇带有不同的地域特性，应避免千篇一律的模仿和复制，以彰显传统文化和地域特色。

依托小城镇发展教育、医疗、文化、体育事业等，是实现城乡一体化公共服务的基础。居住分散的乡村人口享受到与城市人口等同的教育、医疗服务，改变原有居住模式、推行相对集中居住方式是唯一可行的办法。相对集中的居住模式包括小城镇吸纳和乡村居民点相对集中，这两种形式可缩短服务距离，节约政府公共投入的成本，提高服务效率。目前，教育和医疗缺失是乡村人口致贫致弱的两个主要因素，根据调查：西部贫困地区因学致贫和因病致贫的人口在贫困群体中的比重分别达40%以上，解决贫困山区就学就医问题，围绕就学就医提高社会保障水平，是化解贫困最有效的途径。一体化的公共服务还包括建立覆盖城乡的社会保障制度，建立和完善城乡公平、和谐的社会保障体系，弥合区域之间、城乡之间在社会保障水平上的差距。同时，在小城镇规划、建设中，政府要加大对水土治理、环境治理的投入力度，保护生态环境，实现小城镇绿色发展。

三、乡村建设是城乡一体化的重点

乡村建设是实现城乡一体化的重点，没有乡村的现代化，就没有全中国的现代化。工业化和城镇化的最终归宿在于提高全体社会成员福祉，在城乡二元结构明显，城乡对立加剧的客观背景下，消除城乡差距是重大的战略任务。

2005 年 10 月，中国共产党十六届五中全会提出了建设社会主义新农村设想，按照"生产发展、生活宽裕、乡风文明、村容整洁、管理民主"的目标加快农村建设步伐。其后的"十一五""十二五"时期，政府加大对农村投入，在政策上对农村建设倾斜支持，农村的面貌得到了很大的改观。但是，由于主观和客观多方面的原因，乡村建设的水平存在较大的地区差异，与城乡一体化愿景尚有很大差距。按照城乡一体化总体目标构想，建设的路子还很长，建设的任务还很重，许多深层次的社会、经济矛盾还需要从根本上得到化解。

过去的十余年，全国各地乡村建设实践取得了成效，也积累了经验，由于经济、社会发展水平不同，各地农村的实际状况差距很大，乡村建设中需要解决的主要矛盾也不尽相同，从而各地对乡村建设的认识也颇有差异。即使在中国知识界，对于城乡建设的探索一直没有停止，其中的认识也不尽一致。说到底，乡村建设并非"花钱办事"这么简单，而是在构建城乡一体化，实现城乡关系协调、可持续发展的大前提下，对中国传统乡村社会的深层改造和振兴。这是继十一届三中全会农村改革以来的又一次革命，需要触及深层次的社会矛盾，调节社会利益关系，是改造传统、创新制度实现乡村复兴的过程。中国社会科学院的《中国中小城市发展报告》①（2015 年）总结和肯定了过去城乡统筹所做的工作，概括为"三个集中"和"六个一体化"。即工业向园区集中，农民向城镇集中，土地向规模经营集中，以及通过制定统一的城乡规划，促进城乡产业发展一体化，推进城乡市场体制一体化，推进城乡基础设施一体化，推进城乡公共服务一体化，推进城乡管理体制一体化等"六个一体化"。该《报告》提出了进一步推进统筹城乡发展的路径和措施，重点是三个方面：一是促进生产要素在城乡间自由流动，在土地配置上促进资源赋权，在资金配置上促进资本下乡，在人力资源配置上促进农民进城，在产业布局上促进城乡一体化；二是促进公共资源在城乡之间均衡配置，促进城乡义务教育均衡发展，强化发展农村文化事业，加速发展农村医疗卫生事业，完善农村社会保障体系；三是建立健全以工促农、以城带乡的长效机制，支持发展农业生产，支持农民增加收入，支持农村基础设施建设，支持农村社会事业发展。

《中国中小城市发展报告》比较全面地总结和概括了城乡一体化发展中的重点，在乡村建设方面主要涉及到城乡协调发展的产业布局，社会治理中的制度重构，基于城乡均衡的公共服务建设，适应城乡一体化的文化培育，保持可持

---

① 《中国中小城市发展报告》（2015），中小城市绿皮书，第 56 页，社会科学文献出版社，2015 年 11 月第 1 版。

续性的生态环境保护。
这些内容相互关联，相
互促进，涵盖了政治、
经济、社会、文化、生
态"五位一体"的全面
发展，是构建城乡和谐
关系，促进城乡一体化
发展，实现乡村复兴的

图 8 - 2　重庆市南川区大观镇铁桥村

根本途径。乡村建设目标在于推动传统乡村从农业社会向现代社会转型发展，
这一进程也是摆脱愚昧向崇尚文明的渐进过程，应遵循自然规律、经济和社会
发展规律，不可能一蹴而就。在政府的支持下，乡村建设应充分发挥乡村集体、
个人的作用，充分调动乡村集体、社会组织以及个人在建设美好家园上的内生
动力，激发乡村人口建设热情。各级政府要加大乡村建设上配置资源的力度，
因势利导发挥作用，既要强有力推进，又不能大包大揽，更不能违反客观规律
搞形式主义，摆花架子。

　　在城乡一体化愿景下，乡村建设需要通过制定统一的城乡发展规划，把城
镇和乡村连在一起，统一调动和配置资源，统一区域内生产力布局。通过有规
划、有步骤地实施，建设联结城乡的交通网络、水利网络、电力网络、通讯网
络，实现基础设施城乡一体化；通过增加乡村商业网点，建设覆盖城乡的物流
体系，实现城乡市场一体化；通过大幅度增加对乡村教育、医疗、文化、卫生
以及其他公共服务的政府性投入，提高服务水平，弥补乡村在公共服务方面的
短板；通过构建覆盖城乡的社会保障和救助体系，提高城乡人口抗御自然风险
和社会风险的能力；推动城乡交流，形成适应城乡发展、统一各具特色的文化，
努力提高城乡人口的文化水平和文明素质。

第二节　农业现代化：乡村复兴的必由之路

　　实现城乡一体化发展，最根本的途径是解决乡村发展问题。乡村的发展核
心在于实现农业现代化，没有农业现代化，就不会有乡村现代化。现代化具有
时代感，是一个特定时代人类生产、生活掌握和享有现代文明成果的过程，是
一个时代最高文明的象征。现代社会从传统的农业社会走来，创造了超越过去
任一时代的工业文明，并拉动城市化快速演进，与此同时，对传统乡村的改造

就成为任何国家、民族不能回避的历史任务。在对传统农业和乡村的改造中，不同的国家和民族都应有适合于本国家和民族文化传统、生产特征、生活特性的改造路径。对于正在进行工业化和乡村现代化的后进国家而言，先行发达国家诸如欧美对传统乡村和传统农业改造经验可咨借鉴，绝不可照搬照抄。中国是农业大国，传统农业延绵数千年影响深远，在工业化进程中，对传统农业和传统乡村的改造，从理论到实践都是任重而道远的重大历史任务。

一、改造小农经济的复杂性和长期性

小农经济是自给自足的自然经济，以家庭为主要的生产单元，维持小规模土地生产。小农经济是传统农业时期的主要生产方式，中国自废除井田制确立土地私有制始，秦汉时期即已形成整套农业生产制度。以"精耕细作"为主要特点的传统农业，主要依靠人力、畜力，以木制、铁制工具为主，单个劳动力可独立完成所有农业生产的劳动工序，无需开展生产合作，这就为小农经济的发展创造了条件。在土地私有化前提下，尽管土地买卖有条件让少数人拥有更多土地，即土地作为财富向有产阶层集中，但对土地所有权属的继承却导致土地零碎化。土地租佃制下的佃农、拥有小块土地的自耕农所维系的小农经济，在中国传统农业中占据主导地位。维系数千年以小农经济为主要方式的传统农业，主要特征表现在：①生产处于分散状态。耕作区域受地理、地形、水源等生产条件限制，在空间上呈散状分布，在古代黄河流域，特别中下游耕作区处于平原地区，土地相对集中，但生产方式仍然决定了以家庭为生产单元的小农方式，生产仍然处于分散状态。长江流域特别是长江上中游，以大山大川或丘陵为主，耕作区零星分布，生产更是处于极度分散状态。依托于小规模土地的家庭生产单元所生产的剩余农产品，以及手工作坊加工的手工业产品，在进入市场交易时也主要以分散为主。②生产技术封闭传承。传统农业时期，农业生产的动力来源于人力、畜力，生产工具以单个劳动力使用或单个劳动力与牲畜配合为主，所有的工序无需生产单元之间组成联合体，或需要来自于其他外部力量的配合。传统农业的技术和工艺依靠传承，主要来自于祖祖辈辈耕耘的经验，农业生产技术扩散慢。生产的产品主要满足于自给或用于地租支付，少量进入交易，农业生产与外部进行产品交换和信息交流不多，基本处于封闭或半封闭状态。③生产的产品自给为主。小农经济的生产方式以较小规模的要素保障和家庭为单元的生产模式，生产的目的主要用于保证家庭成员生活所需，在没有天灾人祸情况下，周而复始年复一年重复着春种秋收，生产具有稳定性。由于生产规模受到土地规模限制，生产的产品品类以家庭生活必须品为主，其数量规模也保持在同样水平基础上。对众多的小农家庭而言，小农生产是维系家庭正常运转的唯一支柱，是抗御各种社会风险的主要手段，小农离开土地就意味着全家的生活将面临巨大风险，在没有其他更重要的经济收入来源和特殊的灾难面前，小农家庭一般不会离开祖祖辈辈耕耘的土地，毅然放弃小农生产。

小农经济土壤滋生的社会文化和意识形态，决定了改造小农社会的复杂性。小农经济凸显家庭的作用，其血缘承袭关系决定了以家庭为中心的道德伦理在小农社会的主体作用。中国传统文化以"孝"为中心，这也是传统农业时期遵循的行为规范和准则。汉代的许慎在《说文解字》中提道："孝，善事父母者。从老省、从子，子承老也。"善事父母可解释为奉养和服从父母。对祖先的尊崇体现在传统农耕社会，形成以"孝"治天下的道德氛围，并影响中国数千年之久，直到今天以"孝"为核心的传统文化美德尚在弘扬之中，并成为构成当代人行为规范和价值观的重要组成部分。以家庭、家族为中心的宗族主导的乡村社会，一旦与封建皇权结合在一起即形成传统农业社会稳固的治理模式。客观地讲，中国传统农业社会能相对稳定地延续数千年，其中重要的原因在于与传统农业相适应的社会文化、社会价值观念，以及社会治理结构的调和一致和相对稳定性。

对传统小农经济的改造远非产业替代那么简单，其实质在于对传统社会的改造，涉及到思想观念、价值体系和社会运行机理的系统性变革。在这一系列变革中，农业的转型发展是中心，社会从血缘性结构向地缘性结构，从宗族型治理向社会化治理过渡则成为最终的归宿。对传统小农经济改造的复杂性决定了改造进程的长期性，中国自工业化伊始即面临对传统农业社会改造的历史任务，这一进程已持续百年，至今尚未从根本上完成这一使命。近百年来，围绕工业化和城市化，许多仁人志士矢志于探索传统乡村社会改造和复兴，新乡村建设运动不断兴起，其中所取得的成就和探索的经验令人瞩目，对当今农业、农村的现代化建设留下了弥足珍贵的经验和启迪。

二、改造传统农业的路径探寻

在工业化之前，农业以"畜力铁耕"为主，铁器作为农具在生产中广泛使用，代表了人类文明的发展水平，体现了最高的生产技术。在传统农业时期，以"畜力铁耕"为基础，中国的"精耕细作"技术达到了相当高的水平，创造了辉煌的人类农业文明。但是，在工业文明席卷全球，现代科技日新月异的现实背景下，固守于畜力铁耕的传统农业失去了原有的优势地位，在发展大势面前逐渐落伍，面临被淘汰的命运。自工业化兴起以来，所有的国家都在探寻传统农业向现代化农业发展的方式和途径，欧美发达国家凭借工业化扩张所积淀的强大经济实力，利用工业化支撑的技术实力和装备，率先实现对传统农业的改造，引领发展现代农业之路。工业化滞后的国家和地区，由于国情和区情不同，传统农业的具体情况各异，农业现代化改进之路亦不尽相同，如20世纪70年代日本、韩国所走过的与欧美不同的道路一样，中国对传统农业改造也应具中国特色。

　　研究对传统农业的改造，首先应明了什么是现代农业？当前，学界对现代农业的论述很多，但认识不一，对现代农业比较普遍的看法是现代农业以现代工业和科学技术为基础，根据市场需求而生产，是采用现代科学技术、现代工业装备和运用现代管理知识的综合农业体系。现代农业与传统农业的区别是：①科技型农业与经验型农业之区别。传统农业的种植技术主要来自于上辈传承下来的经验，是祖祖辈辈生产经验积承下来的结果。同时，手工业领域必须遵守行规，工匠的技艺出自于师徒代代相传。中国的传统农业延续时间长，影响深远，传统技艺发展到了极致，许多从实践中总结出来的"农书"流传很广，至今仍然是指导农业生产的范本。与传统农业不同之处，现代农业中运用来自于工业文明支撑下的科技新发明、新技术，以现代育种技术、现代栽培技术、现代管理技术为支撑。②机械、电力式动力与木具、铁制工具和人力、畜力之区别。传统农业在工具使用上以木制、铁制工具为主，以人力、畜力结合从事大田耕种。现代农业以机械、电力为主，推行生产流程的标准化。③开放型农业与封闭型农业之区别。传统农业是封闭型系统，系统内外物质、能量交换少，稳定维持封闭运行。作为每一个以家庭为核心的生产单元，保持同一生产水平的简单再生产，周而复始，重复运行。现代农业是开放型系统，系统内外有较多的物质和能量交换，土地、资金、机械、人力的投入处于动态水平，生产以企业化为主。④效益型农业与自给型农业之区别。传统农业的产品主要用于支付地租、满足家庭成员的消费，以家庭所需引导生产。现代农业的产品主要用于交易，以市场价格和预期效益引导生产。⑤规模型农业与小农经济之区别。传统农业以家庭为生产单元，生产中的组织化程度低，是典型的小农经济。在现代农业阶段，由于生产工具发生质的变化，劳动生产效率大幅提高，机械化、电力化生产需要大量的要素投入，维持规模化生产。

　　如何改造传统农业？从理论到实践的争论持续了三百年。马克思、恩格斯认为传统的小农经济必然消亡，最终必将被社会化大生产所取代。马克思认为："小块土地所有制按其性质来说排斥社会劳动生产力的发展、劳动的社会形式、资本的社会积聚、大规模的畜牧和对科学的累进的应用。"① 由于小农经济先天的保守性，无法与采用先进技术的资本化大生产竞争，最终将被资本化经营和规模化经营所替代，在这一过程中，小农必将逐渐消亡。马克思说："用自己的生产资料进行生产的手工业者或农民，不是逐渐变成剥削别人劳动的小资本家，就是丧失自己的生产资料（最常见的是后一种情况，即使他仍然是生产资料的名义上的所有者，例如农民在抵押借款的时候就是这样），变成雇佣工人。这是资本主义生产方式占支配地位的社会形式中的发展趋势。"② 恩格斯进一步论述了小农生产被社会化大生产所取代的历史必然性，他说："经营大农业和采用农业机器，换句话说，就是使目前在耕种自己土地的大部分小农的农业劳动变为多余。"③ 同时他指出："要保全他们那样的小块土地所有制是绝对不可能的，资本主义的大生产将把他们那无力的过时的小生产压碎，正如火车把独轮手推车压碎一样是毫无问题的。"④ 马克思、恩格斯进一步指出了无产阶级取得政权以后，用合作化改造小农经济的道路，马克思认为："我们一旦掌握政权，我们自己就一定要付诸实施：把大地产转交给（先是租给）在国家领导下独立经营的合作社。……我的建议要求把合作社推行到现存的生产中去。……应该将土地交给合作社。"⑤

列宁对农业的改造经历了从"共耕制"到"合作化"的转变，以 1921 实行新经济政策为界，在此之前苏联推行了共耕制。所谓共耕制，就是不仅土地公有，而且农具、牲畜也公有，整个集体共同耕作，集中经营，统一分配。它有三种形式，一是农业公社，是按共产主义原则组织的，社员的全部家产，即一切生产资料和个人经济，包括生活资料统统归公，产品按人平均分配，在公共食堂中免费吃饭；二是劳动组合，建立在土地和生产资料公有制基础上，集中劳动，按劳动日计酬，允许农民有少量副业；三是共耕社（协作社），是共同使用土地、集中劳动，但耕畜、农具仍为农民私有，一部分产品集中分配。就其实质而言，共耕制是一个包含所有制、生产经营制度和分配制度在内的完整经济制度。在新经济政策实施以后，苏联转而推行了合作化，首先恢复农民的个体经济，然后进行一系列政策的调整。允许农民自由贸易，恢复农民小商品生产者的地位。同时，1922 年通过新的《土地法典》，承认农民拥有对土地的实

① 《马克思恩格斯全集》，第 46 卷，第 912 页，北京，人民出版社，2003。
② 《马克思恩格斯全集》，第 26 卷第 1 册，第 441 页，北京，人民出版社，1972。
③ 《马克思恩格斯全集》，第 25 卷，第 584、396 页，北京，人民出版社，2001。
④ 《马克思恩格斯全集》，第 22 卷，第 583 页，北京，人民出版社，1965。
⑤ 《马克思恩格斯全集》，第 36 卷，第 416 页，北京，人民出版社，1974。

际占有权。在此基础上，把农民组织起来推行合作制。一方面，土地实行国有化；另一方面，根据自愿原则从流通领域开始组织合作社把农民联合起来。这种形式既有农民家庭的分散经营又有合作社的联合经营；在分配上，既有农民家庭经营的分配，又有合作社的分配。

斯大林、毛泽东是社会化大生产改造落后小农经济的实践者，两者从理论到实践将农业的改造从合作化引向集体化。斯大林指出，农民"应当走上而且一定会走上社会主义的发展道路，因为除了和无产阶级结合，除了和社会主义工业结合，除了通过农民普遍合作化把农民经济引向社会主义发展的总轨道以外，没有而且不可能有其他足以使农民免于贫困和破产的道路"①。在合作化基础上，他进一步指出："只有当农民经济在新的技术基础上即通过机械化和电气化的方法加以改造的时候，只有当多数劳动农民加入合作社组织的时候，只有当多数农村满布集体形式的农业合作社的时候，全盘集体化才会到来。"② 从1929 年开始，苏联农业走向了全盘集体化道路，1929 年 11 月，斯大林发表了《大转变的一年》，强调整村、整乡、整区甚至整个专区都要加入集体农庄。1931 年 1 月，联共（布）中央通过《关于集体化的速度和国家帮助集体农庄建设的办法》的决议，此时集体化已出现冒进趋向，斯大林宣布农村中的社会主义改造已取得决定性胜利，苏联已由小农经济的国家改造成拥有世界上规模最大的农业国家。在毛泽东的主导下，中国对农业的改造经历了从互助组、初级合作社、高级合作社、人民公社的过渡，从合作化到集体化的转变，这一过程采取运动方式，特别至后期出现了不切实际的浮夸和冒进行为。

除了社会化大生产改造和取代小农经济的观点外，苏联前经济学者恰亚诺夫提出了小农存在的合理性，其一体化经营理论强调通过小农的合作以及一体化经营改造传统农业，从而克服传统小农的弱质和缺陷。他将一体化经营分为横向一体化和纵向一体化，纵向一体化是将农业经营中的一些环节交给企业和合作社去完成，从而实现农业经营的规模化。恰亚诺夫认为，只有在合作基础上的纵向一体化才是小农的出路，纵向一体化在一些环节仍然可实现社会化大生产。他说："农民农场一体化的最主要形式只能是纵向一体化，并且只能采用合作制形式，这是因为，只有以这样的形式，它才能同农业生产有机地结合起来……合作集体化的道路乃是在我国目前条件下将大农场的成分、工业化和国家计划引人农民经济活动的唯一可行的途径。这意味着要循序渐进并不急不躁

---

① 《斯大林全集》，第 8 卷，第 79 页，北京，人民出版社，1954。
② 《斯大林全集》，第 10 卷，第 193 页，北京，人民出版社，1954。

地将一些部门从单个农场中分离出来,并用更高的社会化大企业形式将其组织起来。"同时,农民农场通过合作组织可实现与国家相联系,并被国家纳入计划经济体系。恰亚诺夫的纵向一体化对农业的改造并未在实践中得到印证,但其思想对以后的农业改造带来了一定影响。

在恰亚诺夫分析框架基础上,美国华裔学者黄宗智产业一体化观点,他在分析中国小农经济状况前提下,提出的"纵向一体化"模式,就是在农业生产的各个环节实施"产—加—销"和"贸—工—农"经营,亦即"农业产业化"。黄宗智认为龙头企业、合作组织、市场和农民经纪人都可带动实现纵向一体化,特别是合作组织在带动产业化经营中将发挥更重要的作用。其研究结论主要有三点:一是中国农业的现实和将来主要是小规模的资本和劳动密集型结合的形式,在家庭经营范围内以资本和劳动替代土地;二是中国的纵向一体化主要依靠吸纳劳动力的种植业和养殖业;三是小农在新时代农业中将继续存在。在中国现实的纵向一体化中,既包括市场经济成分也包括计划经济成分,两者之间矛盾十分尖锐,当务之急不是做出单一的选择,而是应找到两者结合和超越的"第三条道路"。

图8-3　对传统农业进行技术改造,将带来农业生产方式和组织形式的变革
(资料来源于中国农机网)

在西方经济理论中,美国经济学者西奥多·舒尔茨对传统农业改造的观点最为典型,他在《改造传统农业》中分析了传统农业的特征,认为传统农业完

全以农民世代相传的生产要素为基础，生产技术（包括特物质资、技术包括人的技术知识）没有任何重要的改变，生产效率极为低下；在生产中农民没有改变传统生产要素的动力；农民的储蓄为零，因而没有投资的经济能力。舒尔茨在分析了部分落后国家农业经营状况基础上得出结论：传统农业的资源配置长期处于停滞的均衡状态，虽然资源配置是有效率的，但是由于传统农业对原有生产要素增加投资的收益率低，对储蓄和投资缺乏足够的经济刺激，传统农业依旧停滞落后，无法成为经济增长的源泉。对传统农业的改造只有引入现代农业生产要素，只有进行技术创新和制度创新，才能打破传统农业的均衡。舒尔茨认为，对传统农业改造的主要措施：一是要增加对农业的投资，要引进现代农业要素需要投资，投资就成为关键性问题，对传统农业引进投资绝不是扩大耕种面积和开垦荒山，而是要引进良种、化肥、农药和增加农业灌溉设施。二是新的农业生产要素要有合理的构成，并不断提高供给的质量。三是生产要素要有合理的价格。四是要开展农业科学研究，发展中国家要引进现代农业科学技术，并与本国实际结合起来，并生产出适合本国的质量优良、价格合理的生产要素。五是要建立多方面的社会性服务机构，依靠社会性的服务组织为农民提供必要的生产信息和技术。六是改革农业管理制度，政府对农业的指令性管理缺乏效率，影响农民生产积极性，依靠经济刺激的市场管理方式与价格、投资、消费相联，有利于调动农民积极性。七是要对人力资本进行投资，要改造传统农业，极为重要的是提高农民的技术水平和科学文化知识，也就是要提高农民使用和管理现代农业要素的能力。农民引入新的生产要素需要有一定的能力，这些能力不会自动产生，需要通过教育、在职培训和提高健康水平等方式对农民进行人力资本投资。八是非农部门的支持，对传统农业的改造离不开非农业部门的支持，特别是商业、交通运输等与农业密切相关的部门支持。

三、对改造传统农业的理性认识

借鉴传统的经典理论，需要克服理论产生的时代局限性。马克思、恩格斯关于改造传统农业的思想产生于工业化方兴未艾的前期，主要根据工业化发源地英国对农业改造实际提出的理论，300多年来，实践证明资本主义大生产虽然有了较快的发展，但"小农"形态并未消亡，社会化大生产必然取代小农的趋势并没有形成。在苏联和此后中国的社会主义改造中，对小农经济的集体化改造道路也没有达成愿景，相反带来了农业生产效率和产出水平大幅降低。1927—1928年，在快速工业化背景下，国家对粮食收购价格过低导致全苏联粮食收购"危机"，对此，苏联领导人认为主要原因乃"富农"破坏和小农经济较低的商品生产率所致，从而带来全盘集体化。在集体化运动中，从限制富农到消灭富农、强制农庄化，以及低于生产成本的强制性收购政策，极大地打击了农民生产积极性，造成了农业的衰退。不愿加入集体农庄的农民在绝望中屠宰牲畜，毁坏工具和焚烧谷物。1933 年与战时困难的 1916 年相比，牲畜存栏数骤降 1/2～2/3。粮食总产跌入低谷，直到 1935 年才开始复苏。在国内，自人民政权成立开始的合作化，最终走向人民公社体制的集化化，给农业生产造成了损失和对人民生活带来了极大的困难。

社会化大生产改造传统农业，重要的观点是通过改造取代小农，小农的最终命运必然走向消亡。马克思认为在与资本主义大生产竞争中，资本对小农的吞并形成大农场，小农的大多数人将变成无产阶级。以后的理论以及对传统农业改造实践，认可或证实了小农存在的合理性。恰亚诺夫提出的纵向一体化理论，在审视和批判集体化视野下，主张通过合作化实现纵向一体化，让农民农场与市场和国家计划对接，使农民农场既有生产的自由又能享用合作化的好处。黄宗智提出"第三条路"，既不是国有化，也不是农民化，而是两者兼有的纵向一体化。一体化理论提出对小农的改造，并非最终消灭小农，而是引导家庭农场的合作化，实现一体化。舒尔茨更认可传统农业对资源配置实现了"最优"，这种最优是对传统生产要素的使用达到均衡，在引进新的生产要素对传统农业的改造中，家庭经营方式仍然将长期存在。

欧美以及亚洲日本、韩国对传统农业改造的路径不尽一致，欧美将工业化成果运用到农业，实行机械化作业，通过规模化、标准化推进农业现代化；日韩因人多地少，人平耕地面积较小，在农业现代化进程中，主要运用现代生物技术提高单位面积产出和效率，两者虽然在路径上不同，但在农业的经营组织形式上都以家庭经营为主。在欧美先行工业化国家，时至今天农业经营组织仍以家庭经营、机械化作业为主，在此基础上实现企业化经营；日韩在家庭经营基础上加强横向联合，通过协会组织将众多的家庭农场联结在一起。实践证明：对传统小农的改造并非根本消灭农业的家庭经营形式，更重要的有效途径则是推进小农经营向规模化的家庭经营发展。苏联以及中国过去"集体化"道路，对农民采取强制性剥夺土地以及其他生产资料支配权，通过损伤农民利益实现社会化大生产的路子则是不可取的。

对传统农业的改造，主要通过农业技术改造实现现代化，在大生产中普及现代农业技术和装备，充分运用最新科技成果提高农业生产效率，运用最新工业化成果装备农业，达到国民经济系统中现代工业与现代农业的一致性和相互适应性。这一改造进程，包括了传统农业从经营形式、组织模式、资源配置方式等方面的系统改进，当农业尚不能离开土地，农业产出规模和效益受制于土地规模和地力水平的客观背景下，对传统农业的现代化改造亦不能回避土地从分散向相对集中的这个门槛，跨越这个门槛涉及到社会相关利益集团的权益调整，从某种程度上讲，这更相关到宽广范围的制度设计问题。更确切地讲，对传统农业改造难在社会利益关系调整，更多地反映在制度创新层面上。

对传统农业的改造，既包括物的改造，也包括人的改造，某种程度上讲，对人的改造比对物的改造更难，或者可以这样说，不能有效地对人进行改造，对物的改造也不能实现或不能彻底实现。在中国这样的传统农业国家，小农经济行为和意识根深蒂固，对小农的改造不但是经济问题，而且是深层次的教育和文化问题。在经历上百年工业化洗涤以后，传统的"宗法"小农社会从经济基础、社会组织结构以及价值观念都发生了与传统偏离的变化，传统的"宗法"小农社会向"社会化"小农衍变，无疑对今日之小农研究和改造将具备更宽广的视野。

在开放的社会、经济系统中，传统农业打破封闭与市场对接，通过市场机制配置资源使农业处于劣势，生产要素将从农业系统流向非农系统，其中重要的原因是农业受制于自然因素，具有季节性，农业生产不能像工业一样在各个生产环节实现劳动分工，马克思认为"生产时间和劳动时间不一致"所带来的先天缺陷所致。由于农业的先天缺陷，导致投资农业的效益缺失，投资者需支付实实在在的机会成本。在小农经济以自给自足为生产目的发展时期，农业成为生存的必须手段，小农对春种秋收的决策、生产行为是理性的，农业维持较低生产规模、周而复始循环具有充分的合理性。但是，当农业以市场配置资源、农业产品以交易为目的后，农业的产业缺陷就会在竞争中显现出来，并对农业投资效率带来损失。

完全市场化、生产要素根据要素价格自由流动的前提下，农民作为理性的市场主体，只有土地、资本、劳动力不具备投资其他产业的条件下，农民才会把这些生产资源投资于农业，这也解释了最近几十年农村普遍出现的"兼业"现象，农民宁愿到城市和外地打零工，也不会长年呆在家乡专职于农业，农业已成为许多农村人的附属产业。对农民而言，农业是众多产业选项中的一项，农民自身根据家庭状况、个人意愿以及从事其他产业、职业的预期决定每个生产周期对农业的要素投入；而对于国家而言则没有选择的余地，农产品在市场流通除具有商品属性外，还具有公共产品属性，其公共属性表现在一个国家内，农产品需要维持在对社会稳定供给的水平，确保农产品的数量和质量在相对稳定的空间内，达成社会"食品安全"目标。对国家而言，农业不是可有可无的事，而是保证国民经济健康发展的基础产业，同时也是稳定社会的民生产业。以上分析可以看出，农产品具有二重性，即既是私人产品又是公共产品，作为私人产品，应由农民根据自愿原则向市场供给，而作为公共产品，则应由政府向社会供给。

当政府不能够也不可能直接从事食品生产，对"食品安全"供给行为则表现为对农业的支持行为，即通过政府转移支付支持农业发展，确保生产更多的粮食满足社会需求预期，通过旺储淡供对需求进行调节。许多人把政府对农业的支持、补贴理解为因为"农业落后、农民苦、农村穷"的政府慈善行为或因为过去农业对工业支持的"还债"行为都是不对的，政府对农业的补贴和支持则是政府对"食品安全"的购买行为，是市场经济条件下合理的公平交易行为。舒尔茨认为改造传统农业需要引进新的生产要素，当农业处于小农生产状态下，生产者没有能力、也没有实力承担新生产要素进入的成本。在农业向市场化转型发展中，农业的产业缺陷带来的低效率，不但造成传统生产要素的流失，而且新的生产要素也没有进入的条件。由此，只有在政府的支持参与下，通过对产业缺陷进行弥补，传统农业改造才有可能。

第三节　城乡融合：中国城乡一体化发展路径

城市和乡村在统一的社会、经济系统中保持相对独立性，且承担不同的社会、经济功能，相互联系、相互依存，共同形成统一整体。城乡协同发展，实现一体化，是保持整个社会、经济系统稳定性和整体性的必然要求，城乡关系从背离走向合作是实现城乡一体化发展的必然选择。

一、城乡融合的必然性

城乡关系的实质是人与人之间的关系，表现为两种独立存在的、不同的生产方式、生活方式的人群之间的关系。城乡关系在经济上体现为权益占有和分配关系，是对自然和社会资源配置在城乡空间的份额分配，无论其手段是市场价格杠杆作用或制度性约束，这种关系都表现出"趋利性"，在以市场配置资源和调节要素流向的条件下，各种自然和社会要素向更有效率的城市集中，当城乡之间要素分配严重失衡的情况下，乡村衰落将会出现，如此带来城乡关系失衡导致城市失去基础性支撑。由此，市场机制虽然是调节城乡关系、配置资源要素的有效手段，但不能从根本上调合城乡关系，在市场失灵的状态下，确保城乡关系协调发展需要合理的制度设计。城市与乡村、工业与农业是社会、经济系统的重要组成部分，两者之间有机联系相互影响、相互作用不可割裂，城乡、工农之间关系协调有利于社会、经济体系正常运转。构建协调一致的城乡关系，需要城市与乡村两个主体相互呼应和合作，形成利益分配均衡的制度安排。世界上工业化滞后的许多发展中国家，在城市化中损害乡村利益，城乡关系紧张，社会两极分化，最终整个经济、社会亦陷入停滞状态。

社会范畴的城乡关系表现为城市与乡村两种不同生活方式、价值观念的交集碰撞，体现在价值取向、生活习俗、社会交往、宗教信仰、个人举止、礼仪修养等各个方面。城乡社会关系受到城乡经济关系的影响，在工业化、城市化扩张时期，与现代工业化和城市化相适应的城市价值观具有引领性。在城市中，来自于不同地区、不同背景、不同职业的人交往的机会很多，城市对不同的价值理念给予了更多的包容。传统乡村以血缘、宗族为纽带的价值观更具封闭性，在开放性社会系统中表现出不适应，成为被融合和改造的对象。城乡之间不同的价值取向既可表现为相互融合也可表现为相互对立，在城乡共处于开放环境、交流频繁的状态下，城乡人群通过经济合作、社会交往，价值理念则更为开放包容；在城乡隔离，特别是处于强制性的制度隔离条件下，城乡关系背离，城乡人群交往少、合作少，城乡之间价值观上的对立则会更加尖锐。城乡经济关系影响和支配城乡社会关系，城乡之间在经济上的割裂和对立，则出现城乡在社会关系上的对立，这种现象也被诸多急于完成工业化的发展中国家实践所证明。

城市和乡村是构成城乡关系的两个相对独立的主体，构建协调的城乡关系需要合作而非对抗。城乡关系中，最基本的是城乡经济关系，狭义地理解就是处理工业与农业的关系。毛泽东在《论十大关系》中说："我们现在发展重工业可以有两种办法，一种是少发展一些农业、轻工业，一种是多发展一些农业、轻工业。从长远观点来看，前一种办法会使重工业发展得少些和慢些，至少基础不那么稳固，几十年后算总账是划不来的。后一种办法会使重工业发展得多些和快些，而且由于保障了人民生活的需要，会使它发展的基础更加稳固。"当前，中国在推进城乡统筹协调发展战略布局中，实现城乡一体化发展是协调城乡关系的共同目标，围绕这一目标，需要搭建有利于扩大城乡经济、社会各个领域合作的制度平台，拓宽城乡合作的领域、畅通城乡合作的渠道、增强城乡合作的频率，使城乡在合作中共渔其利。

二、城乡融合与城乡合作

城乡融合状况下，城乡要素在经济、社会活动中表现为同一目标或相似目标的合作关系。融合是城乡关系的状态，合作是城乡融合的内容。所谓合作即人与人、群体与群体之间为达成共同目标，联合行动的方式，合作的主体既可为个人，也可为群体，合作既可表现为个人之间、也可在群体之间，还可在个人与群体之间。合作既可以是两者之间的合作，也可以是多个主体之间为达成同一目标开展合作，但合作的主体之间具有相对独立性，且权益对等。从合作的方式上看，合作包括同质合作和异质合作，同质合作是合作各方在合作中从事无差别的活动，如无分工地从事同样劳动；异质合作即为达到同一目标，合作者有所分工，如按工艺流程分别完成不同的工序的生产。按照有无契约合同的标准，合作还可分为非正式合作与正式合作，非正式合作发生在初级群体或社区之中，是人类最古老、最自然和最普遍的合作形式。这种合作无契约上规定的任务，也很少受规范、传统与行政命令的限制。正式合作是指具有契约性质的合作，这种合作形式明文规定了合作者享有的权利和义务，通过一定法律程序，并受到有关机关的保护。

成功的合作需要具备的基本条件主要有：①一致的目标。任何合作都要有共同的目标，至少是短期的共同目标。②统一的认识和规范。合作者应对共同目标、实现途径和具体步骤等，有基本一致的认识；在联合行动中合作者必须遵守共同认可的社会规范和群体规范。③相互信赖的合作气氛。创造相互理解、彼此信赖、互相支持的良好气氛是有效合作的重要条件。④具有合作赖以生存和发展的一定物质基础。必要的物质条件（包括设备、通信和交通器材工具等）是合作能顺利进行的前提，空间上的最佳配合距离，时间上的准时、有序，都是物质条件的组成部分。

城乡融合涵盖了个人、企业、社会组织、政府等主体之间的合作，包括城乡联动和区域协作。城乡之间在所拥有的资源要素上存在互补关系，推动城乡共同发展需要共同发力，通过异质互补、契合联动共同进步。对此，共同推进城乡一体化发展既有利于城市也有利于乡村，城乡一体化是城乡合作的共同目标，也是确保城乡长期和谐稳定的动力源泉。在微观领域，城乡合作的主体是个人、企业、各类经济和社会组织，主要手段通过市场配置资源，价格杠杆发挥调节作用；在宏观领域，城乡合作的主体涵盖各级政府、社会经济组织的横向和纵向合作，主要依靠法律强制规范、依靠政策利益驱动配置资源，重点通过实施适时的财政和货币政策调和区域之间、城乡之间、长期利益和短期利益之间的关系，确保经济、社会发展的协调性和可持续性。

城乡合作的范围和内容十分广泛，包括了经济发展、社会治理、文化繁荣、生态文明建设各个方面，从实现城乡一体化总体目标来看主要涵盖以下方面：①城乡产业一体化。城乡合作实现一、二、三产业互动，使农业形成种养殖、加工、运输、销售各个环节紧密结合的产业链，并围绕产业链形成带动相关服务业发展。在农业产业链形成中，城市与乡村有明确的分工，在幅员广阔的乡村，最原始的各类植物、动物种养殖业仍是支撑产业链的基础环节，承担了为市场提供食物产品和加工原材料的主要职能，大规模加工生产需要稳定和标准一致材料来源，城乡消费也需要安全、新鲜和符合消费者标准的农产品，客观上达到这些要求，传统的千家万户小规模生产难以完成，必须通过适度规模经营、标准化生产方能实现。由此，在当前农业转型发展中，对传统农业改造以家庭农场规模化经营为主要形式，推行企业化经营机制转换，通过合作化连结市场应成为主要的组织形式。在城乡产业一体化发展中，城市通过现代工业技术和装备加工农业产品，承担了加工农产品、提升农产品价值的职能。在农产品加工环节，并非通过长距离运输将农产品输入城市和工厂，最经济的行为是通过发展小城镇，使小城镇成为城市功能辐射、集聚农产品的主要场所。在城乡产业链构建中，同时也构建形成了农产品价值链，城乡之间随之也需要达成公平合理的利益共享和利益分割规则。②城乡建设一体化。生产方式决定生活方式，传统农耕以分散的家庭经营为主，乡民相对居住分散，现代生活对外界依赖加强，水、电、路、气基础条件，就医、就学，以及乡村公共服务则需要以乡村聚居为主，新乡村建设在改变农村生活方式环节中，最重要的应改变乡村人口的居住方式，从分散居住向相对聚居转变。城乡建设一体化以小城镇的规划建设为核心，在城市化中促进城市功能向小城镇延展，并与乡村在基础设施布局上实现互联互通。③城乡治理一体化。城乡治理是复杂的系统工程，包括城乡环境治理以及城乡社会治理，城乡环境治理立足于人与自然和谐，通过城乡互动构建和修复健康、可持续的自然生态系统，减少城乡社会、经济行为对自然环境的负外部性。在传统乡村社会组织结构变迁，传统治理模式已然消亡的大趋势下，城乡一体化需重构社会治理体系，按照城乡权益对等的要求，创新政权机构设置、社会管理模式、价值理念改造，以重塑和谐、稳定的城乡社会经济系统。

三、城乡融合的制度框架

城乡合作应有利于提高城乡居民福利水平，使城乡两方能在合作中共同受益，这样的合作才是有效的和长久的。不可否认利益驱动是城乡合作的原始动机，"无利可图"对合作的任何一方而言皆会失去合作的冲动，因此，在构建城乡一体化发展总目标基础上，从制度层面需解决好城乡合作中利益共享的机制问题。只有在一整套公平、合理的制度规范内，无论微观或宏观合作的主体有利可图，合作才是有效率的，合作的愿景才会达成。构建城乡合作的制度框架，需要在法律层面、政策层面、社会道德层面确立规范，使城乡之间的经济合作风险共担、利益共享，城乡社会治理权益对等、互融互通。在法律层面，赋予城乡个人及组织公平合理的权益，建立稳定、和谐、诚信、充满活力的社会环境，保护符合社会行为规范的正当诉求，惩戒非法行为。在政策层面，需要增强调控能力，建立有利于城乡协调互动，合作共生的政策体系。完合取消限制城乡交流的政策壁垒，促进互融互通。在社会道德层面，强化城乡教育引导，增强城乡文化包容性，培育社会交往中的诚信氛围。

围绕以上三个制度层面，需要深化和落实城乡合作的制度创新，以适应城乡一体化发展中的新形势，解决新问题。城乡合作通过市场和政府两个推手发挥作用，特别在微观合作领域，应充分发挥市场调控和配置资源的作用，在宏观领域发挥政府财政、货币的杠杆作用。制度创新要重新划定政府与市场的边界，充分展现市场调控的活力。在城乡经济一体化中，取消城乡壁垒，促进城乡间要素自由流动；在城乡公共资源配置，赋予城乡居民平等权益；继续对农业加强补贴，推进城市资本下乡，吸引外部要素流入农村，加快农业、农民和农村现代化改造进程。

第九章

城乡一体化与社会治理

以正治国，以奇用兵，以无事取天下。吾何以知其然哉？以此。天下多忌讳而民弥贫；民多利器国家滋昏；人多技巧奇物泫起；法令滋彰盗贼多有。故圣人云我无为而民自化；我好静而民自正；我无事而民自富；我无欲而民自朴。

——老子《道德经》

当城乡二元结构被打破，城乡互融互通必然带来城乡社会组织结构发生重大变化，其中，社会利益群体多元化、利益诉求多样化对社会治理提出了全新而重大的课题。依靠外力对社会实施控制，亦即过去我们所沿袭的管理模式，将支付庞大的社会成本，这是我们所不能承受的。所以，在制度上实现从管理到治理，从机制上实现从外部控制到自我约束成为必然之势。

第一节　从社会管理向社会治理转型发展

2013 年 11 月 12 日，中国共产党第十八届中央委员会第三次会议作出了《中共中央关于全面深化改革若干重大问题的决定》，提出了"创新社会治理体制"的重大课题，要求"创新社会治理，必须着眼于维护最广大人民根本利益，最大限度增加和谐因素，增强社会发展活力，提高社会治理水平，全面推进平安中国建设，维护国家安全，确保人民安居乐业、社会安定有序"。其中创新的核心内容主要包含了从管理社会向治理社会的转型发展。

一、管理与治理的关系

弗雷德里克·泰罗（Frederick Winslow Taylor）认为："管理就是确切地知道你要别人干什么，并使他用最好的方法去干。"弗雷德里克·泰罗被称为科学管理之父，其发明的流水线生产管理"泰罗制"，开启了工业化大生产效率式管理的先河，同时，被管理的流水线工人就成了被强制性的"机器"，泰罗也成了"野兽般残忍的人"。对管理的概念理解，不同的学科虽有不同的解释，但其内涵大体一致。就其原意而言，根据张俊伟所著《极简管理：中国式管理操作系统》中解释：管是细长而中空之物，其四周被堵塞，中央可通达。使之闭塞为堵；使之通行为疏。管，就表示有堵有疏、疏堵结合。所以，管既包含疏通、引导、促进、肯定、打开之意；又包含限制、规避、约束、否定、闭合之意。理，本义为顺玉之纹而剖析；代表事物的道理、发展的规律，包含合理、顺理的意思。管理犹如治水，疏堵结合、顺应规律而已。所以，管理就是合理地疏与堵的思维与行为。现代管理科学理论对管理的定义，大体可描述为管理组织为实现组织目标，对所掌握的资源进行有序配置的过程。

在古代中国，治理一词出现较早，大多论述与国家的管理相关。"治"本义与水有关，引申为治水、整治、修治，郦道元《水经注》中说："昔禹治洪水。""治"作为动词，有治国、治军、治家、治礼、治产、治经、治病等很多内容，有整顿、整理、训练、调和等意思。"治"作为名词，表示政府所在地，如省治、县治等。治理一词与管理相近，有整治、整顿、调理之意，《荀子·君道》中说："明分职，序事业，材技官能，莫不治理，则公道达而私门塞矣，公义明而私事息矣。"晋袁宏《后汉纪·献帝纪三》："上

图9-1　老子（资料来源于六图网）

曰：'玄在郡连年，若有治理，迩迁之，若无异效，当有召罚。何缘无故徵乎?'"对于中国古代治理国家最经典的论述当属老子"治大国若烹小鲜"，对于这一著名论述，历代皆存争论，最著名的解释有多种。《诗经·桧·匪风》毛传云："烹鱼烦则碎，治民烦则散，知烹鱼则知治民。"《韩非子·解老》篇："事大众而数摇之，则少成功；藏大器而数徙之，则多败伤；烹小鲜而数挠之，则贼其泽；治大国而数变法，则民苦之。是以有道之君贵静，不重变法。故曰：'治大国若烹小鲜。'"玄学家王弼则注谓："治大国若烹小鲜，不挠也，躁而多害，静则全真。故其国弥大，而其主弥静，然后乃能广的众心矣。"唐玄宗注：

"烹小鲜者，不可挠，治大国者不可烦，烦则伤人，挠则鱼烂矣……此喻说也。小鲜，小鱼也，言烹小鲜不可挠，挠则鱼溃，喻理大国者，不可烦，烦则人乱，皆须用道，所以成功尔。"宋徽宗注说："事大众而数摇之，则少成功；藏大器而数徙之，则多败伤；烹小鲜而数挠之，则溃，治大国而数变法，则惑……"

2012年11月15日，中国共产党第十八届政治局常委与中外记者见面时，习近平说："人民是我们力量的源泉，只要与人民同甘共苦，与人民团结奋斗，就没有克服不了的困难，就没有完成不了的任务。"2013年3月19日，习近平在对俄罗斯、坦桑尼亚、南非、刚果共和国进行国事访问并出席金砖国家领导人第五次会晤前夕，他接受了金砖国家媒体联合采访，当巴西《经济价值报》记者提问："领导一个13亿人口大国，感受是什么？"习近平说："这样一个大国，这样多的人民，这么复杂的国情，领导者要深入了解国情，了解人民所思所盼，要有如履薄冰，如临深渊的自觉，要有'治大国如烹小鲜'的态度，丝毫不敢懈怠，丝毫不敢马虎，必须夙夜在公、勤勉工作。"从一定程度而言，"治大国如烹小鲜"反映了习近平治国理政的态度和理念，也从另一个侧面说明了中国社会治理应对新形势、更加崇尚"以人为本"的新要求。

在英语中，治理（governance）概念源自古典拉丁文或古希腊语"引领导航"（steering）一词，原意是控制、引导和操纵，指的是在特定范围内行使权威。它隐含着一个政治进程，即在众多不同利益共同发挥作用的领域建立一致或取得认同，以便实施某项计划。联合国全球治理委员会（CGG）对治理的概念进行了界定，认为"治理"是指"各种公共的或私人的个人和机构管理其共同事务的诸多方法的总和，是使相互冲突的或不同利益得以调和，并采取联合行动的持续过程"，这既包括有权迫使人们服从的正式制度和规则，也包括各种人们同意或符合其利益的非正式制度安排。治理的特征包括：①治理不是一整套规则，也不是一种活动，而是一个过程；②治理过程的基础不是控制，而是协调；③治理既涉及公共部门，也包括私人部门；④治理不是一种正式的制度，而是持续的互动。

17世纪英国学者约翰·密尔认为：一般情况下社会事务应由个人自愿去做，政府应奉行放任政策。同时，他又根据功利主义原则，赞成政府为增加人民福利对经济事务和个人活动进行适度干预。以此为基础，密尔提出了一套完整的有限政府干预思想，为形成新自由主义政府干预理论做出了重要贡献。政府对社会事务的有限干预界定了政府与社会的职责边界，对政府管理社会指明了路径。此后，西方公共治理理论兴起于20世纪后半叶，其中有许多颇具代表性的理论成果和观点。罗西瑙（J. N. Roseau）认为"治理是由共同的目标所支持的，

这个目标未必出自合法的以及正式规定的
职责，而且它也不一定需要依靠强制力量
克服挑战而使别人服从"。罗茨
（R. Rhodes）对治理的定义有六个方面：①
作为最小国家管理活动的治理，它指的是
国家削减公共开支，以最小的成本取得最
大的效益；②作为公司管理的治理，它指
的是指导、控制和监督企业运行的组织体
制；③作为新公共管理的治理，它指的是
将市场的激励机制和私人部门的管理手段
引入政府的公共服务；④作为善治的治理，
它指的是强调效率、法治、责任的公共服
务体系；⑤作为社会控制体系的治理，它
指的是政府与民间、公共部门与私人部门

图 9 - 2　约翰·密尔，英国著名
思想家，代表作《论自由》，（资
料来源于 http：//www. 360doc.
com）

之间的合作与互动；⑥作为自组织网络的治理，它指的是建立在信任与互利基
础上的社会协调网络。格里·斯托克（Greedy Stoker）对治理理论归纳为五个观
点：一是治理是指一系列来自政府，但又不限于政府的社会公共机构和行为者
的复杂体系；二是治理意味着在为社会和经济问题寻求解决方案过程中，存在
着界限和责任方面的模糊性；三是治理明确肯定了在涉及集体行为的各个社会
公共机构之间存在着权力依赖；四是治理意味着参与者最终将形成一个自主的
网络；五是意味着办好事情能力并不限于政府的权力、政府的发号施令或运用
权威。在公共事务的管理中，不存在着其他的管理方法和技术，政府有责任使
用这些新方法和技术来对公共事务进行控制和引导。库伊曼（J. Koopmans）和
范·弗利埃特（M. Van Viet）指出："治理的概念是，它所要创造的结构或秩序
不能由外部强加；它之发挥作用，是要依靠多种进行统治的以及互相发生影响
的行为者的互动。"

　　管理与治理就其组织目标而言殊途同归，但就其过程则大相径庭。管理是
单一的主体，而治理则为多主体；管理的手段包括多个方面：强制（战争、政
权、暴力、抢夺等）、交换（双方意愿交换）、惩罚（包括物质性的和非物质
性；包括强制、法律、行政、经济等方式）、激励、沟通与说服。而治理的手段
则更多表现为调和，特别是多个治理主体的互动配合；管理需要制定明确的规
则，按规则行事，而治理则可能没有明确的规则限定，更多的表现为多主体的
协同一致。从社会管理到社会治理，虽一字之差，但却蕴含了从"一元、强制、

垄断"走向"多元、民主、合作"的不同思想，反映了社会各个阶层之间的利益调整和社会在进步中的合作与包容。

二、社会从"管理"到"治理"的必然趋势

20世纪90年代，随着新技术运用日新月异，特别是互联网的普及应用，人类的经济生活和社会生活进入了全新的时代。经济活动和社会活动的多元化催生了一大批新经济组织和新社会组织，信息化及高技术手段对社会公共事务管理的参与度提高，传统的公共管理模式进入重构期。与此同时，社会治理理论研究日趋活跃，以美国学者奥斯特罗姆为代表的多中心治理理论对传统的社会管理理论提出了挑战。其主要观点挑战了亚当·斯密的私人利益最大化可以导致公共利益最大化的命题，她指出解决公共事务问题以政府途径为唯一或者以市场途径为唯一是有问题的，提出了通过自治组织管理公共物品的新途径，但同时她也不认为这是唯一的途径，因为不同的事物都可以有一种以上的管理机制，关键是取决于管理的效果、效益和公平。社会治理理论的产生和成熟，进一步提出了政府行使职能重新定位，拓展了政府改革的新视角，它对现实社会问题的处理方式，成为引领公共管理未来发展的潮流。

利益主体多元化、社会诉求多样化给社会稳定运行带来困难，传统的依靠单一的政府或市场调配资源，难于适应社会发展的需要。近几十年来，中国工业化和城镇化发展速度很快，城乡融合度提高，城乡交流面扩大，特别是大量乡村人口涌入大中城市，对城市的传统管理方式提出了挑战，同时也对乡村治理带来了新的课题。在城乡二元制度性壁垒被打破以后，在计划经济条件下形成的主要依靠单位提供福利的格局被取消，转而实行通过政府部门依托户籍统一配置的方式，来自乡村的人口与城市户籍人口在公共福利上存在着较大的差距。同时，城市人口的膨胀带来城市公共资源配置紧张，生活质量下降，即所谓"城市病"。交通拥堵、废物、废水排放超负荷，城市公共设施不能满足需要，就医、就学困难，城市贫困群体增加，城市治安压力增大。与此同时，乡村人口大量减少，耕地抛荒、村庄破败，留守老人、儿童缺乏关怀，这些问题凸显为新的"乡村病"，也给乡村管理带来新的矛盾和问题。综上所言，在破除城乡二元体制，给城乡发展带来活力的同时，城乡关系向一元化迈进的过程中，新的矛盾和问题需要得到妥善解决，社会的管理方式需要从根本上得以革新。

按照"三步走"的发展战略，中国至20世纪末达到了总体小康水平。2002年11月，中国共产党第十六次全国代表大会提出了全面建设小康社会的奋斗目标，从经济、政治、文化、可持续发展的四个方面界定了全面建设小康社会的具体内容。具体就是六个"更加"：经济更加发展、民主更加健全、科教更加进步、文化更加繁荣、社会更加和谐、人民生活更加殷实。从小康的具体目标可以看出，全面小康是政治、经济、社会、文化、生态全面发展的"小康"，其中，和谐社会建设是重要的、不可或缺的组成部分之一，是构成小康社会的有机整体。社会和谐愿景的达成，需要社会具备公正的法制环境、公平的财富分配方式，社会各阶层的有效沟通渠道，社会矛盾的调和机制，这一切都需要通过创新和完善社会治理体系来实现。2013年11月，中国共产党十八届三中全会提出"推进国家治理体系和治理能力现代化"的重大命题，反映了中国共产党顺应时代要求，符合民心、尊重社会发展规律的战略抉择。

2017年2月25日，北京发布由中国行政体制改革研究会会长魏礼群主编，商务印书馆出版的《中国改革与发展热点问题研究（2017）》，其中《提高社会治理水平　决胜全面小康社会》一文认为：到全面建成小康社会之时，中国的社会治理及其社会状态将会呈现七个方面"更加显著"的景象特征。①"和谐社会"建设成效更加显著。进一步实现学有所教、业有所就、劳有所得、病有所医、老有所养、住有所居；更好实现政治清明、社会和谐、家庭和睦、人际和顺、心态和善、人与自然和谐相处等。②"平安社会"建设成效更加显著。人民安居乐业，社会安宁稳定；正义普遍得到伸张，邪恶坚决受到惩治，"盗窃乱贼"现象大为减少。此外，食品安全、交通安全、居住安全、环境安全等公共安全状况不断改善，社会秩序明显好转等。③"信用社会"建设成效更加显著。覆盖全社会征信系统基本建成，社会信用法律和标准体系逐步建立。政务诚信、商务诚信、社会诚信和司法公信建设取得显著进展等。④"法治社会"建设成效更加显著。社会生活进一步纳入法治化、规范化轨道，社会活力进一步迸发又依规有序运行；全社会法治观念和法治信仰普遍增强，宪法和法律得到更好实施和遵从等。⑤"健康社会"建设成效更加显著。全民健康水平进一步提升，国民整体素质普遍增强，人均预期寿命提高，比较完善的公共卫生和医疗服务体系普遍建立；全民健身型社会基本建成，体魄健康的主要指标达到中等发达国家水平等。⑥"幸福社会"建设成效更加显著。人民生活更加殷实，生活质量明显提高，家庭财产普遍增加，精神生活丰富充实；人的尊严普遍受到尊重，不断全面发展等。⑦"社会治理现代化"建设成效更加显著。社会治理体系和社会治理能力现代化取得更大进展；社会制度改革不断深化，政府社会管理能力明显提高，多元社会主体参与治理格局进一步形成等。

三、社会治理体系构建

多中心治理理论虽然认为不能单纯依靠政府或市场调控资源，但政府和市场仍是配置和调控资源的最主要手段，特别是充分发挥市场机制的调节作用，更有利于提高资源配置的效率。正确处理好政府与市场的关系，划清政府与市场的边界。创造更加自由的市场竞争环境，确保市场机制发挥基础性调节作用，同时强化政府宏观调控能力，丰富政府调控手段，有效应对"市场失灵"，解决和处理好市场"缺陷"。处理好政府与社会的关系，充分发挥社会组织在社会治理中的作用，加强社会自治功能，激活社会活力，畅通社会各阶层诉求渠道，培育社会调和及纠错能力，降低政府对社会的管控压力，提高政府对社会公众的服务能力。由此，社会治理需要构建政府调控、市场调节与社会调和"三位一体"的治理结构。

中国共产党十八届三中全会指出：社会治理要坚持系统治理、坚持依法治理、坚持综合治理、坚持源头治理，指明在社会治理中的创新方向。坚持系统治理，就是要发挥党委领导核心作用、政府主导作用、社会参与作用，形成社会治理整体合力；坚持依法治理，就是加强法制保障，实现社会治理法治化；坚持综合治理，就是强化道德约束，规范社会行为，调节利益关系，协调社会关系，解决社会问题；坚持源头治理，就是要标本兼治、重在治本，实现从事后处置、被动应付向事前预防、主动掌控转变。社会治理是政府的基本职能，必须发挥各级政府在治理创新中的主导作用，加速政府改革步伐，确立政府权力边界。推进政府功能创新，增强政府宏观治理社会的调控能力，使政府从事无巨细的微观领域退出来，淡化政府管理功能，增强服务功能，打造服务型政府、法治型政府、效能型政府和诚信型政府。推进政府调控手段创新，充分发挥政府法制监督、规划引领、政策导向、风险防范作用。政府应建立与社会各阶层、社会组织沟通协调的管道和机制，特别关注民生，凡是涉及群众利益的重大决策、项目、工程等都应广泛听取民意。在社会转型发展时期，社会利益主体多元化，矛盾多样化背景下，政府发挥社会治理主导作用，应把控大局，综合运用多种手段，以预防为主，形成科学有效的诉求表达机制、矛盾调处机制、利益协调机制、心理干预机制、权益保障机制，确保各阶层民意及时通达，合理诉求及时得到解决。

市场机制是调节资源配置最有效率的手段，在资源有限的状况下，通过竞争形成价格平衡供求关系，是处理社会中各类微观经济主体利益分配的最有效方式，是社会成员之间第一次财富分配的主要形式。充分发挥市场机制的基础性作用是调节社会经济行为的主要手段，也是社会治理的最基础性的一环，确保竞争环境公正性，减少对市场竞争行为的干预是前提，客观上对政府改革提出了新的要求。当然，市场竞争并非是全能的，现实中完全自由竞争的市场环境是不存在的，公共产品供给与需求间难以形成价格机制、竞争中信息不对称、竞争中的垄断以及市场波动和外部性带来的诸多市场"失灵"对社会公平提出挑战。按照传统经济理论，政府干预是解决市场失灵的主要手段，这方面对政府干预的范围、手段、方式等具有很多争论，但现实中政府仍是市场引错行为的主要行为者，政府天生所具备的政策趋向、禁止、强迫、处罚等诸多手段是处理市场失灵的主要措施。政府充分放任市场发挥作用，并适时采取相应宏观调控政策是对政府社会治理能力的考验。

中国共产党十八届四中全会提出，要"建立健全社会组织参与社会事务、维护公共利益、救助困难群众、帮教特殊人群、预防违法犯罪的机制和制度化渠道。……发挥社会组织对其成员的行为导引、规则约束、权益维护作用"。社会组织具有非营利性、非政府性、独立性、志愿性、公益性等基本特征，包括非政府组织、非营利组织、公民社会、第三部门或独立部门、志愿者组织、慈善组织、免税组织等。社会组织具有公共服务供给功能，与政府协同可进一步完善和健全社会公共服务体系；社会组织具有畅达公民诉求功能，可成为政府与社会各阶层连接的桥梁，充分扮演化解社会矛盾的媒介；产生于社会各阶层的社会组织，其行业、职业、道德规范使其具备自我教育和自我纠错功能，对激发社会活力具有重大影响。建立完善的社会治理体系，需要立足于民生民计，着力培育涉及面广、有利于社会和谐的各类社会组织，引导社会组织增强服务功能和内部管理功能，建立和健全法律法规和政策体系，规范各类社会组织的行为。

第二节　城乡一体化社会建设

《中华人民共和国宪法》中规定："凡具有中华人民共和国国籍的人都是中华人民共和国公民……任何公民享有宪法和法律规定的权力，同时必须履行宪法和法律规定的义务。"在城乡一体化社会建设中，公民不管居住在城市或乡村，既有平等的权力，也有同等的义务；既要行使好权力，也要履行好义务，要提高整体的"公民意识"水平。习近平指出："我们必须坚持国家一切权力属于人民，坚持人民主体地位，支持和保证人民通过人民代表大会行使国家权力。

要扩大人民民主，健全民主制度，丰富民主形式，拓宽民主渠道，从各层次各领域扩大公民有序政治参与，发展更加广泛、更加充分、更加健全的人民民主。"① 我国要在本世纪中叶建成富强、民主、文明、和谐、美丽的社会主义现代化强国，需要由宪法和法律赋予权力和义务的平等的"公民"共同努力奋斗，建设具有中国特色社会主义的公民社会。

当前，在理论上对"公民社会"的认识和理解存在重大分歧和争议。如胡鞍钢曾发表《人民社会为何优于公民社会》一文，认为中国现代社会应为人民社会，是由中国共产党领导下，具有中国特色的现代化社会，实行人民民主的和谐社会。与西方公民社会相比，人民社会更具优越性。俞可平在其《中国公民社会：概念、分类与制度环境》一文中，认为："中国公民社会本身正在形成之中，还很不成熟，其典型特征和作用还未得到充分展露。"他将公民社会定义为"国家或政府系统、以及市场或企业系统之外的所有社会组织或民间关系的总和"，"是官方政治领域和市场领域之外的民间公共领域。"② 清华大学王名教授把公民社会界定为包含"社会组织、社会价值和社会场域三个不同向度的社会现象或社会状态，这种社会现象或状态普遍存在于现代社会，成为现代国家的基本架构之一，对一个国家的市场体系的发展和政治－行政体系的动作具有重大影响。"换言之，无论公民社会组织、公民社会价值，还是公民社会场域，都可理解为公民社会，都是公民社会在不同向度上的体现。他认为："近十多年来，随着改革开放不断深化和社会主义市场经济的发展完善，公民自主参与社会经济事务的积极性不断高涨，我国城乡涌现出大量社会组织，在经济社会生活中发挥越来越重要的作用，公民社会在实践中已经兴起。"③ 学界对公民社会的争议来自于误读，无论"公民社会"或"人民社会"其共同点均以"公民"或"人民"享有权力和义务的社会，以推行"民主"为出发点，本文仍以大多数人所认同的"公民社会"来分析城乡一体化条件下的社会治理问题。

一、城乡社会建设的公民参与

"公民"一词引自西方，最早出现于古希腊。从词源上看，公民是属于城市、城邦和国家的人，是能够进入神坛、参与庆典和享用公餐的人，引申为享

---

① 习近平：《在庆祝全国人民代表大会成立六十周年大会上的讲话》（2014 年 9 月 5 日），载《十八大以来重要文献选编》（中），中央文献出版社 2016 年版。

② 俞可平：《中国公民社会：概念、分类与制度环境》，载《中国社会科学》，2006 年第一期。

③ 王名：《王名：谈谈公民社会》，http://www.360doc.com/conten。

有从事管理社会和国家等公共事务的权利的人。公民与市民在概念上有本质的区别，卢梭在《爱弥儿》中说，公民，就是把自己看作共同体的一部分，并且愿意为共同体献身的人；而市民就是自私自利、除了自己什么都不知道的人，就是孤立的人。在中国古代，皇权制度下只有臣民无公民概念，《诗经·小雅·谷风之什·北山》中说："普天之下，皆是王土，四海之内，皆是王臣。"在汉语中，"公"意为属于国家或集体的人、公务、公共；"民"泛指人、人类或人民、庶人。《韩非子·五蠹》："是以公民少而私人众矣。"意指古代为公之民。从汉语本意上理解，中西方对"公民"一词似有相通之处。根据《中华人民共和国宪法》第三十三条规定，凡具有中华人民共和国国籍的人都是中华人民共和国公民，中华人民共和国公民在法律面前一律平等。

人民是个政治概念，它反映了一定社会内部的政治关系。而公民或国民是个法律概念，指具有一国国籍、并根据该国宪法和法律规定享有权利和承担义务的人，它反映一定的法律关系。同时，人民又是个集体概念，是众多人的集合体，任何个人都不能称为人民，而公民或国民则可用称于单个人。

在古代中国，人民也指平民、庶民、百姓。《管子·七法》中说："人民鸟兽草木之生物。"《周礼·官记·大司徒》中说："掌建邦之生地之图，舆其人民之数。"在古希腊、古罗马时期，柏拉图、亚里士多德、M. T. 西塞罗等人的著作中也使用过人民的概念，是指奴隶主和自由民，不包括占人口大多数的奴隶。

就当前中国而言，自1956年"三大改造"完成以后，中国的阶级关系发生了根本性变化，剥削阶级已经消亡，全体中国人在政治上享有同等的权利，中国人内部虽有个人占有财产和职业上的差异，对社会的诉求不同，但在政治意义上皆为中国社会主义事业的参与者和建设者，由此，人民与公民概念并无群体划分上的差异，两者似已重叠，只是表述的角度不同而已。未来中国社会的建设目标是建设"人民社会"还是"公民社会"，从社会治理的视角，其愿景更倾向于完善法律秩序下的公民自觉参与，建设"公民社会"更符合实际需要。

建设与中国现代化相适应的公民社会，不是简单地达成和复制古代的社会模式，也不是追求"乌托邦"式的空想社会形式，而是超越古人理想，更现实的具有中国特色社会主义的物质世界和精神家园。

古希腊先哲亚里士多德在《政治学》中阐述公民社会，主要指的是"城邦国家"或"自由和平等的公民在一个合法界定的法律体系之下结成的伦理－政治共同体"，但就其曾经存在过的公民社会而言，公民不是所有的社会成员，而是其中的拥有财产和社会地位的"一部分人"，这种社会形态仍然脱离不了阶级对立的状况，其本质仍是阶级统治的工具。对现代中国而言，建设公民社会，是实现"中国梦"道路中"五位一体"建设的重要组成部分，体现了社会建设的方向和目标。其主要特征：①共同富裕的社会。按照中国"三步走"发展战略，最终将实现全社会共同富裕。只有实现了共同富裕的社会，才有可能建设公平合理的公民社会。②高度法治化社会。法律制度健全，在法律面前人人平等，没有个人或集团的特殊权利凌驾于法律之上。③公民共同参与治理的社会。每个社会成员都有参与管理社会事务的义务和权利。④民主通达和谐共荣的社会。公共事务通过民主方式协调处理，通过民主方式表达诉求，社会通过民主方式解决纷争并具备自我纠错能力，从而达到全社会和谐共荣目的。⑤科学治理的社会。运用现代科技丰富社会治理手段，减少社会公共事务管理的人力、物力投入，提高公共事务管理水平及效率。⑥诚信道德社会。道德规范在社会治理中发挥重要作用，个人道德水平和社会诚信水平大幅提高。

　　社会财富的公平分配是公民社会建设的物质基础。在城乡差别尚未消除，个人收入差距悬殊的情况下，社会的阶层分化明显，个人或社会团体、阶层对社会的诉求差异大，由此，社会内部的协商机制就难以形成，社会自我纠错能力就低，社会事务管理的成本高而效率低下。最突出的例子表现在当前城市的管理事务中，在大量农村人口涌入城市，大多数的乡村人口只能依靠简单的谋生方式维持生计状况下，城市公共空间被大量挤占，成为很多人的谋生场所，如城市绿地、街道被占用变成市场、餐饮场所，城市乱搭乱建难于消除，社会矛盾集中显现。城市社区组织对于出现的社区纠纷无能为力，城市政府不得不用大量精力，浪费大量人力、物力加强城市秩序管理，但往往不能达成预期效果。事实表明：缩小个人之间收入差距，实现社会财富的均衡分配是构建公正、公平的公民社会的经济基础，没有认识到这一点，公民社会建设是不可想象的。当前，在城乡统筹发展思想导引下，城市政府应开辟更多的就业岗位，实现城市社区的充分就业。无论他（她）原本是城市人或来自于外地或乡村，城市政府和社区组织都有责任为他们提供同样的服务，让他们享有与本地人一样的基本福利。各级政府在关注"农村贫困"问题的同时，也要关注"城市贫困"问题，在一些地区和城市中，贫困人口大量存在，特别在中西部地区的三、四线城市，城郊结合部贫困人口大量聚集，其贫困程度甚至超过农村贫困群体，这些贫困对象主要由失去耕地，没有一技之长、家庭成员因病致贫等方面情况构成，而这些从农村出来，进入或靠近城市生活的人口，生活水平低下，生存环境恶劣，往往成为政策关注的盲点区域。

　　公民意识的培育是公民社会建设的核心，梁启超曾在《国家思想变迁异同论》中指出：中国旧思想"无公法、私法之别。国家对于人民，有权利而无义务；人民对于国家，有义务而无权利"。培育全社会公民意识应与中国社会主义道路相适应，体现中国特色社会主义道路建设的思想文化。中国特色社会主义道路，是中国共产党领导下，立足基本国情，以经济建设为中心，坚持四项基本原则，坚持改革开放，解放和发展社会生产力，巩固和完善社会主义制度，建设社会主义市场经济、社会主义民主政治、社会主义先进文化、社会主义和谐社会，建设富强民主文明和谐的社会主义现代化国家"。公民意识培育应体现在社会建设的全过程中，重点强化公民在社会生活中的责任意识、公德意识、民主意识和道德意识。在公民行为上表现为参与意识、监督意识、修为意识，即增强个人对自身、他人和社会的价值认同感，提高公民对社会事务的参与度；基于社会事务对公民个人利益的关联，提高公民对公共事务的监督意识；包容个人行为自由及个性张扬，而又倡导个人修养，使个人行为自觉符从于社会行为规范。

树立社会公民道德规范是公民社会建设的重点。公民道德规范是所有公民必须遵守和履行的道德规范的总和，由基本道德规范和社会公德规范、职业道德规范、家庭美德规范构成。树立公民道德规范，是引导和培育公民意识的核心。中共中央《公民道德建设实施纲要》提出了"爱国守法、明礼诚信、团结友善、勤俭自强、敬业奉献"二十字的公民道德基本规范。它不仅体现了道德的先进性与道德的广泛性的统一，还体现了中国传统美德、革命道德和社会主义市场经济条件下产生的新道德的统一。社会公德是人们在社会交往和公共生活中应该遵守的行为准则，与所有的社会成员最普遍利益息息相关，是每一个公民都应遵守的行为准则，其主要内容包括：文明礼貌、助人为乐、爱护公物、保护环境、遵纪守法等要求。大力倡导以爱岗敬业、诚实守信、办事公道、服务群众、奉献社会为主要内容的职业道德，使人们在职业生活中遵循基本道德规范，坚守个人自律和行业自律。家庭美德规范包括尊老爱幼、男女平等、夫妻和睦、勤俭持家、邻里团结等内容，是实现社会和谐的基本要求。

二、城乡一体化的城市社区治理

社区是构成社会的基本单元，是一定地域内所居住和生活的人口构成的社会共同体。社区具有很强的地缘性特征，不同于传统社会中乡村血缘传统，即使在古代社会，由于城市人口来源多元化，人口流动性比乡村强，乡村血缘性特征在城市社区表现亦很弱。在城乡一体化愿景下，实施社区治理，意味着城乡社会的基本单元皆"社区化"，城乡治理的体制、机制将具有更多共同点。但是，由于城市和乡村的传统、社会基础、生活习俗不尽一致，城市和乡村治理在社会赋予社区公民基本权益对等基础上，具体的治理形式亦各具特点。

过去的城市管理延伸到社区，主要体现了城市政府由上到下对社区事务的控制和管理，是政府功能的延伸。过去对城市事务管理的主体是居委会，居委会承担对辖区内居民进行管理的职能。在创新城市社会治理体制进程中，城市社会居民的重要组织是社区居委会，虽然大多数的社区居委会前身来自于原有的居委会，但在职能上确有较大调整。依照《中华人民共和国城市居民委员会组织法》规定，社区居委会是居民进行自我教育、自我管理、自我建设、自我服务的基层群众性自治组织，在基层政权或者它的派出机关的指导下进行工作。城市居民委员会虽然仍然承担了对上联结政府功能的作用，并在很大程度上秉承政府的主张，完成政府安排布置的工作任务，但随着政府的职能转换，从上至下的管理职能正在逐渐弱化，而社区自我管理的职能却在不断增强。过去城市管理的主体是各级政府组织，而当前城市治理的主体是辖区居民，包括辖区内的企业、社会组织，通过居民委员会以及其他相关组织，采取民主方式进行自我管理。其主要特征：社区治理的多元化、法治化和文明化。

社区是社会治理的基础平台，已日益成为各种政策的落实点、各种利益的交汇点、各类组织的落脚点、各种矛盾的集聚点。在各种利益主体共存、各类诉求多样的环境下，维护社区秩序井然，共享公共福祉、创造和谐共荣氛围是所有社区居民、社会组织共同的治理目标，由此，在社会转型发展中倡导社会治理理念，既需要公平的制度设计，更需要形成所有利益主体参与并协商议决的机制，达成社区治理的多元化模式。从达成治理目标的路径上看，社区治理多元化包括主体多元化、方式多元化以及治理结构多元化。通过建立制度及运行规则，搭建涵括政府、社区组织和社区居民等多元主体的社区治理共同体，形成党委政府、社区组织、社区居民、辖区单位多元主体共同治理的格局，运用多元化治理手段和方式，协同管理社区公共事务、提供公共产品，实现社区治理目标。创新社区治理方式，在于根据社区需要，搭建议事、服务、监督、矛盾调处和信息咨询多元化平台，发动居民委员会的牵头作用，激励社区居民、社会组织参与共治共管。优化社区治理结构，核心是重构政府与社会组织共同参与的多"中心"结构，改变政府管理单一"中心"模式，形成政府与社区，居民与社区，社会组织与社区的良性互动和畅通的协商沟通渠道。

和谐的社区建设需要构建符合公众利益的法治环境，只有在法律的规范和约束下，个人、群体的利益诉求才能通过公正的渠道畅达及调和。随着城乡人口自由流动，城市社区的人口构成较为复杂、且处于动态变化中，社区治理面对千头万绪的事务管理，各类矛盾纠纷调处只能在法治的环境下才会有效。首先，对社区事务处理需要符合法律规定，依法办事。无论政府部门、社区居民委员会以及参与社区管理的社会组织，在公共产品生产和提供上、社区公益事务管理上以及社区成员矛盾纠纷调处上，都需要按照法律的规定从事，只有在法律的规范下，各类利益群体的诉求才能得到公正的处理，并受到公众的认同和当事方的谅解；其次，提高社区公民的法治自觉性是社区治理的基础，社区公民的法治自觉是公民意识的重要组成部分，培育公民的法治自觉水平是社区治理中需要长期研究和解决的重要课题。社区居民委员会开展对社区公民法治教育是居民自我教育的重要组成部分，需要通过多种方式向社区人口传输法律知识，加强法治教育。个人的法治观念既与其生存的环境有关，即通过个人阅历积淀而成，又与个人的价值观、文化水平和个人修为有关，通常个人所受到的教育影响到自身的行为，家庭教育对公民素质的培育十分重要，而这一点也往往被社会所忽视。

社区治理的方向是让社区持续文明化，即随社会政治、经济、文化的不断发展，社区适应发展不断提高文明化水平，保持与社会政治、经济、文化发展同步。其具体要求是：科学化治理社区，运用大数据、物联网等现代技术实现社区生活模式现代化，使社区居民充分享有现代生活方式；创新社区事务管理手段和方式，实现公共服务便捷化，公共产品生产市场化，民主议事多样化；公民道德水平提高，遵守公序良俗成为自觉行为。社区文明化是一项长期性工程，也是社区治理核心，在城乡一体化发展进程中，社区人口流动性很大，对社区人口教育引导、社区秩序维护的难度很大，社区治理要在倡导文明的方式和手段上创新，有针对性地解决具体问题。在社区文明化治理中，要努力培育积极向上的社区文化，引导和鼓励社区家庭弘扬传统美德，宣扬公共道德，树立文明家风，让每一个家庭都成为文明社区的建设者和维护者。

三、城乡一体化的乡村治理

当城乡壁垒被打开，城乡一体化发展成为必然之势的客观背景下，乡村治理模式即成为重要的课题，需要从理论到实践层面得到认真破解。当前，乡村治理方面的情况复杂、问题很多，学界争论很大，在实践中，各个地方都在探索一些具体措施，但因具体乡情不一，差异也很大。就其城乡一体化目标而言，城乡与乡村皆以建设公民社会为宗旨，在社会治理上目标是一致的。但是，由于乡村社会传统、文化、社会结构等方面与城市相异，在具体的内容上，乡村治理在手段和路径上也应具有其自身的乡村特色。

在社会转型发展时期，乡村治理从建设公民社会目标出发，转型发展的任务既艰巨又具长期性。对传统乡村社会的改造不仅体现在物质层面，也表现在精神层面，甚至对精神层面的改造比改善物质条件更为长远和复杂。对传统小农社会的改造重点在于改造传统小农，而改造传统小农的核心则是对"小农意识"的改造。中国延续数千年小农经济所形成的封闭社会，其传统意识形态中的保守性影响了一代又一代的中国人，这种观念中的保守性更在乡村固化，形成乡民的思维定式，支配着人的行为。西方古典经济理论认为"经济人"在商品生产和交换中是理性的，追求个人利益最大化，这也是市场经济条件下众多经济法则产生的基本出发点，但是，在中国传统乡村，传统观念下所形成的生存法则与商品生产和交换下的"经济人"规则迥异。以小农生产为主的农业社会，许多人在行为模式上选择"生存保障"和"风险最小"，而非利益最大化。如以小块土地生产为主的"小农"为例，所有的资金和劳动力投入到所拥有的土地中，如无重大的天灾人祸，可保全家衣食无忧，如相同的资金和劳动力投入到其他行业，可获得更高的经济收入，甚至收入成倍增长，但因为存有不可预见的风险，农户在生产行为选择上，大多数人会选择固守在土地上，从事对自身而言具有一定生产经验、年复一年不变的小农生产。以上情况更多表现在自身没有尝试或未从其他人处获得充足信息和经验的封闭状态下，这说明农户在生产行为选择上仍是"理性"的，只是对行为选择更趋向于"风险最小化"。

小农生产方式是产生"小农意识"的根源，传统农业生产以人力畜耕为主，一分劳动一分收获，为确保自身或家庭生活无忧，小农生产者不得不"脸朝黄土背朝天"，日出而作，日落而息，勤劳质朴、吃苦耐劳的精神代代传承。但是，在小农生产状态下，小农意识的封闭、保守也限制了人的自由和个性张扬，表现为固步自封，难于进取。在维持较低生计水平下的谨小慎微，安于小块土地上耕种现状，对新的生产技术和技能缺乏创新和改进的勇气；人力畜耕的生产方式适应于以家庭为生产单元的组织模式，单个劳动力可独立开展四季耕种，勿需协作和分工；商品交换不发达，以自耕自食为主，与外部信息交流较少，自私狭隘。民国新乡村运动中，众多积极投身于新农村建设的知识分子、实业家总结农村的诟病，皆以治"愚"为主，以教育开启"民智"、启动"民力"。1932年，晏阳初率同仁来到河北定县开展乡村改造时说："我们甘愿来到穷乡僻壤的地方，实因鉴于国本不宁，农民的'愚''穷''私'，没有人管，而想到为农民的教育上尽力。"

伴随工业化和城市化推进，传统乡村结构发生了根本性的变化。城乡之间经济往来频繁，人口流动加速，传统乡村在冲击中瓦解和分化。由于工业化和城市化发展不平衡，区域之间传统乡村分化出现差异性，东部和部分沿海地区，以及交通发达毗邻大城市的区域，城市化速度很快，许多乡村已成为城区或城市郊区，传统农业不复存在。但是，在城市迅速扩张的背景下，失去土地的农民也迅速转化为城市人，这些成为城市居民的农村人口中，部分人已在城市创业或就业，也有部分人没有固定的职业，靠土地被征收后的补偿款和政府保障补贴度日。进入城市的乡村人口，虽然在身份上已经城市化，但在思想观念上完全与城市接轨，价值理念上实现完全城市化仍有较远的距离。在大多数的西部地区，特别是离城市较远的区域，城市化进程中成为人口的输出地区，这些地方的青壮年人口大多已流向城市或经济发达地区，留在乡村的主要为老人和小孩，乡村呈现衰落景象。近些年来，虽然各级政府增加投入，乡村的基础设施条件大为改观，交通、水利、通信、网络等覆盖了大多数地区，农村人口的教育、医疗、最低生活保障等民生状况有了大幅提高，但是大多数乡村的贫穷落后现实仍然存在，在社会成员收入差距扩大的状况下，乡村人口特别是欠发达区域的低收入人群仍处于社会底层，生活在温饱线上徘徊。在中西部地区的广阔乡村，小农生产方式仍是乡村的主要生产形式，小农意识仍然桎梏乡村的进步。在许多地方，很多农村居民对事关自身福利的公共、公益事业不关心、不热心，乡村发展和基础条件改善方面的事情坐等政府投入，完全变成了政府的责任。

在中国传统农业社会，乡村是血缘共同体，同姓同宗聚居形成相对固定的村落。时过境迁，在经历近代政治、经济巨大变化的外部环境下，中国的社会结构、文化观念也在裂变之中，其中，以传统农耕为主导、传统小农意识为主流的乡村社会在外力作用下，受到的冲击最为猛烈，带来的变化甚至是颠覆性的。在这一系列的变迁之中，由于传统的村落结构并未从根本上改变，宗族思想甚至宗族势力仍然存在，并在一定程度上影响到村治村管。与此同时，传统小农生产方式仍是乡村维系农业的主要形式，小农意识亦根深蒂固，特别在发展相对滞后的区域表现得尤其突出。在城乡一体化发展目标下改造传统乡村，其核心在于改造传统乡村社会，推动乡村小农社会向公民社会过渡。这一改造的重点在于对"人"的改造，即改造乡村小农的思想和观念，克服"小农意识"和血缘传统的"宗族思想"是两道必须逾越的门坎。历次新乡村运动或新农村建设的事实表明：推动农村的转型发展并非一蹴而就，其主要的原因在于对传统乡村"物"的改造同时，对"人"的改造受到忽视。

新时期提出实施乡村社会治理，较之于城市社区治理基础更薄弱、困难更多，情况更复杂。在乡村小农社会向公民社会转型进程中，实现农村经济复兴，推动农业现代化，以及改善农村基础条件和居住结构，推行乡村城镇化两个方面是实现现代社会治理的物质条件，没有这两个方面的物质支撑，乡村的社会治理则无从谈起。乡村治理模式中，对"人"的改造是核心，具体地讲，即推进农民公民化，从思想观念上摒弃"小农思想"，树立"公民意识"；摒弃宗族思想，树立"集体观念"。在推进城乡合作，大力发展农村现代经济的同时，通过加强对农民的职业技能培训，提高农民技能化、专业化水平；在提高乡村公共服务水平的同时，更长远地改善农村基础教育条件，落实好义务教育政策，务实有效地提高乡村人口基础教育水平；在农村精神文明建设中，注重人的教育和素质提高；在崇尚道德、弘扬优秀传统美德的同时，加强对村民的法制教育，提高村民法律意识。政府在对农村贫困人群开展扶贫时，把工作重点放在对"人"的帮扶上，着眼于贫困人群自身素质提高；在推进农村合作化中，提高农民的组织化水平，倡导协作精神。总之，建设乡村公民社会，需要重点通过教育引导，从长远着眼培育乡村"公民意识"，既要开启乡村人口的"民力"，又要开启"智力"。

提高村民自治的自主性和实效性是深化乡村社会治理的重要途径。由于城乡人口流动频繁，许多地方的乡村主要劳动力从本地流失，滞留乡村人口中老年人居多，在多数情况下，这些留守的老年人并非家庭中的"当家人"，即在家庭中能说话算数的人，在村民议事中留守人员只能充当"传话筒"的角色，而真正"当家做主"的人却长年在外，不能参与村务议决。更多的时候由于信息不畅通，在外的人道听途说，致使村内事务屡遭在外的人反对。以上此类情况的存在，影响到村民自治的实效性。更为严重的情况是村民自治失去自主性，在很多地方，少部分人操控村民自治，村务由少部分人说了算甚至个人说了算的情况较为严重，这少部分人主要指村社干部、地方宗族势力代表以及强势村霸，这些人采取多种手段占据村内山林、水源、沙土矿石资源，垄断村内涉及公共公益事业的项目建设。特别是在村内民主议事中，制度不健全，议事不规范，结果不公开。有的时候不通知村民参加或只通知少数人参加；有的时候村务重大事件决策不讲程序，由村干部说了算；有的时候重大公共事务没有村民监督，不一而足。在村民自治的自主性缺失的情况下，村民意见大，矛盾多，干部与群众之间对立情绪明显，群众对村务管理失去主体地位，对村务议决失去积极性。

解决村民自治中存在的问题，提高村民参与自治的主动性和自觉性，需要建立村民自治的制度，形成议事的机制。基层政权特别是乡镇人民政府，既要指导村民自治的制度设立，又要减少对村民事务的干扰，放手让村民管好自己的事。村民自治通过村民议事、村民办事、村民监事等途径实现，其本身的议事、办事和监督办事的规则应由全体村民说了算，通过召开村民大会最终确认。村民委员会要组织、发动村民参与村务管理的积极性，开放式地吸纳辖区内的农户、农业企业、合作社以及其他社会组织共同参与村务管理，处理好与个人和单位的关系，做到村务管理有所为、有所不为。村级党组织要加强对村民自治的领导，通过党员议事带动村民议事，发动党员带动村民参与议事。

按照现行的法律规定，村社土地归集体所有，村是集体经济组织，村民既是村集体经济组织成员，又与村集体构成土地承租关系，作为村民而言，村民与村集体有着千丝万缕的利益关系。与城市社区治理比较，乡村治理所面对的情况更为复杂，社区居民委员会是社区治理的组织者，而村民委员会既是乡村治理的组织者，又是集体经济组织的经营者，担负着对集体资产经营、管理和增值保值的责任。达成乡村的和谐稳定，实现对乡村的有序治理，必须处理好乡村内部的利益关系，其中对集体资产经营、管理及利益分配是重点之一。经历 20 世纪 80～90 年代全国乡镇企业大发展以后，各个地方村社集体经济可谓千差万别，许多发达地区的乡镇乃至村社，依托自身的区位优势、资源条件，集体经济得到大发展，同时也拉动了本地区的城镇化进程。以上成功的案例曾经屡见报端，但更多的村社集体经济则留下了更多的教训，特别在相对发展滞后的中西部地区，低端的乡镇工业不但导致生态破坏，而且耗尽了集体资源，时至今日，大多数的村社集体经济成为"空壳"，有的甚至负债累累，许多地方留下来的矛盾和问题仍然难以解决，甚至成为影响和谐稳定的主要因素。事实表明：对乡村集体资产的经营管理、利益分配深受村民关注，是当前构建和谐的乡村内部人际关系，实现有效治理的重要一环。对此，村社集体资产管理、经营应纳入乡村治理的重要内容，从制度上恢复村民的权益人地位，充分地让村民民主参与集体资财的管理，民主协商管理规则和制度，完善管理的监督机制。集体资产应按照现代企业制度和市场规则参与经营活动，根据实际情况，由村民决策采取多种灵活的方式托管经营，以达到提高经营效率的目的。当前，在集体资产的经营管理方面，处理好过去的矛盾和问题，彻底理顺管理关系，首要的也是最关键的问题还是要理顺村党支部、村委会与村民中的家族组织、各类社会组织的关系，解决好村两委几个人"说了算"的问题。

第三节　城乡合作模式下的社会治理创新

按照党的十八大报告的要求，要围绕构建中国特色社会主义社会管理体系，加快形成党委领导、政府负责、社会协同、公众参与、法治保障的社会管理体制。此后，中国共产党十八届三中全会《决定》指出"推进国家治理体系和治理能力现代化"，这一目标的提出，进一步明确了中国社会主义现代化建设的方向和要求，具有重大的理论和现实意义。十八大以后，中国推进国家治理体系建设的目标已十分明确，总体来讲，国家治理体系的创新，一要在中国特色社会主义制度框架内推进国家治理体系和治理能力现代化；二要充分借鉴古今中外治国理政的经验教训推进国家治理体系和治理能力现代化；三要在实践中探索推进国家治理体系和治理能力现代化的途径和方法。在城乡一体化发展的背景下，探索城市和乡村社会治理方式，建立现代社会治理体系，亦是推进国家治理体系和治理能力现代化的重要内容。

一、创新城乡合作治理体系的组织架构

创新社会治理体系是一项系统工程，需要从组织体系、制度体系、运行体系、保障体系及评价体系等各个方面适应社会政治、经济发展需要，保持与社会发展协调统一。在城乡一体化发展中，构建城乡合作关系需要突破"二元型"体制和机制束缚，在城乡社会治理体系建构上相互融通、互为补充。一方面，基于城乡公民社会建设的基本要求，赋予城乡社会成员同等的权益、责任和义务，搭建城乡一体化社会治理架构，促进城乡要素互融互通；另一方面，基于城乡不同的环境条件，经济、社会发展基础，在组织架构、治理方式上各具特色，相互补充，形成城乡治理体系的整体。十八届三中全会在确立社会治理目标时，提出："坚持系统治理，加强党委领导，发挥政府主导作用，鼓励和支持社会各方面参与，实现政府治理和社会自我调节、居民自治良性互动。"对此，在城乡治理的组织架构上，党委、政府、社会和居民成为四个治理主体，形成各自发挥优势的治理体系。在当前行政区划相对稳定的情况下，城乡社会治理的关键环节集中在区、县层级，在大中城市中，以区级政府集中行政资源，主导决策城市治理中的各项事务，街道及以下重点发挥社会共治和居民自治功能。而在广阔的乡村地区，县以下尚存乡镇一级政府，这主要因为乡村幅员宽广，村民居住分散，在政府主导管理时期，便于对乡村的管控。但是，随着形势发

展，这种体制已难以适应发展的需要，由于乡镇一级对行政资源调控有限，服务力弱，职能错位，从而带来乡镇在运行中处于困难的境地。对此，在城乡一体化发展前提下，城乡一体化社会治理在组织结构上需要进一步改革和创新，建立有利、高效的运行体系。

区县层级在城乡社会治理中具有特殊地位，其中的原因主要有三个方面：①区县处于行政层级的中端，承上启下，对辖区内公共事务拥有一定的决策权，同时又是承接宏观政策的执行者，具有相对独立性和自主性；②按照现行财政税收体制，区县行政单元具有一定的经济实力和资源调控能力；③区县层级具有完整的机构设置，具备对城乡各类事务的处置权限和能力。由于区县层级的特殊位置，在构建党委、政府、社会和居民四个主体协同治理格局中，应以区县为治理单元，强化区县党委、政府在城乡社会治理中的职能，加强区县党委的领导作用和区县政府的主导作用。区县党委领导作用体现在地方治理中统筹全局、协调各方，同时，依托基层组织在各个环节和具体事务中发挥堡垒作用，党员在群众中的引领作用；区县政府主导社会治理发展和建设事务，把握全局治理中的组织、协调，资源配置等具体事务。区县以下街道、乡镇乃至村社、居民委员会，是社会参与、村居民自治的平台，应建立相应的议事机构和服务组织，让社会组织、居民充分行使社会治理中的民主权利。

加快城乡社区建设是构建城乡治理体系的基础性工程，在城乡一体化发展战略布局中，乡村居民在生活方式上与城市接轨，主要表现在现代物质文明和精神文明融汇于乡村生活中，在生活方式上摈弃愚昧，崇尚科学，生活水平上缩小和城市的差距，其中最重要的基础性工程即加快乡村的社区化建设进程。改变乡村居住分散状态，推行适度集中居住模式，倡导社区化治理，是适应城乡公民社会建设，培育乡村居民公民意识的需要，也是改善乡村生活方式，推进乡村"人"的城镇化的重要举措。一方面，社区化建设使乡村人口更多地享有公共福利，在就医、就学，衣食住行等各个生活细节上更为便利，同时，也相应地提供了乡村居民参与公共事务机会和平台，为培育乡村人口公民意识创造了条件；另一方面，加快农村社区建设，有利于集中公共资源配置，提高公共产品生产的效率和质量。当前，在发展相对滞后的地区，特别是地域辽阔、山高谷深的贫困区域，乡村社区建设目标很难一蹴而就，需要通过持续的努力，渐进式推进。

二、创新城乡合作治理体系的制度安排

公共权力运行的制度化和规范化是检验社会治理是否现代化的标尺，不能把权力关进制度"笼子"，必然出现公权私有化，对社会公正造成危害。公共权力归所有社会成员所有，并为所有社会成员服务，并按照制度和规则运行是建立现代社会治理体系、提高社会治理能力的基本要求。具体地讲：政府、企业、社会等多个治理主体只有在制度和规则的约束下，才能形成有效的治理秩序；要始终确保制度安排的目标在于保障全体公民合法权利，坚持主权在民；所有社会成员享有同等的权利、义务，没有享受特殊权利的特殊群体；维护社会竞争环境，方能激发社会活力，体现社会公平的制度设计在于确保每个社会成员不但能够享受教育、卫生、经济和社会活动的"机会平等"。即在体现"效率优先、兼顾公平"的分配原则基础上，更加注重社会公平，引导制度规则在社会第一次分配中注重机会公平，第二次分配兼顾结果公平；在社会治理的制度体系中，建立良性的激励和惩罚制度。

社会治理的制度体系由法治体系、政策体系和道德规范体系构成。法治体系是社会治理的基本制度体系，由《宪法》和各种专业性的法律构成，相互补充、形成整体、自成体系。《宪法》是"母法"，是国家的根本法，是社会治理的总的原则和章程，宪法规定国家的根本制度、国家治理与社会治理的基本原则，规定了社会制度和国家政体，规定了国家政权机关、组织的权力与责任，以及公民的基本权利与义务，是一切组织和个人活动的根本准则。按照宪法精神和立法原则，对社会领域的经济、社会活动以及个人行为规范进行专业性立法，并在执行中表现为强制性。政策体系由各项具体的政策构成，主要由行政机关以解决现实社会问题为出发点，以规范社会组织与个人行为活动为目的，具有时效性、专业性、针对性和灵活性等特点，在执行中具有强制性。道德规范体系由社会公认的行为规范或社会组织约定的制度规范构成，是需要所有社会成员自觉遵守的非正式制度规范。道德规范是社会诚信的基础，在现代社会建立社会诚信体系，提高社会成员的诚信水平，重点在于引导和加强社会道德规范体系建设。

构建新型的城乡合作关系，推动城乡一体化发展，需要从传统的二元经济、社会的制度约束中解放出来，创新和形成有利于城乡一体化发展的制度框架。中国在开启改革开放大门之前，以人民公社体制、户籍制、票证制为代表的制度体系，割裂了正常的城乡关系，对传统二元社会结构的形成起到了支撑作用。改革开放30多年以来，这些旧的制度体系被逐渐打破，城乡交流合作日益兴旺。但是，在新的制度体系构建和创新中，还有很多制度规定不适应城乡统筹发展的需要，如户证管理制度、土地征收制度、城乡社会保障制度等方面，仍然需要做出更切合中国当前实际和未来发展的制度安排。

户籍曾经是身份的象征，是隔绝城乡、划清城乡界限的标志。改革开放以后，户籍管理制度逐渐松动，经历了农村人买户进城、进城农民实行暂住制度、农民转户进城以及城乡户口无差异接轨等不断深化的过程，在这一过程中，一切与户籍挂钩的个人身份、保障、福利逐渐淡化，但尚未根本消除，如大城市对外籍户口的歧视管理、城乡户籍人口在社会保障水平上的差距、城乡不同区域在教育、医疗等公共服务上的差异等方面。时至今日，户籍制度改革虽然解除了户籍强加给普通人的许多歧视性枷锁，但因为公共服务资源还存在城乡和区域差距，户籍对每个社会成员仍然很重要。因为户籍所在地不同，大学入学门槛不同，好地方的人口更容易读上好大学；甚至在义务教育阶段，入小学、升初中、升高中，户籍不符就要给高价或被拒之门外，托门子、找关系成为影响社会风气的社会公害。因为客观、主观等多方面因素，户籍制度改革还有很长的路要走，其改革步代应与社会经济发展、治理水平相适应。从城乡一体化发展的要求上看，户籍登记管理制度应不断调整职能，逐渐从强制性管控社会向建设诚信社会转变。在现代社会治理环境下，更多地依靠社会自组织通过自我管理实现治理目标，这需要组织内的社会成员公开个人信息。同时，在个人、组织之间合作协商共事中，需要增强互信，解决信息不对称问题，由此，社会治理模式下，原来只由政府相关部门管理的个人及组织信息应不同程度地公开。在现代信息技术、特别是大数据有力支撑下，着力建设好社会成员个人身份信息系统，实行个人诚信记录制度，分级管理社会成员个人相关信息等方面的改革创新十分必要。

在户籍登记制度实现城乡一体化条件下，需要城乡社会保障制度安排上消除城乡差异和区域差距，实现全社会统筹。只有在消除城乡社会保障制度差异的前提下，才有可能实现剥离乡村土地所承载的社会保障职能，使乡村耕地成为真正的生产要素，推行产权化。当前，学界对土地制度改革的方向争论很大，有的学者甚至提出土地私有化问题，不一而足。回顾当前土地制度的形成和稳固，近几十年土地制度变迁大体经历了几个阶段：①从1947年开始至1952年结束，土地制度改革实行土地农民所有制，所有权与使用权重叠；②从1952年开始至1956年结束，土地从农民所有制过渡为农村集体所有制，土地所有权与使用权归集体；③从1958年开始至1978年结束，土地"人民公社化"；④从1979年开始至今，推行家庭联产承包责任制，使用权与所有权分离，集体拥有土地所有权，使用权归农民所有。家庭联产承包责任制推行 30 多年以来，在稳固基本制度基础上，经历延长承包期，放活经营权等多种方式的改革调整过程，形成了当前土地所有权、承包权、经营权"三权分置"的土地基本制度。

目前，围绕土地制度改革的争论焦点主要有两个方面：即土地权益制度和土地征用制度的争论。按照《宪法》《民法通则》《土地管理法》和《农业法》等相关法律规定，我国土地所有权属公有，分为国有和集体所有两种形式，农村尚未被国家建设征用的土地、河流、滩涂等特殊区域除外，其余农业用地皆属集体所有。在所有的法律规定中，农村集体所有权未作特定的界定，导致所有权人"集体"缺位或"虚位"，造成土地权益管理虚化。正因为农村集体土地所有权人缺位，带来土地作为生产资料在交易中的权限难于界定，从而造成土地在生产中低效化。部分学者提出通过土地所有权私有化，赋予农民完全的土地权益，解决土地在农业经营中的障碍，这一观点无论从法律角度，还是从实际效果上看都是站不住脚的。由于农业自身的产业"缺陷"，需要支付实际存在的机会成本，私有的土地即使为农民所有，也难保证土地作为农业生产资料而存在。在商品经济环境下，农民对土地的资本投入根据土地的产出效率来确定，不能保证农民对土地投入的恒定性，一旦农业产品出现市场波动，土地转为他用或摞荒的状况仍然存在。同时，土地私有化也不能解决农业规模化问题，完全所有权下的土地继承关系以及土地的自由交易，只会造成土地的"零碎化"经营。

在马克思主义理论中，对土地权属的界定包含了土地终极所有权、土地占有权、土地使用权及衍生出来的处分权、收益权、出租权、转让权、抵押权等。土地终极所有权指土地终极所有权主体把土地当作他的意志支配领域而加以保持，排斥他人并得到社会公认的权利；土地占有权是指经济主体实际掌握、控制土地的权利；土地使用权则是土地使用者依据一定的规则对一定的土地加以实际利用的权利。马克思主义认为地租是土地产权的必然结果，"土地所有权本身即产生地租"。无论是绝对地租还是级差地租都显示了所有权分离状态下的权利交换关系。即当任何一个主体在土地上取得收益的同时，都必须从全部收益中拿出相当于他并不拥有的权利的那一部分，以地租的形式补偿给其他权利所有者。在土地实行公有的情况下，无论土地所有权公有的形式是国有或者集体所有，皆不影响土地使用权主体行使与使用权相关的权益，即享有自主经营、收益、转移、抵押等权益。当前，农民通过土地承包关系从集体获得土地使用权，在稳固土地承包关系基础上，需要进一步赋予农民更多的自主权限，在此前提下才能真正放活土地经营权。

在中国历史上，真正意义上的土地完全私有化并不存在，"溥天之下，莫非王土"。尽管中国在先秦时期即确立了土地的私人所有制度，自秦以来也开始允许土地买卖，此后土地所有权私有的观念也在不断的发展之中，但是大量私人占有土地并没有改变土地王有的观念在思想领域中的支配地位①。事实上，所有的土地所有权都在王权所代表的国家控制之下，王权或国家通过强制性权力实施保护，在改朝换代的情况下，私人所有的土地经常会被新的王权收回并重新分配，由此可见，真正的土地终极所有权其实归王权所代表的国家所有，而私有制下个人所拥有的土地所有权实则为终极所有权支配下的占有权，即土地所有权和占有权的分离。马克思认为土地所有权和占有权（支配、使用）的分离包括两种情况：①亚细亚所有制形式中，土地所有者和占有者不是同一主体。在公社内，公社是土地所有者，个人只是占有者。②土地国有情况下所有权和占有权的分离。早期的中国社会土地所有权和使用权的分离更多地表现为第二种状况，但中国的特点是没有发生过各种权利从合一向分离演变的过程，从一开始就出现了所有权和使用权在某种程度上的分离。分封制度把本应该由天子和农民之间的契约关系调整为天子和诸侯、诸侯和农民之间的契约关系，这是一种有效率的制度选择，它使土地所有者能获得远远超过自身直接经营管理所得的剩余②。当前部分学者对土地制度改革中是否对农村集体所有制土地收归国有或完善集体所有制的争论实则是无益的，集体所代表的所有权就其实质而言，应属国有终极所有权支配下的占有权更为恰当，在对集体土地的管理控制中，国家通过法律渠道实施用途管控就充分说明了这一点。

另一争论聚焦在土地征用制度方面，即根据城乡规划，为满足城乡开发建设需要，需要改变乡村集体土地用途，从农用地转为建设用地的过程。当前许多人提出农村集体土地应根据市场供需确定土地价格，并与城市建设用地同地同价。显然这一观点模糊了土地终极所有权与土地占有权的区别，把集体所有权与国家所有权等同起来，忽视了集体与国家对土地所有的权力边界。农业耕地即是农业生产资料，又是确保国家食物安全的战略资源，国家负有对全社会实现食物安全的责任，需要不断地投入提高土地生产潜力，守住耕地红线，实

---

①　王昉：《马克思的土地产权理论与传统中国社会农村地权关系》，《理论前沿》，2008 年第 15 期。

②　王昉：《马克思的土地产权理论与传统中国社会农村地权关系》，《理论前沿》，2008 年第 15 期。

施严格的用途管理。土地征用是使用权层面的权益发生转移，对于国家而言，是在行使土地终极所有权范围内发生土地用途的转变，这种用途的变化带来土地公共利益的减损，需要使用主体支付补偿，而这种补偿表现为地租的货币形态。地方政府和村社集体通过行使对土地的占有权，分级承担了国家对土地的管控职能，土地使用者所支付的补偿根据具体的职能分担享有对土地的补偿，在现实中则主要表现为地方政府的财政收入和集体收益。在城市化过程中，拓宽城镇发展空间需要征占用更多的农业用地，同时要支付城镇化建设中的基础设施、公共设施的投入成本，这些投入的资金来源于土地征用过程中的地租，即政府在土地出让中的收益。说到底土地征用出让过程中，因土地用途发生改变，土地使用权人支付给国家和各级政府、村社集体部分的地租，主要由购买城镇化中的公共产品价格及确保国家食物安全补偿两部分构成。

在土地征用过程中，农民丧失了土地使用权，应该得到应有的补偿。按照《土地管理法》第 47 条规定，征收土地的，按照被征收土地的原有用途给予补偿。土地补偿费和安置补偿费的总和不得超过土地被征收前 3 年平均年产值的 30 倍。农民从村集体获得土地承包经营权，即对土地使用获得收益的权利，在大多数的情况下，农民对土地使用权转移，如流转、抵押、赠与、继承都需经村社集体认可，受益人也需要通过这种认可才会承认所获得权益的权威性，事实表明，即使在当前农地"三权分置"、放活经营权的情况下，农民并无随意转让使用权的情形。在土地征收过程中，农民失去土地使用权并非国家与农民之间的自由交易行为所致，而是某种程度上集体中止承包合同，国家行使终极所有权的强制行为，对农民的补偿也不是根据供需关系确定的交易价格，而是一种赔偿行为。当前，土地征收引发的上访和群工矛盾，大多数不是对国家征收行为的否认，而是在补偿尺度上的争论。解决此类问题，需要在保护农民利益基础上，适度提高补偿标准，确保农民失地不失利，并在政策的确认上增强刚性度，减少征地中的自由裁量权；改变现行政府即是征收方又是裁决方的状况，引进中介方对土地补偿开展合理评估。在土地征收行为中，农民对土地补偿存在较高的预期，而一味提高征收标准并不能从根本上解决征收中的矛盾问题，根本的途径则要在操作层面增强征地补偿中的公正性、合理性和透明度。

三、创新城乡合作治理体系的运行机制

创新城乡治理体系的运行机制，重点在于划清政府与市场、政府与社会共同治理的边界，让政府从事无具细的管理中退出来，让该由市场发挥作用的领

域由市场机制调控解决，让该由社会组织协调处理的事务交给社会处理。政府在社会治理中应转换职能，由管理型向服务型转变，治冗减员，提高效率。在现代科技和信息手段支撑下，政府完全有能力扩大行政管理的幅度，减少行政层级，实现扁平化管理模式，提高行政管理的效能。当前行政体制主要由中央人民政府、省（市）人民政府、县（市）人民政府、乡镇人民政府四级行政体制，在很多的省与县之间还有地市级派驻机构，行政层级过多，各层级之间职能重叠，头大脚小，行政效能低下，官僚主义、形式主义及机会主义严重存在。同时，条块分割，职能交叉，行政资源分散，配置效率不高，许多县（市）行政成本高，财政不堪重负，养人难养事。围绕行政管理体制改革，近年来行政事业单位核编定员、人员分流、审批改革等都取得了较好效果，改革的深度推进应从精简机构、转换职能两方面加大力度，突出"治冗、减政、放权"。治冗：即治冗人、治冗事，裁剪各级行政单位冗员，提高行政效率，杜绝由行政职能交叉无人管理或多头管理、以及因人际关系干扰行政行为的各种冗事；减政：即减少行政层级，推行机构扁平化，裁剪地区行政专署县市化，乡镇职能转换社区化，实行中央、省市、县市三级政府，宏观、中观、微观各得其所的治理结构。同时，划清政府、市场和社会的职能边界，把该由市场调节的事项交由市场办理，把该由社会解决的问题交由社会组织和社区组织办理，政府干好该办的事；放权：中央政府和地方政府在职能上各有侧重，具体的行政事务由地方政府负责，中央政府应放权交责，地方政府履责尽责。在职能分割上，按照宏观、中观和微观划分事权，尽量减少职能重叠、多重管理、人浮于事、浪费行政资源的状况，把最优良的行政资源布局在一线，而非浪费在各级机构的办公楼里。

创新治理机制的主旨在于坚持科学治理，充分运用现代网络技术、信息传输和大数据，丰富城乡社会治理手段，增强时效性和预见性，建立专业性的自然和社会风险防控体系；科学制定城乡一体化发展规划，增强城乡社会治理目标约束力；科学研判城乡发展趋势，以及社会治理中的重大问题，增强政策导向性和政府调控力；鼓励和规范发展社会中介机构，完善市场化的评估、咨询、竞买、特殊服务等方面的社会职能，为非政府组织参与社会治理搭建平台。创新社会治理方式，在于通过政府公共服务引导搭建让社会成员共享的各类平台，完善社会公正、公平机制，提高社会成员在教育、医疗、文化、娱乐、健康等各个方面的幸福指数。同时，社会治理要针对时弊，严守社会公德和社会道德底线，依法处置破坏社会公信力的丑恶行为，彻底根治"假骗恶"。治假就是依靠法律手段，严肃处理遍布城乡的假工厂、假产品、假医生、假专家、假和尚等无假不有的现象；治骗就是要出重拳打击各类公开行骗、电视诈骗、电信诈骗、个人诈骗、组织诈骗和集团诈骗，扫除一切骗钱、骗物、骗名义的犯罪行为；治恶就是要打打击遍布城乡的社会恶势力，特别在乡村要扫除车霸、菜霸、沙霸、村霸及家族势力，净化城乡社会风气。

第十章

城乡一体化与文化融合

人生来本是一个蛮物，唯有文化才使他高出于禽兽。

——《世俗智慧的艺术》

文化是"软实力"，是一个国家、民族繁荣昌盛的重要标志。文化在传播、扩散中对异域的影响是任何国家、民族通过暴力手段所无法比拟和替代的。中华文明源远流长，在历史长河中创造了影响人类文明进程的灿烂文化，是世界文化史中最优美篇章。优秀的中华文化博大精深，薪火相传延绵五千年，滋养华夏生生不息。中国传统文化根植于农耕文明，浓厚的乡土气息积淀于血液中，形成中国人独特性格和品质。在工业化和城市化大潮中，基于工业文明的城市文化逐渐强势，并成为支配现代人生活的价值标尺，传统文化处于转型发展的十字路口，需要通过吐故纳新，与科学的、现代的，适应于社会发展趋势的社会意识形态同向同轨，创造新的活力。从现实出发，中国从城乡分离的二元经济、社会状态中走过来，城乡关系对立带来的文化冲突，已严重制约社会和谐稳定和协调发展，在努力推进新的城乡一体化建设中，城乡文化融合已成为其中的重大课题，需要且必须得到妥善破解。

第一节　文化及城乡文化

城市文化和乡村文化反映了城市人口和乡村族群在不同时空范围内的生产和生活状态，是生活在城市或乡村的人口认识客观世界的基本态度、价值观念，通过风俗习惯、人情交往、生活理念表现出来。中国城市化进程曲折而复杂，城市文化的形成和衍变在复杂的环境中受到政治、经济、社会发展中诸多要素影响，具有自身的特殊性，但究其根源，城市文化仍然发端于乡村文化，特别受到中国传统文化"根"的影响，与悠久的乡村文化具有紧密的传承关系。在城市化进程中，随着城乡人口及其生产要素的流动加速，城市生活方式对乡村的影响很大，传统文化的凝固状态被打破，正处于极强的变革之中。城乡关系最终反映在城乡的文化关系之中，城乡关系协调则城乡文化和谐，城乡对立则城乡文化排斥。

一、文化及城乡文化概要

对于大众而言，文化包罗万象，难以言尽。确切地讲，要对文化做出一个准确的定义很难，许多研究者从自身研究领域对文化概念的界定也是千差万别，无普遍认同的权威性。在传统观念中，广义的文化是人类在社会历史发展过程中所创造的物质财富和精神财富的总和；狭义的文化就是在历史上一定的物质生产方式的基础上发生和发展的社会精神生活形式的总和。英国人类学家爱德华·泰勒 1817 年在其著作《原始文化》中对文化定义为："文化是一个复杂的总体，包括知识、信仰、艺术、道德、法律、风俗，以及社会成员所习得的一切能力和习惯。"美国人类学家克莱德·克鲁克洪认为："所谓一种文化，它指的是某个人类群体独特的生活方式，他们整套的生存式样。"克莱德·克鲁克洪在《文化与个人》一书中对文化总结为：①文化通过学习而产生；②文化是构成人类生存的生物学成分、环境科学成分、心理学成分以及历史学成分衍生而来；③文化具有结构；④文化分隔为各个方面；⑤文化是动态的；⑥文化是可变的；⑦文化显示出的规律性，可借助科学方法加以分析；⑧文化是个人适应环境的工具，是表达其创造性的手段。美国社会学者戴维·波普诺认为：文化是人类群体或社会的共享成果，这些共有产物不仅包括价值观、语言、知识，而且包括物质对象。

关于对文化的划分，日本学者富永健一认为："正如我们将社会区分为广义的社会和狭义的社会那样，有必要将文化也分为广义的文化和狭义的文化。广义的社会是与自然相对应的范畴，同样，广义的文化也是作为与自然相对应的范畴来使用的；狭义的文化与狭义的社会却有不同的内容。后者是通过持续的相互关系而形成的社会关系系统。"把文化区分为显文化和隐文化的代表克莱德·克鲁克洪为："对文化作分析必然既包括显露方面的分析也包括隐含方面的分析。显形文化寓于文字和事实所构成的规律之中，它可以经过耳濡目染的证实直接总结出来。人们只需在自己的观察中看到或揭示连贯一致的东西。人类学家不会去解释任意的行为。然而，隐形文化却是一种二级抽象。……只有在文化的最为精深微妙的自我意识之处。人类学家才在文化的承载者那里关注隐形文化。隐形文化由纯粹的形式构成，而显形文化既有内容又有结构。"许多学者从国家、民族整体视角研究文化现象，把一个社会、一个时代所倡导的，发挥主要影响的文化称为主流文化，而与主流文化相对应的那些非主流的、局部的文化现象则称为亚文化或次文化，即某一文化群体所属的次级群体成员共有的独特信念、价值观及生活习惯。

越来越多的学者趋向于将文化区分为实际行为的一面和实际行为背后抽象的一面，抽象的一面表现为存在于实际行为背后的价值观、世界观以及信仰等，即视文化为不是可见的行为，是人们"用以解释经验和导致行为并为行为所反映的价值观和信仰"。由此，与广义的文化相对应的狭义文化观认为文化是凝结在物质之中又游离于物质之外，能够被传承的宗教、信仰、风俗习惯、道德情操、学术思想、文学艺术、科学技术、各种制度等。一个民族的文化主要包括：群族的历史、地理、风土人情、传统习俗，工具，附属物、生活方式、宗教信仰，文学艺术、规范，律法，制度、思维方式、价值观念、审美情趣，精神图腾等。

在中国古代，"文化"一词出现很早。"文"与"化"相连用，见于战国时《易·贲卦·象传》，其中说："刚柔交错，天文也；文明以止，人文也。观乎天文，以察时变，观乎人文，以化成天下。"其意为治国者必须遵循天道规律，明了时序的变化无常；观察人伦社会，使天下人都尊崇文明礼仪和行为规范。这是中国对文化的最早论述。就其字义而言，"文"是各色交错的纹理。《易·系辞下》载："物相杂，故曰文。"《尚书序》中说："古者伏羲氏之王天下也，始画八卦，造书契，以代结绳之政，由是文籍生焉。"文引申为记录语言的符号，乃至用文字记载的典籍、文献、文稿，进而引申为礼乐制度等。"化"，本义为改易、生成、造化，如《庄子·逍遥游》中说："化而为鸟，其名曰。"《礼记·中庸》中说："可以赞天地之化。""化"指事物形态或性质的改变，同时"化"又引申为教行迁善之义。自西汉以后，文与化合成一词，主要指以文教化和以文化成之意。

文化现象在人类社会的发展进步中产生。伴随人类产生和进化，人类文化从简单向复杂、从低级向高级、从愚昧向科学不断发展，没有文化的发展，人类至今可能仍是猿猴的近邻。用发展的眼光辨析文化，人类文化既具有普世性，也具有民族性；既具有同质性，也具有多样性；既具有相对稳定性，又在继承中发展。人类从茹毛饮血向现代文明的过渡中，始终遵循自然规律改造客观世界，在不断深化认识和改造客观世界中改造主观世界。从蒙昧到科学的发展进程中，各个民族共同创造的人类文明成果，被全体人类共享。与此相向而行的是，在人类普世认同的文化理念中，由于各个民族自身所处的自然环境和历史进程各异，民族文化保持了自身的个性和张力。文化的多样性不但反映在地域的差异上，而且表现在族群的文化传承上。每一个民族、国家在特定的时空所创造的文化，具有强烈的时代感，同时在继承和延续中，因为环境的变迁和内外部因素的影响，又处于始终变化和发展中。每一个民族和国家特定的文化只有保持与世界文明同步，与时俱进、吐故纳新，才能实现社会的现代化。

按照以上对文化相关基本概念的描述，具体对本文所研究的城市文化和乡村文化做出界定。参照克莱德·克鲁克洪对文化的定义，城市文化应是城市人群独特的生活方式和生存式样；乡村文化则为乡村人群独特的生活方式和生存式样。按照泰勒关于文化定义的推演，城市文化应定义为生活于都市社会组织中，所具有的知识、信仰、艺术、道德、法律、风俗，和一切都市社会所获得的能力和习惯。乡村文化则为生活在乡村的人群在长期的农业生产与生活实践中逐步形成并发展起来的道德情感、社会心理、风俗习惯、是非标准、行为方式、理想追求等，表现为民俗民风、物质生活与行动章法等。引自广义文化的定义，城市或乡村文化简单地说是人们在城市或乡村中创造的物质和精神财富的总和，是城市或乡村人群生存状况、行为方式、精神特征及地域风貌的总体形态。以上对城市和乡村文化的界定仅从城乡地域空间差异出发，具有一定局限性。城市与乡村不但有地域之别，更表现为人类社会两种不同生产方式、生活状态和生存模式，从生产方式决定生活方式的观念出发，城市与乡村文化更是城市与乡村两种社会形态下殊异的价值观念。

二、城市文化解析

美国学者刘易斯·芒福德说："城市是文化的容器，是人类文化的荟萃之地。"法国历史学家莫里斯·埃马尔说："城市是一些纵横交错、布局密集的空间，是按照虽不成文但人人必须严格遵守的一整套之规定部署的，这些反映在城市生活各个层次上的规定，决定了文化的复杂性。"城市文化彰显了城市的核心竞争力和影响力，是城市的品质独特标志。按照文化分层的观点，城市文化由城市物质文化、制度文化、精神文化三个层面构成，三个层面之间的文化要素相互联系、相互补充，形成完整的城市文化体系。城市物质文化是可视、可感的物质形态的文化，由城市的建筑、道路、广场、绿地、交通工具、通信设施、城市文化、体育、娱乐场所等构成。城市物质文化是城市文化的表层，反映了人与自然的关系。制度层面的城市文化是一定的历史条件下形成的社会关系，以及与社会关系相适应的社会规范体系，体现了人与社会、人与人之间的关系，是文化的中层，如城市管理制度、行政制度、人事制度、法律法规体系以及行为规范等。精神层面的文化，是指城市人群的思维活动和精神活动，是文化的内核，包括价值标准、道德风尚、信仰体系、精神风貌及人的文化素质、思想意识、风俗习惯、文化生活等。

城市文化的核心是城市的价值观念，表现为城市人群的价值取向，即人们在城市生活方式中追求的目标和价值选择，城市价值观通过多种方式进行表达和彰显。城市建筑等一切物质形态的产品，是城市人群所有活动的物质基础，支配和表达了城市生活方式和独特的生活理念。语言和文字是人与人之间沟通的手段，借助文字、以及与文字、语言、符号相关的文学、艺术等多种手段保留和贮存文化。制度和规则体现价值观念的标尺，是人们行为的准则，调整着人们的各种社会关系，规范着人们活动的方向、方法和式样。在一定的社会关系下，按照价值取向形成多种多样的政治、经济、文化和社会组织，对价值观进行宣扬。对于具体的城市而言，体现价值观的城市文化产业是城市的"软实力"，是维系城市长期繁荣和发展的重要支柱。

城市在历经沧桑中成长和壮大，在饱经磨难中新生或消亡，每一个城市都有自己独特的经历和故事，这些特殊的经历通过城市的风格、风貌、文字记载、艺术形式、宗教民俗进行表达和传承，城市文化的历史性既在传承中续延，又在继承中更新，并成为独特的现代城市文化重要组成部分。城市文化在历史性表达方面最

图 10-1　意大利米兰大教堂是欧洲中世纪最大的教堂，始建于公元 1386 年，共有雕像 6000 多个，是世界上雕像最多的哥特式教堂（资料来源于 www. 360doc. com）

为充分的当属欧洲的城市，无论伦敦、巴黎、罗马等世界知名的大中城市，还是欧洲众多的小城市或村镇，历经各个时代特别中世纪的标志性建筑保存完好，这些城堡、教堂不但彰显了城市厚重的历史，更重要的吸引了世界各地众多的旅行者，为城市带来了丰厚的收入。城市文化不但表现出历史性和继承性特征，而且具有较强的融合性和扩张性，城市为来自于不同种族和不同地域的人群交

汇提供了空间，当不同文化背景的人群在共同的生存空间中就会使文化"涵化①"，即两种或多种文化观念相互影响，在冲突与融合中推进理念的更新和观念的扩张。

现代城市文化的时代性，充分体现了工业文明的主流意识。以工业化创造的物质财富奠定了现代城市文化的物质基础，开启了现代城市化的生活方式，引领了时代潮流，使整个人类在生活理念和价值取向上同"现代"接轨。以英国为核心的欧洲地区，是工业革命和科技创新的发源地，第一次工业革命促使大量农村人口涌向城市，推动了城市化进程，形成了现代欧洲城市文化的雏形；第二次工业革命从根本上改变了人类的生产方式与生活方式，并且进而改变了现代欧洲城市文化的构成内容和表现形态，从根本上影响着文化发展的方向；第三次科技革命继蒸汽机技术和电力技术之后，以计算机、原子能、现代生物和空间技术为标志，深刻地改变了人类生活，这一划时代的革命使现代城市文化所代表的价值观念成为世界各个国家、民族追求的共同理想。特别那些发展滞后的国家和地区仍把工业化、城市化作为振兴国家和民族的目标。探寻现代城市文化发展的"根"，其主流思想发端于欧洲"文艺复兴"和"思想启蒙运动"，其倡导的"人文主义"成为欧洲现代城市文化的内核，积淀成欧洲人共同的价值理念，这一时期所创作的众多文学、艺术作品丰富了人类的文化宝库，成为欧洲城市精神文化的重要内涵。在人类社会发展进步的足迹中，伴随工业化、城市化在全世界的扩张，以欧洲为中心的现代城市文化至今影响到世界各地的文化转型发展。

三、乡村文化探源

乡村文化包括四个层面的内容：物态文化层面包括乡村山水风貌、乡村聚落、乡村建筑、民间民俗工艺品等；行为文化层面包括生活习惯、传统文艺表演、传统节日等；制度文化，包括农村生产生活组织方式、社会规范、乡约村规等；精神文化即观念文化，包括孝文化、宗族家族文化、宗教文化等。乡村文化相对于城市文化，是人们乡村生活中创造的物质和精神产品。较之于城市，人类的乡村生活延续时间更长，乡村文化的积淀更加深厚。从城市与乡村的关

---

① 1936 年美国人类学家 M. J. 赫斯科维茨和 R. 雷德菲尔德、R. 林顿两人合著的《涵化研究备忘录》中对"涵化"下的定义认为："涵化"指的是"由个体所组成的而且具有不同文化的民族间发生持续的直接接触，从而导致一方或双方原有文化形式发生变迁的现象"。

系上看，城市产生自乡村，城市人口追根溯源皆来自于乡村，所以丰富多彩的城市文化也受到乡村文化的深刻影响，乡村文化是城市文化的"根"。进入近现代，工业化和城市化发展，创造了人类堪称时尚的现代生活，但代表传统的乡村文化并没有完全退出历史舞台，其传统的价值观念仍然承续在人们的思想深处，流淌在血液中。在城乡人口交流频繁的时代背景下，大量乡村人口涌入城市，这些新生代的城市人口在受到城市化生活方式的影响同时，乡村生活的传统、习俗、信仰、人际关系仍然存在，并不同程度地影响到城市整体的文化生态。

乡村以农业为主，农业生产方式决定了乡村人口的生活方式。传统的乡村文化体现了传统农业价值观念，典型的传统农业依附于自然，以人力畜耕、木铁工具为主，是自给自足的自然经济，这一脱胎于原始农业的生产方式，以及适应于这一生产方式的生活方式，推动人类发展进入新的纪元，奠定了人类步入现代文明的基石。由于生产力低下，生产不需要分工和协作，小农生产形式占据主导地位。无论以中国为代表的东亚地区，还是中世纪欧洲封建领主制庄园，传统农业的主要形式皆以小农生产为主。比较起来，中世纪欧洲领主庄园内，生产者以农奴为主，农奴对领主有人身依附关系，生产的目的以满足庄园自足为主；而在中国，传统小农以家庭为生产单元，生产者与土地所有者不存在人身依附关系，有相对的人身自由，生产目的以满足家庭需要为主，小农经济的文化特征表现更为充分。

舒尔茨在《改造传统农业》一书中，对传统农业作了如下定义："完全以农民世代使用的各种生产要素为基础的农业可以称之为传统农业。"传统农业处于一种特殊的均衡状态中，保持技术状况不变，持有和获得收入来源的偏好和动机保持不变。这一观点揭示了传统农业的基本特征，进而阐释了传统农业时期人与自然、人与社会的基本关系以及人的价值观念。自然经济决定了人对自然、气候和季节轮回的高度依赖，农业丰欠取决于大自然的赠予，人在自然面前的无能为力，导致人期盼"风调雨顺"与自然"和谐"相处，表现为文化传统中的"自然崇拜"。正如马克思指出的："亚细亚生产方式……使人屈服于环境，而不把人提升为环境的主宰，它们把自动发展的社会状况变成了一成不变的由自然预定的命运，因而造成了野蛮的崇拜自然的迷信。"[1] 土地、山林、水源是农业生产的根本，这些资源的社会属性甚至超越其自然属性，在生产过程中发挥重要作用，土地的归属决定了劳动者与土地之间的关系，农业的收成由土地

---

[1] 《马克思恩格斯全集》第二卷，第 67–68 页。

带来，生产者对土地的崇拜表现为对祖先或权威的崇拜：一是土地或来自于祖先，农业生产技术、生活经验、生活设施等由父辈赐予，由此产生"祖先崇拜"；二是农业生产需要在安定的社会秩序中才能平稳进行，同时，生产的产品需按照土地权属关系进行分配等方面，这些确保社会秩序稳定运行和规则的"权威"自然成为人们崇拜的对象。

　　传统农业社会环境下的文化价值观念趋向于人与自然、人与社会的"和谐"共处，在生产水平较低的条件下，任何来自于自然和社会的风险如气象灾害、战争都会给既定的生产、生活秩序造成极大的破坏。对自然的依赖和崇拜具体化为对"天意"的被动服从，人生的旦夕祸福皆由上天决定；对祖先的崇拜具体化为强烈的家庭观念、伦理道德，以及浓烈的乡土意识；

图10-2　孔子像。儒家主张"赞天地之化育"，其核心思想"仁"不仅对人，也对大自然热爱和友善，希望最终能够协助天地化育万物，达到"天人合一"的境界（资料来源于钱跃君：《东方的天人合一，西方的人与自然》）

对权威的崇拜具体化为尊崇严格的等级制度。在物质层面、制度层面以及精神层面表现出来的传统农业所独有文化价值观念对现代乡村文化产生巨大的影响，但这种影响具有地域性差异，由于传统社会的封闭性，乡村文化在具体的表现形式上具有地域性特点。古代中国适应自然、顺应自然、服从自然、追求自然的"天人合一"观念，深深地积淀在小农的文化心理结构中，从而影响到整体的社会意识形态。与之相比较，现代城市人文思想产生于欧洲亦并非偶然，这与欧洲生产形式、社会形态、文化传承等具紧密联系。

第二节　城乡互动与文化变迁

　　从20世纪70年代末开始，伴随改革开放步伐，中国社会最具典型的时代特征就是快速工业化和城市化。与此同时，城乡生活方式以及城乡人口的思维模式、价值观念也发生了重大变化，在城乡人口交流频繁、传统文化与现代理念交织的氛围下，城乡文化在交流与冲突中向开放性、多元化发展。

一、城市文化强势植入与功利扩张

从城乡分离的二元社会走出来，向城乡互动的现代社会转进，这一转折以中共十一届三中全会为分界岭，迄今已走过近 40 年历程。在这 40 年里，中国政治、经济、社会及文化发生了天翻地覆的变化，其中最具时代性标志的莫过于快速工业化和城市化。这一时期的典型特征：①经济快速增长，个人财富快速积累，物质生活水平跨越"温饱"。同时，由于区域之间发展不平衡，中西部与东部、沿海地区差距扩大；按照"部分人先富起来"的指导思想，社会成员之间收入不平衡，个人收入差距拉大。②工业化快速发展，城市化迅速扩张，城市与乡村的社会结构迅速突变，出现城市臃肿和乡村"空虚"问题。③以"工业化"为标志的物质生活引领时尚，工业产品充斥城乡人们的生活，同时也带来环境污染问题。④市场经济快速发展，商品交换意识被社会普遍认同，但商品意识"越界"带来社会功利性。归纳出以上特征，主要是便于分析城乡在互动中的文化变迁，并非对 30 年来社会、经济、文化等各方面特征的全面描述。

研究城市与乡村之间的文化交流，应放在工业化所推动的经济全球化大格局中思考。任何国家和地区城市化所带来的民族之间文化的交融都离不开工业化、全球化背景，并被打上"工业文明"的烙印。早在 20 世纪 50 年代，欧美很多学者针对来自于不同族群的人接触，不同文化碰撞提出了文化适应的概念，如美国社会科学委员会（SSRC）将文化适应定义为："因接触两种或多种不同文化而产生的文化变迁。"在诸多学者的研究中，约翰·贝利（John Weber）提出的文化适应理论最为典型。他提出的双维度模型将文化适应研究推向更新的阶段，双维度即：保持传统文化和身份的倾向性；和其他民族文化群体交流的倾向性。从两个维度考察个体在文化适应中的反映主要有几下几种情形。①整合：即文化适应中的个体既重视保持传统文化，也注重于其他群体进行日常的交往；②同化：个体不愿意保持他们原来的文化认同，却与其他文化群体有频繁的交往；③分离：个体重视自己原有的文化，希望避免与其他群体进行交流；④边缘化：个体既不能保持原来文化，又不被其他群体文化所接受。当城市与乡村人口在交往中，主要为乡村人口进入城市生活，在文化的交流中，虽然更多的情况不属于族群文化的交流，而属于同根同源的城市和乡村不同地域文化的交流，城乡文化在交流中可借用双维度模型的研究方法，考量城乡文化在交流中所出现的主要情形。当乡村人口进入城市生活，不可能将乡村自由和慢节奏生活带进城市，不管其个人愿意还是不愿意，生活步调将受到的规则约束，大多数的人只能被动接受或主动适应，最终表现为文化的整合乃至于最终被城市文化所同化。

城市文化代表现代生活方式和生活理念，较之于传统的乡村文化表现为强势，这不但表现在对进入城市的乡村人口，城市对其文化传统的同化上，更表现在城市生活方式和理念对乡村的辐射和影响。一是随着交通、通信、电力条件改善，以及工业产品占领乡村市场，现代的物质生活方式逐步替代以传统农耕为特征的乡村生活方式；二是城市时尚文化渗透到乡村人口的衣、食、住、行等各个生活领域，使乡村人口的生活理念和价值追求发生变化；三是城市生活方式的"集聚"效应，进一步吸引乡村人口向城市集中，带来乡村传统的社会结构发生变化；四是工业产品大量进入

图 10 - 3　乡村环境恶化不但危害乡村人口健康，同时，造成农产品质量下降也危害到城市人口的健康（资料来源于 www. hk - bhp. com）

乡村，造成乡村生态环境的恶化。当人们更加重视工业化和城市化向乡村扩张，大量的工业废气、废水超标排放污染乡村环境时，工业消费品对乡村环境污染却未引起足够的重视。塑料、金属合成物、化学合成品成为垃圾后，难以在土壤、水源中降解，特别是乡村污水、垃圾收纳系统建设滞后，污水、垃圾对乡村环境净化带来长久的负面影响。在强势的城市文化扩张状态下，乡村文化处于从属地位，但并非被动地服从于城市文化，乡村的习俗、信仰等随同乡村人口进入城市，也不断地对城市生活进行渗透，并影响到城市文化的状态。

在充斥现代物欲生活的城市中，就其精神层面的文化传承和创新方面来看，并非所有的城市都是"有文化"的。刘易斯·芒福德在人本主义城市学研究中把"文化贮存，文化传播和交流，文化创造和发展"称为"城市的三项基本功能"，认为文化既是城市发生的原始机制，也是城市发展的最后目的。与传统城市社会学最看重的"人口集聚"不同，他明确宣称："我们与人口统计学家们的

意见相反，确定城市的因素是艺术、文化和政治目的，而不是居民数目。"芒福德认为："如果我们仅只研究集结在城墙范围以内的那些永久性建筑物，那么我们就还根本没有涉及到城市的本质问题。""城市不只是建筑物的群集，它更是各种密切相关并经常相互影响的各种功能的复合体——它不单是权力的集中，更是文化的归极。"刘易斯·芒福德曾把雅典和罗马城作为城市发展的两种类型，雅典创造的古希腊文化"讲求体魄健壮而又精神健康"，这种文化创造了希腊哲学、荷马史诗、希腊雕塑和奥林匹克精神；而发达罗马城形成的古罗马文化"基本上是四肢发达、头脑简单、讲求满足物欲、靠自己的权势过寄生生活"，正是这种文化价值追求，使"罗马变成了反面生活的一个容器：在荒淫无度的破坏性活动中，生活走向自己的反面"。在中国历史上，也不乏这样的典型例子，如南宋时的临安，偏安一隅，人口上百万，颓废的市井文化，士大夫的奢靡生活，与国破家亡的时代背景极不相称。当前，正值中国城市化的快速发展时期，许多地方在注重城市产业、金融、建设与管理的同时，忽视了城市人文精神的培育，这将造成十分严重的后果。

当前，城市文化建设中存在人文精神缺失，功利倾向明显的问题。主要表现在：城市建设与发展中注重经济效益，忽视社会效益，急功近利。单一追求经济利益的价值取向渗透到城市生活的各个方面，使城市的制度文化有失公允，如城市公共卫生、教育、城市生活及管理等方面，以经济利益为调配资源的衡量尺度，带来城市人群生活两极分化，城市将变成"富人的天堂"和"穷人的地狱"；城市建设急功近利使城市低质量扩张，"摊大饼式"发展，城市形象和品牌口号化，编顺口溜，玩文字游戏，名为高大尚，实则庸俗化。城市文化传承出现断档，许多展现历史底蕴的标志性建筑被破坏，而照搬照抄欧美经典城市设计，仿造欧美经典建筑；城市成为竞相趋名逐利的"名利场"，使人际关系复杂化，职业道德和社会公德失去约束作用；广播、电视、电影中的大量功利性作品，借助网络等各种新媒体快速传播，虚假广告、欺骗性购物，还有形形色色的电信诈骗，充斥人们的生活空间，给社会的道德防线造成冲击。

二、乡村文化"流失"与"缺失"

传统的乡村文化并非落后的文化，即使物质生活极为丰富的现代社会，乡村文化所展现的独特魅力仍被人们所向往。传统的乡村文化是城市文化的"根"，是构成民族文化的独特基因，其优秀的传统仍是人们精神生活的不竭源泉。传统的乡村文化承载农耕文明，是中国传统文化的根基，也是传统文化传承和延续的重要载体。优秀的乡村文化紧扣传统道德，注重家庭伦理，讲求尊卑有序，是中华民族传统精神的集中体现；传统的乡村文化尊崇自然，顺从天道，讲求人与自然和谐；乡村文化彰显农耕精神，培养了人们勤劳勇敢、吃苦耐劳、艰苦奋斗、勤俭节约、自强不息的优良品格。历代文人、官宦人家以乡村之美舒发感情、寄托思想，创作了大量的诗词、歌赋、绘画、雕塑、戏剧等多种形式的文艺作品，成为中华民族的宝贵精神财富。从这些作品中，亦可窥见历朝历代中国传统乡村的美好一面。

唐宋是中国农耕文明的鼎盛时期，从这时期文人的诗词作品中可看到中国传统乡村自然、地理、人文、风俗等方面的基本状况。唐时杜甫所作：迟日江山丽，春风花草香。泥融飞燕子，沙暖睡鸳鸯。描写春天到来的乡村状况，春风习习，阵阵花香，燕子和鸳鸯也在安详地生活着。王维所作《山居秋暝》：空山新雨后，天气晚来秋。明月松间照，清泉石上流。竹喧归浣女，莲动下渔舟。随意春芳歇，王孙自可留。则描写了夏秋

图 10 - 4 翁卷《乡村四月》配图
（资料来源于中国知网）

傍晚的另一番图景，刚下过雨的天气，月亮从松叶的缝隙间穿过，泉水在石头上流动，洗完衣服的姑娘们穿过竹林笑语喧哗，顺流而下的渔船拨动莲叶。这样的美景即使春天的花儿凋谢了，也愿意留下来呀！宋时徐玑所作《新凉》：水满田畴稻叶齐，日光穿树晓烟低。黄莺也爱新凉好，飞过青山影里啼。描写了酷热刚过，天气放凉，黄莺和人一样爱好新凉的生活情趣。宋朝翁卷所作《乡村四月》：绿遍山原白满川，子规声里雨如烟。乡村四月闲人少，才了蚕桑又插田。作者抒发了乡村四月的自然和人文生活状态。古人通过赞美大自然抒发胸中情怀，折射了中国传统乡村自然和谐的美好生活。

古人的诗词中，也有很多对乡村生活情景的生动描写，深刻描绘了乡村生活中的人情世故。唐朝孟浩然作《过故人庄》：故人具鸡黍，邀我至田家。绿树村边合，青山郭外斜。开轩面场圃，把酒话桑麻。待到重阳日，还来就菊花。诗词生动地叙述了诗人到朋友家做客的过程，绿树青山围绕的小村里庄，朋友杀鸡煮饭，和诗人把酒话农桑，最后告别相邀重阳再聚。诗人用淳朴的语言，真挚的情感描绘了乡村风光和平静的田园生活，令读者神往。唐朝王维所作《淇上田园即事》：屏居淇水上，东野旷无山。日隐桑柘外，河明闾井间。牧童

望村去，猎犬随人还。静者亦何事，
荆扉乘昼关。描述了隐居淇水边上，
东边田野平旷，村外的桑柘树遮挡住
太阳，村内河水泛着波光。牧童赶着
牛羊回村去，猎狗也跟着人的后面回
村了，为什么村里寂静无声呢？原来
柴门白天也关着啊！诗人描述的情景
仿佛田园画卷，让人心驰神往。宋朝
陶渊明所作《归园田居其一》：羁鸟
恋旧林，池鱼思故渊。开荒南野际，
守拙归田园。方宅十余亩，草屋八九
间。榆柳荫后檐，桃李罗堂前。作者
描述了隐居田园，守草屋数间，从事
农耕生活的自在心情。

图 10 - 5 孟浩然《过故人庄》配图
（资料来源于 http://blog. sina. com. cn）

古代诗词中所描述的乡村恬静生
活，大多出自于文人、官宦之手，其
中反映了许多作者官场失意、壮志难酬的落寞心态，这些人远离纷争，脱离是
非，寄情山水，归于田园，创造了许多令后世瞩目的不朽作品。乡村田园诗对
自然、田园、生活的赞美，是一个时代的记忆，对于当代人而言就是"乡愁"。
自近代中国城市化推进以来，现代生活方式逐渐取代田园牧歌式的传统生活，
乡村文化记忆逐渐模糊。在这一过程中，丰富的物质生活在替代贫困乡村的同
时，如何找到现代文明与传统文化承继的结合点？仍然是当代人需要认真对待
的重要课题。

从物质层面来看，城市扩张对传统乡村生存空间的挤压，正在改变乡村的
经济结构和社会结构，乡村的生产方式、生活模式正在发生质的变化，乡村的
快速变迁成为时代潮流；在乡村经济结构、社会结构发生变化的大环境中，乡
村人口的组织形式、社会治理模式等制度层面的文化也发生变化，传统的宗族
制度基本消亡，以血缘为纽带的家族群居结构逐步瓦解，乡村新型的经济组织、
社会组织不断增多，乡村管理日渐趋于社会化、民主化；从精神层面上看，乡
村人口受教育程度提高，职业受训机会增多，以及乡村不断增加对外开放度，
乡村精神文化脱离传统轨道，出现较快的分化。随着乡村人口大量进入城市，
绝大部分进城人口被城市生活方式同化，逐渐脱离乡村传统。与此同时，还留
在乡村继续生活的人口，有的还固守在传统的生产模式上，特别在经济比较滞

后的贫困地区，大部分留在乡村的人口，以年长者居多，他们继续从事着小块土地的"小农"生产方式。因为乡村交通、电力、通信条件普遍得到改善，滞留乡村的人口在生活方式上也逐渐趋于"现代化"。由于生产、生活方式的变革，乡村传统风俗、信仰、习惯、人际交往方式等都在发生变化，特别在市场经济的功利性影响下，乡村人口的观念也在发生变化，真诚朴实的个人性格、世代传承的"孝"道传统、和睦共处的邻里关系，这些似乎都受到潜在的影响，正在变味。

乡村的衰落表现为文化的衰落。旧的乡村秩序在消亡中，旧的文化不断"流失"，新的乡村在建设中，新文化秩序尚未建立，表现为"缺失"，这就是当前乡村建设中面临的问题。随着乡村人口的大量流出，坚守传统乡村文化的人群越来越少，这种状况在中西部地区更为严重。在新的乡村建设中，乡村经济建设更受人关注，而文化建设则易受人忽视，表现在：传统建筑、文化遗迹不能得到有效保护，甚而被遗弃损毁。地方传统、风俗、习惯、技艺、信仰等收集整理不够，以至失传。对乡村人口的教育引导缺乏手段，导致"乡风"和"民风"不再单纯。功利性建设造成乡村自然环境和生态环境的破坏。

三、城市郊区：城乡交流与文化"失落"的样本

城市郊区是城乡交流的特殊区域，从地理位置上看，城郊区域位于城市与乡村的边缘地带，是城乡的结合部；从经济社会结构上看，城郊地区是城乡经济社会的复合体，兼具城乡经济形态，工、农、商混合，人口组成上城乡混杂。城郊地区是城乡交流的前沿地带，是城乡经济、社会交往频繁的区域。在中国城镇化进程中，每一个城市和集镇都面临着处理好城郊治理的课题，城郊区域对研究城乡互动中的政治、经济及文化变迁提供了特殊的样本。

图 10 - 6 城郊结合部
（资料来源于 https：//www. baidu. com）

城郊区域是正在被城镇化的地区，区域内人口或属当地土生土长的乡村人，或来自于其他区域的乡村聚居人口，皆处于正在被城镇化中，所处的文化环境十分复杂，既有城市文化的辐射影响，也有来自于不同区域文化的交集，在这

一区域的观念碰撞中，大多数人的生活理念向城市化转轨，被迫接受城市化的制度安排和环境约束，但同时也保持了来自于不同地区的风俗习惯。城郊地区属于城市与乡村结构急剧变动的区域，是城市和乡村此消彼长的前沿，文化在整合、同化过程中，更多表现出"冲突"状态，因为来自于不同环境条件下的人聚集在一起，在起居饮食，风俗习惯等方面多有不同，在交集中不可避免发生矛盾，表现为在适应城市生活方式中的文化冲突。郊区人口流动性大，人心不安，治安难守，也是城市最难管理的地段。城市郊区处在城市扩张中的在建状态下，城市基础条件和生活环境差，大多数进城民众聚集于此，是城市的"贫民区"。

乡村郊区化是城市扩张延伸的必然结果，是乡村城市化的集中表现，同时，城市郊区化也进一步加剧了郊区扩张。从20世纪50年代开始，西方国家许多工业化成熟的大城市出现城市郊区化或逆城市化情形。城市人口集中的核心区，因"城市病"造成生活质量下降，从而出现城市人口、机构和企业向城市郊区迁移，城市郊区化最初的现象是人口居住郊区化，即一些富有阶层迁往郊区居住，他们白天到市中心区上班，晚上回郊区休息居住的"卧城"，随之出现工

图10-7 城市资本参与乡村开发和建设中，大量西洋赝品建筑涌入乡村，占据森林、湖泊等优势景观资源，使新农村变成"洋农村"（资料来源于 www. offcn. com）

商业和服务行业的郊区化。在中国城市化同时，许多大城市或特大城市也出现了城市郊区化现象，而且这种趋势越来越强劲。许多城市"新贵"或称为"土豪"的一群人，其中还有国有资本参杂其中，纷纷到城市周边风景好的山林、湖泊开发房地产、度假屋，这些项目大多数没有详尽的区域性规划，很多项目造成资源浪费和生态环境破坏。更为可悲的是这些开发区虽然尽显豪华，但缺乏文化底蕴，大多根据开发商好恶搞了很多欧美赝品，欧式别墅、美式洋房不一而足，很多地方把埃菲尔铁塔、凯旋门、金字塔等国外经典原样复制，搬到了中国乡村，使中国乡村变成了"西洋乡村"。

城市化中乡村人口进城、城市郊区化中富贵阶层下乡，两方面的因素使中国城市郊区出现独特的文化"失落"。一方面，郊区居住人口的复杂性和不稳定性，使其成为城乡文化"冲突"的前沿区；另一方面，城市郊区化中的开发热，

忽视区域文化和传统文化的传承，豪华中尽显功利性，打造了一大批文化赝品。由于城市郊区的文化"失落"以及形形色色的城乡矛盾，郊区是每个地方城乡治理的复杂地带，随着城市化的进一步加快，郊区的覆盖范围和影响将进一步扩大，地方政府必须对郊区的治理给予高度重视，采取多种措施加快郊区的和谐发展。一是要重视对郊区规划、建设管理，提高郊区基础设施条件；二要重视对郊区人口的引导教育，提高郊区人口城市化进程；三要重视对郊区的文化培育，提高郊区文明化水平。

第三节　城乡社会建设与文化融合

　　两种特质的文化相互接触，交流沟通进而相互吸收、渗透、学习融为一体的过程即为文化融合。在城乡互动交流中，城市文化具强烈的时代感，代表主流方向，而乡村文化代表传统，属非主流文化。主流文化与非主流文化在交流中产生的结果，取决于主流文化所采取的策略，当主流文化实行包容策略时，非主流群体就被同化；当主流文化实行隔离策略时，非主流群体就被分离；当主流文化实行排外策略时，非主流群体就被边缘化；当主流文化实行多元化策略时，非主流群体就被整合。城乡文化同根同源，具有共同的物质基础、思想基础，以及共同的民族特性和地域情结，在城乡体制性障碍被消除后，城乡文化在交流中碰撞磨合，最终将融为一体。城乡文化融合代表了新的文化体系重新塑立，体现了城乡一体化发展的需要，既是文化的传承，又是文化的创新。

一、"小康"与文化塑造

　　社会建设与文化建设相适应，两者之间彼此相依，相互促进。党的十八大提出"两个一百年"奋斗目标，即至 2020 年中共建党一百周年时，全面建成小康社会；至 21 世纪中叶，即新中国成立一百周年时，建成富强民主文明和谐的社会主义现代化国家。两个目标相互呼应，其中"小康"目标更加具体并倍受期待。党的十九大更加明确提出从 2020 年至本世纪中叶，在实现"小康"基础上再分两步走的战略目标，即从 2020 年至 2035 年，在全面"小康"基础上再奋斗 15 年，基本实现社会主义现代化；从 2035 年到本世纪中叶，在基本实现现代化基础上，再奋斗 15 年，把我国建设成为富强、民主、文明、和谐、美丽的社会主义现代化强国。由此上溯，从改革开放至今，我国在不同时期提出的奋斗目标中，"小康"都是引人注目的关键词。

何为"小康"或建成"小康"的标准是什么？这是需要明白的首要问题。"小康"一词最早出现于西周时期，诗经《大雅·民劳》有"民亦劳止，汔可小康"，表示生活安定的意思。儒家认为"小康"是"大同"的低级阶段，《礼记·礼运》中说："今大道既隐，天下为家。各亲其亲，各子其子，货力为己。大人世及以为礼，城郭沟池以为固。礼义以为纪，以正君臣，以笃父子，以睦兄弟，以和夫妇，以设制度，以立田里，以贤勇，以功为己。故谋用是作，而兵由此，禹汤文武成王周，由此其选，此六君子，未有不谨于礼者，以著其，以考其，著有，刑仁讲，示民有，如有不由此，在执者去，众以为殃，是谓小康。"而《礼记·礼运》中描绘的"大同"理想则是："大道之行也，天下为公，选贤与能，讲信修睦。故人不独亲其亲，不独子其子，使老有所终，壮有所用，幼有所长，鳏、寡、孤、独、废、疾者皆有所，男有分，女有归。货恶其弃于地也，不必藏于己；力恶其不出于身也，不必为己。是故谋闭而不兴，盗窃乱贼而不作，故外户而不闭，是谓大同。""小康"主要指夏禹、商汤、周代的文王、武王、成王、周公治理下的盛世，而大同则是更加高远的理想。

社会昌明以文化为标尺，物质生活是基本条件，而制度文化和精神生活则是基本准绳。"小康"社会是世袭制度取代禅让制后建立的社会行为规范，亲人相亲、儿女相亲、财货私有，制定礼仪作为纲纪共同遵守，达到父子关系淳厚、兄弟和睦、夫妻和谐，建立各种礼制，并用来考察人的信用，如果有违反的行为，有权势的人要斥退，百姓要看成祸害。"大同"社会则是更加理想的社会，在这个社会中，所有成员各得其所，财货被扔在地上没人私藏，人们都愿意为公众之事竭尽全力，而不一定为自己谋私利。社会里没有偷盗、造反等邪恶之事，以至于每家每户不用关门。"小康"与"大同"两种社会形态，其区别主要体现在社会制度层面，以及社会普遍认同的道德追求上。《礼记·礼运》是儒家经典，孔子以"五帝之世为大同"表明"大同"在夏之前，以"五帝之世"传说为依据，加工而成消除了黑暗和社会不公的理想社会。

现代意义上的"小康"具有更丰富的内涵。改革开放之初，邓小平会见日本首相大平正芳时，首先提出了中国现代化中的"小康"命题，按照他的表述，直至20世纪末要实现的"小康"，仅属第三世界中的比较富裕、但落后于西方的水平，人平国民生产总值仅1000美元。是"不穷不富，日子比较好过"的状态，这种状态处于温饱到现代化的中间阶段。自此以后，中国的"小康"建设目标，不断在党内和国内形成共识，其内涵不断完善和丰富。最开始的"小康"主要以收入为标准，以后的"小康"内涵则逐渐融入了文化建设和社会建设等方面的内容，在中共十六大报告中，提出到2020年全面实现小康时，达到"使经济更加发展、民主更加健全、科教更加进步、文化更加繁荣、社会更加和谐、人民生活更加殷实"。此时提出的"小康"目标，不但包括了经济目标，而且涵盖了政治、文化、社会全方位建设的目标任务。十七大提出加大改善民生为重点的社会建设，社会主义建设的总体布局扩展到经济建设、政治建设、文化建设和社会建设四位一体。十八大在十六大、十七大确立的"小康"目标基础上，进一步提出了生态文明的概念，指出到2020年全面建成的小康社会，是发展改革成果真正惠及十几亿人口的小康社会，是经济、政治、文化、社会、生态文明全面发展的小康社会，是为实现社会主义现代化建设宏伟目标和中华民族伟大复兴奠定了坚实基础的"小康"社会。

中共十八大报告在具体表述"全面小康"目标时，从"经济持续健康发展、人民民主不断扩大、文化软实力显著增强、人民生活水平全面提高、资源节约型和环境友好型社会建设取得重大进展"等五个方面进行了阐述。其中对增强文化软实力提出了四点要求：一是社会主义核心价值深入人心；二是全面提高公民道德素质；三是人民享有健康丰富的精神文化生活；四是增强中华文化的国际影响力。按照这几点要求，在实现全面"小康"的进程中，文化建设的内容十分丰富、文化建设的任务还十分艰巨。与全面"小康"的经济、民生等物质层面的目标相比，精神层面的"小康"还有很大的差距，从现实状况来看，城乡人口文化素养、职业修养、道德水平尚存差距；城乡社会文化、社会公德、社会风尚、社会包容性常被忽视；城乡依法治理秩序尚未建立，治理规则不完善，"人情社会"的主流意识常凌驾于法律之上，倍受社会困惑；城乡人民所需要的精神文化产品常被"污染"，城乡人口的精神处于"亚健康"状态。社会文化的塑造和文化环境培育非一朝之功，有待时日，如不倍加重视，精神层面的"小康"将拖物质层面"小康"建设的后腿。

二、城乡文化融合的传承与创新

"小康"社会是城乡一体化发展的社会，"小康不小康，关键看老乡"，说明"小康"社会建设的重点和难点在乡村。富裕的城市和贫穷的乡村既不能实现物质层面的融合，更不能实现文化及精神层面的融合，消除城乡差距是实现城乡融合发展的前提和基础。个人及家庭所占有的财富水平决定了其生活方式和精神追求方向，难以想象两个贫富悬殊的家庭或个人具有相同的价值认同，也不可想象城乡巨大的差距能够真正实现文化融合。当前，在城乡收入差距和物质生活差别很大的情况下，实现城乡文化的完全融合难以一蹴而就，但随着城乡差距的缩小，乡村生活状况的改观、生活条件的改善、生活水平的提高，城乡文化融合的进程正在逐渐加快。按照十八大上确立的全面建成"小康"的目标，至2020年时，"在发展平衡性、协调性、可持续性明显增强的基础上，实现国内生产总值和城乡居民人均收入比2010年翻一番"，届时人均国内生产总值将超3000美元，城镇居民可支配收入18000元，农村居民家庭人均纯收入达8000元。从经济收入上看，至2020年全面建成"小康"时，社会、经济发展仍是不平衡的，此时城乡收入差距为2.25：1；基尼系数在0.45左右高位运行①；区域发展不平衡，东、中、西部贫富差距大。这样的状况表明社会仍处于"高风险"运行期，城乡矛盾仍然存在，城乡文化融合仍在路上。

城乡精神层面的文化融合是一个渐进的过程，是城乡文化在碰撞和冲突中相互吸收、认同和同化的过程。在城乡一体化文化体系构建中，既有在原有城乡文化基础上的创新，也有对传统文化的继承。精神文化的创新围绕社会主义核心价值观深化，在国家层面，以富强、民主、文明、和谐；社会层面，以自由、平等、公正、法治；个人层面，以爱国、敬业、诚信、友善为目标，形成层层相连、环环相扣的完整体系。按照树立和弘扬社会主义核心价值观的要求，提炼城市精神，树立城市形象，培育城市品牌；创新社区文化、企业文化及城乡文化，形成城乡统一和谐的价值理念；加强弘扬社会主义核心价值观的阵地建设，围绕培育社会主义核心价值观开展多种多样的文化活动。

城乡一体化发展中的文化创新，核心内容就是以更新观念为主旨改造传统社会，从现实意义上看，主要包括三个方面的内容：①用商品经济思想改造传统"小农"意识，在城乡统筹发展中改造传统的小农社会。用现代农业机械、现代生物技术武装农业，发展农业合作经营，创新产业经营模式，用适度规模经营取代农业小规模生产。②用公民意识改造传统的"宗亲"观念，在城乡融

---

① 这一指标尚存争议。北京大学中国社会科学调查中心发布《中国民生发展报告2014》。该报告称，中国的财产不平等程度在迅速升高：1995年我国财产的基尼系数为0.45，2002年为0.55，2012年我国家庭净财产的基尼系数达到0.73，顶端1%的家庭占有全国三分之一以上的财产，底端25%的家庭拥有的财产总量仅在1%左右。西南财经大学中国家庭金融调查发布的数据显示，2010年中国家庭的基尼系数为0.61，大大高于0.44的全球平均水，城镇家庭内部的基尼系数为0.56，农村家庭内部的基尼系数为0.60。分地区看，中国东部地区基尼系数为0.59，中部地区的基尼系数为0.57，西部地区为0.55。调查组认为东、中、西部收入差距与其市场经济发达程度密切相关，但是该份报告引起的争议很大。2013年1月18日，国务院新闻办公室举行新闻发布会，请国家统计局局长马建堂介绍2012年国民经济运行情况，其中透露中国居民收入的基尼系数为：2003年0.479，2004年0.473，2005年0.485，2006年0.487，2007年0.484，2008年0.491。然后逐步回落，2009年0.490，2010年0.481，2011年0.477，2012年0.474。

通中改造传统的人情社会。在城乡统筹的制度文化层面，要完善制度规则，建立对"公共权力"的社会监督机制，用统一的社会规范约束每一个社会成员。建立平等、公正的社会秩序，减少"人情"对社会秩序的破坏。③用社会公德、传统美德改造个人主观世界，避免以追逐个人私利，以个人为中心的功利社会形成。在城乡文化碰撞交流过程中，城乡主流文化的形成除了从道德层面加强社会心理引导外，最关键的一环在于加强社会的法制建设，提高社会的法治水平，形成法律和社会规范被所有公民尊重的社会氛围。

在城乡新的文化体系建构中，要充分吸收和传承中华民族优秀的传统文化，这既包括优秀的传统城市文化，也包括优势的传统乡村文化。在城乡建设开发中，保护好城乡传统建筑、民居、名木古树及各种反映不同时代风土人情、重大事件、重要人物的遗迹，恢复城市记忆，亦记住"乡愁"。传统的历史建筑、遗迹是凝固的历史，是一个特定时代的标记。建筑艺术是无声的语言，每一块带着沧桑的砖木都在诉说曾经的繁华，现代人要以尊重祖先、尊重历史的态度保护好每一处遗迹，让这些历史建筑成为城乡建设中的宝贵财富，惠及后人。当前各级政府对历史建筑、遗迹要强化保护意识，制定规划，科学落实保护措施，杜绝个人或组织在开发中对历史建筑和遗迹的破坏。

在精神文化层面，保护和传承优秀的文化成果，收集、整理、挖掘、抢救、记录失传的和濒于失传的文物、文化典籍及民间艺术。尊重和保留传统乡村优良的民俗、民风，以及各种民间庆典礼仪。在城乡人口交流频繁的特定环境下，提倡和弘扬传统乡村勤劳、勤奋和勤俭的优良传统，发挥传统的孝道精神，恢复乡村孝道文化传统，培育乡村新的人文精神。在乡村人口流走、产业空虚、文化流失的背景下，实现"乡村复兴"，需要培育新"乡贤"，通过吸引大批从乡村出走的能人、精英再回乡村、再归田园，引导和带领乡村传统文化的回归和新文化的培育。

三、城乡文化融合的引导和促进

城市与乡村文化融合是城乡融合、实现一体化的标志。在城乡制度型二元结构被瓦解以后，城乡之间人口大流动取消了制度性限制，城乡文化在接触、碰撞乃至于冲突中，最终实现文化的融合是一种理想的状况，其标志为：①城乡人口在接触交流中形成共同认同的价值体系，亦即形成共同的文化体系；②来自于城市或乡村的人口社区化，再无"城市人"或"乡里人"的人身符号，具有对社会公共服务共同的愿望和需求；③城乡社会以中等收入人群为主，极贫和极富人群成为社会的绝对少数。城乡收入差距不明显，城乡人口在人际交往、社会交往中没有身份歧视。由此看出，实现城乡文化融合需具备一定的社会、经济条件，是一个随着社会、经济发展变迁的渐进过程。在城市化进程中实现城乡文化融合，在自由竞争的环境中，难以通过市场机制和社会的自我调节来实现，只有通过政府调节经济、社会和文化资源合理配置，采取各种引导和促进措施加快进程、达成愿景。许多欠发达的亚非拉国家，在城市化过程中忽视了妥善处理城乡差距问题，出现"中等收入陷井"，虽然城市化程度很高，但城市中的"贫民窟"大量存在，以至于城乡二元结构在城市化中衍变为城市二元结构，城乡矛盾突出，社会稳定失去城乡人口共同认定的文化基础。

世界银行前副行长、诺贝尔经济学奖获得者斯蒂格利茨说："中国的城市化与美国的高科技发展将是影响 21 世纪人类社会发展进程的两件大事。"过去 30 年，中国大批的乡村人口进入城市成为经济、社会发展中的时代特征，由此带来的城乡变迁支配了中国社会的发展进程。据估计，目前每年大约有近 3 亿农民在城市里生活，每年有 1600 万～2000 万人口被城市化，进城农民对城市的"适应感"成为影响城市生活秩序和社会秩序的重要因素。进城农民市民化是公民社会建设的基础，也是城乡文化融合的焦点，引导进城农民的市民化成为城市社区建设的重要内容。农民变市民，不仅是称呼的变化，也是进城人口在生活方式、生活习俗等多方面的适应和变迁过程，更是人的价值观适应和改造的过程，在这个过程中，需要通过"外力"的作用加速进程，即来自于政府、社区的帮助、引导不可或缺。城市政府、社区引导农民市民化是系统工程，涉及到方方面面的工作，其中最重要的是两个方面：一是帮助进城农民就业，为他们提供就业机会，让他们在城市生活有收入来源；二是维护进城农民的权益，特别是维护务工收入的"合法权益"。

2016 年 8 月，国务院针对当前农民市民化中的一些具体问题，印发了《关于实施支持农业转移人口市民化若干财政政策的通知》，出台了十条具体政策措施：①将农业转移人口及其他常住人口随迁子女义务教育纳入公共财政保障范围，逐步完善并落实中等职业教育免学杂费和普惠性学前教育的政策；②加快落实医疗保险关系转移接续办法和异地就医结算办法；③加快实施统一规范的城乡社会保障制度；④支持进城落户农业转移人口中的失业人员进行失业登记，并享受职业指导、介绍、培训及技能鉴定等公共就业服务和扶持政策；⑤建立农业转移人口市民化奖励机制，提高户籍人口城镇化率；⑥在根据户籍人口测算分配均衡性转移支付的基础上，充分考虑向持有居住证人口提供基本公共服务的支出需求；⑦县级基本财力保障机制考虑持有居住证人口因素；⑧支持提升城市功能，增强城市承载能力；⑨维护进城落户农民土地承包权、宅基地使用权、集体收益分配权；⑩加大对农业转移人口市民化的财政支持力度并建立动态调整机制等。这些措施明确了中央及地方各级政府的职责，提出了解决农民市民化具体问题的有效办法，具有很强针对性和可操作性。

加强城乡文化融合，妥善消化城乡融合中的矛盾，需要加强城乡人口重点交集的城郊区的社会治理，引导城郊区域社会和谐化。在城市化中，城郊作为特殊区域，既涉及人的城市化，更是"土地城市化"的主要区域，按照现行土地政策，从村社集体所有制下的土地通过国家征收，变为国有建设用地，确保城市建设需要，土地征收中的矛盾和问题主要集中在城郊区域，因土地征收补偿发生的不稳定事件也大多集中于城市郊区。同时，城郊结合部是人口流动频繁、社会治安压力大的重点区域，也是城市中相对较为贫困和容易被忽视的区域，对这一区域的治理，除了加强法律和制度管控外，同时要发挥社区的作用，通过社会的日常教育和引导，减少来自于不同地方人群的摩擦，消化各种社会矛盾的滋生，把各种社会不稳定因素处置于萌芽状态。

加速城乡文化融合进程，需要促进公共文化均衡化。2015 年 1 月，中共中央办公厅、国务院办公厅印发《关于加快构建现代公共文化服务体系的意见》，提出："到 2020 年，基本建成覆盖城乡、便捷高效、保基本、促公平的现代公共文化服务体系。"按照这一目标，需要加强各级财政对乡村公共文化的投入，加快对乡村公共文化设施的建设，这一工作应充分考虑各地的实际状况，做到精细化，不可千篇一律。近几年，国家对乡村公共文化设施加大了投入，但在很多地方投入的效率不高。如乡村村级图书无人借阅，除了留守乡村的人口无读书欲望外，也存在村级图书室的资料无特色、无看点、无更新；在一些乡村集中居民点，安装了很多体育设施和健身器材，这些东西也大多无人使用，因为留在乡村的人口与城市人口相比较，劳动强度较高，闲适之余并不需要如城市般的运动健身，而需要喜闻乐见的各项文化娱乐活动。对此，公共文化的供给应充分尊重村民的选择，让社区成为供给者，政府成为公共文化的服务。

推进城乡文化融合，要加强乡文化资源产业化，让文化资源变资产，在经营中保值增值，并得以传承。对于城市而言，充分利用文化遗存，在保护中挖掘开发，发展好独特的文化产业，增强城市文化软实力；对乡村而言，充分利用好独特的传统建筑、民居、乡风民俗吸引资本，发展乡村旅游，通过文旅结合、农旅结合，拓宽乡村产业和增收渠道。

第十一章

城乡一体化与政府调控行为

从来治国者，宁不忘渔樵。

——（明）谢榛

解决区域发展差距、城乡差距和个人收入差距是中国现代化建设中的重大课题。其中：缩小区域发展差距是解决城乡差距和个人差距的基础；缩小城乡差距是最终实现个人收入均衡化的重点。站在新的历史起点上，构建协调的区域协作、城乡合作关系，涉及到区域之间在经济上合理契合，市场上对接融通；城乡之间各项权益对等，相互协同；区域文化、城乡文化相互融合，相互促进，特色鲜明；社会建设城乡一体，统筹推进；生态文明自然和谐，良性循环。城乡关系处于合作状态，才能实现城乡融合愿景，达成这一目标，既需要市场发挥配置资源的作用，又需要政府解决"市场失灵"的问题，处理好政府"看得见的手"和市场"看不见的手"之间的关系。在市场自由竞争环境下，工业相对于农业、城市相对于乡村，"现代"与"传统"的竞争中，工业和城市总是处于有利地位，表现得更有效率。但是，城乡一体化发展中不但需要效率，更需要在社会建设中体现公平，这就是政府应在其中发挥主导作用的关键所在。

第一节　规划调控：促动要素空间布局合理化

工业化和城市化初期阶段，资源要素从乡村流向城市、从农业流向工业，形成城乡之间的二元结构。随着二元结构的加剧，城乡关系严重对立，同时带来对城市发展和工业化的负面效应，产生迟滞作用。一方面，乡村的持续贫困造成工业化和城市化的市场萎缩和资源枯竭，产生资源和市场的约束效应；另一方面，大量人口从乡村流向城市，压缩城市生存空间，给城市健康发展带来影响。大多数发达国家在工业化中期阶段，都十分重视乡村的建设和协调发展，他们的经验就是：在破解城乡二元结构，实现一体化发展中，发挥政府的调控功能，实现城乡关系的良性发展。规划调控是政府实现经济、社会建设目标的重要手段，增强规划的严肃性和约束力，是促进城乡发展要素在空间合理布局的重要保障。

一、区域协同规划

中国疆域辽阔，区域之间在历史沿革、地理特性、文化传承、经济社会发展基础等方面存在较大的差异，加之过去几十年经济社会"非均衡"发展，带来地区之间发展极不平衡。京津沪以及辽宁等东北老工业基地曾为中国经济重镇，但随同改革开放后"国家战略"东移，东部沿海地区迅速成长为中国最发达的富庶之地。从国家实施六五（1981—1985）计划时起，沿海开放战略促动国家投资重点东移，先后设立 14 个沿海开放城市和开发区，从政策上予以倾斜支持，广东、福建、浙江等地与京津沪地区的差距迅速缩小，这一时期，中西部地区与东南沿海的差距则迅速扩大。20 世纪 90 年代前半期，东南沿海的开放开发使该区域发展引领全国，并使沿海与中西部的差距再次扩大。20 世纪 90 年代后半期至 21 世纪初，国家发展战略逐渐从非均衡向区域协调方向转变，1995 年中共十四届五中全会提出："坚持区域经济协调发展，逐步缩小地区发展差距是今后发展经济必须贯彻的重要方针之一。"

1999 年，中央人民政府正式提出实施西部大开发战略；2002 年提出振兴东北地区老工业基地战略；2004 年提出促进中部地区崛起战略。至此，从宏观视野上形成了东部、西部、中部及东北地区各有侧重的区域战略布局，并在政策上予以区别性的扶持。这一时期，中西部地区发展速度有所加快，区域差距逐渐缩小。2004 年以来，随着区域协调战略的推进，以及受到世界经济大环境影响，中西部地区从发展速度上看，与东部沿海地区的差距进一步缩小，部分中西部地区的发展速度甚至跃升到全国各省区的第一方阵。从 21 世纪初开始，区域制造业重心从东南地区区向西部地区转移，这一现象特别在全球金融危机之后更加明显。

过去几十年，中国的区域差距虽然呈现出阶段性特征，较为贫困的中西部地区发展的速度较快，但从绝对差距而言，区域差距仍然很大。从人均 GDP 排序来看，2016 年全国有 9 个省市超过 1 万美元，其中天津、北京、上海分列前三位。有 8 个省份的人均 GDP 低于 4 万元大关，除了安徽、山西之外，其余全部位于西部地区。甘肃省人均 GDP 仅 27508 元，排列全国倒数第一，排列全国倒数第二和第三的分别是云南和贵州。位列第一的天津人均 GDP 达 115013 元，是位列最后一名的甘肃省的四倍。京津冀、长江三角洲和珠江三角洲三大城市群，以全国2.8%的国土面积集聚全国18%的人口，创造了全国36%的GDP。同时，集中分布于长江流域的经济总量占全国40%以上。区域差距不仅表现在经济指标上，更体现在深层次发展潜力上，中西部地区在人力资源贮备、技术贮备以及文化软实力等方面，与东部沿海和京津冀地区相比都有很大的差距。

从"九五"以来，国家推进实施的一系列区域协调发展战略取得了较好成效，区域间发展的协调性明显增强。但是，区域发展协调性目标远没有实现，甚至推进全国一盘棋的区域协调发展仍是今后较长时期的重大战略任务。按照十八届五中全会总体部署，《中共中央关于制定国民经济和社会发展第十三个五年规划的建议》（以下简称《建议》）指出，要塑造要素有序自由流动、主体功能约束有效、基本公共服务均等、资源环境可承载的区域协调发展新格局，这是"十三五"时期实施区域发展总体战略的几个关键要点。在空间布局上，以实施区域总体战略为基础，继续夯实西部大开发、东北地区老工业基地振兴、中部崛起和东部地区率先发展四大支柱，协调推进各区域发展。同时，以京津冀协同发展、长江经济带发展、一带一路建设为重点，打破行政壁垒，在更大范围内解决区域发展中出现的新问题，形成区域带动发展的新合力和新动力。

落实好区域协同发展战略布局，需要宏观层面制定全方位、多层面的规划，完善规划体系，通过规划和政策激励引导要素合理、自由流动。"十三五"期间，应启动跨行政区域的重大区域规划编制工作，特别要把尽快完善京津冀、长江经济带和一带一路等重点区域的规划放在首位；以区域总体战略为基础，进一步完善政府公共资源配置、基础设施建设为重点的专业规划，实现全国范围基础设施互联互通、公共资源配置合理的"一盘棋"格局；以黄河、长江、淮河等重点流域治理为目标，制定区域合作的治理规划，综合施策，提升生态文明建设水平。

着眼于国际和国内两个市场以及产业分工，区域发展应提升城市竞争力，增强城市发展活力，从而提升区域发展实力。通过规划调整区域内城市空间布局，整合资源要素推动"城市群"健康发展正当其时，从全局视角上看，在京津冀、长三角、珠三角等地区，建设具有国际影响力的城市群，参与国际分工与合作，有利于占领未来发展的制高点；从区域发展的视角上看，规划建设城市群，通过交通等基础设施实现城际互联互通，有利于带动区域内城乡联动，实现一体化发展；通过城市群建设实现城市间的分工合作，有利于增强区域内城市发展合力，减少城市间恶性竞争，实现资源要素的合理配置。至2018年3月，国务院已正式批复9个国家级城市群，分别是长江中游城市群、哈长城市群、成渝城市群、长江三角洲城市群、中原城市群、北部湾城市群、关中平原城市群、呼包鄂城市群、兰州－西宁城市群，待批复的还有珠江三角洲、京津冀、辽中南、山东半岛、海峡西岸城市群。拟规划建设的城市群分布在全国东部、中部、西部和东北等各大区域，是各区域经济发展的重要支撑，实现各区域平衡发展，体现在城市群规划建设上，必须做到全国一盘棋，在发挥各区域特色和优势基础上，建设在全国战略层面上的特色功能区。

落实好区域协同规划，应建立中央、省市及县市三级行政首长责任制，在区域产业发展方向、基础设施互联互通、民生供给、土地利用与保护以及山川、河流、森林、矿藏、文化遗存利用与保护等方面强化各级政府责任，利用大数据、智能化等现代技术手段增强调控能力，建立行政首长离任审计、评估和巡察制度。

二、城乡协调规划

在宏观层面，过去几十年"非均衡发展"不但导致区域发展不平衡，也带来城乡在发展中的巨大落差。时至今日，应对过去城市化中的问题进行深刻反思，从而在观念上调整思路，解决好城市化中单纯追求经济利益的功利趋向。①深刻反思城市化中的"大城市化"倾向，有效促进城乡协调发展。城市化中单纯追逐经济利益，忽视社会效益和生态效益。地方政府追求"高、大、尚"，但却只注重数量增长，忽视高质量和特色化，从而导致城市在发展中"摊大饼"。在小城市"大城市化"、大城市"特大城市化"的潮流中，各项要素在逐利中向城市聚集，公共资源在特大城市、大城市和小城市及乡村之间畸形分布，显失公平且效率十分低下。同时，城市在扩张中同质化，千城一面，恶性竞争。②深刻反思城市化等同于"房地产化"，有效逆转房地产"过热"倾向。在过去几十年开发热中，房地产成为最"热"的行业，房地产不但衍生为地方财政的支柱，也成为大多数城市最大的产业，无论对物质资本的占用以及产出规模、房地产及上下游产业的就业人口在地方经济中都占据着重要的支配地位。但是，庞大的房地产行业带来的隐忧并未引起足够的重视，一是在房地产推进城市扩张中，一个又一个的钢筋混凝土森林拔地而起，城市的文化效应、生态效应以及民族、地域特色并未得到有力彰显；二是建筑行业在模仿中制造产品，缺乏创新和技术积淀，大多数民用建筑在材料、节能、环保、适用等方面与国外发达国家差距大，城市建构筑物换代周期短，许多地方20世纪七八十年代建设的房屋，多数成为城市改建拆迁的对象，新建的城市道路、公用设施正式投入使用不久即成为修修补补的对象，城市永远处于"在建"之中；三是由于建筑物使用寿命短、物耗大、能耗高，建筑垃圾难于分解，对生态环境破坏严重。当前，解决好推进城市化中的"功利性"弊端，政府必须加大调控力度，在宏观层面强化"一盘棋"规划，增强规划的有序性和严肃性。同时，建立建设行业创新体系，完善创新机制，严格制定和落实行业技术规范，推进建筑业"高质量"发展。

在微观层面，依托于县级行政单元，制定和完善城乡一体化发展规划，是落实城镇化措施，推进城乡一体化发展的重要举措。城镇化是中国特色城市化道路的必然选择，通过城镇化发展消化和吸纳乡村人口，有效化解大城市特别是全国性特大城市人口和就业压力，舒缓大城市社会矛盾，符合中国未来城市化的发展道路。在城乡一体化规划层面，应确保城镇化优先的规划思路，精细化布局中心城区、重点集镇、特色集镇，形成完整有序的城镇体系。①依托县域城镇体系完善土地、森林、水域、矿山等自然资源的保护、开发和利用规划，构建人与自然和谐相处的格局；②依托城镇体系，规划和实施城乡交通、通信、电力等基础设施一体化；③依托城镇体系，规划城乡一体化产业布局，实现乡村农耕种植区、养殖区与城镇加工、贮藏、运输的一体化对接；④依托城镇体系，有效配置城乡一体化公共服务网络，实现城乡公共服务均衡化。

小城市和小城镇是推动乡村生产方式、生活方式转变，实现城乡一体化发展的重要支撑。按照《国家新型城镇化规划（2014—2020年）》中相关数据，从1978年至2013年，中国城镇常住人口从1.7亿增加到7.3亿，城镇化率从17.9%提升到53.7%，年均提高1.02个百分点；城市数量从193个增加到658个，其中：50至100万人口规模的城市从35个增加到138个，净增加103个。50万以下人口规模的城市数量从129个增加到380个，净增加181个。建置镇数量从2173增加到20113个，增长近10倍。以上数据说明小城市和小城镇在过去中国城市化中吸纳人口发挥了重大作用，这一作用将进一步延续。根据国家统计局2017年1月20日公布的数据：2016年，从城乡结构看，全国城镇常住人口79298万人，比上年末增加2182万人，乡村常住人口58973万人，减少1373万人，城镇人口占总人口比重（城镇化率）为57.35%。全国人户分离人口（即居住地和户口登记地不在同一个乡镇街道且离开户口登记地半年以上的人口）2.92亿人，比上年末减少203万人，其中流动人口2.45亿人，比上年末减少171万人。年末全国就业人员77603万人，其中城镇就业人员41428万人。游离于城乡之间、数量规模庞大的人口是潜在的城镇化人口，这部分人亦属于中低收入的人群，大城市高房价、高生活成本不能稳定地解决进城问题，只能通过小城市和小城镇吸纳的方式逐步妥善化解。

由于区域经济发展不平衡，带来区域间城市化发展不平衡。从全国情况来看，目前中国东部地区常住人口城镇化率达到 62.2%，至 2015 年，上海常住人口城镇化率和户籍人口城镇化率均达到 90% 以上，而中部、西部地区常住人口城镇化率仅 48.5% 和 44.8%。中西部地区在城镇化上还有很大空间，推进中西部地区城乡一体化发展，着力点仍然在于加快区域内小城市和小城镇建设，通过小城市和小城镇产业带动就业，吸纳外出人口回乡和本地乡村人口进城就地城镇化。对此，国家区域发展战略应在推动中、西部地区小城市和小城镇规划发展上给予支持：一是加大对中西部交通、水利、通讯等基础设施建设支持力度；二是加大对中西部产业发展支持力度。通过两方面的重点支持，使中西部小城市和小城镇发展更具活力。

城乡一体化规划要从构建城乡和谐关系，推进城乡共同发展高度，从规划原则、规划思路、规划的具体技术处理上解决好城乡要素合理分配问题。特别要妥善处理好当前各地已经出现的三个倾向：一是小城市"中心化"问题。需要协调好区域内小城市错位发展，解决好小城市在规划体系中"竞为中心，同质竞争"问题；二是城镇"空虚化"倾向。土地城镇化快于人口城镇化，加之城镇产业发展滞后，带来城镇人口就业难，这就是当前城镇建设中的"空虚化"现象。许多地方政府在城镇规划建设上追求宽马路、大广场，开辟规模宏大的各式园区、开发区，基础设施投入巨大，盲目依靠城镇土地出让支撑投入成本，又造成土地粗放经营。2000—2011 年，全国城镇建成区面积增长 76.4%，而城镇人口增长 50.5%，其间，农村人口减少 1.33 亿，农村居民点用地却增加了 3045 万亩，城镇的"空虚化"带来大量的土地浪费。解决城镇"空虚化"问题，应增强区域内城乡统筹规划的协调性，从实地产业发展潜力、环境承载能力、基础设施支撑等方面确定城镇规模，避免"摊大饼"；从发挥区域优势、显现地方特色上突出文化本底，避免"千城一面"；三是城镇规划"随意性"。通过地方人大或政府批准的小城市、小城镇规划具有严肃性，在规划年限内具有法定约束力。当前，规划意识应进一步增强，纠正随意调整规划，换领导换规划的行为。

三、乡村建设规划

中国共产党第十九次全国代表大会确定的乡村建设目标为"产业兴旺、生态宜居、乡风文明、治理有效、生活富裕"。这是在十六届五中全会提出的"生产发展、生活宽裕、乡风文明、村容整洁、管理民主"目标基础上的一次提升。按照乡村建设的新目标，2018 年中央一号文件提出强化乡村振兴的规划引领。

国家层面制定乡村振兴战略规划（2018—2022 年），细化实化工作重点和政策措施，部署若干重大工程、重大计划、重大行动。要求各地区各部门编制乡村振兴地方规划和专项规划或方案。统筹各类规划的管理和系统衔接，形成城乡融合、区域一体、多规合一的规划体系。文件要求：根据发展现状和需要分类有序推进乡村振兴，对具备条件的村庄，要加快推进城镇基础设施和公共服务向农村延伸；对自然历史文化资源丰富的村庄，要统筹兼顾保护与发展；对生存条件恶劣、生态环境脆弱的村庄，要加大力度实施生态移民搬迁。

目前，乡村建设规划在规划体系中是薄弱环节，强化乡村建设规划的落脚点在于加快实现乡村现代化，其中，实现农业现代化是核心。在城乡一体化发展中，乡村产业发展、基础设施布局、乡村民居建设、乡村公共服务、乡村社会治理和乡村生态环境保护是令人关注的重要内容，应通过制定规划体现目标愿景，促动要素向乡村流动和聚集，达成资源合理使用与配置。乡村规划要体现"自然和谐"和"社会和谐"理念，构建乡村生产、生活与环境相容的系统，在生产发展上，根据各地的资源优势和产业发展基础，制定地域协作和农户、生产经营主体合作的产业发展规划，确定城乡互补的产业发展方向；在空间布局上，根据自然、地理及资源状况，合理划分生产、生活空间，科学布局交通、水利、电力、通讯等基础设施；在功能设计上，完善生产设施、生活设施、文化娱乐、公共服务、商品配送、垃圾消纳、污水治理等方面配套的人居系统；建立塘堰、溪沟、河流、湿地相互联系、相互融通的水生态系统，从源头上减少面源污染，维护水生态安全；倡导村庄绿化、美化，保护森林植被和自然物种资源、治理沙漠化和石漠化，建立乡村绿色生态系统；在乡村建设规划中，注重对传统村落、民居、寺庙、祠堂以及乡间民俗、民间文化的保护，彰显文化传承。

在城市化进程中，大量乡村人口进入城镇，乡村的人口密度大为降低。特别是经济发展滞后的中西部地区，许多偏远的乡村仅存老人和孩子，有的地方整社，甚至整村成为"无人社"或"无人村"。在这样的村社，耕地"撂荒"现象较为严重，如何看待这一问题？许多人都产生了对未来中国农业、农村的担忧。冷静地分析这一现象，不难发现农民真心"弃家""弃耕"的区域都是条件艰苦、比较偏远、收入保障低的山区，这种状况也对调整传统乡村社会结构、调整乡村要素布局带来了千载难逢的机遇。

乡村建设规划的重心是村庄点规划，所有生产、生活及相关的人类活动围绕村庄展开，村庄的规划布局体现时代的生活理念和价值追求，彰显了人与自然的关系。在传统农业时期，适应小农生产方式的乡村散居形式，在现代农业和现代乡村社会改造中逐渐落伍，迫切需要改进。乡村的居住方式从分散向适度集中，转向"组团式"发展，不但是乡村人口享有公平的社区服务，实现公共服务均衡化的需要，更是传统的乡村社会向现代公民社会转型发展的需要。根据乡村人口分布情况，在建置村规划建设一个或数个集中的居民点，政府集中财力投向基础设施和公共服务设施，扶持散居的村民向居民点集中，既有利于改进乡村的生产生活条件，又有利于提高公共资源的配置效率。当然，乡村人口居住方式从分散向适度集中衍变是渐进的过程，政府可从资金扶持、用地管控、基础设施配套等方面吸引村民，同时尊重村民意愿，不可采取强制性的措施。过去几十年，结合社会主义新农村建设，中西部地区打捆生态扶贫搬迁、农村危旧房改造、地质灾害整治等方面的政策，建设了一大批农村新的居民点，总体来讲是成功的，但在现有政策的操作层面以及城乡规划体系中，还存在着很多问题，需要进一步总结经验教训。

乡村建设规划要适应城乡一体化发展需要，实现乡村生活社区化，即依托于相对集中的居民点建设，实现社区化治理。在乡村广阔的地域内，依托于乡集镇、乡村居民点划分相对独立的社区，以社区为单元配套生产、生活及公共服务设施，根据社区服务功能确定服务半径。当前，在中西部地区，依托现有的自然村布局村办事大厅、医疗室、文化室、图书室等服务设施，由于许多地方人口居住分散或服务的人口少，这些设施基本没有发挥作用，带来公共资源的闲置和浪费。改变这一状况，必须从实际出发，在乡村规划体系中根据人口分布密度，科学划分社区范围。城郊人口密集区，一个建置村可划分多个社区，在人口稀少的区域，可并村规划和建设社区，以实现社区服务合理布局。

第二节　政策调控：完善"振兴乡村"的政策体系

城乡一体化发展需要解决城乡差距，实现乡村振兴，这是城市化发展到成熟阶段反哺农村的必然结果。在这一过程中，城市对乡村的反哺以及乡村的振兴并非具有必然性，市场机制乃至于自发的社会行为不能自动达成乡村振兴的愿景，需要政府从国家战略的高度，完善政策乃至于法律措施，对城乡要素流动施加影响，即建立有利于资本流向乡村的政策体系。从欧美发达国家解决农业问题的历程和经验来看，建立一整套扶持农业和乡村发展的政策，并确保政策落实到位非常重要，美国的农业政策经历了 200 多年的发展和完善，形成了一系列复杂而完善的体系，实现了以 0.77% 的农业人口，创造了 2.2% 的 GDP，农业不仅满足了本国的农产品需求，而且成为世界第一大农产品出口国。近20年来，中国政府对农业和农村发展不断重视，农业和农村的变化亦有目共睹。自1993年7月《中华人民共和国农业法》施行以来，迄今围绕农业的法律法规已达25部，农业部门规章达72部，农业法律法规体系基本形成。1998年10月，中共十五届三中全会通过《中共中央关于农业和农村工作若干重大问题的决定》，首次提出对农业和农村实行"多予少取，让农民得到更多实惠"的政策，2002年1月，中央农村工作会提出新阶段增加农民收入的指导思想是"多予、少取、放活"。2005年12月，第十届全国人大常委会第19次会议表决通过《农业税条例》，自2006年1月起废止农业税，至此延续了2600年的"皇粮国税"走进了历史。从1982年至1986年，中央连续5次以"三农"为题发布一号文件，从2004年到2018年，又连续十五年以"三农"为题发布一号文件，这些足以说明"三农"问题的解决在中国现代化征程中"重中之重"的地位。但是，农业脱离传统走向现代化，农村社会从"小农"泥淖中走向现代社会皆属历史性的跨越，其中的艰巨性和复杂性注定了这一进程的长期性。为此，建立和完善政府支持体系，通过政策施以持续有力的牵引十分重要。

一、完善现代农业支持体系

建立和完善现代农业支持体系，在于加速推进传统农业向现代农业转型发展，实现农业生产方式、组织形式的机制转换。中国目前农业政策体系从形成到基本成熟，经历了从20世纪80年代农业投入政策、农产品购销政策到以"资金投入、价格支持、生产补贴、生态补偿"四大支柱为主的过程衍变。

在20世纪末，随着国家财力增长，对农业的支持和保护范围扩大，农业进入了新的发展阶段。①从1998年至2003年，以投资型支持为主。1998年，长江流域遭遇100年不遇大洪灾，国家支持灾后重建、兴修水利、整治江湖，从当年增发的1000亿国债中拿出270亿，加上原中央预算内投资，共350亿元重点用于黄河下游、长江中下游重点堤防和骨干水利工程。随后，封山育林、退耕还林还草等生态保护工程大面积实施，以及对农村公路、电力网络建设与改造加大投入力度，此时期农业支持政策体系主要以支持基础设施投入为主。②从2004年至2007年，坚持多予少取，以生产性补贴为主。从2004年开始逐步减免农业税费，到2006年全面取消农业税赋，仅此项为农民每年减负1200亿元。2004年，国家建立了农民种粮直补、良种补贴和农机购置补贴制度，2006年又增加了生产资料综合补贴，到2007年"四项补贴"规模从2004年的145.2亿元增至495亿元。2000年，我国全面放开粮食市场价格和购销经营后，粮食市场低迷，库存增加，粮价下跌，国家于 2004 年、2005 年，先后出台了稻谷、小麦最低收购价政策。同时，为了支持国内粮食、油料和生猪生产，国家先后于 2005 年和 2007 年对粮油生产大县和生猪调出大县给予奖励性补贴，该项奖励延续至今。③从 2008 年以来，逐渐形成以"四大支柱"为主的农业支持体系。中央财政对农业和农村基础设施进一步增加投入规模，同时，加强实施农业环境问题的综合治理，建立生态补偿制度。从 2008 年起，国家连续提高小麦、水稻的最低收购价，到 2014 年，小麦、籼稻、粳稻最低收购价分别提高了 64%、92% 和 106%。同时，增加了良种补贴、农资综合补贴和农机购置补贴等"四项补贴"的规模，达到 1680 亿元。

发展现代农业是"乡村振兴"的关键，建立和完善农业支持体系不仅要从战术层面解决好农业生产、流通、加工等各个环节中的问题，更要从战略层面解决好农业转型发展问题。过去依托于"四项支柱"政策的农业支持体系，主要从平衡农产品供给与需求，平抑农业自然风险、价格风险、生态风险和社会风险等方面设计政策目标。完善这一体系，还需要从战略层面，更长远地谋划农业的转型发展，从宏观、中观及微观层级增强政策的针对性。一要完善农业技术创新体系。舒尔茨认为：改造传统农业需要引进外部先进的生产要素，也就是要用先进的农业技术改进农业生产方式。邓小平也说过："将来农业问题的出路，最终要由生物工程来解决，要依靠尖端技术。"在无技术增长的环境下，中国传统农业单纯依靠扩大生产规模等要素数量投入的方式是没有出路的，要使农业在土地产出效率和劳动生产率有大的提高，确立中国农业的国际竞争地位，只能通过技术改造的途径来实现。当前，无论技术研发、新技术运用还是新技术创新投入等方面，与先进发达国家相比，中国都有较大的差距，对此，完善农业技术创新支持体系应成为发展现代农业的首选任务；二要完善新型农业经营体系。农业突破"小农"经营方式束缚，发展适度规模经营，需要形成以家庭承包经营为基础，专业大户、家庭农场、农民合作社、农业产业化龙头企业为骨干，其他组织形式为补充的新型农业经营体系。2017 年 6 月，中共中央办公厅、国务院办公厅印发《关于加快构建政策体系培育新型农业经营主体的意见》，提出从财政税收、基础设施、金融信贷业务、保险扶持、市场营销拓展、人才培养等六个方面，形成完整的政策体系，支持新型农业经营体系建设；三要完善农业管理体制。深化农业管理体制改革，完善农业法律法规体系，增强依法治农的严肃性。创新政府管理农业的手段，建立农业市场化转型的管理机制。同时，建立农业行业自律组织、合作组织和多种形式联营组织；四要完善粮食安全保障体系。1974 年 11 月，联合国召开世界粮食大会，将粮食安全定义为："为保证任何人在任何时候都能得到为了生存和健康所需要的足够食品。"1996年11月第二次世界粮食首脑大会通过的《罗马宣言》和《行动计划》中，又将粮食安全界定为："只有当所有人在任何时候都能够在物质上和经济上获得足够、安全和富有营养的粮食，来满足其积极和健康生活的膳食需要及食物喜好时，才实现了粮食安全。"中国是人口大国，任何时候的粮食安全都不可掉以轻心，这是实现任何国家战略必要的前提条件。建立和完善对农业的政策支持体系，必须在国内主要粮食生产、收贮、流通、加工等各个环节采取靶向措施，建立环环相扣的粮食安全体系，将"中国人的饭碗牢牢端在中国人的手上"。

完善现代农业支持体系，既要在各个层面完善政策措施，又要创新政策手段，增强实效性。2013年10月，农业部党组副书记、副部长余欣荣提出，推进中国农业现代化的建设目标，需要完善五大政策体系，包括农业补贴政策、农业基本建设政策、农产品市场调控政策、农业金融保险政策以及农业改革配套政策等方面的体系。就其实际情况而言，这几方面的政策体系已基本建立，在完善中重点在于创新手段，增强政策实效。一是种粮直补要调动种粮积极性，解决"种不种田一样补"的大锅饭问题，粮食直补应精准化，补到种田人手中，而不是耕地承包人手中。对拥有承包经营权的业主开展正常生产实行补贴，同时，对拥有承包经营权的业主"撂荒"亦应采取惩罚措施，征收耕地"闲置费"；二是农业基础设施建设应加强粮食生产区土地改良、技术改良和农机化改良进程，通过建立政府调控的支持政策实现粮食主产区良种良法、水利化、田园化和机械化。需要特别指出的是：改造中国传统农业方式既需要通过机械化改良提高劳动生产率，又需要通过生物技术提高土地生产率，两方面结合起来提高技术集成度，方能达成农业现代化；三是在价格调控上，对关系粮食安全的主要农产品，建立调控目标价格制度，达到生产者和消费者两方利益兼顾的目的。围绕农业有效供给完善粮食收贮制度，调整农业种养结构，建立贮粮于地休耕补贴制度；四是围绕建立和完善现代农业体制和机制，加快配套改革步伐。引导土地集中经营和规模经营，建立农民有偿退出承包地政策机制，通过经济手段刺激而非行政强制手段转移农业人口，加速城镇化进程。

二、完善乡村建设支持体系

乡村建设包括很多内容，总体来讲有四类：一是乡村基础设施建设，包括公共基础设施和公益基础设施建设两大类，公共基础设施即：道路、桥梁、水利、电力、输气、市场、公共厕所、污水处理设施等化共基础设施。医院、学校、图书室、电影院、广场等为公众服务和体现社会公益的基础设施。根据公共设施的性质，有的是生产性的，如水利、耕作道路等，有的属生活服务性的，如休闲广场和文化娱乐设施等；二是乡村民居建设。即乡村人口居住区房屋及附属设施建设；三是乡村环境建设。提高乡村环境质量的污染治理、地质灾害治理、生态环境修复及围绕乡村居住区的绿化、美化；四是乡村文化建设。包括乡村人口文化、技术教育，公序良俗、乡村治理规制、乡村文化遗存保护等内容。

（1）支持基础设施建设。调整农村基础设施建设体制，提高投资效率是客观需要，农村基础设施的受益群体是所有的乡村居住人口，除了部分如供电、供水等可由企业经营的项目外，大多数的基础设施项目都是公共产品，其供给主体应为政府。近年，中央和地方财政加大对农村以交通、水利为主的基础设施投入，农村基础条件有了很大改观，但由于欠账大，农村幅员广阔，农村基础条件离城乡一体化要求还有很大的差距，特别在中西部的集中贫困地区，基础设施建设还很落后。农村基础设施建设要跟上时代的步伐，必须在体制和机制上解决好建设主体不清、产权不明，重复投资、管理缺位等问题。过去，农村基础设施建设主要由各级财政资金、集体资金、农户投资或以劳代资等方式完成，所建成的工程产权不明晰，管理职责不明确。公路、水利等公益性较强的大型工程，如小（一）型以上的水利设施或通乡公路以上的主干道，一般由县级部门统一管理，而分布在农村的小型工程则交由乡镇或村社管理，由于维护资金缺乏，管理不善，大多处于不能正常使用状态。在人民公社时期，主要依靠集体修建的众多农业水利工程，在改革开放几十年后长久失修，许多基本废弃，特别是许多生产性供水工程，水库、塘堰需要恢复功能，需要大量资金投入。按照现行国家对农村基础设施投入政策，建设资金需要地方政府配套，或需要农民投工投劳，对于大多数的贫困地区而言，配套基本难于到位，其结果造成工程不能如期完成，或许多小型工程偷工减料，质量难以达到要求。在中西部的贫困山区，许多基础设施建设因地形、地理条件所限，工程成本高而政府补助低，工程建设标准低，难于达到设计的使用年限，从而造成重复投资和重复建设，国家投资效率低下。

城乡一体化发展中，加快农村基础设施建设是重中之重。一方面，提高生产性的基础设施服务水平，有利于降低生产和物流成本，加快农村产业化进程；另一方面，提高服务性基础设施建设水平，有利于改善乡村生活质量。但是，农村基础设施建设需要大量的投资，依靠各级政府财政在短时期内集中投入，难以实现目标，必须立足长远，在体制机制上创新，系统谋划、综合施策。2017年2月，国务院办公厅下发了《关于创新农村基础设施投融资体制机制的指导意见》（2017）第 17 号文件，确立了农村基础设施建设的重大原则：即政府主导，社会参与；农民受益，民主决策；因地制宜，分类施策；建管并重，统筹推进等四个方面。据初步推算，"十三五"时期，农村基础设施建设任务十分繁重，资金需求量十分巨大，仅农村公路建设和养护资金需求即达 1.3 万亿元。《意见》在明确政府投入和主导责任、完善财政投入稳定增长机制的同时，提出要创新政府投资支持方式，加大金融支持力度，建立政府和社会资本合作机制。一是健全分级分类投入体制。建立中央支持、省级统筹、县级负责的农村基础设施投入体系。对没有收益的基础设施项目，以政府投资为主，鼓励社会资本和农民参与，对有一定收益的项目，以政府和社会资本为主，引导农民投入，对有经营收益的项目，以企业投入为主。二是发挥政府投资的引导作用。采取直接投资、投资补助、资本金注入、财政贴息、以奖代补、先建后补等多种方式支持农村基础设施建设。三是发挥农民在农村基础设施决策、投入、建设、管护等方面作用。四是加大金融支持力度。

提高农村基础设施使用效率，需要建立投资、建设、管理及使用相互衔接、权责分明的一体化机制，分类落实经营或管理主体。对纯公益类基础设施，如农村交通等由政府主导投入的项目，管理的主体应为政府，管理的费用应纳入政府财政一般性预算，引进专业性的机构进行维护。同时，也需要在乡村综合治理中建立农村由村民参与的公益设施维护组织，政府给予一定的经费补助。对有一定收益的基础设施项目，农村供水、供电、供气和垃圾、污水处理系统等，按照投资构成，明晰产权，由投资主体负责日常经营、维护和管理。农村小型水利设施点多面广，由国家补助投资部分形成的资产交由乡镇和村社管理，政府应给予一定的经费补助。对面向千家万户的供水、供电、供气、垃圾清运、污水处理应健全定价机制，形成有偿使用制度，对农村基础设施运营管理增强活力。

（2）支持民居建设。在传统农业时期，乡村以分散居住为主，每个家庭固守在就近的生产区域建设房舍，住宅是以家庭为单位的最大的建设项目。受传统习俗的影响，而今乡村仍以结婚、生子和居所建设视为家庭的重大事务，对居所建设不惜花光所有积蓄，许多村民外出务工的收入大部分用于改善家庭居所条件。改革开放以来，随着农村经济快速发展，各地农村民居的风格、风貌也经历了更新换代的过程，如地处西南的云、贵、川、渝地区，从 20 世纪 80 年代初以茅草房为主，到土夯瓦舍至目前以砖混结构为主，在 30 多年里经历了两次更新换代。就其目前状况而言，农村民居因受各地传统建筑风格影响和经济条件限制，在建设水平、建设风貌、建筑质量等方面，区域之间呈现很大差异。

就其城乡家庭居所条件而言，同区域内城乡差异也很大，很多乡村民居因家庭收入所限，建设的档次和质量很低，仅能满足简单的居住功能。如西南地区的广阔乡村，部分交通发达的城郊和较富裕区域，村民居所大多以砖混的两层、三层盒式建筑为主，形象呆板，简单装修或不装修，厕所、圈舍混杂，排污处理不当，卫生条件较差。部分交通不便的山区，还有部分未经改建的传统干栏式建筑，人畜混居，居住条件恶劣。近年来，随着国家扶贫工作的大力度推进，以"两不愁、三保障"为标准，贫困区域的农房排危改造取得了较好效果，但与城乡统筹发展的要求和小康标准相比，农村民居改造的任务还十分繁重。

乡村民居质量差、寿命短，是破坏乡村生态和造成环境污染的重要源头。村民建造民居大多就地取材，石材、木材、砖瓦及各种预制构建皆就近采取，随意带来耕地、山林和水系的破坏，当房屋使用寿命到期，农民对房屋再次改建时，废弃的预制构建、破砖烂瓦就成为建筑垃圾被随地抛弃，带来极大的环境污染。过去，传统乡村固守"日出而作，日落而息"的生活模式，封闭的生活所产生的废弃物被循环利用，如人畜粪便被视为有机肥回归田园，农业生产中不使用化肥、农药，小溪、耕地自我净化能力很强，村庄建设中不需要花很大的代价对污染物进行专门的处理。而今情况与过去大不一样，随工业化对乡村生产、生活的影响加深，工业品在改进乡民生活品质的同时，也带来了大量的工业品污染。目前，乡村耕作区所使用的化肥、农药、各种激素等化学合成物污染土壤及小溪河流，带来大面积的扩散污染；乡村生活区工业消费品如塑料、玻璃、金属合成物、尼龙等垃圾随处堆存，有的地方甚至把河流作为丢弃垃圾的场所，带来环境质量的恶化。在对农村环境的治理中，村民散居的生活方式难以达成对污染物的集中处理，只能通过相对集中的民居改造方能实现清洁环境的治理目标。

政府支持乡村民居建设，推动村民从分散向相对集中居住转化，是促动传统乡村社会向现代社会转型的一场变革。有利于城乡一体化发展中实现交通、水利、电讯等基础设施布局合理化，实现城乡人口在空间分布上的合理化，有利于节约耕地、节省公共资源，提高资源利用效率。目前，大力推进乡村民居建设升级换代正当其时，是消解城市房地产热，消化过剩建筑业产能的有效措施。但是，民居属于村民的个人财产，属于私人产品，建设（生产）的主体应是村民自身而非政府，所以，政府对乡村民居建设只能支持，不能包揽，要有一整套可行的政策措施：①在民居建设中，政府重点在居民点规划、交通、供水、供电、污染处理、公共区域建设、环境绿化、净化、美化等方面统一标准，重点投资打造。②结合地域文化、风俗传统，体现实用性，统一风格风貌，政府从规划设计方面支持民居建设，可根据不同区域、不同地理状况推出统一的图籍，这些图籍在推出前要充分调查研究，听取农民的意见，使之符合农民的要求。在过去几年的新农村建设中，很多地方建设主管部门也推出了农房的图籍，但缺乏从民间吸取经验，农民接受度不高，使用率低。③建改结合推进民居改造，支持高山生态扶贫搬迁、地质灾害避险搬迁。严格执行农户一户一宅制度，鼓励农民建新拆旧，对宅基地复垦给予政策性补助。鼓励经济条件较好的农户进入城镇和居民点，其留下的房屋由政府给予补贴，鼓励经济条件较差的农户购买，以此梯度搬迁方式改善民居条件。对乡村老院子和传统民居实施保护性改造，结合乡村旅游、产业发展、居民点和社区建设，打造农村田园综合体。④支持乡村社区化，根据村民居住情况布局公共资源，努力实现城乡公共服务均衡化。发展社区服务组织和各种乡村自组织，提高乡村社区组织化水平。

（3）支持村民培育。对农民的教育引导是乡村建设的主题。贫穷的乡村首先是贫穷的村民，落后的乡村首先是落后的村民，培育适应于工业化、城市化生产生活方式的新型村民，是新乡村建设的重要内容，这也是中国历次新乡村运动所得出的重要经验。在工业化背景下发展农业现代化，必须实现农民的技能化和专业化；在乡村社会从传统向现代社会转型中，必须提高农民科学文化素质，实现农村人口价值观念的转型；在以法治为依托的现代乡村社会治理中，必须提高乡村人口的道德水平。为此，政府在支持现代村民培育中，要从长远着眼，从高处着眼，建立体系，持久支持，系统谋划，统筹推进乡村人口的素质提升工程。

首先，加强对乡村人口的职业技能培训，培育推进乡村农业现代化的从业队伍。根据各地农业产业化布局，针对性培训从业队伍，提升职业技能水平。多年来，从中央到各级地方政府以及企业、社会组织对农民培训很重视，投入越来越多，总体来说，对农民的教育培训取得了较好的效果。但是，在培训的针对性、实效性上也存在很多不容忽视的问题，如政府培训体系不完善，多方投入，分线作战，缺乏培训的品牌效应；企业和社会组织对农民培训具短期性、临时性，培训资源零星分散，没有形成集聚效应；农民自身对参与培训的积极性不高，培训内容对农民没有吸引力。这些问题的长期存在，使政府对农民培训的投入效率不高，效果不尽理想。为此，针对城市化进程中城乡人力资源分布和农业现代化布局，各地政府应把农民的职业培育作为一项长期工程，有规划、有步骤地推进，而不是作为可有可无的工作，对上、对农民简单应付。政府应整合各方面的培训资源，把分布在农业部门、教育部门、人力社保部门、扶贫部门以及各个方面的财政资金捆在一起，建立从上至下、责任具体的职业培育体系，形成拳头，按规划、有计划地推进。同时，在对农民进行职业培训时注重专业分工，引导农民工实现专业化、技能化。要开展对农民的职业技能鉴定，分级管理，并引导农民工报酬与职业技能等级挂钩，增强农民工对参与技能培训的积极性。引导企业、社会组织根据产业布局和用工需求，开展对农民工的职业培训，政府在资金上、师资以及其他教育资源配置上给予支持。

其次，加强对乡村人口的文化素质教育，提升文化素养。乡村人口受教育的程度偏低，这是历史形成的。过去，在城乡人口流动中，乡村中通过就学、就业、参军以及进城打工等多种方式，有一定文化的青壮年离开乡村、进入城市生活，而继续留在农村的人口有很多是接受教育程度偏低的中老年人和未成年人，这种状况在中西部地区表现得更为突出。近年来，随同农村产业的发展，特别是特色产业、乡村旅游兴起，部分在城里打拼的乡村人口回流，带动了乡村人口在结构上出现新的变化，但是，对乡村人口的文化教育仍然是一项长期性的工作。通过文化培育，促进乡村人口观念更新，有别于正统的学校教育形式，需要针对不同人群采取多种方式。政府鼓励和支持社区开展扫盲教育，不但包括文化扫盲，还包括对现代生活中电脑、网络使用，电器安全使用，个人卫生，家庭生活等方面的具体内容。社区要结合实际，开展丰富的文化教育活动，吸引村民涌跃参加。对村民的文化教育还应结合职业技能教育，融入职业技能培育中。

再次，加强对乡村人口道德教育，提升道德水平。近年来，乡村人口减少，也伴随着乡村组织弱化、人际关系失落，传统道德、社会公德退化。值得注意的是，在中西部地区，随着乡村人口大量外出，老人和子女成为留守人口，许多外出的年轻人多年不归家，对老人和子女不尽赡养和抚育之责，"孝"的意识严重退化。随着乡村生活方式城市化，许多地方散居的村民进入了集中的居民点，却不愿意承担社会公益责任，用水、用电、用气、物业管理不愿承担费用，垃圾到处乱扔，污水乱排。较为普遍的现象是邻里关系紧张，许多散居的村民进入居民点后，邻里关系难处，矛盾纠纷很多。以上情况说明在乡村转型发展中，重塑道德体系，彰显传统道德和社会公德的重要性。道德与法治相伴随行，只有在清明的法治环境下，法律具有公正的约束力，道德才能真正成为规范，从而影响人的行为。政府对乡村的普法教育应与道德教育结合起来，在提高乡村人口法治意识的同时提高道德水平。在乡村社会治理体系中，恢复社区组织，特别是乡村的社区自治组织，以此为平台引导村民制订村规民约，对弘扬传统美德、社会公德也十分关键。

三、完善乡村生态建设支持体系

乡村绿色发展是长久之计。提高乡村生态水平和环境质量不但是确保乡村长远、可持续发展的需要，而且是推动城乡融合发展，构建城乡一体与自然和谐共生的需要。过去几十年的教训告诉我们：片面追求城市发展，对乡村自然资源掠夺式盘剥，或过分追求短期经济利益，对生态环境带来伤害无异于饮鸩止渴，最终将受到自然的惩罚或环境恶化带来的报复。在相对贫困的中西部地区，过去在乡镇企业发展的"春天"里"乡乡点火，户户冒烟"，山被挖空、水被挖断，而今泥石流、滑坡等山地灾害频繁发生，成为乡村永久的"痛"；过去在"以粮为纲"的年代，垦荒辟土，导致森林锐减，河流改道，而今旱灾、涝灾频度加大，沙漠化、石漠化加剧发生。目前，在乡村振兴发展中，倡导"绿色、可持续"既是观念更新，更是行动指南，要建设好"绿色发展、生态宜居"的"美丽乡村"，必须在制度层面完善生态建设支持体系。

第一，完善生态公共服务制度。修复和维护生态环境需要大量的投入，包括资本、技术和人力资本的投入，而这些物化的资本所带来的生态产品则是公共性的，既与每个社会成员的个人利益息息相关，又具有任何人从中获得的福利不影响其他人（提高或降低）福利水平的公平物品属性，由此，生态产品的生产者和提供者应为政府，而非其他的市场主体。即乡村的生态公共产品亦应由政府生产和提供，而不能将责任转嫁给乡村个人或任何乡村集体组织。在实施"乡村振兴"战略中，构建新型的城乡融合关系，应从制度上建立起城乡一体化的生态公共服务体系，让城乡人口在获得生态公共服务的福利中享有同等的权益。如：城市与乡村在垃圾清运处理上，城乡污水治理，城乡清洁水源，食品卫生等方面，要按照城乡一体化规划布局，完善城乡一体化的处理系统，做到城乡生态公共服务均衡化。由于城市与乡村在生产活动、生活方式上各异，在人类与自然要素构成的系统中处于不同的地位，扮演不同的角色，发挥的作用也不一样。就其自然修复与生态维护上，乡村幅员广，其生态状况决定了城乡整体的生态水平。虽然乡村生态建设的任务很重，但不能将城乡共同受益的生态建设责任转嫁给乡村人口或乡村集体经济组织，而应由政府统筹承担起责任。乡村生态植被恢复、河流整治、水源地保护等重大生态治理工程，政府应统筹规划和统一实施，但对分散的小溪、河流保护和生态维护，集体所有的耕地上植被恢复等，需要乡村人口和集体经济组织在土地、人力和资金方面的投入，政府应给予补偿，并建立相应的政策支持体系。

第二，完善生态资源有偿使用制度。对森林采伐、矿产采掘、取水、取土、采石等经济行为，应实行许可制，并根据实际状况实行有偿使用。对过去发展起来的小矿山、小水电、砖瓦窑、采石厂进行集中清理，并视其情况予以取缔，与此同时，应在乡村适度布局集中的、高科技、少污染的建筑材料生产企业，取代小厂矿生产的建材产品。加快农村电力、燃气等基础设施建设进度，改变农村用煤和木材为能源的习惯。注重规划的科学性和严肃性，严禁在生态敏感区和生态保护地开展生产经营活动，对经济活动中采伐林木、利用矿山、河流的，应缴纳相应占用费，并形成严格的制度，政府收取的费用专款用于生态修复。在生产经营活动中，谁造成生态环境破坏，谁就有责任进行修复，要建立边占用、边修复的机制。

第三，完善生态效益区域补偿制度。加强生态建设区域合作，生态敏感区以保护生态资源为主，减少生产经营活动对生态资源造成的破坏，而受益区域亦应分摊相应的责任，对生态保护地进行直接或间接的补偿。在黄河、长江两条河流的流域内，上游地区为生态脆弱区，又多为贫困地区，承担的生态修复和维护责任很重，下游地区相对而言则为富庶之地，亦多为生态受益区，应建立下游对上游的生态补偿制度，国家从税收和转移支付等方面予以调控。如：流域水电开发中，构成的电价中应提取生态补偿费用，收取的专款用于生态修复。建立生态建设的区域合作制度，开展生态敏感区向受益区的生态移民工作，缓解生态敏感区的环境承载压力。在大江大河的流域管理上，应向下游疏散人口，如长江流域在三峡工程性移民完成后，应继续适度地向下游发达区域开展生态性移民。

第三节　激励调控：推动城乡要素布局均衡化

政府通过财政、税收手段调控城乡要素分布，激励要素向乡村集中是加快乡村发展的重要途径。以人力、土地、资金、技术为主的要素聚集是区域发展的前提和基础。资本是逐利的，乡村在区域经济体系中处于利益链的末端，资本逐利的机率低，越贫困的乡村基础条件越差，资本投入的成本越高，回报越低。资本光顾的机会越少，乡村与城市在发展水平上的落差越大，由此，城乡一体化发展态势的形成，需要政府建立完善的政策体系，利用财政政策、税收政策杠杆建立激励机制，激励要素从城市向乡村、从发达区域向落后区域流动。

一、激励城市资本下乡进村

城市工商资本下乡是推进农村土地流转的主要动力。2007年，全国新增流转耕地面积达6372万亩，仅占家庭承包耕地总面积的5.2%，至2014年，全国家庭承包耕地流转面积达4.03亿亩，流转面积占家庭承包耕地总面积30.4%，流转出耕地的农户占5833万户，占家庭承包总户数的25.3%，上海、江苏、浙江、北京、黑龙江、重庆、安徽、河南等八个省市的流转耕地占比都在35%以上，目前，流转的趋势还在进一步加快。从农民手中流转出去的土地，大多数落入城市工商资本手中，以多种开发为主，部分耕地流入农村合作社和农民手中，从事农业规模经营。城市工商资本到乡村流转土地有多种动机，有的从农民手中流转土地从事养殖业规模经营，为加工提供原料或为市场提供高端农产品；有的在城市近郊或风景名胜区流转土地从事房地产开发，开发旅游业；有的从农民手中流转土地建设工厂，从事农产品加工或各种建筑材料生产，总而言之，城市工商资本与土地资源结合，既有向农趋势，也有非农趋势。

激励城市资本下乡参与乡村产业发展、乡村建设运动十分必要，这也是经济、社会整体发展水平到一定程度后，城市和工业反哺乡村和农业的具体表现。乡村经济、社会需要改变现状，客观上需要城市资本的参与，需要政府和市场两个杠杆发挥调动要素（人口、资本、土地等传统资源要素以及技术、信息等新兴要素）在城乡之间合理配置的作用。在完全市场化的环境下，资本向乡村聚集缺乏冲动，只有在政府介入后，通过激励方式才能达成目标。当前，城市资本进入乡村带有一定随意性，也不排除投机性。随城市资本下乡的项目具有主观性，不符合乡村实际情况，在土地、环境、基础条件等方面受限，项目落地难或落地后建设缓慢。同时，也有一部分城市工商资本下乡经办农业项目，是为了获得国家对农业的支持补贴，并非真心从事农业开发。以上两方面导致当前城市资本下乡效率不高，有的地方成片的农业耕地被流转后多年荒芜，主要原因就在于此。

激励城市资本下乡发展现代农业应符合城乡产业布局规划，在良种、良法等技术运用上，交通、水利、通讯等基础条件改善上，产品市场营销、品牌认证上等方面给予扶持。与此同时，也要适度提高城市资本下乡的门槛，让有一定实力的企业参与进入，对下乡的城市资本给予一定的界定，对没有农业技术支撑、资金实力不足的企业谨慎劝退。国土部门和农业主管部门要加强耕地的用途管控，防止城市资本大量流转耕地后出现非农趋势。同时，鼓励获得耕地经营权的业主对耕地进行改良，提高耕地质量和地力水平，制止任何人或组织对耕地的掠夺式经营。政府应建立统一有序的土地使用权交易市场，完善土地评估、认证、质押、交易、仲裁等相关的配套制度，进一步规范耕地流转无序的状况，依法处置过去土地流转中积存下来的矛盾纠纷，确保社会安定。在农业市场化过程中，价格杠杆对生产发挥调节作用，土地作为生产投入品亦受到要素市场价格的调节，耕地使用权作为特殊商品在交易中的价值取决于产出预期，一定程度上其价值大小由土地的用途管控（农用地或非农用地）来确定，要防止土地使用权在流转中脱离用途管控。乡村集体经济组织应参与土地流转中的用途管理，确保耕地在土地使用权权益人手中不至于撂荒，如银行、非农实体单位获得土地使用权，不能直接按照功能有效组织生产时，应与集体经济组织签署协议，采取委托集体经济组织代耕，并承担一定费用。国家为加强耕地的用途管控，需要对集体经济组织根据土地使用规划和耕地利用情况给予补贴。

支持和激励城市资本下乡参与民居改造，发展与农业相关的旅游、物流、农村生产和生活服务行业。在乡村社会生活方式转型中，农民的居住结构调整是中心，除政府补贴和农民自身投资改造民居外，亦可鼓励城市资本下乡参与民居改造。一是在统一规划前提下，本着节约用地原则，在不突破原宅基地面积情况下，适度提高民居容积率和集中居民点建设密度，鼓励城市资本与农民合作，改造民居兴办"农家乐""林家乐"和"渔家乐"等，发展乡村旅游；二是鼓励城市资本与村社、农家合作改造民宿、老院子、特色村落等，发展面向城市居民的观光、休闲旅游，使农民在参与中既转换观念又改善收入结构；三是在统一规划前提下建设农村集中居住的居民区，通过土地征收、划拨或出让方式，使居民区土地国有化，居民区房屋转换成可交易产权，与城镇接轨。在执行农村居民一户一宅政策情况下，鼓励农户通过优惠补交出让金，国家补贴等方式，取得集中居住区房屋产权，对原散居房屋实行复耕。部分集中居住区房屋可面向城市居民出售，用于发展面向乡村的商贸、文化、体育等多方面的服务业，国家对城市资本下乡从事面向农村居民服务的商务活动应给予税收优惠。

二、激励乡土能人回乡进村

在城市化中，依附于耕地的人口向非农产业转进，同时为土地规模经营创造条件。农业人口的减少意味着传统农业向现代农业转型中农业劳动生产率提高，从农业中剥离出来的劳动力转而从事非农产业。农业人口减少并非意味着乡村人口"空虚化"，欧美发达国家的现代化进程表明：随城市化进程提高，逆城市化趋势不但不会减少乡村居住人口，相反许多城市人口会进入乡村生活。中国作为一个人口大国，从传统农业社会中走出来，其国情决定了绝大多数人口不能进入城市或向大城市集中，而应通过城镇化消化吸纳大量的人口。在构建新的城乡关系中，通过城乡实现均衡发展，人口在城乡之间实现自由迁徙、均衡分布。对乡村而言，并非绝对地减少居住人口，相反，还应通过激励离乡人口回到乡村，特别应鼓励有一技之长的人回到乡村，改善乡村的社会组织结构。

从本质而言，中国传统乡村是血缘社会，宗族影响不但表现在传统乡村的治理方式上，更表现在个人对家族情感的寄托上，宗族、乡党承载了个人修为、成就的极大荣誉。在传统文化背景下，衣锦还乡、光宗耀祖、光耀门楣是许多游子的毕生追求。建设现代公民社会旨在实现个人自由、平等，不可能回到传统农耕时代，依靠宗族治理社会的状态，而是要实行社会成员共同参与社会治理的方式。但是，任何社会的发展和衍变并不能离开民族的、传统的文化影响，特别是历史悠久、传统思想影响深远的中华民族，未来社会也并非照搬照抄欧美社会模式，其理想状态则是继承中华优秀文化传统、体现现代文明的全新公民社会。对传统乡村的改造，既有继承，也有借鉴，更有二者结合基础上的创新。新乡村建设与治理的主体是乡村居民，乡村居民的思想观念、文化理念则是提高乡村建设和治理水平的关键。当前，在城乡统筹发展的大格局下，城乡人口流动逐渐出现新的变化，从单一的乡村人口向城市聚集转变为城市与乡村之间的双向流动，除了随城市资本下乡向乡村聚集的城市人口外，还有很大一批从乡村走出去的人口向乡村"回流"。这一批"回流"的人口中，其中一部分或有家乡情结、或有一定实力和一技之长，愿意回乡创业和回乡定居的人，他们是重振乡村的中坚力量。

从20世纪80年代后期开始，"民工潮"锻炼了一批又一批的农民工，在经历城市生活酸甜苦辣的同时，也经历了成功与失败。其中，有的成为各行各业的能人，他们从乡村走出去，仍有回到乡村的意愿，政府对这些愿意回乡创业、参与乡村建设的乡土能人要给予鼓励和支持。近年来，在西部贫困地区，从乡村走出去又回到家乡创业的人越来越多，他们中的大多数属于有一定积蓄的务工人员，但是，回乡创业的人员大多遇到项目难找、政策不熟、资金不够、技术缺乏等方面的困难。回乡创业的项目失败的多、成功的少，有的遇到困难后不得不放弃；有的因为创业又背上债务，不得不又回到打工的老路。目前，各级地方政府针对回乡创业人员，虽然也出台了很多政策予以扶持，如人员培训、小额贷款、税收优惠等方面，但这些政策不系统、针对性不强、实效性不高。

对此，地方政府应从大局出发，站在统筹城乡发展的高度，开发乡村建设人力资源，把返乡民工作为建设新乡村的有生力量，对返乡创业给予更大支持。

从乡村走出去的不但有大批的民工，也有各行各业的精英分子，这些人虽然已离开乡村，但并未割断与乡村的联系，事实表明：他们在乡村治理中仍然直接或间接发挥重要作用。特别在发展相对滞后的贫困山区，从乡村走出去的精英分子，在族群中和乡邻里皆享有一定威望，他们在乡村中的事务处理方面，很大程度上发挥影响力。过去，在农村事务管理中，这些人的作用往往被忽视，以至于很多矛盾难于化解。近年来，很多地方的乡情乃至于宗族组织有所抬头，地方政府应给予正确引导，使其向有益于社会治理的方向发展。在乡村治理中，依托于乡情、亲情恢复乡村组织秩序是十分必要的，但并不是要回到宗族治理的老路上去，而是要按照公民社会要求，使乡村社会在组织化中体现人的自由和平等。中国新的乡村秩序建立、文化传承、治理创新需要新的"乡贤"发挥模范、引领作用，而新的"乡贤"则是有公益之心、有兴趣参与乡村治理、在村民中有号召力的人士，这种人大多由三类构成：一是村社基层干部；二是大姓长辈；三是走出乡村的精英群体，包括外出务工中的成功人士、从乡村走出去的公职人员、学者、专家等各方面人才。积极发挥以上三种人、特别是第三种人在乡村治理中的作用，意义重大，有利于通过他们实现乡村的自组织化，解决乡村"一盘散沙"的问题。

唐朝《史通杂述》记载："郡书赤矜其乡贤，美其邦族"。弘扬"乡贤"文化，以孝为先、以德为美，把优秀传统文化思想与现代治理理念结合起来，创新形式、丰富内容，重塑乡村价值体系，是建立新乡村秩序的重要内容。地方政府应支持和引导村民自组织化，建立有利于公益事业和恢复秩序的自治、自管组织，通过这些组织制定和实施"村民公约"，增强乡村内部约束力，树立行为规范。政府应支持村民组织宣传乡贤事迹，表彰乡贤德能，以此树立乡贤标杆，引领和激励村民积极向上，增强荣誉感。在乡村治理结构中，应吸收乡贤参与治理，建立乡贤参与事务协商制度，依托乡贤建立村务监督制度。支持从乡村走出去的知名人士回乡居住，地方政府和村社组织在居所建设上给予一定方便。

三、激励公共资源入乡进村

实现城乡公共服务均衡化，要以公平的制度设计为前提。当前，调节公共资源布局的体制和机制还存在一些弊端，在城乡之间、区域之间，公共资源呈现"倒金字塔"式分布，富裕发达地区相对于贫穷落后地区、大城市相对于小城市、城市相对于乡村对公共资源具有吸纳效应，公务员、教师、医生等公共人力资源都有向发达地区和城市聚集的趋势。在利益导向上，行政机构和事业单位越向基层延伸，级别越低、个人待遇和报酬越少，获得提拔的机会越渺茫，越贫困的地区公职人员经济待遇越低，生活水平和工作环境越差。由此，优秀的公共人力资源向发达地区和城市聚集，而贫困地区和偏远的山区则人才匮乏。较高层级的机关和单位，人员集中、人浮于事，而直接面向基层和服务对象的人力资源则相对不足，能力不够。在行政管理体制上，管理层级多，上下对口、职能重叠、管理成本高，县级以上行政管理部门对面向广大乡村的公共服务，主要行使指导、检查、督促的职责，越受上级关注的工作，检查越多，滋生形式主义的机会越多。

解决城乡公共服务落差问题，需要改革体制、健全机制，在体制上形成有利于公共服务资源向乡村流动的利益导向，在机制上提高公共服务供给水平和效率。公共行政管理宜减少层级，向扁平化发展；职能设置上宜上粗下细，即越到基层分工越细；宏观、中观和微观层级上分工明确；编制分配上向基层倾斜，经济待遇向基层倾斜；提高基层公职人员政治待遇，注重从基层和一线选拔干部。针对乡村弱势的教育、医疗、文化、体育等方面的公共服务，首先要增加公共投入，合理布局和调配资源，改善服务条件，提高服务水平；其次，要落实激励措施，改善在基层岗位直接为群众服务群体的待遇，建立城乡公共服务人员的流动机制，鼓励城市富余人员下乡服务。